Donau
Schwarzes Meer
Bulgarien
Philippopolis
Edirne (Adrianopel)
Konstantinopel
Nikomedia 1096
Nicäa
Gallipoli
Dorylãum 1097
Ancyra
Sinope
Marsivan
Trapezunt
RUM-SELDSCHUKEN-SULTANAT
Armenier
Anatolien
Caesarea
Philomelion
Iconium
Heraklea
GRAFSCHAFT EDESSA
Edessa
SENGIDEN-SULTANAT VON MOSUL
Athen
Ägäisches Meer
Tarsus
Antiochia 1098
Aleppo
FÜRSTENTUM ANTIOCHIA
Rhodos
Kreta
Kandia
Zypern
Limasol
Tripolis
GRAFSCHAFT TRIPOLIS
Beirut
Sidon
Damaskus
Akkon
Jaffa
Askalon 1099
Jerusalem 1099
arabische Nomaden
Meer
Rosette
Damiette
Alexandria
KÖNIGREICH JERUSALEM
FATIMIDEN-KALIFAT bis 1171
Kairo
Nil

Cay Rademacher

BLUTIGE PILGERFAHRT

Der Erste Kreuzzug ins Heilige Land

Mit 18 Abbildungen auf Tafeln

Piper München Zürich

Mehr über unsere Autoren und Bücher:
www.piper.de

Für Sven Rademacher –
einen großen Freund des Mittelalters

FSC
www.fsc.org
MIX
Papier aus verantwortungsvollen Quellen
FSC® C014889

ISBN 978-3-492-05433-1

Satz: Fotosatz Amann, Aichstetten
Druck und Bindung: Pustet, Regensburg
Printed in Germany

INHALT

1 EINE STADT IM HEILIGEN LAND

> Dann sagte Jesus zu seinen Jüngern: »Wer mit mir gehen will, der muss sich und seine Wünsche aufgeben. Er muss sein Kreuz auf sich nehmen und mir auf meinem Weg folgen.« (Matthäus 16, 24)

Montag, 13. Juni 1099, Jerusalem, morgens

Von der Stadtmauer hoch über dem rissigen, trockenen Boden regnet der Tod auf die Christen hinab. Sudanesische Bogenschützen, deren Geschosse noch auf hundert Meter Distanz schreckliche Wunden reißen, feuern Pfeil auf Pfeil. Arabische Krieger werfen Speere und kopfgroße Steine. Kräftige Männer wuchten noch größere Brocken in die Schlinge einer *Mangonel*, einer baumlangen Steinschleuder, die ihre zentnerschwere Ladung anschließend mit einem kurzen Fauchen in die Ferne schickt.

Al-Quds nennen die Verteidiger ihre Stadt, »Ort der Heiligkeit« oder »die Heilige«. Jerusalem ist seit 461 Jahren in der Hand der Muslime. Es ist die drittheiligste Stätte des Islam. Hier, auf dem Felsen, auf dem einst Salomos Tempel strahlte, so überliefert es die muslimische Tradition, ist Mohammed gen Himmel aufgestiegen. Heißt es doch in der 17. Sure des Koran, dass Allah Mohammed von der Heiligen Moschee von Mekka in einer Nacht zur »am weitesten entfernten Moschee« reisen ließ: zur Al-Aqsa-Moschee in Jerusalem.

Der Ort mit der zwölf bis 15 Meter hohen, sandbraunen Mauer ist eine starke Festung. Wenige Zugänge nur führen hinein ins Gassengewirr: das Jaffa-Tor im Westen etwa oder das Nablus-Tor, wo Pontius Pilatus einst Christus anklagte. Außerhalb der Mauer erhebt sich ein zweiter, niedrigerer Wall, der wiederum durch Querwände mit der inneren Barriere verbunden ist. An manchen Stellen fällt der Boden jenseits der Befestigungen steil ab: Im Osten hat der Bach Kedron ein tiefes Tal in die Erde gefräst, auf dessen anderer Seite die Ölbäume des Gartens Gethsemane silbrig glänzen, jenes Gartens, in dem Jesus betete und wachte – und wo ihn die von Judas Ischariot geführten Häscher ergriffen.

Niemals während der fast ein halbes Jahrtausend währenden muslimischen Herrschaft haben Christen es gewagt, die Stadt ihres Heilands mit Waffen zurückzuerobern.

Niemals – bis zu diesem Tag im heißen Sommer 1099.

Und niemals werden die muslimischen Verteidiger, gestählt in vielen Feldzügen, einem so seltsamen Feind gegenübergestanden haben, niemals wohl hat ein wilderes Heer die Mauern Jerusalems berannt: ein paar Hundert Ritter aus dem Abendland, Krieger in Kettenhemd und Helm, Schild und Schwert, auf deren rechter Schulter des Waffenrocks – des Stoffumhangs, der über der Rüstung getragen wird – ein aufgenähtes rotes Kreuz unter dem Staub leuchtet. Die Gesichter hager, bärtig, sonnenverbrannt. Die Banner ihrer Fürsten flattern im Wind, weiß, rot, golden.

Neben den Rittern fechten Tausende Fußsoldaten. Manche gepanzert, andere in Lumpen gehüllt wie Vaganten, in den Fäusten rostige Spieße, Hämmer, von muslimischen Kriegern irgendwie erbeutete Schwerter. Zwischen und hinter dem wüsten Pöbel stehen Priester in zerschlissenen Kutten, die an langen Stangen Kreuze in den Himmel recken und fromme Lieder singen. Und hinter dem Haufen der Angreifer: ein Lager mit Frauen, Kindern, Kranken, mit Schlachtrössern, die zu Kleppern abgemagert sind, mit räudigen Hunden und unreinen Schweinen.

Gott allein mag wissen, wie dieser wilde Haufen bis vor die Mauern Jerusalems gelangen konnte.

Die Angreifer stürmen einfach los, gegen alle Regeln der Kriegskunst. Keine lange Belagerung, kein zermürbender Steinhagel mit *Mangonels*, keine Schutzwehren aus Leder und Flechtwerk gegen die Pfeile der Sudanesen, keine Rammen und

Belagerungstürme. Die Ritter und Fußsoldaten rennen über das staubige Land, auf Jerusalem zu, als stünde es schon offen.

Die Geschosse der Verteidiger wüten fürchterlich unter jenen sich selbst gegenüber rücksichtslosen Truppen, doch nicht allzu lange: Die Sonne steht noch nicht hoch am Horizont, da erreichen die Fremden den Fuß der äußeren Mauer. Nun sind sie geschützt für eine Weile, denn sie stehen im toten Winkel der Bogenschützen auf der inneren, höheren Mauer. Die können die Angreifer nicht mehr sehen.

Aber sie hören sie: Das helle Singen von Eisen auf Stein und dumpfe Schläge. Mit Hämmern und Meißeln schlagen die Angreifer wie besessen auf den Wall ein.

Den Verteidigern bleiben vielleicht ein, zwei Stunden, die genaue Zeit hat kein Chronist überliefert, um Atem zu schöpfen und nervös auf das zu lauschen, was sie nicht erblicken können. Dann Lärm und Staub und wohl auch Triumphgeschrei – ein Abschnitt der äußeren Mauer stürzt ein.

Eine lebende Wand aus Eisen stürzt durch diese Bresche: Ritter, die ihre Schilde Rand an Rand schützend über die Köpfe halten.

Pfeile und Steine prasseln dröhnend auf das Eisen. Schreie, wenn ein Geschoss einen Spalt im Schutz findet – oder wenn ein Brocken von einer *Mangonel* einem Ritter die Knochen zerschmettert. Kommandorufe, gebrüllte Flüche, das Stöhnen der Sterbenden, Staub, quälende Hitze unter eisernem Panzer, der Gestank nach Schweiß und trockener Erde, unerträglicher Durst.

Ein paar Augenblicke nur währt dieser Sturmlauf, dann sind die Ritter heran an der inneren Mauer. Und hier – unfassbar! – recken sie eine Leiter zum Kranz der Mauer auf. Eine einzige Leiter, um Jerusalem zu stürmen! Die arabischen Krieger rennen dorthin, wo die hölzernen Holme anliegen.

Ein Gepanzerter – Raimbold Croton, ein Adeliger aus Chartres – erklimmt in voller Rüstung Sprosse um Sprosse. Mit der Linken krallt er sich auf den Mauerkranz: der erste Christ, der Hand an Jerusalem legt.

Ein mächtiger Schwerthieb, ein hässliches Knacken – und diese Hand ist zerschmettert. Raimbold stürzt blutend in die Tiefe, wird von seinen Kameraden davongetragen.

Niemand folgt ihm mehr nach.

Die Leiter verschwindet, die Gepanzerten laufen aus dem Geschosshagel, der Angriff der Christen kollabiert.

Jerusalem bleibt muslimisch, die Eroberung der Heiligen Stadt durch das Heer abendländischer Kreuzritter ist gescheitert.

Vorerst.

Kein Zeitgenosse überliefert, was die Verteidiger in diesem Moment gedacht haben. Werden sie den Geschlagenen Hohnworte hinterhergeschrien haben? So gering ist deren Zahl, so abgezehrt sind sie, so erbärmlich unvorbereitet war ihre Attacke.

Oder wird sich, bei allem Triumph, eisiger Schrecken in die Seelen der Verteidiger Jerusalems fressen? Schrecken vor der ungestümen Brutalität, der absoluten Rücksichtslosigkeit, dem gnadenlosen Glaubenseifer jener staubbedeckten Fremden? Und wird eine Vorahnung sie ergreifen, dass diese Kreuzritter, die schon Tausende Kilometer zurückgelegt haben auf einem Kriegs-, Pilger-, Plünderungs- und Rachezug ohne Beispiel in der Geschichte, sich auch noch die wenigen Meter bis zu ihrem Ziel erzwingen werden? Und was mag dann geschehen, wenn Jerusalem in ihre Hände fällt?

Die Geschichte des Ersten Kreuzzugs liest sich wie eine mittelalterliche Sage: ein frommes Unterfangen, in dem vier lange Jahre – von 1095 bis 1099 – Ritter von hochadeligem Geblüt und Habenichtse, Bischöfe und Eremiten, Männer und Frauen Abenteuer in fremden, nie gesehenen Ländern bestehen. In dem Deutsche, Franzosen, Provenzalen und Normannen, genuesische Händler und englische Piraten vereint sind. Sie durchqueren Einöden, belagern Burgen, stellen sich überlegenen feindlichen Heeren. Unaufhaltsam, unbezwingbar, mit dem einen goldenen Ziel: Jerusalem wieder zu einer christlichen Stadt, das Heilige Land zu einem christlichen Land zu machen.

Schon die Zeitgenossen preisen diesen Kreuzzug als ebenso fromme wie ritterliche Tat, als Wunder, als göttliches Werk. Epen und Lieder werden gedichtet auf die heldenmütigen Kämpfer. Chronisten verzeichnen Schlachten und Mirakel, Feuerproben, himmlische Reiter, göttliche Zeichen und viele weitere phantastische Details des Abenteuers – in einem Zeitalter, da kaum jemand lesen und schreiben kann, ein Wunder für sich. Der Kreuzzug wird zum abendländischen Mythos, zur ritterlichsten Tat eines ritterlichen Zeitalters.

Die Realität allerdings ist so romantisch nicht.

Denn gerade manche Ritter denken weniger an das Kreuz als an Land: Sie ziehen aus, um sich in der Ferne eine Burg, gar ein eigenes Reich mit dem Schwert in der Faust zu erobern. Manche von ihnen werden die Mauern Jerusalems nie sehen.

Und auch viele Habenichtse werden sich wohl mehr als ausschließlich spirituellen Lohn für ihre Mühen erhoffen: ein Stück Bauernland vielleicht oder ein paar zusammengeplünderte Münzen. Und für manchen einfachen Priester oder Mönch, der kaum die Bibel lesen kann, mag es keine Sünde sein zu hoffen, auf diesem Zug mit Predigten mehr Gläubige zu erreichen als hochgelehrte Bischöfe aus gräflichem Geschlecht.

Für Handelsherren und Kapitäne aus Venedig und Genua, aus England und Flandern wiederum ist dieser Kreuzzug eine goldene Geschäftsgelegenheit. Mag er doch Häfen öffnen, die bislang ihren Schiffen verschlossen waren, mag er ihnen den direkten Zugang zu Gewürzen, kostbaren Stoffen, Geschmeiden gewähren, die man bislang, wenn überhaupt, nur gegen hohe Preise aus dem Osten kaufen konnte.

Vor allem aber ist der Kreuzzug eben ein Kriegszug. Verheerend ist er für die griechischen Christen im Byzantinischen Reich, für Armenier und syrische Christen. Tödlicher noch für die Juden in vielen Gemeinden zwischen Köln und Jerusalem.

Am schrecklichsten aber ist der Schock für die Muslime.

Traumatisch, weil Tausende unter den Schwertern der Kreuzritter fallen. Traumatisch, weil die Herren von Damaskus, Bagdad und Kairo, die doch gewaltige Heere befehligen, plötzlich ohnmächtig zu sein scheinen. Traumatisch, weil heilige Stätten, deren man sich für immer sicher wähnte, ihnen entrissen und entweiht werden.

Und so wird der Erste Kreuzzug auch in der muslimischen Welt ein Mythos, ein finsterer allerdings. Die Geschichte eines demütigenden Raubzugs aus dem Westen. Die Geschichte einer Schande, die niemals ganz getilgt worden ist.

Mehr als neun Jahrhunderte trennen uns von jenem romantischen, frommen, rücksichtslosen, brutalen Abenteuer. Doch das Beben, das es auslöste, zittert bis heute fort. Konquistadoren und andere Eroberer sind Erben der Ritter, die sich einst ins Heilige Land wagten. Kolonialisten posieren im 19. Jahrhundert als Erben jener Recken, die in den Orient zogen. Und die Tat des späten 11. Jahrhunderts scheint im frühen 21. Jahrhundert sogar heftiger nachzuwirken als in früheren Epochen.

Ein Grund mehr, die Geschichte des Ersten Kreuzzugs zu erzählen.

2 » DEUS LO VOLT! «

Ihr werdet meine Zeugen sein in Jerusalem und in ganz Judäa und Samarien und bis an die Grenzen der Erde.
(Apostelgeschichte 1, 8)

Dienstag, 27. November 1095, vor den Mauern von Clermont

Eine Wiese vor dem Osttor der zentralfranzösischen Stadt im Schatten des Puy de Dôme, eines schon lange erloschenen Vulkans. Mehr als 300 Geistliche stehen unter freiem Himmel – ein Dutzend Erzbischöfe und etwa 80 Bischöfe mit ihren verzierten Hirtenstäben, fast 100 Äbte bedeutender Klöster, Gelehrte, Mönche, Priester – dazu Ritter, Kaufleute, Volk ohne Zahl. Aus der Menge ragt ein hölzernes Podium mit einem Thronsessel empor. Verehrungsvolle Stille, als eine Gestalt die Stufen erklimmt – ein hochgewachsener, bärtiger Mann in seinen Fünfzigern, angetan mit prachtvollem Ornat.

Papst Urban II.

An diesem Tag, das hat sich unter den Menschen herumgesprochen, wird Seine Heiligkeit eine Rede halten. Eine Rede, die den Lauf der Weltgeschichte ändern wird.

Der Papst ist ein Landsmann der Zuhörer: geboren als Odo von Châtillon, ein Adeliger aus der Champagne. In jungen Jahren besuchte er die Kathedralenschule von Reims und begann seine geistliche Karriere. 1070 wurde er Mönch in Cluny, der berühmtesten, reformglühendsten, einflussreichsten Abtei des Abendlands. Bald entsandten ihn seine Mitbrüder nach Rom, wo der Neuankömmling Papst Gregor VII. auffiel. Er ernannte ihn zum Kardinalbischof, schickte ihn später als Legaten (Gesandten) nach Frankreich und Deutschland.

Denn dieser Odo von Châtillon ist zwar in Glaubens- und

Kirchendingen streng, ja unnachgiebig. Doch er ist auch ein guter Diplomat, geschickter Organisator, weitsichtiger Politiker – und ein begnadeter Redner; sicherlich einer der fähigsten Kirchenfürsten seiner Generation. Gregor selbst macht kein Geheimnis daraus, dass er sich ihn zum Nachfolger wünscht. Und auch die meisten anderen hohen Geistlichen denken ähnlich: Im März 1088 wählt das Konklave Odo von Châtillon zum Papst, er nimmt den Namen Urban II. an. (Zwischen Gregor VII. und Urban II. amtiert Viktor III. für etwa ein Jahr, doch sein Pontifikat bleibt bedeutungslos.)

Sieben Jahre später reist er von Italien aus in sein altes Heimatland. In der Provence weilt Seine Heiligkeit in der Stadt Avignon, seit Langem ein Besitz des Heiligen Stuhls. Urban II. besucht auch die Abtei von Saint-Gilles, deren Kirche ein prachtvolles Portal schmückt. Zwar liegt das Kloster einsam am Rande der Camargue, doch führt ein Weg von Frankreich nach Spanien hier vorüber, den viele Pilger auf ihrem langen Weg nach Santiago de Compostela wählen, einem der heiligsten Orte der Christenheit. Die frommen Reisenden bleiben und beten einige Tage in Saint-Gilles, sie bringen der Abtei Wohlstand und Ruhm.

Im Oktober ist Urban II. in Cluny. In seinem alten Kloster weiht er den Hochaltar der Basilika, die Abt Hugo seit Jahren errichten lässt.

Am 18. November 1095 schließlich eröffnet er in der romanischen Kathedrale von Clermont ein Konzil, an dem etwa 300 vor allem französische Geistliche teilnehmen. Versammlungen dieser Art sind nicht ungewöhnlich, für Urban II. selbst ist es nicht die erste. Die um den Papst vereinten Würdenträger der Kirche besprechen dabei meist rechtliche, politische und organisatorische Fragen. Und auch in Clermont gibt es viel zu beschließen: Der Papst etwa erneuert das Verbot der Priesterehe. Bis zu seinem Vorgänger Gregor VII. ist der Zölibat, zumindest bei den einfachen Priestern, kaum streng eingehalten, von den Autoritäten auch selten unnachgiebig überwacht worden. Erst Reformer auf dem Stuhl Petri wie

Gregor VII. und Urban II. bestehen auf der Ehelosigkeit – und nutzen Konzile, um ihren Willen durchzusetzen.

Ein anderer Punkt, den die Herren diskutieren, betrifft den Ehebruch König Philipps I. von Frankreich. Eine delikate Angelegenheit. Gegen den sündigen König verhängt der Papst den Kirchenbann: Kein Christ darf mit ihm zu tun haben, der Monarch darf keine Messe hören, darf nicht beichten, bekommt keine Absolution. Stirbt er in diesem Zustand des Banns, muss er fürchten, der ewigen Verdammnis anheimzufallen.

Andererseits ist Philipp I. einer der mächtigsten Herren Europas – und im Prinzip ist der französische König ein Verbündeter des Papstes. Wie also bereinigt man die peinliche, potenziell gar gefährliche Situation? Die Geistlichen beraten, finden in Clermont jedoch noch keine Lösung. (Philipp I. wird sich einige Monate darauf dem Papst in dieser Sache bedingungslos unterwerfen und damit zur allseitigen Erleichterung die Aufhebung des Banns erwirken.)

Dann jedoch wird dieses alles in allem eher gewöhnliche Konzil von einer Ankündigung aufgeschreckt: Am Dienstag, dem 27. November 1095, wird Urban II. eine wichtige Rede halten. So groß ist die Neugier, von so weit her strömt das Volk, dass das Konzil nicht länger in der Kathedrale tagen kann: Extra für diese Rede zieht Urban II. vor die Mauern der Stadt, denn nur dort ist genügend Platz, um so viele Menschen aufzunehmen. Wie viele es genau sind, hat niemand überliefert. Letztlich zählen die meisten europäischen Städte dieser Epoche kaum einige Tausend Einwohner. Viel mehr werden es an jenem Tag vor dem Osttor von Clermont auch nicht gewesen sein.

Unter die Zuhörer mischt sich auch Fulcher von Chartres. Seine Biografie ist knapp ein Jahrtausend später nur noch in Bruchstücken rekonstruierbar: 1058 oder 1059 wird er geboren, in der berühmten Kathedralenstadt Chartres oder in deren Umland. Über Herkunft, Jugend, Ausbildung weiß man wenig. Doch 1097 wird er zum Kaplan ernannt werden, also ist er wahrscheinlich Priester. Vielleicht hat er die Schule von Chartres durchlaufen. Latein, die Universalsprache des abendländischen Mittelalters, spricht und schreibt er fließend. Er kennt die Bibel, die Texte der Kirchenväter und sogar einige Werke der großen heidnischen antiken Autoren, die er aus dem Gedächtnis zitieren kann. Ein gebildeter Mann. Und ein Chronist.

Denn dieser Fulcher von Chartres, wahrscheinlich einer jener 300 Männer Gottes, die der Papst zum Konzil einberufen hat, wird Jahre später eine Chronik jener dramatischen Ereignisse schreiben, die mit der Rede von Clermont beginnen. Er wird notieren, was Seine Heiligkeit gepredigt hat – und was sich danach alles zutragen wird im Abend- und im Morgenland. Und er wird gar den weiten, blutigen Pilgerweg gehen, der bis nach Jerusalem führt.

Damit ist Fulcher von Chartres ein ganz außergewöhnlicher Mann. Nur die wenigsten unter den vielleicht 40 bis 50 Millionen Menschen im Abendland können lesen und schreiben. Die Geistlichen sind in diesen Künsten unterrichtet, doch selbst unter ihnen gibt es viele, Priester auf dem Land vor allem, die kaum ein paar Zeilen aus der Bibel entziffern können. Nur sehr wenige Ritter und adelige Damen haben die Kunst der Schrift erlernt. Und im Volk sind fast alle Analphabeten. (Lediglich in Italien, Südfrankreich und Spanien, wo das antike römische Erbe besser bewahrt worden ist, bleibt die Lektüre nicht nur das Privileg der wenigen. Vor allem die Kaufleute der langsam aufstrebenden Städte Florenz, Venedig, Genua und Pisa können ohne Korrespondenzen, Frachtbriefe und Rechnungsbücher ihre immer weiter gespannten Handelsunternehmungen kaum noch beherrschen.)

Geschrieben wird auf Latein: diplomatische Briefe von Fürstenhof zu Fürstenhof, kirchliche Erlasse, fromme Schriften – und Chroniken. Die Geschichte einer Stadt, einer Abtei, einer außergewöhnlichen Person ist interessant, lehrreich, erbaulich. Manchmal sind die Verfasser derartiger Geschichten Augenzeugen der von ihnen geschilderten Ereignisse, öfter jedoch wohl nicht: Klosterbrüder, die im Scriptorium sitzen und dort niederschreiben, was ihnen andere zugetragen haben. Ihre Werke sind nicht selten unzuverlässig, manchmal rücksichtslos parteiisch. Vor allem bei der Schilderung von Kriegen und Konflikten sind Chronisten meist einem der Kontrahenten verpflichtet und lassen ihn, gleich ob Kirchenfürst oder weltlicher Herr, im hellsten Licht erstrahlen, der Gegner jedoch wird geschmäht. Zahlen werden erfunden, ins Phantastische überhöht oder in Anlehnung an biblische Ereignisse ausgewählt; Daten sind oft ungenau; Zitate werden aus dem Gedächtnis aufgeschrieben oder gleich frei erfunden. Und geschrieben wird ohnehin nicht viel, denn das Pergament, auf dem die Worte festgehalten werden, besteht aus Tierhäuten und ist kostbar; schon für die Blätter eines bescheidenen Bandes müssen den Schafen einer ganzen Herde die Häute von den Leibern gezogen werden.

Fulcher von Chartres gehört zum elitären Zirkel jener Christenmenschen, die sich in Wort und Schrift auszudrücken vermögen. Niemand weiß, ob er sich an jenem 27. November 1095 Notizen macht, vielleicht mit einem Griffel auf einer billigen Wachstafel. Ja, es ist nicht einmal bekannt, ob Fulcher in diesem Moment überhaupt schon entschlossen ist, die Ereignisse, denen er nun beiwohnt, einmal für die Nachwelt aufzuzeichnen. Es ist auch unbekannt, ob er so angespannt und neugierig auf die päpstlichen Worte wartet wie die meisten seiner Mithörer – oder ob nicht er, der gebildete Kirchenmann, bereits an jenem Morgen etwas ahnt, vielleicht gar den Wortlaut der Rede schon kennt. Denn sorgfältig vorbereitet ist diese Rede auf jeden Fall.

Das jedenfalls ist der Text des Aufrufs von Urban II., so wie Fulcher von Chartres ihn überliefert:

> »Weil Ihr Ihm, o Söhne Gottes, gelobt habt, untereinander Frieden zu halten und für die Rechte der heiligen Kirche aufrichtiger als bisher treu einzustehen, verbleibt Euch eine wichtige Aufgabe, die jüngst durch göttlichen Eingriff wachgerüttelt sich sowohl für Euch als auch für

Gott ziemt, bei der Ihr die Ernsthaftigkeit Eures guten Willens erweisen könnt. Denn Ihr müsst euch sputen, um Euren im Osten lebenden Brüdern, die Eure Unterstützung brauchen, um die sie oft dringend nachsuchten, Hilfe zu bringen. Denn die Türken, ein persisches Volk, haben sie angegriffen, wie viele von Euch bereits wissen, und sind bis zu jenem Teil des Mittelmeers, den man den Arm des heiligen Georg nennt, auf byzantinisches Territorium vorgedrungen. Sie haben immer mehr Länder der Christen an sich gerissen, haben sie bereits siebenmal in ebenso vielen Schlachten besiegt, viele getötet oder gefangen genommen, haben Kirchen zerstört und haben Gottes Königreich verwüstet. Wenn Ihr ihnen gestattet, noch viel länger weiterzumachen, werden sie Gottes gläubiges Volk auf weiter Flur unterwerfen. Und deshalb ermahne ich, nein, nicht ich, ermahnt Gott Euch als inständige Herolde Christi mit aufrechter Bitte, Männer jeglichen Standes, ganz gleich welchen, Ritter wie Fußkämpfer, reiche und arme, wiederholt aufzufordern, diese wertlose Rasse in unseren Ländern auszurotten und den christlichen Bewohnern rechtzeitig zu helfen.

Ich richte mich an die Anwesenden, ich verkündige es jenen, die abwesend sind; überdies befiehlt es Christus. All jenen, die dorthin gehen, ob sie auf dem Landweg marschieren oder übers Meer fahren oder im Kampf gegen die Heiden das Ende dieses Lebens in Gefangenschaft finden, werden ihre Sünden vergeben. Dies gewähre ich all denen, die gehen, kraft der Vollmacht, mit der Gott mich ausgestattet hat. O welch eine Schande, wenn eine Rasse, die so verächtlich, so verkommen und von Dämonen geknechtet ist, auf solche Art ein Volk überwinden sollte, welches mit dem Glauben an den allmächtigen Gott ausgestattet ist und im Namen Christi glänzt. O welche Vorwürfe werden Euch vom Herrn selbst zur Last gelegt, wenn Ihr nicht jenen geholfen habt, die wie Ihr dem christlichen Glauben zugerechnet werden!

Jene, die leichtfertig einen persönlichen Krieg gegen die Gläubigen zu führen pflegen, mögen nun gegen die Ungläubigen in einen Krieg ziehen, der jetzt begonnen und siegreich zu Ende gebracht werden sollte. Jene, die lange Räuber gewesen sind, mögen nun zu Streitern Christi werden. Die, die einst gegen Brüder und Verwandte kämpften, mögen nun rechtmäßig gegen Barbaren kämpfen. Jene, die käuflich gewesen sind für einige Stücke Silbers, sollen nun ewigen Lohn empfangen. Jene, die sich selbst zum Nachteil von Körper und Seele erschöpft haben, sollen nun um doppelten Ruhm arbeiten. Zur einen Hand, fürwahr, werden die Traurigen und die Armen sein, zur anderen die Fröhlichen und die Wohlhabenden, hier die Feinde des Herrn, dort Seine Freunde. Nichts möge jene, die sich anschicken zu gehen, aufhalten. Sie sollen ihre Angelegenheiten regeln, Geld anhäufen, und wenn der Winter vorbei und der Frühling gekommen ist, die Reise unter der Führung des Herrn voll Eifers antreten.«

Zwar haben manche Chronisten den Wortlaut jener Rede etwas anders überliefert als Fulcher von Chartres, doch im Inhalt unterscheiden sich alle Varianten in letzter Konsequenz nicht: Es ist ein Aufruf an die Ritter und Krieger des Abendlands zum Kreuzzug, zum heiligen Krieg im Morgenland.

Dergleichen hat es in Europa nie zuvor gegeben. Und ist ein gemeinsamer Kriegszug, ein Zug zumal, der die Grenzen des Kontinents überschreiten soll, nicht ein utopisches und aussichtsloses Unterfangen? Denn in Europa führen die Herren und Ritter zwar pausenlos Krieg – doch die meisten Feldzüge reichen bloß ein paar Dutzend, bestenfalls einige Hundert Kilometer weit. Und meist kämpfen die Adeligen gegeneinander, nicht miteinander.

Papst Urban II. ist ja selbst Partei in jenem schier endlosen, verwirrend chaotischen Ringen aller gegen alle, welches das Abendland in Unordnung stürzt und schwächt.

Papst und Kaiser, die beiden höchsten Herren der westlichen Christenheit, bekämpfen sich seit fast einer Generation. Für die Kaiser des Heiligen Römischen Reiches sind die Erzbischöfe und Bischöfe – etwa von Trier, Mainz oder Würzburg – hochadelige Gefolgsleute, die bei der Regierung der Nation mithelfen, den Herrscher beraten und, vor allem, im Kriegsfall mit Truppen zu den Fahnen eilen. Seit Jahrhunderten ist es deshalb der Herrscher, der, wann immer ein Bischofsstuhl frei wird, seine Kandidaten einsetzt (Investitur). Oft sind die mächtigsten dieser Kirchenfürsten, etwa der Erzbischof von Köln, Brüder oder andere Verwandte des Kaisers.

Gregor VII., der kluge, fromme Reformer, akzeptiert diesen Brauch nicht länger: Der Papst allein, so verkündet er, habe das Recht, Bischöfe zu ernennen, schließlich seien die in erster Linie Männer der Kirche, nicht Gefolgsleute eines weltlichen Herrschers, und sei es des Kaisers.

Dieser »Investiturstreit« zerreißt das Heilige Römische Reich. Es ist ein Kampf um Religion und Moral ebenso wie um weltliche Macht. Gäbe der Papst seinen nun einmal erhobenen Anspruch wieder auf, er würde die Kontrolle über einen Großteil seines Klerus verlieren. Der Papst wäre letztlich kaum mehr als eine moralische, doch weltlich machtlose Instanz.

Gäbe der Kaiser aber nach, er würde die Kontrolle über einige der wichtigsten Gefolgsleute verlieren – und mithin die Macht im Reich. Dann würde *er* zur moralischen, doch machtlosen Instanz herabsinken.

Kaiser Heinrich IV. und Papst Gregor VII. fechten den Streit mit Pamphleten und diplomatischen Depeschen, mit Heeren und Gesetzen aus. Auch Fulcher von Chartres wird in seiner Chronik die »Unverschämtheiten« des Kaisers beklagen.

1076 erklären die vom Salier-Monarchen zusammengerufenen deutschen Kirchenfürsten Gregor VII. für abgesetzt – und der Papst wiederum verhängt den Kirchenbann über den Kaiser, ein unerhörter Vorgang. Alle Adeligen, auf die sich Heinrichs Macht stützt, stehen damit vor einem moralischen Dilemma: Sollen sie weiter treu zum Kaiser, ihrem weltlichen

Herrn, halten – und dabei ihr ewiges Seelenheil riskieren? Oder sollen sie sich auf die Seite des Papstes schlagen, wie es ihre Pflicht als Christ ist – aber damit ihren Lehenseid gegenüber dem Monarchen verletzen, also eidbrüchig werden?

Eine Zeit lang sieht es so aus, als sei die moralische Waffe des Papstes stärker als jede militärische oder diplomatische, die der Kaiser ins Feld führen könnte: Im verschneiten Winter 1076/77 begibt sich Heinrich IV. auf den Bußgang nach Canossa. Dort, vor den Mauern der Burg einer mit dem Papst verbündeten Gräfin, unterwirft sich der Herrscher, barfuß und im schlichten Pilgergewand drei Tage im Schnee ausharrend, dem Oberhaupt der Kirche, um so den Bann aufheben zu lassen. Zu viele seiner Gefolgsleute drohen ihm untreu zu werden, seine Macht ist erodiert.

Doch der Konflikt lodert weiter, denn Heinrich IV. gelingt es, Anhänger um sich zu scharen: Der Kaiser wird 1080 wieder gebannt – doch diesmal wählen die ihm treuen Geistlichen den Erzbischof von Ravenna als Clemens III. zum Gegenpapst. Der Salier marschiert mit einem Heer nach Rom, vertreibt Gregor VII. aus der Stadt und setzt seinen Gegenpapst dort ein.

Urban II. hat diesen Kampf von seinem Vorgänger geerbt. Er ist entschlossen, ihn weiterzuführen – doch ist er auch mächtig genug, ihn zu gewinnen?

Als er 1088 gewählt wird, kann er nicht einmal nach Rom ziehen: Am Tiber regiert der Gegenpapst Clemens III. Auch Norditalien wird von Heinrich IV. kontrolliert. Die aufstrebenden Städte dort unterstehen zum Teil nominell dem Kaiser und beugen sich der Macht seines Heeres, solange es südlich der Alpen steht. Verschwinden die Ritter aus dem Norden, betreiben diese Städte wieder eine unabhängige Politik. Und auch in diesem Fall kann der Papst auf wenig Unterstützung hoffen, denn für die Adeligen von Mailand und die Kaufleute in Florenz oder Venedig ist der Papst vor allem der Herrscher Roms, also kaum mehr als ein weiterer italienischer Regionalfürst – und somit ein potenzieller Rivale.

Urban II. stützt sich zunächst nur auf einen einzigen Verbündeten, ausgerechnet das wildeste, undiszipliniertestе, kriegerischste und beutegierigste Volk Europas: die Normannen.

Diese »Nordmänner«, Abkömmlinge der Wikinger aus Skandinavien, hatten Paris geplündert und die nach ihnen benannte Küstenregion im Norden Frankreichs unterworfen – dem französischen König Karl dem Einfältigen war im Jahr 911 nichts anderes übrig geblieben, als dem Anführer der Eroberer den Titel eines »Herzogs der Normandie« zu verleihen und ihn so zu legitimieren. Beherrschen jedoch kann der Monarch sie nicht: Die Normannen, ihrerseits bald zersplittert in die Gefolgschaften mehrerer ehrgeiziger Fürsten, schwärmen von ihrer französischen Bastion zu weiteren Eroberungen aus.

Die berühmteste führt sie mit einer Invasionsflotte über den Kanal: 1066 landet Wilhelm der Eroberer in England, ringt ein angelsächsisches Heer nieder und schwingt sich zum König der Insel auf. Um diese Zeit ist England jedoch immer noch ein Randgebiet Europas, getrennt vom Rest durch eine tückische Meeresstraße, rückständig und wenig bevölkert.

Ganz anders Italien, das vom Klima begünstigt ist – und wo sich das antike Erbe weit besser erhalten hat. Hier leben mehr Menschen, hier blühen die prachtvolleren Städte. Wohl um das Jahr 1000 gelangen die ersten Normannen auf die Apenninhalbinsel, als Söldner oder Pilger.

Manche verdingen sich als professionelle Soldaten bei den Herren Italiens. Andere besuchen die heiligen Stätten. Denn die Normannen, Christen erst seit wenigen Generationen (ihre skandinavischen Vorfahren waren heidnische Götteranbeter), glühen noch im frommen Eifer der Neukonvertiten. Vor allem die Mönche von Cluny befeuern mit ihren Predigten den Glaubenseifer der Nordmänner.

Schon im Jahr 1019 jedoch segeln nicht mehr nur normannische Pilger durch die Biskaya, an Gibraltar vorbei, quer durch das westliche Mittelmeer, sondern Krieger eines ganzen Heeres – und das erobert Ländereien in Süditalien. Zunächst ist der Papst den Neuankömmlingen durchaus freundlich gesinnt, besiegen sie doch seine Gegner auf der Apenninhalbinsel.

Bald schon werden ihm die Normannen jedoch unheimlich.

1040 erobern sechs Brüder, die Söhne eines Tankred von Hauteville, die bedeutende Stadt Melfi in den apulischen Bergen. Zwölf Jahre darauf haben sie so viele Ländereien unterworfen, dass ihnen der Papst nun ein Heer entgegensendet, um ihr weiteres Vordringen zu stoppen. Er fühlt sich inzwischen in Rom bedroht. Doch das Heer Seiner Heiligkeit erleidet eine schmähliche Niederlage gegen die wilden Nordmänner.

1059 schließlich wird Robert Guiskard, »Robert das Wiesel«, der älteste Überlebende jener sechs Söhne Tankreds, von Papst Nikolaus II. als »Herzog von Apulien und Kalabrien, von Gottes und Sankt Peters Gnaden, und, mit ihrer Hilfe, von Sizilien« anerkannt. Dem Kirchenoberhaupt ist es so ergangen wie zuvor dem französischen König: Er erkennt an, was er nicht mehr ändern kann. Indem der Papst diesen Titel verleiht, macht er sich die Normannen wenigstens nominell zu Gefolgsleuten.

Für Robert Guiskard bedeutet diese Legitimation viel. Er ist nicht länger ein Landräuber, sondern anerkannter Fürst, der seinen Titel und seinen Besitz vererben kann. So viel aber bedeutet sie ihm nun doch wieder nicht, dass er sich wahrhaftig als Vasall des Papstes sieht, der jederzeit auf dessen Befehl hin zu handeln hat.

Zum Glück für Seine Heiligkeit und für die Einwohner Roms richtet sich die Kriegslust der Normannen zunächst nach Süden: Ab 1060 erobert Roberts jüngerer Bruder Roger, wie es Nikolaus II. den Normannen im Titel bereits zugestanden hat, auch die Insel Sizilien.

In den Jahren darauf befehden sich die Normannen auf der Apenninhalbinsel vor allem untereinander. Manche führen zwar auch Raubzüge jenseits der Adria durch, gelangen bis nach Griechenland und Kleinasien, doch dauerhaft sind ihre Eroberungen dort nicht.

Da die normannischen Adeligen jedoch stets alle Ländereien an den jeweils Erstgeborenen vererben, gehen die jüngeren Söhne leer aus. So wächst mit jeder Generation eine neue Generation von Eroberern heran. Die jüngeren Söhne, abenteuersüchtig, kriegslüstern, kriegserfahren auch von Kindheit an, lernen vom Beispiel ihrer Vorfahren: Ziehe aus in die Fremde und erobere dir dein eigenes Fürstentum.

Fragt sich nur: Wohin werden sich die Normannen, wenn ihre internen Kämpfe so bedrohlich nah südlich von Rom erst einmal enden, für neue Raubzüge wenden?

Eine Frage, die sich auch der zweite Kaiser Europas stellt: der Herrscher von Byzanz.

Byzanz, der eigentliche Erbe des Imperium Romanum, ist ein glänzendes Reich – doch ist dieser Glanz der Schimmer des Abendlichts, denn die Macht der östlichen Kaiser zerbröckelt. Konstantinopel, ihre Hauptstadt, ist zwar noch die wohlhabendste und prächtigste Stadt Europas, vielleicht der ganzen Welt. Doch die Zahl der Feinde wird immer größer, die der Verbündeten hingegen nimmt dramatisch ab.

Im Jahr 1054 sprechen der Papst (genau genommen drei Legaten, die er nach Byzanz entsandt hat) und der Patriarch von Konstantinopel, das Oberhaupt der griechisch-orthodoxen Kirche, wechselseitig die Exkommunikation aus.

Noch scheint ein endgültiger Bruch nicht unvermeidbar zu sein: Die Patriarchen der früher einmal zu Byzanz gehörenden, nun von islamischen Herren (die Christen jedoch tolerierenden) regierten uralten Bischofssitze Jerusalem, Antiochia in Syrien und Alexandria in Ägypten halten sich aus dem Streit zwischen Rom und Konstantinopel heraus. Am Hof zu Konstantinopel bemühen sich hohe geistliche und weltliche Würdenträger um einen Ausgleich mit dem Papst. Und auch Urban II. ist gewillt, die inzwischen gut vierzigjährige Krise aus der Welt zu schaffen, schließlich hat Seine Heiligkeit schon des Öfteren den Bann ausgesprochen – und später wieder zurückgenommen.

Tatsächlich jedoch ist das Misstrauen zwischen West und Ost längst zu groß geworden. Es herrscht zwar kein allgemeiner Krieg, doch der politische und theologische Bruch ist unüberbrückbar geworden. Das Jahr 1054 wird späteren Generationen als der Beginn des Schismas erscheinen, der endgültigen Trennung zwischen West- und Ostkirche.

Eine Ursache der Missstimmung und der Nervosität sind eben jene Normannen, auf die sich Urban II. stützt. Die Ländereien, die sie in Süditalien zusammenraubten, waren seit der Spätantike nämlich byzantinische Provinzen. Doch 1071 verliert Konstantinopel die Stadt Bari, die letzte Festung in Italien. Und nachdem die Nordmänner die Byzantiner von der Apenninhalbinsel vertrieben hatten, plünderten einige ihrer Abenteurer fast vor den Toren Konstantinopels das Reich aus. Der Kaiser weiß, dass viele jüngere Normannensöhne wieder darauf brennen, von Süditalien aus nach Griechenland oder Kleinasien zu segeln, um dort byzantinisches Land zu rauben, auf dem sie eigene Fürstentümer gründen wollen.

Andererseits bemüht sich Konstantinopel um die Gunst Roms: Denn noch schlimmer als die Normannen sind die Muslime. Nicht nur, dass Jerusalem und ein erheblicher Teil des Nahen Ostens schon vor Jahrhunderten von den Heerscharen des Islam dem Byzantinischen Reich entrissen worden sind. Seit einigen Jahrzehnten werden auch Anatolien und die kleinasiatische Küste, Herzstücke des Imperiums, von den Seldschuken bedroht, türkischen Reiterstämmen, die aus dem Innern Asiens Richtung Mittelmeer drängen.

So sehr der Kaiser in Konstantinopel den Papst aus theologischen Gründen verabscheuen mag, so sehr er die Normannen fürchtet – er braucht doch die Hilfe westlicher Ritter, um sich auf Dauer der muslimischen Angreifer zu erwehren.

Urban II. weiß das. Und ist es nicht die Pflicht eines Christenmenschen, dem Herscher im Osten darin beizustehen? Denn sind die Muslime nicht der gemeinsame Feind?

Eroberer im Namen Allahs, von den verängstigten Europäern »Sarazenen« genannt, haben seit dem 9. Jahrhundert Teile Süditaliens und Siziliens unterworfen: Es sind die Normannen, die jene Fremden ebenso wie die Byzantiner endgültig aus dem Land werfen. Sarazenische Seeräuber beherrschen zudem das westliche Mittelmeer. Sie kapern Handelsschiffe, besetzen Burgen an den Küsten, überfallen die Städte am mediterranen Saum. Im Jahr 846 plündern sie gar Rom, bis ins 10. Jahrhundert suchen sie die Provence heim, 1016 noch wird Pisa ausgeraubt, im Jahr 1020 Narbonne.

Nur mühsam behaupten sich die Flotten der italienischen Handelsstädte, halten sich die Herren in Südfrankreich. Mit dem Normannensturm allerdings verlieren die Sarazenen fast sämtliche Stützpunkte in Europa.

Sie sind jedoch nicht der einzige muslimische Feind vor den Toren des Abendlands.

Im 8. Jahrhundert eroberten Araber und Berber den größten Teil Spaniens. Kleine christliche Königreiche – Kastilien, Aragon, Navarra, Leon – verteidigen den Norden der iberischen Halbinsel, mit dem Rücken zu den Pyrenäen. Der bedeutendere, reichere Teil jedoch mit Städten wie Granada, Sevilla und Toledo fällt an den Islam.

Ab 976 regiert dort der Wesir Mohammed ibn Abi Emir, genannt »al-Mansur«, »der Siegreiche«. Und in der Tat: Fürchterlich sind seine Feldzüge gegen die Christen: 986 erobert er Barcelona, 996 plündert er die Stadt Leon, im Jahr darauf den Pilgerort Santiago de Compostela. Die Glocken der Kirche, der drittheiligste christliche Pilgerort nach Jerusalem und Rom, lässt er im Triumph in den Süden schleppen. Welche Schmach für das Abendland!

Wohl nur sein Tod im Jahr 1002 bewahrt Europa davor, dass erstmals seit Jahrhunderten wieder ein muslimisches Heer die Pyrenäen überschreitet, um plündernd, vielleicht gar erobernd bis ins Herz der Christenheit vorzustoßen.

Der Gegenstoß erfolgt einige Jahre nach dem Ende des siegreichen muslimischen Feldherrn: 1014 greift Sancho III. der Große, König von Navarra, muslimisches Gebiet in Spanien an. Viel später wird dies einmal »Reconquista« genannt werden, die »Rückeroberung« einst christlichen Landes auf der iberischen Halbinsel.

Zehn Jahre vor jenem Konzil, auf dem Urban II. zum Kreuzzug aufruft, feiern die Christen Spaniens ihren bislang größten Sieg: Toledo fällt in die Hand des Königs von Kastilien, Alfonso VI.

Wichtiger noch als die materiellen Siege ist für den Papst die spirituelle Idee, die hinter der Reconquista steht: Sie ist ein heiliger Krieg und als solcher eine Angelegenheit aller christlichen Ritter.

Denn schon König Sancho der Große wurde vom Papst unterstützt. Auch Prediger aus Cluny befeuerten den Glaubenseifer der Kämpfer. Für Seine Heiligkeit und für die strengen Mönche ist dieser Zug nicht einfach eine Eroberung, es ist ein gerechter, gottgewollter Kampf gegen Ungläubige.

Niemand hat jemals so starke Worte gegen jede Art Gewalt gefunden wie Jesus, doch schon wenige Jahrhunderte nach der Kreuzigung akzeptieren seine Nachfolger den Krieg, ja legitimieren ihn. Im frühen 4. Jahrhundert besiegt Kaiser Konstantin einen Rivalen unter dem christlichen Zeichen, nachdem ihm dieses im Traum erschienen ist. Im Jahrhundert darauf schlagen die soeben christianisierten Franken unter dem Kreuzeszeichen die noch heidnischen Alemannen und begründen so ihr Großreich.

Kleriker – zumindest viele Geistliche, niemals jedoch alle, denn ein Unbehagen wird immer spürbar bleiben – versuchen nicht länger, den Krieg zu verbieten, sie begnügen sich damit, ihn lenken zu wollen.

Der heilige Augustinus etwa schreibt schon im 5. Jahrhundert, dass ein Christ auf Befehl Gottes sehr wohl in die Schlacht ziehen mag. Papst Leo IV. dekretiert um 850, dass jeder Gläubige, der bei der Verteidigung der Kirche sterbe, himmlische Belohnung erhalten werde. Einige seiner Nachfolger stellen die Gefallenen solcher Kriege dann den Märtyrern gleich – die Idee des »heiligen Krieges« ist damit in der abendländischen Welt.

Das ist durchaus auch eine Reaktion auf den *Dschihad*, den »heiligen Krieg«, welchen Muslime gegen Ungläubige führen dürfen. (»Die Tore des Paradieses sind unter den Schatten der Schwerter«, hat Mohammed verkündet und damit den Krieg um des Glaubens willen gerechtfertigt.)

Diese Idee, so wird der Militärhistoriker John Keegan ein Jahrtausend später schreiben, sei eine »gänzlich neue Kraft der Kriegführung«. Schon immer haben Menschen einander Gewalt angetan, doch ging es bei organisierten Kämpfen um Land und Beute, um Handelsgüter, Menschenraub, Viehdiebstahl oder Weidegründe. Erst Muslime und, später, die Christen machen die Idee, die Religion allein zum Motiv von Kriegen. Von Kriegen zudem, die, da sie Kontinente umspannen, gewaltig sind wie kaum je Konflikte zuvor.

Als im Jahr 1063 Ramiro I., der König von Aragon, im Ringen mit den Muslimen fällt, verspricht Papst Alexander II. allen Rittern, die für das Kreuz in Spanien fechten, die Vergebung ihrer Sünden. Zudem organisiert er ein Heer mit Edlen aus nicht-spanischen Regionen des Abendlands, die als Freiwillige unter dem Kreuz gegen die Muslime ziehen sollen. Vor allem französische Ritter aus dem Norden und aus Aquitanien folgen dem Aufruf – und etliche Normannen.

Dies ist, wenn auch nicht dem Namen nach, ein Kreuzzug: ein heiliger Krieg zur Rückeroberung christlicher Stätten aus den Händen der Ungläubigen. Ein Feldzug, in dem den Kämpfern Vergebung ihrer Sünden versprochen wird. Ein Unterfangen, das auf Aufforderung, mithilfe und mit dem Segen des Papstes stattfindet. Und ein Abenteuer, das sich ausdrücklich an alle Ritter des Abendlands richtet, gleich, woher sie stammen.

Die Reconquista in Spanien ist das Vorbild für jenen Kriegszug, der bereits dem strengen Reformpapst Gregor VII. vorschwebte: Seine Heiligkeit wollte sich sogar an die Spitze eines europäischen Heerzugs gen Osten setzen und ihn persönlich ins Feld führen. Sein Konflikt mit dem deutschen Kaiser verhinderte dies.

Sein Nachfolger Urban II., gesicherter in seiner Macht, vielleicht auch der bessere Organisator, ganz gewiss der bessere Diplomat, macht sich nun auf, 1095 in Clermont, diese Vision blutige Realität werden zu lassen. Er will Ritter an den heiligsten Ort der Christenheit entsenden – und ins Zentrum der muslimischen Länder: nach Jerusalem.

Den Feldzug wird er wohl *peregrinatio* nennen, »Pilgerfahrt«. Den Begriff »Kreuzzug« gibt es noch nicht – er wird erst ein Jahrhundert später in Frankreich aufkommen.

Wer sonst würde solch ein Abenteuer organisieren können, wenn nicht Urban II.? Als er 1088 den Stuhl Petri besteigt, darf er sich nicht einmal nach Rom wagen. Nur sieben Jahre jedoch benötigt der geschickte Diplomat an der Spitze der Kirche, um die Lage von Grund auf zu wandeln: Gegenpapst Clemens III. ist aus der Tiberstadt vertrieben. Sein mächtigster Förderer, Kaiser Heinrich IV., erleidet im Reich und auf Italienfeldzügen entscheidende Niederlagen: Dessen Sohn Konrad rebelliert 1093 schließlich gegen ihn – und er wird dabei von Urban II. unterstützt. (Als sich rasch zeigt, dass Konrad in Deutschland keine Helfer findet, wird Urban II. ihn, ohne zu zögern, fallen lassen: Der untreue Kaisersohn wird, unbeachtet und bedeutungslos, in Italien sterben.)

In Frankreich kontrolliert der Papst die Kirche, unter anderem mit Konzilen wie jenem zu Clermont. Die mächtigen Predigermönche von Cluny stehen auf seiner Seite. Die Normannen sind seine Verbündeten, auch wenn man nie sicher sagen kann, welche Kriegszüge sie als Nächstes planen. In Spanien sind die Könige, die in der Reconquista kämpfen, treue Gefolgsleute des Heiligen Stuhls.

Kurz: 1095 sieht sich Urban II. als unumschränkter Herr der abendländischen Christenheit. »Du, Gott, besitzt Macht und Weisheit, du bist der Herr der Zeiten; du setzt Könige ein und setzt sie ab.« So steht es schon im Alten Testament (Daniel 2, 20–21). Und vollstreckt nicht der Papst den Willen Gottes?

Urban II. redet an jenem Herbsttag in Clermont glänzend, feurig, lang. »Deus lo volt!«, schreit es aus der Menge, immer wieder: »Gott will es!« Lateinisch korrekt wäre es, »Deus vult« zu rufen, doch längst hat sich die Sprache der Alten mit den romanischen Dialekten jener verschliffen, die nichts mehr von den Klassikern wissen.

Und was erst weiß man von Jerusalem? Die Stadt, so heißt es, sei kreisrund, ummauert, geschmückt mit zwölf Toren. Wundergeschichten zirkulieren über die heilige Stätte, mancher wird den einen oder anderen Vers aus der Bibel kennen, in dem Jerusalem genannt wird.

Wenige nur haben die Stadt mit eigenen Augen gesehen. Von Bordeaux etwa, dem atlantischen Rand Europas, sind es bis nach Jerusalem und zurück rund 10 000 Kilometer. Zwar reisten schon in der Antike fromme Pilger zu den heiligen Stätten, beteten auf Golgatha, dem Ölberg, im Garten Gethsemane, vor dem leeren Christusgrab und an Jesu Geburtsort Bethlehem. Im 4. Jahrhundert ließ Helena, Mutter des Kaisers Konstantin, die Grabeskirche errichten. Einige Jahrzehnte später sollen bei Jerusalem angeblich 200 Klöster und Hospize für Pilger offen gestanden haben.

Die Reisenden, viele sind ein Jahr und länger unterwegs, bringen Reliquien in den Westen zurück: Splitter vom Kreuz, eine Phiole mit dem Blut Christi, Gebeine von Heiligen. Und sie bringen Nachrichten, Wissen, Wundergeschichten, Gerüchte aus dem Osten mit. So gewaltig der kulturelle Niedergang am Ende der Antike ist, so wenige Menschen etwa lesen und schreiben können, so reißt der Kontakt zum anderen Gestade des Mittelmeers, zum Heiligen Land, doch nie ganz ab.

Mit der muslimischen Eroberung und mit den sarazenischen Piratenflotten verebbt zwar der Strom der Reisenden zum Rinnsal: zu unsicher ist der Weg, zu feindlich sind oft lokale Herrscher, die in den Christen nun Ungläubige sehen.

Doch seit wenigen Generationen ist der Pilgerweg wieder sicherer. Seit die Sarazenen zurückgedrängt sind – und seit muslimische Herrscher erkennen, dass ihnen die Ankömmlinge Geld einbringen: Jeder Christ, der Jerusalem betreten will, muss am Jaffator, neben der Davidsburg, eine Steuer entrichten.

Die Pilger reisen mit dem Schiff über das Mittelmeer, meist von italienischen Städten wie Venedig aus bis Konstantinopel. Von dort wandern sie über die Straßen Kleinasiens und Syriens bis ins Heilige Land. Seit 975, als das wilde Reitervolk der Ungarn christianisiert wurde, ist auch der Weg entlang der Donau und über den Balkan bis nach Konstantinopel offen – langsamer zwar als die Seereise, doch weniger teuer.

Die Cluniazenser vor allem propagieren das Pilgerwesen. Ihre Mutterabtei Cluny, 910 gegründet, wird von mächtigen Herren gefördert, etwa den Herzögen der Normandie. Später werden Tochterkonvente gegründet, bald sind es etwa 2000 in West- und Südeuropa. Die Mönche organisieren Pilgerzüge, werben für sie, begleiten auch die Reisenden. Der fromme Zug, in der Spätantike und im frühen Mittelalter eher als eine Art mystische körperliche Annäherung ans Heilige verstanden, wird unter dem Einfluss der Geistlichen von Cluny nun zu etwas anderem: Die Pilgerreise wird als Buße gesehen, als Strafe, als religiöse Leistung, die, wenn sie erbracht worden ist, einem Christen die Vergebung bestimmter Sünden einbringen kann.

Es kommt der Brauch auf, einem Missetäter, selbst Mördern und Ehebrechern, Pilgerreisen aufzuzwingen: zu lokalen Heiligtümern, nach Rom oder Santiago de Compostela – und eben nach Jerusalem. Wer dieses lange, gefahrvolle Unterfangen beendet hat (viele Pilger sterben unterwegs an Erschöpfung oder Hunger, bleiben auf See verschollen oder werden Opfer von Straßenräubern), der hat sich von seinen Sünden reingewaschen und wird wieder aufgenommen in seine Gemeinschaft. Praktischer Nebeneffekt: Da es im Abendland zu dieser Zeit kaum öffentliche Gefängnisse gibt – sie zu errichten und zu unterhalten wäre viel zu kostspielig –, verschwinden Verbrecher auf Pilgerschaft für längere Zeit so sicher aus der Gemeinschaft, als würde man sie in einen Kerker werfen.

Viele Frauen und Männer brechen zudem auf, ohne dazu von Richtern oder Predigern gezwungen worden zu sein: Sie wissen um ihre Sünden und hoffen, an den heiligen Stätten Vergebung zu erlangen – was sie in Testamenten gestehen, die sie in der Heimat aufsetzen lassen, da sie schließlich nie sicher sein können, den langen Weg zu überleben.

Und so nimmt die Menge der freiwilligen und unfreiwilligen Pilger im 10. und 11. Jahrhundert zu. Ihre Zahl ist schwer zu schätzen: In Jerusalem etwa unterhalten Kaufleute aus Amalfi mindestens seit dem 10. Jahrhundert das Sankt-Johannes-Hospital als Pilgerunterkunft, es müssen also wieder regelmäßig Reisende eintreffen.

Im Jahr 1064 brechen Pilger unter Erzbischof Siegfried von Mainz, dem angesehensten Kirchenfürsten des Reichs, sowie mehreren weiteren Bischöfen auf, um über Ungarn und Byzanz das Heilige Land zu erreichen. (Ausgerechnet diese Pilgergruppe wird unterwegs überfallen – und wehrt sich nach anfänglichen theologischen und moralischen Bedenken schließlich mit Gewalt, kämpft sich gewissermaßen also den Weg nach Jerusalem frei.)

Andererseits wird wohl doch kaum einer unter hundert Menschen im Abendland Jerusalem mit eigenen Augen gesehen haben. In größeren Städten mag es ein paar Männer und noch viel weniger Frauen geben, die das Heilige Land bereist haben – oft Geistliche oder Adelige. Auf dem Land kann man hingegen zum Greis werden, ohne je einen Pilger gesehen zu haben.

Denn letztlich weiß man im Abendland doch wenig vom Osten: Viele Ritter, immerhin die Elite der Gesellschaft, etwa glauben, dass Mohammed für die Muslime kein Prophet ist, sondern einer von mehreren Göttern.

Und selbst die Erinnerung an die eigenen Heroen ist verzerrt: Karl der Große förderte kurz vor seiner Kaiserkrönung 800 tatsächlich das Pilgerwesen zu Jerusalem. Da er mit dem legendären Kalifen Harun al-Raschid ein Abkommen schloss, erlaubte ihm dieser, in Jerusalem Unterkünfte für die Franken zu errichten. Ein Nonnenkloster am Heiligen Grab geht auch darauf zurück – und die Messe in der Marienkirche, die seither auf Latein gelesen wird, nicht auf Griechisch, der Sprache der östlichen Christen.

Die Zeitgenossen Urbans II. jedoch haben aus dieser realen Geschichte längst eine phantastische Legende gestrickt: Karl der Große persönlich sei nach Jerusalem gepilgert, er sei der legitime Schutzherr aller heiligen Stätten dort. Gibt das den Christen nicht das Recht, in Jerusalem zu herrschen?

Jubel, als der Heilige Vater geendet hat, beinahe Hysterie. Wer hört schon genau hin? Wer weiß schon um theologische Finessen? Der Heilige Vater verspricht einen Ablass, *remissio peccatorum*. Urban II. verkündet, dass dem, der reinen Herzens das Kreuz nimmt, die bisher begangenen Sünden (und nur diese) vergeben werden: der Kreuzzug als Pilgerzug.

Im Volk – und selbst unter vielen Geistlichen – versteht man es jedoch anders, noch hoffnungsfroher, ja wie etwas noch nie Dagewesenes: Wer auszieht, dem ist der Platz im Paradies schon sicher, ganz gleich, was er getan hat, was er auf dem Kreuzzug tun wird, was er danach noch je tun mag. Welch großes Versprechen! Welche kolossale Hoffnung für jeden Sünder, der in beständiger Angst vor der Hölle leben muss! Und: Welch ein Freibrief, alles zu tun, was man will, solange man nur an diesem Abenteuer teilhat …

»Deus lo volt!«

Ein Bischof drängt sich vor, als Urban II. endlich endet, hin zum Papst, der sich auf seinem Thronsessel niedergelassen hat. Dieser Bischof wirft sich vor Urban II. auf die Knie und fleht laut, als erster Christ das Kreuz nehmen zu dürfen für dieses Kriegs- und Pilgerunternehmen zur Befreiung von Jerusalem.

Dieser Bischof ist Adhémar von Le Puy. Er wird einer der wichtigsten Führer des Ersten Kreuzzugs werden – und es ist wohl kein Zufall und auch keine spontane Ergriffenheit, die ihn als Allerersten an den päpstlichen Thron drängt.

Sondern eine sorgfältige Inszenierung.

Denn dieser Adhémar von Monteil, Bischof von Le Puy, stammt aus der Familie der Grafen von Valentinois, also aus dem französischen Hochadel. Er ist ein Mann mittleren Alters, »klug, weise, energisch« wird ihn Fulcher von Chartres später einmal nennen.

Seit 1087 ist er Bischof, 1095 begleitet er Urban II. durch Frankreich. Vor allem aber: 1086 war Adhémar als Pilger in Jerusalem.

Der Papst, so viel ist sicher, muss die Rede von Clermont von langer Hand vorbereitet haben. Vielleicht hat er schon seit dem Tag, da er den Stuhl Petri bestieg, vom Kreuzzug geträumt.

Ein Krieg, der bis ins Herzland des muslimischen Feindes getragen werden soll, muss sorgfältig geplant und er muss von fester Hand geführt werden. Denn zwar sollen Ritter, also weltliche Kämpfer, das Kreuz nehmen, doch die oberste Autorität soll bei der Kirche bleiben. Und das heißt beim Papst.

Jerusalem – und alles heilige Land, was sonst noch in die Hände der Kreuzfahrer fallen mag – muss dem Stuhl Petri unterstehen, darf nicht wie jedes andere zusammengeraubte Fürstentum dastehen, schon gar nicht in der Hand irgendeines heißblütigen, landhungrigen Normannen.

Aber wer soll den Kreuzzug anführen, wenn nicht Bischof Adhémar? Der ist aus edler Familie, ist persönlich hoch angesehen, ist aufgeschlossen, weitherzig, ruhig, erfahren – und er kennt den Osten. Adhémar hat auf seinem Pilgerzug Konstantinopel passiert, er hat Kleinasien gesehen, Anatolien, Jerusalem.

»Ratgeber der Reichen, Tröster der Leidenden, Stütze der Schwachen, Schatzmeister der Armen und Schlichter von Streitigkeiten«, so lobt ihn ein anderer Chronist. Und er hätte noch ergänzen können: kein starrer Frömmler, der sich um bloßer Prinzipien willen Feinde schafft, sondern ein Mann des Ausgleichs selbst gegenüber den Kirchen des Ostens. Hohe Kleriker aus Konstantinopel und Jerusalem sind für ihn legitime Verbündete, nicht Häretiker.

Unbeweisbar, doch sehr wahrscheinlich, dass sich Urban II.,

der bereits vom Kreuzzug träumt, in den langen Monaten, die er in Frankreich weilt, mit Adhémar beraten hat – und ihm schließlich die Führung des Abenteuers anvertraut.

Dann aber ist der Kniefall von Clermont ein abgesprochener Akt, eine Aufführung, die vor allem Adhémars Autorität stärken soll: Da er der erste Christ ist, der das Kreuz nimmt, gebührt ihm auch der Rang des spirituellen Anführers.

Urban II. muss glauben, dass er sein Unternehmen perfekt vorbereitet hat. Denn er wird in Frankreich zuvor nicht nur Adhémar allein ins Vertrauen gezogen haben. In Cluny hat er den Hochaltar geweiht. Abt Hugo ist seit 1048, also seit fast einem halben Jahrhundert im Amt (und wird bis 1109 leben und wirken), der wohl mächtigste Mönch der Christenheit. Mit ihm und seinen Brüdern wird Urban II., der ja selbst ein Cluniazenser ist, über den Kreuzzug beraten haben. Organisieren die Mönche doch das Pilgerwesen – wo sonst würden so viele Informationen über den Osten zusammenlaufen? Und wer sonst würde ihm bessere Prediger zur Verfügung stellen, Prediger, die seine feurigen Worte mit ähnlich glühendem Eifer im Abendland verbreiten?

Männer Gottes, das weiß auch der Papst, werden allein jedoch nicht einen Kriegszug führen, der von Clermont aus fast 5000 Kilometer weit bis Jerusalem führen soll, eine unvorstellbare Distanz – dazu muss er sich auch auf Männer des Schwertes stützen.

Den Kaiser des Heiligen Römischen Reiches, Europas ranghöchsten Adeligen, kann er kaum fragen – der ist sein Gegner. Den König von Frankreich hat er soeben erst gebannt. Der Monarch in England, Nachfahr Wilhelms des Eroberers, muss vor allem die Herrschaft über sein neues Reich festigen. Die Könige Spaniens kämpfen bereits gegen die Muslime in der Reconquista.

Wer also dann?

Urban II. hat zuvor auch die Abtei von Saint-Gilles besucht. Kein Chronist überliefert, ob er sich dort mit dem weltlichen Herrn der Region trifft, doch alle Indizien sprechen dafür.

Denn dieser Herr ist Graf Raimund IV. von Toulouse, nach seinem Lieblingsbesitz auch »Graf von Saint-Gilles« genannt.

Dieser Raimund ist ein grauhaariger Recke, Anfang fünfzig, Narben unter dem wilden Bart und über einem ausgeschlagenen Auge. Ein eitler und starrsinniger Ritter, doch auch höflich, vornehm, zuverlässig, ehrlicher als viele Standesgenossen.

Und für Urban II. muss er wie ein von Gott gesandter Kämpfer erscheinen.

Denn der Graf von Toulouse beherrscht die Provence und viele Regionen Südwestfrankreichs, er ist einer der wohlhabendsten Großen Frankreichs. Über seine Gattin Elvira von Aragon ist er mit den meisten iberischen Königsdynastien verwandt. Auch deshalb hat er wahrscheinlich bereits in Spanien bei der Reconquista mitgekämpft. Und: Auch Raimund von Toulouse hat vielleicht schon einmal als Pilger Jerusalem erblickt. (Zumindest werden das spätere Chronisten über ihn berichten, wenn auch garniert mit vielen Legenden.)

Ein reicher und erfahrener älterer Kriegsherr, ehrlich obendrein, der schon in Glaubenskriegen gegen Muslime focht: Gibt es einen besseren Mann, dem der Papst die militärische Leitung des Kreuzzugs anvertrauen könnte?

Raimund jedenfalls, der in Clermont nicht anwesend ist, wird nach dem Aufruf einen Boten in diese Stadt entsenden und mitteilen, dass er das Kreuz zu nehmen gedenke. Wie Adhémar der erste Geistliche und der erste Christ überhaupt ist, der sich dem Kreuzzug anschließt, so ist Raimund IV. von Toulouse der erste Hochadelige, der dies verspricht.

Anders aber als Adhémar, der vor der Menge der Gläubigen als päpstlicher Legat und damit als geistger Anführer legitimiert wird, ernennt Urban II. den Grafen niemals offiziell zum Militärbefehlshaber. Vielleicht aus diplomatischen Rücksichten, weil er befürchtet, dass manche Adelige, stolze Normannen etwa, sich nicht melden werden, wenn sie unter einem Standesgenossen dienen müssten. Vielleicht auch, weil Urban II. keinen Rivalen fördern will, der die Autorität der Kirche bei diesem frommen Unternehmen je infrage stellen könnte.

Was auch immer die Motive des Papstes für sein Schweigen sind – dieses Schweigen ist ein fataler Fehler.

Und es wird nicht der einzige Fehler sein in jenem doch so sorgfältig vorbereiteten Abenteuer.

Doch zunächst genießt der Papst einen Triumph: Nach Adhémars Kniefall drängen sich spontan Hunderte Zuhörer heran, fallen zu Boden, schwören, dass sie das Kreuz nehmen werden. »Deus lo volt!«

Ein Geistlicher stimmt das *Confiteor* an. Die Menge spricht das Schuldbekenntnis nach: »Confiteor Deo omnipotenti ... Ich bekenne Gott, dem Allmächtigen, ... dass ich Gutes unterlassen und Böses getan habe.«

Schließlich erhebt sich Urban II. vom Thronsessel, erteilt seinen Zuhörern die Absolution und bedeutet ihnen, nach Hause zu gehen.

Die Rede ist beendet, der Aufruf zum Kreuzzug ist in der Welt. Von nun an gibt es kein Zurück mehr.

Mag sein, dass Urban II. mit der ungeheuren Begeisterung gerechnet hat. Möglich aber auch, und einige Indizien sprechen dafür, dass er zwar auf Unterstützung gehofft hat, vor allem von hohen Klerikern und von Adeligen, dass ihn diese fast hysterische Zustimmung des Volkes, die ihm nun entgegenbrandet, allerdings überrascht, ja vielleicht sogar beunruhigt.

Kurz nach seiner Rede versammelt er in Clermont Geistliche, um mit ihnen die nächsten Schritte zu besprechen. Urban II., der geschickte Organisator, will die nun entfachte Begeisterung lenken, will dafür sorgen, dass Glaubenseifer nicht in Chaos umschlägt. Sein Aufruf und das, was nun beschlossen wird, soll mit Briefen in alle Diözesen des Abendlandes getragen werden.

Also verspricht er nun jedem, der das Kreuz nimmt, dass seine weltlichen Güter unter dem Schutz der Kirche stehen; der jeweils örtliche Bischof möge dafür Sorge tragen. So garantiert der Papst, dass etwa kein Ritter, der auf diesen gefahrvollen und sicherlich Monate, wenn nicht Jahre währenden

Kriegszug geht, fürchten muss, dass ihm ein daheimgebliebener Nachbar oder Rivale Ländereien oder Burgen entreißt.

Das Zeichen der Ritter, so dekretiert Urban II., solle ein rotes Kreuz auf weißem Grund sein, das auf der Schulter des Waffenrocks zu tragen sei.

Jeder Kreuzzügler muss schwören, dass er nach Jerusalem ziehen werde. Wer, nachdem er einmal diesen Eid geleistet hat, nicht aufbricht oder unterwegs umkehrt, der verfällt dem Kirchenbann.

Priester dürfen das Kreuz nur mit Erlaubnis ihres Bischofs, Mönche nur mit dem Einverständnis ihres Abtes nehmen – damit keine Gemeinden oder Klöster verwaisen, falls sich zu viele Männer Gottes melden sollten.

Alte und Gebrechliche dürfen nicht mitmarschieren, damit sie den Kriegszug nicht verlangsamen.

Jeder, der auszieht, muss zuvor seinen Priester befragen, auf dass jeder mit reinem Gewissen gehen möge.

Der griechisch-orthodoxen Kirche verspricht Urban II., dass sie alle alten Besitztümer und Rechte, etwa an Kirchen und Klöstern in Kleinasien, zurückerhalten werde in den Städten, die die Kreuzfahrer auf dem Weg erobern sollten. So wird der Kaiser von Byzanz, ohne dessen Hilfe ein solcher Zug gen Osten unmöglich wäre, als Verbündeter umworben. Er soll gewiss sein, dass sich dieses Unternehmen ausschließlich gegen die Muslime richtet, nicht gegen ihn.

Schließlich befiehlt der Papst, dass sich alle Kreuzzügler in Konstantinopel zu sammeln hätten (offenbar allerdings ohne zuvor den Kaiser dort informiert zu haben). Als Aufbruchdatum nennt er Mariä Himmelfahrt im nächsten Jahr, wenn die Ernte eingebracht sein wird: der 15. August 1096.

Bis dahin jedoch mögen viele Glaubenskämpfer nicht mehr warten. Eines wird schnell klar: Den Willen zum Kreuzzug, den Urban II. an jenem Herbsttag entfacht hat, kann er schon bald nicht mehr kontrollieren.

3 DER ZUG DES VOLKES

Ein anderer, einer von den Jüngern, sagte zu Jesus: »Herr, erlaube mir, erst noch meinen Vater zu begraben.« Aber Jesus erwiderte: »Geh mit mir! Überlass es den Toten, ihre Toten zu begraben!«
(Matthäus 8, 21–22)

Ostersamstag, 12. April 1096, Köln

Ein klein gewachsener, barfüßiger Mann mittleren Alters in einer schmutzigen Kutte predigt in der größten deutschen Stadt – und er verkündet eine Botschaft, die man dort noch nie vernommen hat: Auf zum Kreuzzug! Sofort! Jeder soll sich anschließen, vom Grafen bis zum Bettelmann!

Der Mann ist ein Niemand: »Peter der Einsiedler« heißt er im Volk oder auch, weniger respektvoll, »der kleine Peter«. Ein Mönch aus der Gegend von Amiens, mit schwarzbrauner Haut, langem, hagerem Gesicht, der auf einem Esel reitet und weder Brot noch Fisch isst, dafür jedoch Fleisch und Wein nicht verschmäht. Viel mehr weiß man nicht über seine Herkunft, seinen Werdegang. Nur dies noch: Er ist als Pilger in Richtung Heiliges Land unterwegs gewesen – und wurde dort von Muslimen misshandelt.

Und er ist ein begnadeter Redner.

»Was immer er sagte oder tat, schien halb göttlicher Art zu sein«, schreibt ein Chronist, der den Mönch kennt.

Mit ziemlicher Sicherheit ist Peter der Einsiedler nicht in Clermont, als der Papst zum Kreuzzug aufruft. Doch bald darauf muss er davon gehört haben – und beginnt nun seinerseits zu predigen, auf eigene Faust.

Damit hat Urban II. nicht gerechnet. Der Heilige Vater träumt von einem Kriegszug unter Führung von Kirchenfürsten, ausgefochten vor allem von den Edlen des Abendlands. Ein ritterliches Unternehmen, gelenkt vom Papst.

Tatsächlich jedoch verliert Urban II. rasch die Kontrolle über die Geister, die er rief. Überall stellen sich Redner auf die Marktplätze und in die Kirchen. Redner, die kein Bischof und schon gar nicht der Papst dazu autorisiert hat. Redner, die verkünden, was ihnen gefällt, und nicht unbedingt genau das, was Urban II. gesprochen hat. Der Heilige Vater jedoch schweigt dazu und lässt es geschehen.

Der einflussreichste dieser selbst ernannten Kreuzzugsmissionare wird jener ungepflegte Mönch aus Amiens, der ein feuriger Prediger ist und umglänzt wird von einem Charisma, das ihn im Volk zu einer Art Heiligen macht.

Ende 1095 taucht er zum ersten Mal auf, da redet er in der Grafschaft Berry in Zentralfrankreich. Von dort zieht er weiter ostwärts. Ob dahinter irgendeine Absicht steckt? Oder ob sich Peter bloß von Zufall zu Zufall treiben lässt? Oder ob er nach Osten zieht, weil irgendwo dort ja schließlich Jerusalem auftauchen muss? Niemand weiß es.

Im Februar und März des folgenden Jahres jedenfalls ist er bei Orléans, dann durchzieht er die Champagne, durchquert Lothringen, hält kurz in Aachen – und erreicht Ostern 1096 schließlich Köln und den Rhein, die größte deutsche Stadt und den Strom, der zugleich der wichtigste und schnellste Verkehrsweg ist, der ihn näher zu seinem Ziel bringen wird.

Und Peter der Einsiedler ist längst nicht mehr allein.

Überall folgen ihm Anhänger, Reiche und Arme, vor allem Arme, Männer und auch auffallend viele Frauen. Sie haben alles aufgegeben, was sie in ihrem bisherigen Leben verankert hat: Stand und Beruf, Familie, Haus. Menschen, die niemals zuvor die Mauern ihres Heimatstädtchens verlassen haben, die niemals zuvor einen Fremden in unbekannter Sprache haben reden hören, machen sich auf einen Weg, der sie Tausende Kilometer weit auf einen anderen, feindlichen Kontinent zum Glück führen soll.

Es sind Auswanderer.

Für sie ist der Aufruf des Papstes – oder genauer: das, was Peter der Einsiedler ihnen feurig als den Aufruf des Papstes verkündet – ein ungeheures Glücksversprechen. Allerdings hat Urban II. vor allem spirituelles Glück in Aussicht gestellt: Erobert die heiligen Stätten der Christen, und euch werden die Sünden vergeben! Das Volk, das dem Einsiedler nun folgt, ist sicherlich auch gläubig. Doch vor allem versteht es: Erobert die christlichen Stätten – und bleibt im Heiligen Land!

Als Siedler, Handwerker, Beutemacher.

Denn Hungersnöte, Überschwemmungen und Seuchen wüten, vor allem in Nordeuropa. 1094 und 1095 sind die Ernten schlecht gewesen. Vielerorts essen die Armen Wurzeln aus den Wäldern, um zu überleben.

Seuchen plagen die Menschen. Das Antoniusfeuer etwa, eine tückische, für die Zeitgenossen gänzlich unerkannte Verunreinigung des Roggens mit Mutterkorn, einem Pilz. Wird das Getreide gemahlen, gelangt auch der giftige Pilz in feinsten Spuren hinein. Hautkribbeln und grausame Schmerzen plagen die Opfer, in denen ein inneres Feuer zu lodern scheint – tatsächlich verengt das Pilzgift vor allem die Blutgefäße, sodass Gliedmaßen nur noch schlecht oder gar nicht mehr versorgt werden. Manche Opfer leiden auch unter Wahnvorstellungen. Am Ende werden Finger, Hände und Füße schwarz und fallen ab: Berge abgefaulter Gliedmaßen, so berichten Chronisten, liegen in verlassenen Kirchen. Vor allem in Frankreich und Deutschland wütet die Seuche seit etwa 1080, weil dort immer mehr Roggen angebaut wird.

»1089 war ein Seuchenjahr«, schreibt ein Benediktinermönch, »besonders im westlichen Teil Lothringens, wo viele, deren Inneres das Heilige Feuer verzehrte, an ihren zerfressenen Gliedern verfaulten, die schwarz wurden wie Kohle. Sie starben entweder elend, oder sie setzten ein noch elenderes Leben fort, nachdem ihnen die verfaulten Hände und Füße abgenommen wurden.«

Und da erscheint dieser arme Mönch und kündet vom Heiligen Land …

Muss er nicht vielen Armen und Verzweifelten wie ein neuer Apostel vorkommen? Eine geheiligte Figur, die zum Aufbruch mahnt – zum Aufbruch hin zu einem fernen Land, das zwar kaum jemand bislang mit eigenen Augen gesehen hat, in dem aber, so steht es doch schon im 2. Buch Mose, »Milch und Honig fließen«. Er ruft zu einem gottgefälligen Werk auf. Ein Werk, das im nächsten Leben ewiges Seelenheil zu versprechen scheint – und in diesem Leben Besitz, Ruhm, zumindest eine Flucht aus dem Jammer von Plagen und Hunger.

Dies ist die erste der vielen Wundergeschichten, die sich um diesen Kreuzzug ranken werden: Ein abgerissener Mönch, der einige Monate lang predigend durch ein paar Regionen Frankreichs und Deutschlands zieht, stellt aus dem Nichts eines der größten Heere der abendländischen Christenheit auf. Denn als Peter der Einsiedler zu Ostern vor Köln eintrifft, da folgen ihm, so berichten Chronisten, schon 15 000 Männer und Frauen – und damit ungefähr so viele, wie die größte deutsche Stadt überhaupt Einwohner zählt.

Für manche Einwohner der rheinischen Metropole muss es ein erhebender, ja ekstatischer Augenblick sein, diese Masse bedingungsloser Glaubenskrieger auf der von Westen kommenden Straße zu erblicken. 25, 30 Kilometer schaffen sie am Tag. Ein Lindwurm aus Leibern: Menschen jeden Alters, die meisten zu Fuß, nur wenige, ein paar Hundert vielleicht, die als Ritter auf eigenem Ross sitzen. Frauen, sogar Kinder. Vaganten und ehemalige Straßenräuber. Ochsenkarren, vielleicht Maultiere. Auf einem schweren Karren eine gewaltige Truhe: Dort sind Münzen und Geschmeide verborgen, Gaben frommer Einwohner der Gemeinden, die sie bereits passiert haben. Möglich, dass Hymnen erklingen, gesungen in französischen und deutschen Dialekten oder im rauen Latein. Staub auf der Straße. Gestank nach Schweiß und Kot. Blitzende Waffen für den Kampf ums Heilige Land: Ein paar Schwerter und Spieße, Äxte, Knüppel, Sensen. Möglich, dass man irgendwelche Reliquien mitführt. Ganz sicher das Kreuz: als hölzernes Abbild und rot aufgestickt auf schmutzigen Stoff. Irgendwo in der Menge, wahrscheinlich an der Spitze seiner Getreuen, ein hagerer Mönch auf einem Esel.

Klarsichtigere Einwohner Kölns werden diesem seltsamen Heerzug jedoch mit Schaudern entgegensehen – und sie haben allen Grund dazu.

Köln verdankt seine herausragende Stellung dem antiken Erbe und einem geografischen Zufall. Die Römer errichteten hier ein Legionslager, aus dem sich eine bedeutende Provinzstadt entwickelte – eine Stadt, die zwar in den Wirren der Völkerwanderung litt, aber niemals ausgelöscht wurde. So ist Köln Jahrhunderte älter als die meisten anderen, erst im frühen Mittelalter gegründeten Städte des Reichs.

Außerdem liegt es an jener Stelle des Rheins, bis zu der hochseetüchtige Nordseeschiffe den Strom befahren können. Erst hier müssen die großen, plumpen Segler anlanden und ihre Ladungen auf kleinere Kähne umladen – ein idealer Markt- und Zollplatz also.

So leben in Köln, fast wie in Italien, Kaufleute, die Wolle und Wein handeln, die Schiffe und Fracht bis nach Flandern, England, Frankreich schicken. Händler und Handwerker sind in Gilden vereint. Eine Mauer mit sechs Haupttoren umschließt die annähernd quadratisch am westlichen Rheinufer gelegene Stadt. An der Nordostecke, direkt hinter der Mauer, erhebt sich der romanische Dom Sankt Peter, eine fünfschiffige Basilika. Daneben Marktplätze, Lagerhäuser, Stapelplätze am Rheinufer, Fachwerkhäuser. Die noch immer aufragenden Ziegelruinen der römischen Stadt – vielerorts findet man vielleicht noch Mosaiken aus dieser vergangenen Zeit und marmorne Statuen.

Jenseits der Mauern Äcker, Obstgärten, römische Gräber, die umwallten Kirchen und Gebäude bedeutender Klöster. Sankt Pantaleon etwa hat die Kaiserin Theophanu, Gemahlin Ottos II., gut 100 Jahre zuvor gefördert, bei den Benediktinern auch liegt sie begraben.

Köln ist eine wohlhabende, aufstrebende Stadt – schon bald

wird die Mauer um neue Viertel gezogen, die Fläche der Metropole bedeutend vergrößert. Kein Ort, aus dem ein Armer fliehen müsste, kein Zentrum religiöser Versponnenheit.

Und doch: Mit Peter dem Einsiedler kommen Wahn und Mord nach Köln.

Was Peter der Einsiedler zu Ostern 1096 genau predigt, weiß heute niemand mehr. Kein Zeitgenosse hat die Rede festgehalten. Vielleicht hat er apokalyptische Visionen verkündet: Im April 1096 erstrahlt der Himmel über Europa in einem nächtlichen Meteorregen. Ist das nicht ein Zeichen für eine Völkerwanderung?

Dann wird der Mönch von einem Traum künden: Das irdische Jerusalem sei identisch mit dem heiligen Jerusalem. Er, Peter, werde sie alle in das irdische Paradies führen!

Auch wie er seinen Auftritt organisiert hat, ist unbekannt. Haben ihm Amtleute der Stadt geholfen? Oder haben sie bloß geschehen lassen, was sie ohnehin nicht hätten verhindern können? Wo sind der Mönch und seine Anhänger untergekommen: Sicherheitshalber vor der Stadt, vor den nächtens verschlossenen Toren? Oder innerhalb der Mauern? Auf den Plätzen, gar in den Häusern der Einwohner?

Wenig auch ist bekannt von denen, die Peter dem Einsiedler folgen. Drei Deutsche sind so etwas wie Unterführer in dem Haufen: Volkmar, Orel und Gottschalk mit Namen, und mehr als ihre Namen haben auch die Zeiten nicht überdauert.

Ein weiterer herausragender Gefolgsmann ist Walter Sans-Avoir, »Walter Habenichts«. »Ein wahrhaftig sehr guter Streiter«, wird ihn Fulcher von Chartres nennen, ein Ritter aus Burgund. Möglich, dass er tatsächlich ein verarmter Edler ist, wie der Spitzname vermuten lässt. Möglich aber auch, dass ihm dieser wenig schmeichelhafte Beiname bloß verliehen wurde, weil Walter aus der Stadt Boissy-sans-Avoir stammt.

Auch andere Adelige finden sich spätestens in Köln im Gefolge des Einsiedlers: Graf Emich von Leiningen aus Rheinhessen, ein skrupelloser Haudegen. Und Vizegraf Wilhelm von

Melun – »Wilhelm der Zimmermann« gerufen, weil er mit gewaltigen Körperkräften seine Gegner fällt.

Auch wenn die Einzelheiten im Nebel der Jahrhunderte verloren gegangen sind, die Folgen jener Osterpredigt sind klar: Zum einen gewinnt Peter weitere Anhänger, die mit ihm ins Heilige Land ziehen werden.

Zum anderen lenkt er den religiösen Wahn auf ein zweites Ziel: die Juden.

Den Krieg gegen die Ungläubigen verkündet er, Hass und Mord und Raub. Aber wer von seinen Gefolgsleuten hat schon je in seinem Leben auch nur einen Muslim gesehen? Wer hat schon einmal gegen einen Sarazenen oder Türken gekämpft? Man mag sie für Sünder und für Bösewichte halten – sie bleiben doch wie Spukgestalten, Furcht einflößend, aber unsichtbar.

Sind jedoch nicht auch die Juden Ungläubige? Ja, schlimmer als die Muslime? Denn haben nicht sie den Herrn ans Kreuz geliefert? Und wohnen sie nicht mitten unter den Christenmenschen?

Tatsächlich leben die Juden fast so lange in Deutschland, wie es auf dessen Boden römische Städte gibt: Schon in der Antike müssen, das legen wenige erhaltene Dokumente nahe, am Rhein die ersten Gemeinden entstanden sein. (Allerdings ist es unklar, ob Juden auch in den dunklen Jahrhunderten der Völkerwanderungszeit dort blieben, oder ob sie nicht gen Süden zogen und erst in späteren Jahrhunderten wiederkamen.) Sie sind Kleinhändler, Handwerker, Ärzte, Schriftgelehrte. Oft haben sie einen Sonderstatus: Sie sind Schutzbefohlene des Kaisers oder eines örtlichen Bischofs – und müssen dafür jährlich hohe Steuern entrichten. Brutalen Verfolgungen aber sind sie nicht ausgesetzt.

In Mainz, Speyer, Worms blühen ihre Gemeinden – und auch in Köln. Ihr Viertel erstreckt sich südlich des Doms, bei der Marspforte, fast am Rheinufer. Einige Hundert Menschen leben dort.

Doch ihre Lage hat sich, schleichend zunächst, in den letzten Jahren verschlechtert – weil es, paradoxerweise, manchen von ihnen so gut geht wie nie zuvor. Denn im 11. Jahrhundert erblüht im Abendland der Handel, das erste Mal seit dem Zusammenbruch des Imperium Romanum senden Kaufleute wieder Waren über große Distanzen. Vor allem in Italien entstehen so kommerzielle Zentren, aber auch, zum Beispiel, in Flandern – und am Rhein. Köln wird immer wohlhabender.

Mit dem Handel kommt auch das Geld zurück nach Europa. Lange hat man kaum mit Münzen gezahlt. Wozu auch? Die wenigen Waren wurden getauscht. Fernhändler jedoch können nicht mehr Waren von einem Ende des Kontinents zum anderen schleppen. Sie wollen mit Gold und Silber entlohnt werden. Langsam werden so Dukaten und Taler, Schillinge und Pfennige in immer größeren Mengen geprägt.

Die Kaufleute Italiens führen Buch, ja schließen bereits Versicherungen ab und geben Kredit: »Bank«, »Giro« und viele weitere Worte des Kapitals stammen aus dem Italienischen.

Nördlich der Alpen jedoch sind Kirchenherren strenger als auf der Apenninhalbinsel. Der Klerus setzt dort ein Zinsverbot durch: Wer gegen Zinsen Geld verleiht, der mache sich der Sünde des Wuchers schuldig – das jedoch ist Christen verboten.

Und so werden Juden Geldverleiher.

Es sind nur wenige, die nun gegen Zinsen Geld verleihen, die meisten sind auch weiterhin die Ärzte oder Handwerker, die sie schon lange waren. Diese wenigen Juden bleiben, was das Geldgeschäft angeht, von der Kirche unbehelligt. Eine Folge davon ist, dass in den Jahrzehnten, die dem Kreuzzug voraufgehen, immer mehr Christen Kredite aufnehmen: Handelsherren, die für Geschäfte Bares brauchen. Ritter, die ihre Kämpfe, ihren Burgenbau oder ihre Prunksucht mit geliehenen Talern finanzieren. Zum ersten Mal überhaupt sind Christen in größerer Zahl bei Juden verschuldet.

Manche, die zum Kreuzzug ausziehen wollen, doch kein Pferd oder keine Waffen haben, nehmen erst jetzt bei Juden einen Kredit auf – und fragen sich, warum sie sich bei Ungläubigen verschulden sollen, um gegen andere Ungläubige in den Krieg zu ziehen.

Eine fatale Kombination: Hunger und Seuchen, die viele Menschen bedrohen. Ein Papst, der den Kampf gegen die Ungläubigen verlangt. Und Ungläubige, denen man viel Geld schuldet. Ungläubige zudem, die nicht in mühselig zu erreichenden Ländern leben, sondern in der Nachbargasse …

Schon Peter der Einsiedler hat, sei es aus zynischer Berechnung, sei es aus echtem religiösem Wahn, den Juden zugesetzt. Sein unorganisiertes Heer muss er ja ständig in Bewegung halten. 15 000 Menschen essen jeden Landstrich in wenigen Tagen kahl. Er muss Vorräte eintreiben, Gelder, Getreide, Wein und dann weiterziehen, immer weiter. Unterwegs auf seinem Weg von Frankreich in Richtung Deutschland hat der Mönch »Spenden« von jüdischen Gemeinden erhalten.

Kaum vorstellbar, dass die ihm freiwillig Geld gegeben haben. Eher wird es eine Erpressung gewesen sein: Gebt Geld, oder mein Mob wird es sich holen! Außerdem ließ er sich von französischen Gemeinden Empfehlungsschreiben für die Juden in Deutschland mitgeben: Versorgt dieses Heer!

Nun sind sie in Köln, wo die Gemeinde groß ist und verlockend wohlhabend.

Was zu Ostern hinter den Mauern Kölns geschieht, ist heute nicht mehr klar zu rekonstruieren. Die riesige Menge ist kaum strukturiert: Es gibt keine allgemein anerkannten Ränge, niemand hat Treueide geschworen, keiner bekommt von irgendwem Sold – also kann jederzeit jedermann im Prinzip entscheiden, was er als Nächstes tun will.

Und so teilt sich dieser Volkskreuzzug in Köln: Walter Sans-Avoir und einige weitere Adelige ziehen schon am Dienstag, dem 15. April, den Rhein hinauf. Sie wollen dem Strom bis nach Süddeutschland folgen, dann nach Ungarn wechseln, dort die Donau entlangziehen und irgendwie bis Konstantinopel gelangen. Mit dem Habenichts ziehen etliche Tausend Franzosen weiter, die bislang Peter dem Einsiedler gefolgt sind.

Der Mönch selbst harrt noch einige Tage in der Stadt aus. Vielleicht will er abwarten, dass aus deutschen Landen weitere Kreuzzügler zu ihm stoßen – keine unrealistische Hoffnung, denn offenbar füllt sich der Volkshaufen rasch wieder auf, die Verluste durch den Abzug der Franzosen jedenfalls scheinen nicht groß gewesen zu sein. Obwohl anfangs angeblich manche Deutsche über seine Predigten gelacht haben – schließlich muss er doch viele Christen überzeugen können.

Vielleicht ist er nach dem bisherigen Marsch auch nur erschöpft und gönnt sich und den Seinen in der wohlhabenden Gemeinde einige Zeit der Ruhe. Sicher ist nur, dass auch Peter unbedingt weiter gen Jerusalem ziehen möchte.

Doch nicht jeder will sich diesen Strapazen stellen, nicht jeder will so lange warten, um Ungläubige zu erschlagen.

Die beiden rätselhaften Unterführer Volkmar und Gottschalk jedenfalls nicht: Sie scheinen in diesen Tagen Anhänger um sich zu scharen, die sie gegen die Juden führen wollen, die Juden Deutschlands.

Noch toller treibt es Graf Emich von Leiningen. Der, so vermerkt ein Zeitgenosse, habe »einen sehr schlechten Ruf wegen seiner tyrannischen Lebensweise«; er ist berüchtigt für Raubüberfälle und gesetzloses Treiben. Doch offenbar ist sein Ruf nicht schlecht genug: Der Edelmann, ein eher unbedeutender Fürst im Reich, verkündet nun, er sei ein »neuer König Saul«, er werde, wie der Herrscher aus der Bibel, ein neues Königtum errichten – und zumindest einige Tausend Glaubenseiferer hören ihm zu. Mal erzählt er, ein Engel sei ihm in einer Vision erschienen, mal ist es Jesus Christus selbst. Die Botschaft jedoch ist immer gleich: Er, Emich, solle den Antichrist bekämpfen – und dazu die Juden »bestrafen«.

Und so teilt sich in Köln der Volkskreuzzug nicht nur in Franzosen, die unter Walter Sans-Avoir so rasch wie möglich ins Heilige Land ziehen, und Deutsche, die hinter Peter dem Einsiedler etwas gemächlicher auf demselben Weg folgen.

Sondern auch in verschiedene Haufen, die erst viel später oder überhaupt nicht mehr Jerusalem sehen wollen, sondern Mordlust gegen ihre jüdischen Nachbarn hegen.

Sonntag, 20. April 1096, Köln

Peter der Einsiedler zieht aus der Stadt: Ein Mönch auf einem Esel, einige deutsche Ritter zu Pferd, eine Schatztruhe auf einem Ochsenkarren – und angeblich nun 20 000 Frauen, Männer, Kinder zu Fuß. Langsam verschwinden sie gen Süden.

Sie wandern Woche um Woche den Rhein hinauf. Biegen dann am Neckar ab, erreichen schließlich die Donau. Dort fahren manche mit Schiffen voraus, die Hauptmacht jedoch zieht weiterhin zu Fuß, der Einsiedler an der Spitze.

Bei Ödenburg erreichen sie Ungarns Grenze. Abgesandte des Königs warten dort auf sie und versprechen Verpflegung sowie freies Geleit. Zuvor sind bereits die Franzosen unter Walter Sans-Avoir in leidlicher Ordnung durch das Königreich gezogen, die letzte Nation, die noch zwischen den Kreuzzüglern und dem Imperium von Byzanz liegt.

Der Marsch geht zunächst weiter, bald stoßen auch die Glaubenskämpfer, die mit dem Schiff vorausgefahren waren, wieder zu der Truppe.

Freitag, 20. Juni 1096, Semlin

Ein Grenzposten an der Stelle, wo die Save in die Donau mündet, der östlichste Punkt des Abendlands. Jenseits der Save erheben sich die Zinnen von Belgrad, dort erstreckt sich das Territorium von Byzanz.

Der Statthalter des ungarischen Königs Koloman, wahrscheinlich ein Mann türkischer Abkunft, ist erschrocken über den wilden Haufen, ratlos wohl auch, was zu tun sei. Walters Haufen ist kurz zuvor erst hier durchgezogen. 16 Nachzügler, die nicht über die Save gingen, hatten in Semlin einen Markt überfallen, der Statthalter ließ sie festnehmen, aller Waffen und Kleider berauben und dann laufen. Die Waffen hängte er als Mahnung an die Stadtmauern – und dort hängen sie noch, als Peters Riesenheer eintrifft.

Gerüchte: Irgendwie erfahren die Kreuzzügler davon, was diesen 16 Mann widerfahren ist. Irgendwie hören Ungarn wie Fremde, dass die französischen Kreuzzügler jenseits des Grenzflusses Kämpfe mit byzantinischen Truppen gehabt haben müssen, man munkelt von Plünderungen, Verrat. Misstrauen auf beiden Seiten, Unmut, Unruhe.

Zunächst hält der Statthalter den Heerzug vor seinen Mauern in Zaum. Er verspricht Vorräte, verspricht, mit Flößen und Kähnen für eine sichere Passage über den Fluss zu sorgen.

Doch irgendwo entbrennt ein lächerlicher Streit: angeblich um ein Paar Schuhe, das einige Kreuzzügler auf einem lokalen Markt kaufen wollen. Schimpfworte, Flüche, Schläge – plötzlich fließt Blut.

Rasend schnell, und offenbar ohne Peters Wissen, ja gegen seinen Willen, greifen seine Anhänger nun zu den Waffen. Der Mob, einmal entfesselt, bedrängt die überraschten Ungarn, stürmt Stadt und Zitadelle. 4000 Ungarn werden, so ein Chronist, an jenem Tag erschlagen, Semlin wird von Peters Leuten geplündert.

Was nun? Peter ist ausgezogen, um Ungläubige zu töten. Stattdessen liegen nun die Leichen von Christen auf den Straßen. Der König von Ungarn wird diese Schmach rächen, wird mit einem Heer anrücken. Also fort! Hinüber über die Save, hinein nach Byzanz!

In Belgrad aber, nur einige Hundert Meter entfernt, werden die Soldaten des byzantinischen Kaisers die Kämpfe beobachtet, die Schreie der Sterbenden gehört haben.

Alles hängt jetzt vom raschen Handeln ab: über den Fluss mit den 20 000 Menschen, bevor der Statthalter in Belgrad Zeit hat, einen Boten zum fernen Kaiser nach Konstantinopel zu schicken, um Verstärkung zu erbitten.

Peter lässt seine Leute Kähne am Ufer sammeln, dazu alles Holz zusammenraffen, dessen sie habhaft werden können, sie reißen es selbst aus den Häusern. So breit ist die Save nicht! Flöße müssen her, so viele wie möglich, so schnell wie möglich!

Donnerstag, 26. Juni 1096, Grenzfestung Belgrad

Der byzantinische Statthalter in Belgrad beobachtet seit Tagen das Treiben der wilden Horde am jenseitigen Ufer. Wie soll er sich verhalten? Die Kreuzzügler geben ja vor, nur durch das Reich ziehen zu wollen, um gegen die Muslime im Nahen Osten zu kämpfen – ein Unterfangen im Sinne des Kaisers. Aber kann man diesem Haufen trauen? Der Statthalter hat längst Boten nach Konstantinopel entsandt, um den Herrscher zu warnen – und um Instruktionen einzuholen. Doch was soll er in der Zwischenzeit tun?

Er entsendet *Petschenegen* ans andere Ufer: türkische Söldner im Dienste von Byzanz, wilde, trotzdem loyale Truppen. Die sollen den Kreuzzüglern befehlen, nur eine Furt über die Save zu nutzen. Wenn er den Heerhaufen schon nicht stoppen kann, so will der byzantinische Beamte dessen Vormarsch wenigstens kanalisieren: Queren die Fremden den Fluss nur auf einer Furt, müssen sie nacheinander hinüberkommen, als schier endlose Menschenschlange. Das wird Tage dauern, die Fremden werden nicht plötzlich in Übermacht sein. Und ihren Nachschub kann man so besser kontrollieren, denn diese eine Stelle ist relativ leicht zu kappen.

Doch vergebens: Niemand hört auf die Petschenegen. Die Kreuzzügler arbeiten weiter an ihrer improvisierten Flotte.

Der Statthalter zieht sich daraufhin mit einem Teil seiner Garnison in die Provinzhauptstadt Niš zurück. Als die Einwohner Belgrads den Abzug bemerken, fliehen sie entsetzt in die Wälder. Die Stadt ist verlassen.

An diesem 26. Juni endlich hat Peter der Einsiedler genügend Flöße und Kähne zimmern lassen, um seine Gefolgsleute mit einem Schlag und auf breiter Front über den Grenzfluss zu bringen. Rufe und Flüche, vielleicht einige Hymnen und Gebete. Das Schreien verängstigter Tiere, die man auf schwankende Gefährte zieht. Der bedrohlich schwere Schatzwagen auf knarzenden Planken. Strudel im Fluss. Hitze. Auf dem Wasser plötzlich Boote vom jenseitigen Ufer: Petschenegen an Bord, mit rauer Stimme ein Befehl: Die Fremden mögen die eine zugewiesene Furt beachten!

Die Soldaten des Kaisers, die Reste der Garnison, die der geflohene Statthalter in Belgrad zurückgelassen hat, bezahlen ihren Gehorsam mit dem Leben: Der Mob umzingelt die Kähne noch auf der Save; ein Scharmützel, wilde Hiebe – dann sind alle Petschenegen erschlagen.

Der Weg ins byzantinische Imperium ist frei.

Am jenseitigen Ufer stürzen die Kreuzzügler los: Belgrad! Sie stürmen die leere Stadt, rennen durch gespenstisch stille Gassen, brechen Pforten auf. Bald ertönt aus den Häusern das Krachen zerschlagener Möbel und Truhen. Belgrad wird geplündert – und als es nichts mehr zu plündern gibt, lodern Flammen auf. Die Grenzstadt wird zu Asche.

Peter der Einsiedler blickt auf die Wälder jenseits von Belgrad. Irgendwo dahinter ist Niš. Dahinter Konstantinopel. Dahinter Jerusalem. Weiter, nur weiter!

Donnerstag, 3. Juli 1096, Provinzhauptstadt Niš

Eine starke Festung, etwa 250 Kilometer südöstlich von Belgrad. Hier führt die »Kaiserstraße« durch, seit der Antike der wichtigste Weg nach Asien, über Sofia, Edirne, bis nach Konstantinopel. Eine große Garnison: der Statthalter hat griechische Truppen, Petschenegen, ungarische Söldner unter seinem Kommando, wohl einige Tausend Mann. Weniger als die Kreuzzügler, doch besser bewaffnet, disziplinierter.

In ferner Zukunft würde man den unerlaubten Grenzübergang eines Heeres, die Morde auf der Save, die Plünderung Belgrads als kriegerische Akte verstehen, als Invasion, als einen unumkehrbaren Schritt hin zu offener Gewalt. Nicht so im 11. Jahrhundert: Auch nach dem 26. Juni gilt Peters Haufen als christliche Streitmacht, die prinzipiell mit Byzanz verbündet ist. Was in Belgrad geschehen ist, mag ein bedauerliches Missverständnis sein.

So sehen es beide Seiten. Also schickt Peter der Einsiedler, sobald er vor den Mauern von Niš lagert, einen Boten hinein, der vom Statthalter die Versorgung mit Lebensmitteln verlangt. Verhandlungen, durchaus freundlich, dann das Ergebnis: Ja, die Kreuzzügler dürfen vor den Mauern Getreide, Brot, Wein, und was sie sonst noch benötigen, kaufen; dafür stellen die Fremden zwei Geiseln, die nachts beim Statthalter bleiben müssen. Manche Einwohner von Niš spenden den ärmeren Fremden Almosen, einige wenige schließen sich gar dem Zug ins Heilige Land an.

Ein unsicherer Frieden senkt sich mit der Abenddämmerung über die Stadt.

Draußen die Kreuzzügler, ungehobelt, laut, selbstgerecht und anmaßend nach dem Triumph an der Save. Mancher, der sein Leben lang Knecht oder Handwerksgeselle gewesen ist, mag bei der Plünderung von Belgrad zum ersten Mal den Rausch des Blutes, des Raubes, des Sieges genossen haben.

Drinnen der Statthalter, der gern einige Truppen als eine Art Bewachung mit den Kreuzzüglern schicken will, doch fürchtet, dass er dann nicht mehr genügend Mann in Niš hat. Konstantinopel hat inzwischen Verstärkung versprochen, doch Gott allein weiß, wo diese Truppen gerade marschieren. Dazu die Petschenegen, die zwar loyal sind, von denen aber sicherlich viele nach Rache für die erschlagenen Kameraden dürsten.

Freitag, 4. Juli 1096

Morgens ziehen die Kreuzzügler auf der Straße gen Sofia weiter. Ein Lindwurm aus Leibern, wohl fast zwei Kilometer lang. Die meisten sind schon aufgebrochen, als plötzlich einige Mühlen an einem Fluss in Flammen stehen. Mehrere Deutsche, so heißt es, hätten zuvor wegen einer Nichtigkeit Streit mit Einheimischen gehabt und sich so gerächt. Peter der Einsiedler, weit vorn auf seinem Esel reitend, sieht nichts davon. Niemand eilt zu ihm, um davon zu berichten.

Da schickt der Statthalter einige Reiter aus der Stadt. Sie sollen Nachzügler verhaften und als Geiseln nehmen, bis die Kreuzzügler den Schaden bezahlt haben.

Auch davon erfährt der Einsiedler zunächst nichts. Doch dann eilt einer seiner Anhänger zu ihm. Peter wendet den Esel, reitet zurück, will mit dem Statthalter um Lösegeld verhandeln. Unruhe in der Menge, Gerüchte, der Zug stockt.

Der Mönch redet mit dem Statthalter, doch das dauert. Mancher im Heerhaufen will nicht mehr warten. Rufe wohl von irgendwoher, ein, zwei Aufwiegler, die Reden schwingen, Genaueres ist nicht bekannt. Plötzlich jedenfalls stürmen einige Kreuzzügler los, zurück gegen Niš. Sie berennen die Mauern der Stadt, wollen Rache, Beute.

Kämpfe mit Petschenegen und Ungarn. Die Kreuzzügler weichen zurück. Der Statthalter ist fort. Chaos. Was soll Peter tun? Immer mehr byzantinische Truppen auf der Straße. Rufe nach Rache, Schreie »Verrat!« Der Einsiedler will vermitteln, will seine Leute in Zaum halten. Vergebens. Ein neuer Angriff des Mobs, eine neue Schmach.

Nun jedoch lässt auch der Statthalter alle seine Truppen frei: Reiter stürmen heran, Schwerter blitzen, der Boden bebt unter den Hufen der Rösser. Die Rache der Petschenegen. Panik jetzt. Männer, Frauen, Kinder, die blutend zu Boden sinken; andere, die an den Haaren gepackt und fortgeschleift werden, in eine Gefangenschaft, aus der sie für den Rest ihres Lebens nicht mehr entkommen werden.

Die Kreuzzügler, gerade noch blutdürstig und beutegierig, wenden sich zu kopfloser Flucht. Peter auf seinem Esel, einige 500 Getreue um ihn, stiebt in die Wälder, rettet sich auf einen Berg. Der Karren mit dem Schatz ist verloren, seine Anhänger sind in alle Richtungen zerstreut.

Nacht im Wald. Versprengte stoßen zu Peter. Wie geprügelte Hunde schleichen sie sich davon – weiter Richtung Osten, denn umkehren können sie nicht mehr. Was würden die Ungarn mit ihnen machen, kämen sie nun zur Grenze zurückgekrochen?

Am nächsten Morgen sammelt Peter der Einsiedler weitere Flüchtlinge aus seinem Zug ein, mehr und immer mehr. Die Verluste sind doch nicht so groß, wie sie in der ersten Panik geglaubt haben. Sie rasten schließlich in der kleinen Stadt Bela Palanka, deren Einwohner bei ihrem Nahen geflohen sind.

Sommer, Erntezeit. Sie schneiden das Getreide von den Feldern, mahlen, backen. Endlich wieder Essen! Ihre Vorräte haben sie auf der Flucht verloren, ihren Schatz zurückgelassen. Ein Viertel der Kreuzzügler hat das Gefecht bei Niš gekostet, Gefangene, Erschlagene.

Doch selbst jetzt sind sie noch 15 000.

Samstag, 12. Juli 1096, Sofia

Der Heerzug erreicht die Stadt – und Petschenegentruppen warten schon auf ihn. Doch niemand greift die Erschöpften an, im Gegenteil. Ein Soldatenführer tritt vor, er bringt einen Befehl des Kaisers: Man werde die Kreuzzügler von nun an geleiten, nirgendwo aber dürfen sie länger als drei Tage rasten. Dafür werden sie mit Lebensmitteln versorgt, auf Kosten der Staatskasse.

Tatsächlich ziehen die Gefolgsleute des Einsiedlers von nun an ohne Probleme durch das Byzantinische Reich. Von Bulgarien nach Griechenland, wo mitleidige Dorfbewohner ihnen Brot und Geld spenden. Fast scheint es, als seien die Abenteurer aus dem Westen froh, überhaupt noch am Leben zu sein, der Schock von Niš steckt ihnen noch in den Gliedern.

Dann ein neuer Abgesandter des Hofes. Der Kaiser, so seine Botschaft, habe ihnen ihre Gewalttaten und ihre Unhöflichkeit verziehen. Sie mögen getrost nach Konstantinopel weiterziehen, nur noch wenige Tagesmärsche entfernt.

Peter der Einsiedler weint vor Glück.

Das Heer des Mönchs zieht durch das Byzantinische Reich. Und auch die Franzosen, die unter Walter Sans-Avoir früher aufgebrochen sind, marschieren noch unter Bewachung durch kaiserliche Lande. So ungezügelt die beiden Gruppen auch sind – sie sind längst nicht die blutdurstigsten Truppen jenes spontanen Volkskreuzzugs. Die fanatischsten Mordbrenner nämlich sind in Deutschland geblieben.

Nachdem Walter Sans-Avoir und Peter der Einsiedler aus Köln abgezogen waren, ließen sie am Rhein Tausende Kämpfer zurück, die Ungläubige erschlagen wollen.

Die beiden Prediger Volkmar und Gottschalk scharen jeweils Anhänger um sich und ziehen später gen Süden, Richtung Bayern und Böhmen.

Graf Emich von Leiningen jedoch, der selbst ernannte neue König Saul, geht sofort daran, die Juden zu »bestrafen«. Auch ihm folgen Tausende. Darunter etliche Ritter wie Vizegraf Wilhelm der Zimmermann, die es wohl unter ihrer Würde befunden hätten, einem Einsiedler Gehorsam zu leisten, wohl aber einem Grafen. Und eine Masse ebenso gewaltbereiter wie einfältiger Habenichtse. Aus irgendeinem rätselhaften Grund wird in Graf Emichs Haufen eine Gans verehrt: In ihr sei der Heilige Geist, so munkelt man. »Und die meisten Leute folgten ihr«, schreibt der Chronist Albert von Aachen erschüttert, »wie Tiere; und sie glaubten von ganzem Herzen, dass dies so sei.«

Ihre ersten Opfer sind wohl ein jüdischer Mann und eine jüdische Frau in Köln. Die Chronisten widersprechen sich, wenn sie den Ursprung der Gewalt beschreiben. Nach Albert von Aachen sind es »die Einwohner« der Stadt selbst, die Juden attackieren. Der Stadtherr, Erzbischof Hermann III. von Hochstaden, scheint die Juden, die ihm hohe Sondersteuern zahlen, in seinem Palast zu schützen. Viele aus der Gemeinde fliehen trotzdem. Unklar ist, ob Graf Emich selbst da schon eine Rolle spielt.

Sicher ist erst, dass er am 3. Mai 1096 vor Speyer mit seiner Mordbande auftaucht, viel weiter südlich am Rhein und nahe seiner Heimat. Das mag aber nicht unbedingt dagegen sprechen, dass er nicht auch schon in Köln die Hand im Spiel hat, denn er wird in den folgenden Wochen den Strom in beiden Richtungen heimsuchen.

In Speyer attackiert er die Juden, doch der örtliche Bischof, durch ein »Geschenk« zusätzlich tapfer gestimmt, schützt die Gemeinschaft, wohl in seinem Palast. Zwölf Männer und Frauen jedoch, die sich nicht rechtzeitig hinter dessen Mauern retten konnten, werden erschlagen; eine Jüdin, die Vergewaltigung fürchtet, nimmt sich das Leben.

Knapp zwei Wochen später ist Emichs Horde in Worms. Auch hier: ein Bischof, der seine Schutzbefohlenen in die Residenz aufnimmt. Doch nun nützt es nichts mehr. Die Meute, angestachelt durch das Gerücht, die Juden hätten einen Christen ertränkt und mit dem Wasser, in dem er gestorben sei, die Brunnen vergiftet, brennen zunächst das Judenviertel nieder. Wormser Einwohner helfen mit.

Am 20. Mai 1096 stürmt Graf Emich den Bischofspalast, die Bewaffneten drücken die schweren Portale auf. Und dann setzt ein schreckliches Morden ein.

Am Ende des Tages ist die jüdische Gemeinde zu Worms ausgelöscht, wohl 500 Männer, Frauen und Kinder liegen erschlagen im Haus des Bischofs.

Eine Woche darauf Mainz, eine bedeutende Stadt des Reiches. Hier bieten die Juden Graf Emich sogar sieben Pfund Gold an, wenn er sie verschont. Der Edelmann nimmt den Schatz – und ruft dann doch zum Angriff auf …

Schwerter, Fackeln und Knüppel, Blut auf den Gassen,

Todesschreie, Wehklagen, Gebete, Hohnworte, der Gestank von Verwesung und Brand: Drei Tage währt der Wahn in Mainz. Ein paar Juden entgehen dem Ende zunächst, weil sie sich taufen lassen. (Manche, schamzerfressen, töten sich kurz darauf jedoch selbst.) Wenige fliehen aus der Stadt. Einer steckt aus Verzweiflung die Synagoge an, damit sie nicht länger entweiht wird. Als Ruhe einkehrt, lebt auch in Mainz kein Jude mehr. 600 Tote lässt Graf Emich zurück, vielleicht sogar 1000.

Nun wieder Köln.

Am 1. Juni 1096, dem Pfingstsonntag, nähert sich der schreckliche Graf erneut der Stadt. Doch die Nachrichten von seinen Untaten, weitergetragen von atemlosen Flüchtlingen, waren schneller als sein Heer: Die Juden Kölns sind geflohen, zu christlichen Nachbarn in den Dörfern und Städten des Umlands, die sich vom Mordwahn nicht haben anstecken lassen. Zwar gehen auch hier Wohnhäuser und die Synagoge in Flammen auf, Erzbischof Hermann kann die Plünderer erst nach Tagen stoppen. Doch der Mob findet die Verstecke der Verfolgten nicht – und kein Christ gibt sie preis. Nur zwei Unglückliche fallen Graf Emich in die Hände. (Wobei es möglich ist, dass damit dieselben Opfer gemeint sind, die laut Albert von Aachen bereits im April erschlagen worden sind. Derselbe Chronist meldet auch, dass in Köln schließlich doch 200 Juden, die bereits aus der Stadt geflohen sind, erwischt, ausgeplündert und umgebracht werden, doch das scheint eine Verwechslung mit den anderen Massakern am Rhein zu sein.)

Nach den Pfingstmorden von Köln ändert Graf Emich wieder die Marschrichtung: Er führt den Haufen unter dem Zeichen der Heiligen Gans den gleichen Weg, den sie gerade stromab gewandert sind, wieder zurück. Nun erst folgt er, über den Rhein und Süddeutschland, ein Stück weit der Route, die Walter Sans-Avoir, Peter der Einsiedler, Volkmar und Gottschalk gegangen sind.

Als er, irgendwann im Sommer 1096, schließlich die Donau bei der ungarischen Grenzfestung Wieselburg erreicht, stellt

Graf Emich jedoch fest, dass die einzige Brücke, die dort über den Strom führt, von Soldaten besetzt ist. Der König von Ungarn, so hört er, verbietet den Einmarsch in sein Reich!

Empörung, dann Gerüchte, schließlich Gewissheit: Die Heerzüge von Volkmar und Gottschalk, die schon in Süddeutschland plünderten und Juden mordeten, waren Wochen zuvor eingelassen worden. Der König von Ungarn glaubte, sie würden friedlich durch sein Land ziehen, um Byzanz zu erreichen. Ein schrecklicher Irrtum.

Denn die Kämpfer, jeder Disziplin entglitten und unfähig zur Vernunft, brandschatzten weiter, sobald sie ungarisches Gebiet betreten hatten. Längst richtet sich ihr Zorn nicht mehr nur gegen Juden, sondern gegen jeden, der ihnen in den Weg tritt. Ein junger Mann gar wurde von ihnen gepfählt.

Doch der König schlug zunächst nicht zurück, sondern versprach freies Geleit und Versorgung in seinem Reich, falls sie ihre Waffen abgäben; sie würden Spieße und Schwerter wiedererhalten, wenn sie die Grenze zum byzantinischen Imperium erreicht hätten. Vielleicht, so werden die Kreuzzügler gedacht haben, zittert selbst ein König schon vor ihrer Macht!

Gottschalk und die Seinen akzeptierten deshalb, lieferten Spieße und Schwerter aus – und dann fuhren ungarische Ritter wie Racheengel zwischen sie und erschlugen sie fast alle. Gottschalk ist tot, Volkmars Schicksal wird niemals geklärt werden, die wenigen Überlebenden haben sich zerstreut.

Als Graf Emich nun an der Donau steht, verweigert ihm der König von Ungarn sein Reich. Nicht noch einmal will er das Risiko eingehen, jene seltsamen, bedrohlichen Kreuzzügler, denen sicherlich die Nachrichten von ihren Massakern auch bis Ungarn vorausgeeilt sind, in sein Land zu lassen.

Allerdings unterschätzt er den Fanatismus jener Glaubenskämpfer – und wohl auch das Organisationstalent des Grafen Emich. Denn der lässt ein Stück weiter eine neue Brücke über die sommerlich niedrige Donau schlagen. Sechs Wochen schuften seine Leute. Dann stürmen sie über die hölzerne Konstruktion.

Und tatsächlich: Die Fanatiker erkämpfen sich von der Brücke gegen die herbeigeeilten Ungarn Fußbreit um Fußbreit Land, bis die Verteidiger entsetzt hinter die Mauern der Festung Wieselburg fliehen.

Graf Emich belagert die Burg. Sie wird sich gegen seine Übermacht kaum lange halten können. Schon lässt er ein Lager vor den Wällen errichten, ein paar Zelte wohl und Karren, Feuerstellen, Gatter für Pferde und Ochsen.

Dann aber wird ihm die Leichtgläubigkeit der Menschen, von der er so lange zehrte, plötzlich zum Verhängnis. Ein Gerücht wabert auf im Lager der Kreuzzügler: Der König von Ungarn kommt mit einem riesigen Entsatzheer heran! Es ist nahe! Die Ritter sind eigentlich schon da! Durcheinander, dann Chaos im Lager. (Tatsächlich ist dieses vermeintliche Heer ein Phantom überhitzter Phantasie.)

Die Verteidiger der Wieselburg jedoch reagieren blitzschnell und kaltblütig. Gepanzerte sitzen auf, dann reißen Wachen die Tore zurück – und in vollem Galopp stürmen die Ungarn ins Lager.

Dort weiß niemand, wie ihm geschieht. Keine Schlachtordnung, keine Befehle, ein tödliches Durcheinander. Die Ungarn richten nun unter den kopflos herumeilenden Kreuzzüglern ein ähnliches Massaker an, wie diese zuvor an ihren jüdischen Opfern. Tausende werden erschlagen, niedergehauen, auf Lanzen gespießt. Nur wenigen gelingt die Flucht, vor allem den Rittern auf ihren schnellen und starken Schlachtrossen. Wilhelm der Zimmermann etwa schlägt sich von der Donau irgendwie bis nach Italien durch – wo er sich den Rittern anschließen wird, die zum Heiligen Land ziehen. Er wird es tatsächlich noch sehen.

Graf Emich jedoch treibt sein Ross zurück an die Brücke, über die Donau, nur fort! Unbeschadet erreicht er schließlich wieder seine Heimat, wo er fortan nichts mehr unternimmt, das Chronisten noch für aufschreibenswert halten. Nicht einmal das Jahr und die Umstände seines Todes sind bekannt. Nur, dass ihn die Menschen verachtet hätten, weil er, der neue Saul, Jerusalem nie gesehen habe, das wird noch überliefert.

Sicher ist nach all den Morden vom Rhein bis zur Donau indes dies: Niemand mehr rafft sich zu einem Volkskreuzzug auf. Wer als Kämpfer ins Heilige Land ziehen will, tut dies fortan so, wie es Urban II. von Anfang an geplant hat: geleitet von päpstlichen Vertrauten und berühmten Rittern.

Und auch dies: Überlebende geben Kunde der Morde von jüdischer Gemeinde zu jüdischer Gemeinde. Schnell, viel schneller, als ein Heerzug marschieren könnte, wissen zumindest die Juden auch in den Städten Kleinasiens und des Heiligen Landes, dass die Kämpfer mit dem Kreuz Verderben bringen werden.

Samstag, 1. August 1096, Konstantinopel

Der Einsiedler wird zur Audienz beim Herrn der Welt geladen. Muss das nicht vielen seiner Anhänger wie ein Wunder erscheinen? Vor einigen Monaten noch waren sie Habenichtse in der Champagne, in Lothringen, in Köln – und nun lagern sie vor den Mauern der größten und reichsten Stadt der Welt, vor Konstantinopel, dem Tor zum Morgenland. Und vor einigen Monaten noch war Peter ein armseliger Mönch, den die wenigen Menschen, die ihn kannten, als »den Kleinen« verspotteten. Und nun geruht Kaiser Alexios Komnenos ihn in seinem Palast zu empfangen. Das ist der Stoff, aus dem Sagen gewoben werden – und sie sind dabei, nicht die Bischöfe und keine Ritter!

Tatsächlich ist Peters Heerzug die letzten Tage unbehelligt durch Bulgarien und Nordgriechenland gezogen, stets begleitet und bewacht von Petschenegen. Unter der glosenden Augustsonne lagern sie nun vor Konstantinopel: ein weites, hügeliges Land, das Tal des Flusses Lykos wie eine Schneise dazwischen, Obstgärten, Parks, Klöster, Kirchen, Landhäuser – und in der Ferne glitzert das Meer.

Sie treffen die Franzosen unter Walter Sans-Avoir wieder, die sich bereits seit einigen Tagen von den Strapazen des langen Marschs erholen. Nur in kleinen Gruppen lassen die Wachen Volkskreuzzügler in die Metropole, damit sie nicht etwa auf den Gedanken kommen, zu plündern oder sich sonstwie ungebührlich zu benehmen.

Konstantinopel!

Die Wunderstadt zwischen Mittelmeer und Schwarzem Meer, zwischen Europa und Asien: ein gigantisches Dreieck aus Palästen, Kirchen, Klöstern, Häusern, Markthallen auf der Landzunge am südlichen Ende des Bosporus, wo die Meeresströmung mehr als zehn Stundenkilometer schnell um die Felsen rauscht. Eine dreifache Stadtmauer, sieben Jahrhunderte alt, niemals bezwungen. Gewaltige Einlässe – das Goldene Tor am südwestlichen Ende des Dreiecks, das Sankt-Romanos-Tor in der Mitte, das Charisios-Tor im Norden – Gräben, Zinnen, Türme. Im Eleutherioshafen und am Goldenen Horn, einer engen Bucht nördlich der Stadt, die mit einer Kette über das Wasser abgesperrt werden kann, liegen Galeeren: Kampfschiffe der Byzantiner, deren Bronzerohre »griechisches Feuer« speien können, eine hochbrennbare Flüssigkeit geheimer Rezeptur, die noch auf den Wogen lodert und der Schrecken aller feindlichen Schiffe ist; dazu Galeeren und bauchige Frachtsegler aus Genua, Venedig, Pisa sowie griechische Fischerkähne.

Wer von den Kreuzzüglern eingelassen wird, wandelt auf breiten, sorgfältig gepflasterten Straßen – in ihrer Heimat sind die meisten Wege der Städte kotbesudelte Durchlässe, schon eine offene Abflussrinne in der Mitte gilt als fortschrittlich. Sie, die Häuser aus Holz und Flechtwerk kennen, wandern nun mit offenen Mündern zwischen mehrstöckigen Bauten aus Ziegeln und Stein, mit Marmor verkleidet. Begaffen Säulen und Kapitelle. Atmen den Duft von Gewürzen ein auf den Märkten, sehen schwere Münzen, Elfenbein, Pelze aus Russland, Heiligenbildnisse auf goldenem Grund. Fühlen sich schäbig wie Bettler zwischen den Einwohnern in hellem Leinen und Seide, mit goldenen Reifen an den Armen und Schmuck im Haar. Besehen die Reiterstandbilder längst verblichener Kaiser, die seit der Antike von deren Ruhm künden. Stehen vor riesigen Mosaiken der Heiligen und Herrscher, größer als alle, die im Abendland geschaffen werden. Bestaunen das Hippodrom, in dem halsbrecherische Wagenrennen geboten werden – ein längliches Stadion, das allein schon größer ist als manche Stadt des Abendlands. Und wo bronzene Standbilder von Rössern und Wagen glänzen. (Vier bronzene Pferde werden die Venezianer zwei Jahrhunderte später rauben. Sie stehen seither vor dem Markusdom in der Lagunenstadt.)

Und dann die Kirchen: Sankt Theodosia und die Christuskirche, Sankt Georg und die Apostelkirche – und die Hagia Sophia mit der gewaltigsten Kuppel der Welt, die über den Wassern des Bosporus schimmert.

»Es wäre zu ermüdend, den Reichtum aufzuzählen, den es dort in allem hat«, wird Fulcher von Chartres einige Monate später schreiben, nachdem er die Stadt mit eigenen Augen gesehen hat, »an Gold, an Silber, an Gewändern mannigfacher Art und an heiligen Reliquien. Ungefähr 20 000 Eunuchen, schätze ich, leben ständig hier.«

Klein werden sich die Kreuzzügler fühlen, gedemütigt – und auf unbestimmte Art auch zornig. Dieses Konstantinopel ist unfassbar reich, ist zwanzig, dreißig, vierzig Mal größer als Paris oder jede andere Stadt des Abendlands.

Und doch werden diese wohlhabenden, von Duftessenzen umflorten Griechen hart bedrängt von den Muslimen. Ruft nicht deshalb der Heilige Vater zum Kreuzzug, weil die Byzantiner, die traditionellen Schutzherren der Pilgerstätten in Palästina, längst zu schwach geworden sind, um ihr Amt auszuüben? Haben die Türken sie nicht immer und immer wieder besiegt? Und: Sind nicht eigentlich auch sie, diese orthodoxen Christen, deren Kirchen so seltsam geschmückt, deren Messen so ganz anders abgehalten werden als daheim, sind nicht auch sie Häretiker? Kaum besser als Muslime oder Juden?

Was wird ihr Anführer, der kleine Mönch, mit dem Kaiser bereden?

Im Palast wird Peter der Einsiedler von Kaiser Alexios Komnenos empfangen: Der Monarch ist nicht sehr hochgewachsen, doch tritt er würdevoll auf, ganz in purpurne und golddurchwirkte Gewänder gehüllt, freundlich, selbstbeherrscht. Milde, wenn möglich; intrigant, brutal, hinterhältig, wo es ihm nötig scheint.

Seit 1081 sitzt er auf dem Thron, da war er kaum dreißig Jahre alt und hatte als Feldherr aus alter Adelsfamilie bereits bittere Kriege ausgefochten. Ein Militär ist er, ein Diplomat und Menschenkenner, ein geduldiger Spieler im großen Spiel der Mächte.

Allein die Tatsache, dass er schon seit 15 Jahren an der Macht ist (und noch 22 weitere Jahre regieren wird), beweist, dass er der weitsichtigste, geschickteste, skrupelloseste Politiker Konstantinopels, ja der ganzen Christenheit ist.

Denn als er 1081 durch einen Putsch an die Macht kommt – seinen Vorgänger jagt er davon, der daraufhin sein Leben mit gebrochenem Herzen als Mönch in einem Kloster beschließt –, da scheint das ruhmreiche Byzanz fast am Ende zu sein.

Ständig ist Alexios von potenziellen Meuchelmördern umlauert. Rivalisierende Adelsfamilien – manche von ihnen haben früher selbst Kaiser gestellt – und mächtige Generäle wollen seinen Thron, zumeist nicht in offener Rebellion, doch mithilfe des Intrigenspiels am Hof. Der Monarch muss stets noch wachsamer sein als alle Rivalen: Muss ehrgeizigen Männern wichtige Posten geben oder sie im richtigen Moment kaltstellen, muss Belohnungen verteilen, Loyalitäten schaffen oder erkaufen, muss Spitzel bezahlen und darf doch nicht jedem Gerücht glauben. Er verheiratet seine Schwester und seine Tochter mit skrupellosen Höflingen. Er schafft Titel und Ehrenämter ohne Zahl, nutzlose Posten, doch mit wohlklingendem Namen – so wohlklingend, dass sich der eine oder andere Adelige damit begnügt. Und deckt Alexios wieder einmal eine Verschwörung auf, so urteilt er milde (mit Verbannung etwa statt der Hinrichtung) oder gar nicht: Jeder Verräter, den er köpfen lassen würde, gehört ja einem mächtigen Clan an, jeder Tote würde neue Gegner schaffen, die sich als Rächer aufspielen könnten.

Ein Wunder eigentlich, dass dieser Kaiser, der nie sicher weiß, ob nicht in einem Gemach seines Palasts ein Mörder auf ihn lauert, die Zeit hat und den Weitblick für eine Außenpolitik, die Byzanz aus den Trümmern eines verlorenen Krieges zurück zu altem Glanz führt.

Konstantinopel hat den Anspruch niemals aufgegeben, die Schutzmacht der Christen und ihrer heiligen Stätten im Nahen Osten zu sein, auch wenn es das Land im 7. Jahrhundert an die Muslime verlor. Ein einziges Mal wäre es einem Kaiser beinahe gelungen, Jerusalem zurückzuerobern: im Jahr 974. Da hatte der Herrscher Johannes Tzimiskes verkündet: »Es war unser Wunsch, das Heilige Grab von der Schändung durch die Muslime zu befreien.«

Der Kalif von Bagdad hatte daraufhin zum Dschihad gerufen, es wurde der erste heilige Krieg ums Heilige Land. Am Ende, 1001, schließt Konstantinopel Frieden, ohne Jerusalem je erobert zu haben.

Kurz darauf wird es für die Christen dort so finster wie niemals mehr seit den Tagen der antiken Kaiser, welche die frühen Glaubensbrüder noch in der Arena den Löwen vorwarfen: Der Kalif al-Hakim, selbst Sohn einer Christin, bedrängt ab 1004 die Nichtmuslime. Im Jahr 1009 zerstört er die Grabeskirche in Jerusalem, das Heiligste des Heiligen. Fünf Jahre später soll er bereits 30 000 Kirchen im Nahen Osten verwüstet oder ausgeplündert haben, Christen und Juden lässt er zwangsweise zum Islam konvertieren.

Im Jahr 1016 jedoch verkündet al-Hakim plötzlich, dass er selbst göttlich sei – für Muslime eine Todsünde. Nun schont er die Christen und Juden, stattdessen bedrängt er seine eigenen Glaubensbrüder. Im Jahr 1021 verschwindet al-Hakim, niemand hat ihn danach noch gesehen. Wahrscheinlich ist er ermordet worden, denn in der islamischen Welt ist er ebenso verhasst wie unter Christen und Juden.

Seine wenigen Anhänger – Menschen, die an al-Hakims Göttlichkeit und seine zukünftige Wiederkehr glauben – fliehen in den Libanon: Aus ihnen gehen die Drusen hervor, die dort noch heute leben.

Al-Hakims Nachfolger heben die Bedrängnisse für Christen und Juden auf; 1046 wird die Grabeskirche wiedererrichtet, Beamte und Spezialisten aus Byzanz helfen dabei. Eine relativ friedliche Zeit beginnt.

Mohammed selbst hatte den Heiden ja nur die Wahl zwischen Bekehrung und Tod gelassen – davon jedoch ausdrücklich die »Völker des Buches« ausgenommen: Christen und Juden. Die dürfen ihren Glauben und ihre Andachtsräume behalten, nur zu missionieren ist ihnen verboten. Auch Waffen dürfen sie nicht mehr tragen und keine Pferde reiten. Die *Dschizia* müssen sie entrichten, eine Kopfsteuer, die nur von ihnen erhoben wird.

Trotzdem: Christliche Pilger haben es in der zweiten Hälfte des 11. Jahrhunderts leichter, die heiligen Stätten in Jerusalem zu besuchen, als in den Jahrhunderten zuvor. Die Kirchen, Klöster und Hospize werden von den lokalen muslimischen Autoritäten geachtet und unbehelligt gelassen, gegen die Entrichtung einer Steuer darf jedermann Jerusalem betreten, keinem Christen (und keinem Juden) droht mehr die Zwangskonvertierung.

Zu der Zeit, da Urban II. den Kreuzzug predigt, hat sich der Kaiser in Byzanz längst damit abgefunden, das Heilige Land niemals mehr mit Gewalt erringen zu können – und sich stattdessen auf eine friedliche Kooperation mit dem Kalifen eingelassen. Pilger reisen nach Jerusalem. Die Muslime zeigen sich duldsam.

Kein Grund, einen so gewaltigen Angriff wie den Kreuzzug zu organisieren.

Gäbe es da nicht einen neuen Feind.

Denn das Byzanz, das um 1050 friedlich mit dem Kalifen auskommt, ist eine Großmacht: mit Grenzen von Neapel bis zum Kaspischen Meer, von der Donau bis zum Libanon. Sizilien, Kreta und Zypern gehören zum Reich, und damit kontrolliert Konstantinopel das Mittelmeer. Seine Goldmünzen, *Hyperpyron* oder *Byzantios* genannt, werden von London bis Bagdad, von Oslo und Kiew bis an den Saum der Sahara von Händlern und Geldwechslern genommen. Kaiser Konstantin der Große hat diese Münze in der Antike eingeführt, seit sieben Jahrhunderten ist es die stabilste Währung der Welt.

Dann aber verspielen die Kaiser jene Macht in nur zwei Jahrzehnten. Intrigen und Wirren am Hof, kurzlebige Herrscher, rivalisierende Adelsfamilien schwächen die Regierung. Um Geld zu sparen, wird die Armee verkleinert – ein verhängnisvoller Fehler.

Im Westen gehen Süditalien und Sizilien an die Normannen verloren. Bald rauben die wilden Fremden auch Griechenlands Norden aus, erst 1085 stoppen ihrerseits Streitigkeiten unter den Normannen deren weiteres Vordringen. Zumindest für einige Zeit, doch Gott allein weiß, wie lange diese Gnadenfrist währen wird.

Der schlimmste Feind jedoch drängt nicht aus dem Westen heran – sondern aus dem Osten, aus den Steppen Asiens.

Es sind die Türken.

Das Reitervolk aus der Steppe Zentralasiens – wilde Krieger mit geflochtenen Haaren, Analphabeten, meisterhafte Bogenschützen, Nomaden – wird um 960 von persischen Missionaren zum Islam in seiner sunnitischen Ausprägung geführt. In vielem gleichen die Türken den Normannen: Sie sind unzivilisierte, aber furchterregende Krieger aus einem fernen Randgebiet der Kultur, erst seit wenigen Generationen zum Glauben bekehrt und deshalb glühend vom Eifer der Neukonvertiten – und hungrig auf Land, das man sich bei den reicheren Nationen rauben kann. »Ein tapferes Volk aus dem Osten«, wird Fulcher von Chartres sie später loben, obwohl ihm, dem Kirchenmann, doch ihre Religion ein Gräuel ist.

Als Söldner und Glücksritter verdingen sie sich bei islamischen Herrschern. Eine Stammesgruppe der Türken aus der Aralsteppe, die sich nach einem halb-mythischen Vorfahren »Seldschuken« nennt, wird schließlich vom Kalifen nach Bagdad gerufen.

Der Kalif, oberster weltlicher und geistlicher Anführer der Muslime, kämpft 1055 vor allem gegen die Schiiten, also ebenfalls Muslime, die ihn aber nicht anerkennen – und die sich Ägypten unterworfen haben. Ihre Dynastie wird die der Fatimiden genannt.

Es dauert nur wenige Jahre, da wird der Kalif von Bagdad zur Geisel jener Helfer, die er selbst gerufen hat: Nominell bleibt er spirituelles Oberhaupt der islamischen Welt, doch die reale Macht üben nun Seldschuken aus.

1059 ziehen erstmals türkische Plünderer durch byzantinisches Gebiet. Dann geht es ganz schnell. Anatolien, in der Antike noch ein reiches Land, ist von Byzanz selbst gefährlich entblößt worden: Die ewig rivalisierenden Adelsfamilien haben dort immer größere Ländereien an sich gerissen, Ländereien, auf denen sie nun ihre Schafherden grasen lassen. Die Bauern, die dort seit Urzeiten lebten, haben sie vertrieben. Das aber schwächt die landwirtschaftliche Basis des Imperiums – und trocknet das Heer aus. Denn aus Anatolien rekrutierte Konstantinopel lange die nach Zahl und Kampfkraft stärksten Einheiten seiner Armee. Nun ist das Land jedoch nur noch dünn bevölkert …

Die Türken erkennen ihre historisch einmalige Gelegenheit: Aus den Nomaden, die zum Plündern kommen, werden Eroberer, die als Siedler bleiben. Die Reiterheere überrennen die schwachen byzantinischen Garnisonen, überrennen auch die mit Byzanz verbündeten kleinen Königtümer der Armenier. Wer noch auf dem Land lebt, der flieht in die großen Städte, nach Antiochia etwa – auch diese Metropole Kleinasiens allerdings fällt an die Seldschuken. Die verwaisten Regionen nun teilen sich Neueinwanderer aus Zentralasien auf. Syrien, der Libanon, Armenien und Nordpalästina, noch eine Generation zuvor byzantinisch-christlich, werden türkisch-muslimisch auf dem Land, nur in vielen Städten hängt zunächst noch die Mehrheit dem alten Glauben an.

Besiegelt wird das Schicksal von Byzanz am Freitag, dem 19. August 1071: Da wird ein großes Heer, das der Kaiser Romanos Diogenes selbst führt, von den Seldschuken bei Manzikert in Armenien vernichtet. Aus der Rückschau späterer Jahrhunderte wird man dies einmal als eine der entscheidenden Katastrophen der über eintausendjährigen byzantinischen Geschichte beurteilen. An diesem Tag, da die Soldaten erschlagen werden oder desertieren und der Herrscher selbst in Gefangenschaft geführt wird, verliert Byzanz Kleinasien für immer – und damit sein Hinterland, seine Landwirtschaft, einen erheblichen Teil seines Staatsvolks.

Es sind die Wirren und Intrigen nach Manzikert, aus denen zehn Jahre später Alexios Komnenos als Sieger bei Hof hervorgehen wird. Er erringt die Macht in Konstantinopel, aber diese Macht ist entscheidend geschwächt.

Eine einzige Möglichkeit scheint er noch zu haben: die Uneinigkeit der türkischen Sieger. Denn die Seldschuken gründen keineswegs sofort ein großes, stabiles Reich. Der Kalif in Bagdad bleibt ihr spirituelles Oberhaupt und eine Art theologische Instanz; ein Mann mit höchstem Ansehen aus ehrwürdiger Familie, doch isoliert in seinem Palast.

Oberste weltliche Autorität sind die Sultane der Seldschuken, die »Inhaber der Vollmacht«. Kriegerfürsten, die oft in die Familie des Kalifen eingeheiratet haben und große Regionen kontrollieren – zumindest theoretisch.

Sultan Suleiman ibn Kutalmiş etwa nimmt sich Nikäa zur Hauptstadt – jenen Ort, an dem im 4. Jahrhundert das erste ökumenische, also die ganze (christliche) Welt betreffende Kirchenkonzil zusammentrat. Und eine Metropole, die keine 200 Kilometer Wegstrecke südöstlich von Konstantinopel liegt, auf der kleinasiatischen Seite jenseits des Bosporus. Sein Reich erstreckt sich über ganz Anatolien und die nördlichen Bereiche der levantinischen Mittelmeerküste.

Doch auch der Arm des Sultans reicht nicht weit. Denn viele Ländereien werden von Emiren beherrscht. Der Titel *al-Amir* bedeutet eigentlich »der Befehlgebende« und weist auf eine Art höheren Offizier hin. (Das abendländische Wort »Admiral« geht darauf zurück.)

Tatsächlich jedoch sind die Emire der Seldschuken mehr oder weniger unabhängige Fürsten, manchmal auch nur Räuberhauptmänner, die von einer Burg in den Bergen aus das Umland plündern. Sie sind unumschränkte Herren in Gebieten, die man in ein paar Tagesritten durchmessen kann, verwandt mit anderen Emiren und manchmal mit diesen bitter verfeindet.

Nominell beherrscht der Sultan von Bagdad Syrien und den Libanon sowie etliche Gegenden Palästinas. Doch was heißt das schon? In manchen Regionen lassen sich türkische Siedler nieder, durch andere streifen noch türkische Nomadengruppen. Griechische, syrische, armenische Christen leben in den Städten. Christliche Flüchtlinge irren in kleinen und großen Gruppen durch das von langen Kriegen und Plünderungszügen verwüstete Land. Innerhalb eines großen Bogens vom Taurusgebirge bis zum mittleren Euphrat halten sich immer noch, nur theoretisch unterworfen, winzige armenische Fürstentümer, etwa Edessa. Die Armenier sind Christen, viele Anhänger ihrer eigenen, alten Kirche, andere sind griechisch-orthodox. Der eine oder andere Fürst sieht sich nominell noch immer als Lehensmann des Kaisers von Byzanz. Andere sind Raubritter: Einer der mächtigeren jener Kleinfürsten wird Kogh Vasil gerufen, »Vasil der Räuber«.

Andere Christen leben in kleineren Gemeinden oder fast im Verborgenen – und das schon seit Jahrhunderten. Denn der Nahe Osten ist auch das Reich der Sekten: Seit der Spätantike spalten sich die Gläubigen in immer neue Gruppen auf. Nestorianer etwa, seit 431 in Byzanz geächtet, leben in Syrien, Ägypten, ja noch in Persien, Indien und China. Sie betonen das Menschentum Christi, Jesus sei vor allem auch Mensch gewesen.

Das Gegenteil wird im Monophysitismus gelehrt, der in Armenien und Syrien präsent ist und in Ägypten. Dazu predigen Kopten und Jakobiten im Nahen Osten und viele weitere Christen, die von Byzanz als Häretiker verteufelt werden. In der Region bilden sie jedoch, mit Ausnahme der Christen Palästinas, die Mehrheit gegenüber den griechisch-orthodoxen Frommen.

Und sie sind keineswegs deren Bundesgenossen.

Denn vom fernen Konstantinopel trennen sie nicht nur Hunderte Kilometer Wegstrecke und manche theologische Abgründe (Ist Christus etwa Gott *ähnlich*? Oder ist er Gott *gleich*?), sondern auch ganz praktische Erwägungen. Für den Kaiser zu Konstantinopel etwa ist die griechisch-orthodoxe Kirche Reichskirche, alle Geistlichen, die Bischöfe zumal, sind damit zugleich so etwas wie Staatsbeamte und verlängerte Arme des Herrschers. Das aber wollen viele Christen nicht sein. Auch sind die Steuern, die das verarmende Byzanz fordert, oft höher als die Abgaben, die sie an muslimische Herrscher entrichten müssen. Und: Die Muslime sind gegenüber den *Nassara* – den »Schülern des Nazareners«, wie sie die Christen gleich welcher Richtung nennen – oft duldsamer als der glaubensstrenge Kaiser gegenüber »Häretikern«.

»Die Herzen der Christen«, schreibt ein Nestorianer, »jubelten über die Herrschaft der Araber«, da diese erträglicher sei als die von Byzanz.

Araber im ethnischen Sinn leben tatsächlich auch noch im Seldschukenreich: Im Libanon werden die Ländereien um die Küstenstädte Tripolis und Beirut von arabischen Stämmen beherrscht. Diese Araber, feiner, kultivierter, darüber hinaus oft auch Schiiten und nicht Sunniten, handeln seit Jahrzehnten mit Byzanz und sehen in der fernen, glänzenden Metropole längst einen wesensähnlichen Nachbarn. Die aufbrausenden sunnitischen, illiteraten Türken hingegen verachten sie – wie sie wiederum von den Seldschuken verachtet werden, die den Arabern Lauheit in Glaubensdingen vorwerfen. Die Emire von Beirut und Tripolis sähen die Fatimiden in Ägypten, ja wohl selbst den Kaiser zu Konstantinopel lieber als ihren Oberherrn und nicht den Sultan von Bagdad.

Dazu leben noch Kurden in den Bergen, von denen manche Gruppen ins Land der Armenier einwandern; Drusen im Libanon, Juden in Jerusalem, in Städten am See Genezareth, als Händler in den Metropolen: Weil Kleinasien ein Flickenteppich der Völker, Religionen, Sprachen ist, konnten es die Seldschuken so leicht überrennen – und nun können sie es deshalb nur mühsam beherrschen.

Sultan Barkiyaruk in Bagdad ist ein Brudermörder. Im selben Jahr, da im fernen Westen der Kreuzzug gepredigt wird, tötet er den Bruder in einer Schlacht um die Macht. Nun hat er einen Rivalen um den Titel weniger zu fürchten – doch sein tatsächlicher Einfluss schwindet. Barkiyaruk ist ein unbeliebter, schwacher Herrscher.

Viele Emire kümmern sich kaum um den Sultan. In Mossul etwa herrscht der schreckliche Kerboga, ein gefürchteter Feldherr, der seine Nachbarn mit Krieg und Raub heimsucht. In Jerusalem heißt der Statthalter Ortoq, der die bisherigen fatimidischen Befehlshaber hinausjagt, Palästina also den rivalisierenden Ägyptern entreißt und dort nun sein eigenes, für die Christen strengeres Regiment einsetzt.

Und in Nikäa, fast vor den Mauern Konstantinopels, hält sich seit 1092 Kilidsch Arslan I. an der Macht. Der junge Sultan hat die Herrschaft über den westlichsten Teil des Seldschukenlandes von seinem Vater Suleiman ibn-Kutalmiş geerbt – einem Vater, der ebenfalls vor seiner Zeit starb. Denn der führte einen Feldzug gegen einen Rivalen vor Aleppo und wurde dabei erschlagen.

Kilidsch Arslan I. wiederum zieht ebenfalls in den Krieg, allerdings nicht gegen die Christen, sondern gegen muslimische Rivalen im Osten. Und 1092, in dem Jahr, da sein Vater stirbt, ermordet er auch seinen Schwiegervater Çaka Bey. Der war ein Emir, der an der Levanteküste immer größere Macht aufbaute, Inseln eroberte, eine Flotte ausrüstete: ein gefährlicher Nebenbuhler. Kilidsch Arslan I. meuchelt ihn während eines Gastmahls, das er für den Schwiegervater gibt. Die Tat ist allerdings nicht ausschließlich seine Idee gewesen, sie ist ihm eingeflüstert worden.

Von Kaiser Alexios Komnenos.

Denn langsam und beharrlich und mit großer strategischer Weitsicht baut der Monarch seine Macht wieder aus. In seinen ersten Regierungsjahren hat er die Ländereien am Schwarzen Meer und auf dem Balkan gesichert. Hat 1091 an der Donau einen großen Sieg gegen Turkvölker und Ungarn errungen und damit Plünderungszüge aus dem Norden gestoppt. Hat seine Kriegsflotte weiter aufgerüstet. Die Normannen, die ihn in Griechenland bedrängten, zogen sich zurück und zerfleischen sich nun in Brüderkämpfen auf italienischem Boden.

Zeit also, sich endlich Anatolien und Syrien zuzuwenden.

Alexios Komnenos schickt Gesandte und Spitzel zu den Seldschuken. Das Land ist doch vielerorts verwüstet, die Herrschaft der Emire unsicher. Zumindest die griechisch-orthodoxen Christen sowie einige der Armenier verehren den Kaiser auch weiterhin als Oberhaupt. So knüpft der Monarch Kontakte, schließlich auch zu den türkischen Herrschern. Deutet dem einen an, dass er eine Tochter aus kaiserlichem Hause heiraten könne (ohne dieses Versprechen indes je zu erfüllen), sendet dem anderen Kisten mit goldenen Münzen zu, erklärt einem dritten, er könne im Falle eines Kriegszugs gegen einen örtlichen Rivalen mit byzantinischer Hilfe rechnen ...

Die Einzelheiten sind unklar und werden es bei einer derartigen Affäre auch schon immer gewesen sein, doch offenbar hat Alexios Komnenos den Sultan Kilidsch Arslan I. zum Mord an seinem Schwiegervater Emir Çaka Bey ermuntert. Das Verbrechen lag nämlich auch im Interesse von Byzanz: Das Opfer baute selbst eine Flotte auf und besetzte küstennahe Inseln – es hätte, wäre diese Rüstung weitergegangen, eine tödliche Gefahr für Konstantinopel werden können.

Und so intrigiert der Kaiser jenseits des Bosporus, fördert dort nach Kräften Wirrnisse und Bruderkämpfe, schmiedet geheime Bündnisse gegen jeden Emir, der stark zu werden droht, vergrößert, wo er kann, das politische Chaos. Zugleich gewinnen seine Emissäre wertvolles Wissen: über die lokalen Herrscher, die Kampfweise ihrer Truppen, über die Städte und die Straßen jenes Landes, das vor noch nicht allzu langer Zeit seinen Vorgängern untertan war. Gut möglich, dass kein Seldschuke über das Seldschukenreich so gut informiert ist wie der Kaiser von Byzanz.

Eines aber fehlt Alexios Komnenos, um vom heimlichen Krieg zum offenen Angriff übergehen zu können: eine große Armee.

Geld ist dabei nicht das Problem. Für Sold, Waffen, Vorräte ist die Schatzkammer des Herrschers inzwischen wieder gefüllt genug. (Allerdings ist der Kaiser der erste Herrscher, der den soliden Byzantios abwertet, indem er den Goldgehalt der Münze verringert.) Das Reich erholt sich langsam, der Handel blüht, die Steuern fließen. Doch woher die Menschen nehmen? Griechenland ist dünn bevölkert, der Balkan ebenso. Die griechischen Bauernsöhne Anatoliens trugen generationenlang die Rüstung von Byzanz. Doch diese Region hat Konstantinopel zuerst veröden lassen, nun ist sie im Besitz der Seldschuken. Türken wandern dort ein. Jahr für Jahr wird ihre Rekrutierungsbasis größer. Sie müssen bloß warten, bis sie so übermächtig werden, dass ihnen auch das niemals zuvor bezwungene Konstantinopel in die Hände fällt.

Der Kaiser hat Söldner eingestellt: Petschenegen, die wild sind – aber werden sie, selbst türkischstämmig, gegen ihre türkischen Glaubensbrüder kämpfen? Konstantinopel entsendet sie lieber an die Donau und auf den Balkan, wo sie loyal bleiben und gar nicht erst in Versuchung geraten, die Seiten zu wechseln. Wer noch? Ungarn, kämpferisch und erst vor Kurzem christianisiert, doch nicht zahlreich genug, um mit ihnen in Kleinasien ein Imperium zurückzuerobern.

Bleiben die Ritter aus dem Westen.

Kein Dokument ist erhalten, das beweisen würde, wie sich Urban II. vor seinem Aufruf zum Kreuzzug mit Alexios Komnenos abgesprochen hätte. Aber es ist undenkbar, dass der Papst die Bedeutung von Byzanz für diesen Feldzug übersehen hätte. Die Ritter müssen durch das Reich marschieren, um zu ihrem Ziel zu gelangen – und der Heilige Vater hat ja sogar Konstantinopel als Treffpunkt ausgerufen. Ohne byzantinische Schiffe, ohne Geld und Vorräte ist dieses Abenteuer undurchführbar.

Zudem sind sich beide Oberhäupter, die einander nie begegnet sind, doch in vielem ähnlich: pragmatische Männer, die sich nicht vor dem Einsatz von Gewalt scheuen, aber der Diplomatie den Vorrang einräumen. Politiker, die nicht kompromisslos eigene Vorstellungen durchsetzen wollen, sondern versuchen, mit anderen Mächten zu einem vernünftigen Ausgleich zu kommen. Unversöhnliche Gegner der Muslime, doch überzeugt davon, dass innerhalb der Christenheit ein gedeihliches Nebeneinader von katholischer und griechisch-orthodoxer Gemeinschaft möglich bleibt.

Und: Beide Männer sind kluge Analytiker der Macht. Urban II. lenkt durch einen Aufruf zum Kreuzzug die kriegerische Kraft, die Gier, den Landhunger europäischer Ritter, vor allem der Normannen, weg aus dem Abendland. Sein Vorhaben ist die vielleicht früheste Kolonisierung durch europäische Staaten, ein Vorläufer jener Epoche, die mit den Fahrten des Kolumbus und Vasco da Gamas erst viel später richtig einsetzen wird: Erobere Länder jenseits des Kontinents, beute sie aus, schicke Auswanderer dorthin!

Und genau diese Auswanderer wären die Soldaten, die der Kaiser von Byzanz so dringend braucht. Hier kommt plötzlich die Armee, die ihm bislang fehlt – eine Armee zudem, mit der seine muslimischen Gegner nicht gerechnet haben. Eine Armee, die so rasch zusammengezogen werden kann, dass den Seldschuken keine Zeit mehr bleibt, ihre eigenen Wirrnisse friedlich zu klären und sich geeint dem neuen Feind zu stellen. Eine Armee, ideal geeignet für den größten Überfall des Zeitalters.

Urban II. und Alexios Komnenos verfolgen jedenfalls von Anfang an die gleiche Strategie. Ob sie sich nun zuvor heimlich und detailliert abgesprochen haben, ob Verhandlungen über byzantinische Botschafter in Italien liefen oder ob sie als ähnlich kluge, ähnlich vorausschauende Politiker ohne Vereinbarung trotzdem zu dem gleichen Schluss gekommen sind, ist letztlich nicht so wichtig. Die Ritter, so hoffen es beide Führer, sollen in Anatolien, Syrien und an der kleinasiatischen Küste – also jenen Regionen, durch die sie von Konstantinopel aus ziehen müssen, um das Heilige Land zu erreichen – die Zustände vor der Invasion der Seldschuken wiederherstellen. Alle diese Länder sollen von den Kreuzzüglern zwar erobert werden, dann jedoch wieder als Provinzen an Byzanz fallen. Das Heilige Land selbst kann dann in der Hand der Glaubenskrieger bleiben – so, wie sich Normannen schon in Frankreich und Italien eigene Reiche erobert haben. Diese westlichen Fürstentümer wären ein Triumph für den Papst, der fortan die Kontrolle über die heiligsten Stätten ausübte und ihre Pforten noch weiter für Pilger öffnete. Und sie wären eine Sicherheit für Alexios Komnenos: Pufferstaaten zwischen ihm und den so fürchterlich herandrängenden Türken und auch dem mächtigen Fatimidenreich von Ägypten.

Selbst Gott, so flüstert man in Byzanz, scheint schon seine Zustimmung zu zeigen. Heuschrecken suchen in diesem Jahr das Reich heim. Sie fallen über die Weinstöcke her – verschonen jedoch den Weizen. Und schnell finden sich Prediger und Wahrsager, die im Weizen ein Symbol für die Christen sehen, im »sündigen« Wein hingegen für die Muslime, in den Heuschrecken für die Fremden aus dem Abendland: Die verschonen die Christen und werden die Ungläubigen austilgen.

Ein genialer Plan also, der alles berücksichtigt – nur nicht einen Einsiedlermönch mit 15 000 fanatischen und abgerissenen Glaubenskriegern.

Was für ein Schock muss es für den Kaiser gewesen sein, als ihm Boten von den Volkshaufen berichtet haben, die bei Belgrad in sein Reich einfallen – und bis zur Hauptstadt marschieren! Der Papst hatte doch in seinem Aufruf Mariä Himmelfahrt 1096 als Datum für den Zusammenschluss aller Kreuzritter in

Konstantinopel genannt. Nun aber ist weit und breit kein berühmter Ritter zu sehen, kein hoher Geistlicher, kein Abgesandter des Heiligen Vaters – dafür rotten sich Wochen vor dem verkündeten Termin Abenteurer aus fernen Ländern vor den Mauern der prachtvollen Metropole zusammen.

Deshalb diese ungewöhnliche Audienz, die der Kaiser Peter dem Einsiedler gewährt: Der Herrscher will sich persönlich ein Bild von jenen Kreuzzüglern machen. Wer führt sie an? Wie sind sie organisiert? Wie wollen sie kämpfen?

Auch wenn sich kein Augenzeugenbericht über diese Audienz erhalten hat, kann man sich die Reaktion des Kaisers ziemlich genau vorstellen: Hochachtung vor dem Charisma des Einsiedlers. Sympathie für den Glaubenseifer dieses fremden Mönchs. Verachtung für dessen barbarisch-ärmliches Äußeres und seine begrenzte Bildung und Kultur. Entsetzen über dessen undisziplinierte Armee.

Es wird wohl nur ein paar Minuten gedauert haben, bis Alexios Komnenos sicher ist, dass dieser Peter der Einsiedler nicht jene Armee anführt, die der Papst zu organisieren versprochen hat, sondern auf eigene Faust losgezogen ist. Da steht ein Abenteurer vor ihm, ein religiöser Phantast und Demagoge, aber kein Feldherr. Gott allein weiß, wie dieser Kerl überhaupt bis Konstantinopel gekommen sein mag – und wie es mit ihm weitergehen wird.

Der Kaiser gibt sich huldvoll, der Einsiedler ist demütig. Alexios Komnenos lässt Geld aus seinen Truhen an die Fremden verteilen. Aber er steckt in einem Dilemma.

Dieser Haufen hat sich immerhin plündernd bis zu seiner Hauptstadt bewegt. Schon ein energischer Ausfall einer Grenzgarnison hat ausgereicht, diese Menge zu zersprengen und sie eines Viertels aller Kämpfer und ihres Schatzes zu berauben. Das sind eher Mordbrenner als Soldaten. Diese Bande wird das Heilige Land niemals erreichen.

Die Türken werden sie in Stücke hauen.

Soll er sie – schließlich sind sie trotz allem Christenbrüder, die freiwillig kämpfen wollen – ins sichere Verderben ziehen lassen? Andererseits: Kann er sie vor Konstantinopel lagern lassen, bis die richtigen Kreuzzügler endlich heran sind und Peters Haufen in einem größeren Heer aufgeht?

Schon plündern die Fremden das Umland der Stadt: Brechen in Villen ein, rauben sogar Blei von den Dächern der Kirchen. Nur in kleinen Gruppen lässt der Kaiser sie zum Gottesdienstbesuch in seine Metropole, streng bewacht von Petschenegen. Mit jedem Tag, den sie länger bleiben, werden die Schäden jenseits der schützenden Mauern größer. Zudem nehmen sie täglich an Zahl zu: Nun, da Franzosen unter Walter Sans-Avoir und Deutsche unter Peter dem Einsiedler hier bereits zelten, kommen auch Pilger aus Italien mit Schiffen übers Meer. Sie gesellen sich zu den Deutschen.

Und wer weiß, wie lange sich diese wachsende Menge damit zufrieden gibt, in kleinen, eskortierten Gruppen durch Konstantinopel geführt zu werden? Werden sie nicht irgendwann die Stadt selbst angreifen?

Es ist besser, sie loszuwerden, so schnell wie möglich. Sollen sich die Seldschuken um dieses Problem kümmern ...

Und so rät der Kaiser zwar dem Mönch, er solle warten, bis die Ritter einträfen, die sicherlich kommen würden. Irgendwann. Peter der Einsiedler zeigt sich auch einsichtig, versteht durchaus die Klugheit jener Worte. Doch er will, er kann vielleicht nicht mehr warten. Auch ihm entgleitet wohl die Kontrolle über seinen wilden Haufen.

Deshalb verspricht Alexios Komnenos rasch dem sicher hocherfreuten Peter, dass byzantinische Schiffe seine Truppen über den Bosporus auf das Gebiet der Muslime bringen werden. Schon in wenigen Tagen.

Donnerstag, 6. August 1096, Bosporus

Ins Land der Ungläubigen! Byzantinische Schiffe queren die tückische Strömung der Enge, an Bord die Kreuzzügler aus der Fremde. Sicher wird es den ganzen Tag dauern, bis sie die Glaubensstreiter hinübergeschafft haben. Sicher wird dem Kaiser mit jedem Kahn und jeder Galeere, die ihre Menschenfracht am jenseitigen Ufer abladen, leichter ums Herz. Die Plünderer ist er los. Möge Gott ihnen beistehen!

Niemand hindert Peter den Einsiedler, seinen Fuß auf festen Boden zu setzen. Das Land ist noch von den Kriegen vergangener Jahre verödet: keine bedeutende Siedlung in Sichtweite der Küste – aber auch keine türkische Garnison. Kilidsch Arslan I. führt einen Feldzug Hunderte Kilometer im Osten.

Es ist ein Streifen Niemandsland mit leeren Kasernen, in die der Kaiser jederzeit Söldner übersetzen lassen kann, aber ohne starke Festungen, die er permanent besetzt hält. Aber auch die Seldschuken finden hier keine Burg, die sie auf Dauer bemannen könnten. Eine Landschaft umherstreifender Reiterscharen.

Auch das muss für die einfachen Anhänger des Einsiedlers wie ein Wunder erscheinen: Ohne einen Tropfen Blut zu verlieren, betreten sie das Land der Ungläubigen. Das Reich der Feinde, so scheint es, liegt offen dar.

Ein tödlicher Irrtum.

Sie ziehen nach Osten, das Meer zur Rechten. Bald ragen vor ihnen die Ruinen der Stadt Nikomedia auf (heute Izmit). Einst ein bedeutender Platz, seit 15 Jahren aber eine Geisterstadt, verwüstet im byzantinisch-seldschukischen Krieg.

Vielleicht, darüber lässt sich heute nur spekulieren, sind diese Trümmer für Peter den Einsiedler und einige weitere Besonnene die letzte, die entscheidende Mahnung. Das sinnfällige Symbol dafür, vorsichtiger zu sein, innezuhalten, auf die Ritter zu warten.

So jedenfalls kann man erklären, was sich nun in Nikomedias Ruinen zuträgt: Die Kämpfer kündigen ihren Anführern die Gefolgschaft auf. Sowohl auf den Mönch als auch auf Walter Sans-Avoir will niemand mehr hören. Eine Meuterei der ganzen Armee.

Ominöser noch: Diese Armee an der Schwelle des Türkenreichs teilt sich ausgerechnet zu diesem Zeitpunkt. Die Deutschen und Italiener (die als Pilger übers Meer bis Konstantionopel gereist sind) wählen einen italienischen Ritter namens Reinhold zum Anführer. Die Franzosen hingegen folgen Gottfried Burel, einem Fußsoldaten, der sich auf dem Zug schon als tapferer Kämpfer bewährt hat. Mehr als das und diese Namen weiß man nicht über jene Männer – Strategen können sie nicht sein.

Denn nun führen sie die Truppen zu Raubzügen aus – getrennt. Deutsche und Italiener plündern das Umland, Franzosen ebenso, aber auf anderen Wegen und zu anderen Zeiten. Gemeinsam ist ihnen nur noch das Lager: Civetot, eine Garnison, einst von Byzanz angelegt, südlich von Nikomedia. Hier ist das Land fruchtbar, das Meer nah: Schiffe aus Konstantinopel können problemlos anlanden und Nachschub bringen – oder Güter aufnehmen, welche die Kreuzzügler geraubt haben.

In kleineren oder größeren Horden durchstreifen sie das Umland, jeden Tag ein wenig dreister, jeden Tag ein wenig weiter. Sie erreichen die ersten noch bewohnten Dörfer: Überfälle, Plünderungen, Raub. Ihre Opfer sind zumeist keine Muslime, sondern griechische Christen, die noch in ihrer Heimat ausgeharrt haben. Wen kümmert es? Die Streiter Gottes nicht – und auch nicht die byzantinischen Seeleute, die bei Civetot anlanden und die Beute der Kreuzzügler kaufen, um sie jenseits des Bosporus weiter zu verhökern.

Schließlich wagen sich die Franzosen in einem herausfordernden Zug bis vor die Mauern von Nikäa, der Hauptstadt von Sultan Kilidsch Arslan I. Der ist ja mit dem größten Teil seiner Armee weit weg. Zwar hat er schon vor Wochen von dem seltsamen Heerzug der Fremden gehört – wahrscheinlich durch türkische Söldner in Diensten von Byzanz, die diese Nachricht weitergegeben haben. Doch offenbar hat er dies als Gerede abgetan.

Nun ist er entsetzt, als ihn endlich Boten mit der Neuigkeit erreichen, dass diese Abendländer – welche die Muslime, die sich um Italiener, Normannen, Deutsche oder Franzosen nicht scheren und alle westlichen Christen unterschiedslos »Franken« nennen – vor den Toren seiner Hauptstadt marodieren. Seiner Hauptstadt, in der seine Frau, seine Kinder, sein Reichsschatz untergebracht sind ...

Kilidsch Arslan I. lässt sein Heer in Eilritten zurückkehren, doch er wird Tage brauchen, bis er Nikäa erreicht. Kundschafter beobachten so lange das riesige, doch offenbar unorganisierte Heer der Franken.

Derweil plündern die Franzosen das Umland der Residenz. Es ist inzwischen Mitte September, doch die Sonne brennt noch immer und quält die Fremden, die derartige Hitze nicht gewohnt sind. Die Mauern Nikäas selbst greifen sie nicht an. Doch sie rauben Bauernhäuser aus, brennen Dörfer nieder, verwüsten Felder, schaffen frisch geerntetes Getreide fort – und sie verüben Gräuel. Einmal sollen sie gar kleine Kinder lebenden Leibes an Spießen geröstet haben. Die meisten Opfer sind Christen. Die kleine türkische Garnison zu Nikäa reitet aus und attackiert die Plünderer, doch die Übermacht der Franzosen ist zu groß. Sie treiben die Verteidiger zurück hinter die Stadtmauern.

Der erste Sieg über die Ungläubigen!

Trunken von ihrem Triumph und beladen mit Beute kehren sie nach Civetot zurück, die Rauchfahnen brennender Bauernhäuser im Rücken. Prahlen mit ihren Taten. Verkaufen die geraubten Schätze. Spotten wohl auch über die Deutschen und Italiener, die derartiges noch nicht geleistet hätten. Und reizen sie damit zu einem noch größeren, noch gewagteren Plünderungszug.

Ob Peter der Einsiedler zur Besonnenheit mahnt? Vielleicht ist es so – und keiner hört auf ihn. Vielleicht ist er aber auch schon gar nicht mehr da. Denn irgendwann in diesen Tagen reist er nach Konstantinopel zurück, offiziell, um mit dem Kaiser über neue Versorgungslieferungen zu verhandeln. Gut möglich aber auch, dass er sich – sei es aus Schrecken vor den Gräueln, sei es aus böser Vorahnung vor dem Kommenden – von seinen Truppen absetzen will. Die Tausende, die er bis ins

Land der Ungläubigen geführt hat, lässt er auf jeden Fall nun zurück. Er wird die meisten nie wiedersehen.

Denn in der dritten Septemberwoche brechen die Deutschen und Italiener von Civetot auf. 3000 oder vielleicht auch 6000 Männer, Frauen und Kinder, angeblich sind sogar Bischöfe in der Menge. Sie werden es den Franzosen schon zeigen! Auch dieses Heer plündert vor Nikäa, wobei sie gnädigerweise die griechischen Christen am Leben lassen, dann erreichen sie eine Burg namens Xerigordon, fünf Kilometer nordöstlich der Stadt. Ein stürmischer Angriff, ein kurzes Gefecht – schnell sind die türkischen Wachen überwältigt.

Eine Burg im Feindesland, fast unzerstört. Vorräte darin, scheinbar genug für ein Heer. Das wird ihre neue Festung sein, ihre Basis, von der aus die Deutschen und Italiener die nächsten Züge planen. Immerhin sind sie dem Heiligen Land wieder einige Kilometer näher gekommen. Sie sind jetzt weg von der Küste und den Schiffen von Byzanz.

Niemandem scheint aufzufallen, dass Xerigordon keinen Brunnen hat und keine großen Zisternen. Die nächstgelegene Quelle sprudelt in den Hügeln außerhalb ihrer Mauern.

Dienstag, 29. September 1096, Burg Xerigordon

Sankt-Michaels-Tag. Plötzlich ist die Festung von Feinden umzingelt. Ritter Reinhold, der die Deutschen und Italiener anführt, hat keine Späher ins Land geschickt. Und so wird er überrascht von den Seldschuken, die über Nacht vor den Mauern lagern: Kilidsch Arslan I. hat ein großes Heer bis Nikäa entsandt – und dieses wendet sich zunächst den Franken in der Burg zu, die so bedrohlich nahe bei der Residenz liegt.

Die aber kein Wasser hat.

Ein Pfeilhagel geht auf die Verteidiger nieder, wie ihn von diesen noch nie einer erlebt hat. Schreckliche Wunden. Blut. Todesschreie. Die Deutschen und Italiener, die hinter den Mauerzinnen wachen, weichen zurück.

Dann greifen die Türken an.

Wieder hoch zur Mauer. Kampfschreie. Zum ersten Mal: »Allahu akbar!« »Allah ist groß!« Die Christen hören »Allachibar!« und verstehen es nicht. Schwerter, Streitäxte, Spieße. Das Röcheln der Sterbenden. Dann plötzlich: Ruhe.

Kilidsch Arlsan I. befiehlt seine Soldaten zurück. Zu heftig ist der Widerstand der Verteidiger. Noch. Er muss ja nur warten, seine schärfste Waffe ist die Sonne.

Und tatsächlich: Die Christenkämpfer leiden schrecklichen Durst. Schon nach wenigen Tagen trinken sie ihren eigenen Urin. Schneiden den wenigen Pferden in ihrem Heer den Hals auf und schlürfen Blut. Sie sind geschwächt, verzweifelt, verlassen – die Franzosen in Civetot, nur einige Dutzend Kilometer entfernt, ahnen nichts. Peter der Einsiedler, der sie hierher führte, ist fort. Und der Kaiser von Byzanz? Weiß ebenfalls nichts. Oder falls er doch alles weiß, denn sind seine Spione nicht allgegenwärtig, dann unternimmt er nichts.

Mittwoch, 7. Oktober 1096

Ein neuer Angriff, diesmal mit Feuer. Türkische Soldaten stürmen bis vor das Burgtor, werfen Holz und Reisig ab, immer mehr. Dann zischen Fackeln oder Brandpfeile heran. Bald lodern Flammen auf, fressen sich ins Tor.

Die Verteidiger sind viel zu geschwächt, um noch energisch zu kämpfen. Wasser zum Löschen haben sie ohnehin nicht. Also brennt das Feuer immer höher, zerstört das Tor, springt auf die Dächer mehrerer Gebäude hinter den Mauern. Qualm und Hitze, prasselnde Flammen, krachende Balken.

Dann stürmen die Seldschuken die offene, brennende Festung.

Diesmal ist es kein Kampf mehr, bloß noch ein Gemetzel. Die Fremden wehren sich kaum. Ritter Reinhold ergibt sich, fleht um sein Leben: Er wolle zum Islam konvertieren! Tatsächlich tritt er, der ausgezogen war, um die Ungläubigen zu morden, noch an diesem Tag zum muslimischen Glauben über, ebenso wie mehrere Mitkämpfer. Kilidsch Arslan I. lässt ihnen das Leben, verschleppt sie aber bis Antiochia und manche später bis nach Khorassan in Persien. Niemand im Abendland wird sie je wiedersehen.

Auch 200 junge Männer verschonen die Türken: Sie lassen sich mit Gewinn auf dem Sklavenmarkt verkaufen. »Sie wurden aufgeteilt wie Schafe«, schreibt entrüstet ein christlicher Chronist. Die Tausende anderen aber werden ohne Gnade niedergemacht. Manche, so überliefert jener Geschichtsschreiber, der allerdings nicht dabei gewesen war und ganz sicher parteiisch ist, werden festgebunden und dienen den Türken als lebende Zielscheiben.

Von den Abenteurern, die aus Lothringen oder Köln oder Italien dem Ruf des Einsiedlers folgten, lebt an diesem Abend fast niemand mehr.

Dienstag, 20. Oktober 1096, Festung Civetot

Die Franzosen sind bis aufs Blut gereizt. Sie haben Rauch gesehen vor 13 Tagen, das Feuer der brennenden Burg Xerigordon. Aber davon wussten sie zunächst nichts. Irgendetwas geht vor, aber was? Zwei Griechen erscheinen bald in dem Lager, angeblich Einwohner des Umlands – tatsächlich jedoch Spione, die Kilidsch Arslan I. entsandt hat. Ihre Nachricht: Die Deutschen haben Nikäa erobert, kommt und plündert mit! Eine Falle.

Doch bevor der Heerzug auszieht, taumelt mindestens ein Überlebender von Xerigordon nach Civetot, dem irgendwie die Flucht aus der brennenden Burg gelungen ist. Seine Botschaft ist erschreckender. Was nun? Zunächst setzt sich wieder Walter Sans-Avoir durch, einer der wenigen Hundert Ritter unter den unzähligen Tausenden, ein kampferfahrener Mann. Sein Rat: Abwarten! In Civetot verschanzen! Die Lage einschätzen!

Eine Woche geht in Tatenlosigkeit dahin, fast auch noch eine zweite. Von den Deutschen und Italienern ist nichts mehr zu sehen, niemand kommt.

Kilidsch Arslan I. wartet ab. Sein Heer hat er zunächst bis vor Nikäa verlegt. Auch er muss ja erst erfahren, mit wem und mit wie vielen Franken er es noch zu tun hat. Er sendet Späher aus, rückt dann langsam gegen Civetot vor. Sein Heer versteckt er in den Wäldern des hügeligen Landes. Schließlich steht es nur noch drei Kilometer vor Civetot, unentdeckt. Zeit nun, die Christen zu provozieren.

Denn auch in Civetot kann sich eine so große Menge nicht lange versorgen. In kleinen Gruppen, manchmal nur zu zweit, streifen die Franzosen durchs Land, auf der Suche nach Vorräten. Der Sultan lässt Jagd auf sie machen: Reitertrupps, auch sie niemals zahlreich, überfallen die Franken und schlagen jedem Christen, den sie fassen können, den Kopf vom Leib.

Rache! Die Deutschen und Italiener hat man von Ungläubigen abschlachten lassen, ohne etwas zu tun. Nun sterben die eigenen Kameraden! Und da soll man tatenlos hinter Festungsmauern hocken bleiben? Gottfried Burel, der tapfere Fußsoldat, wird wieder zum Wortführer der Unzufriedenen. Und er nutzt nicht nur den Hass auf die Muslime – sondern auch die Verachtung des Volkes für die Ritter. Haben denn nicht sie, die ewig Geknechteten und Verachteten, geschafft, was keiner der edlen Herren je vollbracht hat? Sind denn nicht sie im Heiligen Land oder jedenfalls nahe vor dessen Pforte? Wo sind denn die Ritter, nach denen der Heilige Vater rief? Und die wenigen Ritter hier im Heer, wozu sind die gut? Die haben ehrwürdige Namen, aber kämpfen können sie nicht!

Das müssen sich Walter Sans-Avoir und die Ritter – vielleicht 500 ziehen auf Rossen mit dem Volk – vor aller Ohren anhören. Schande! Da packt ein mächtiger Zorn den Adeligen, und wider besseres Wissen brüllt er los: Schön, man werde allen zeigen, wie ein Ritter zu kämpfen versteht! Morgen schon werde man gegen Nikäa ziehen, die Ungläubigen zu strafen. Und die Ritter ziehen voran!

Mittwoch, 21. Oktober 1096

Aufbruch aus Civetot! Am frühen Morgen drängen Tausende aus dem Tor der Festung. Nur die Frauen, die Kranken, ein paar Waffenlose bleiben zurück. Voran 500 Reiter, dann die besten Fußsoldaten unter Burel, dann der große Rest.

Kilidsch Arslan I. kann es nicht fassen, als ihm Späher das berichten. Diese Franken brechen einfach auf, ohne Vorbereitung! Auf zu seiner Hauptstadt Nikäa! Ein Augenblick der Verwirrung, vielleicht des Schreckens. Dann Ruhe, neue Befehle. Alarm im Heer, leiser Aufbruch! Durch die Wälder bis zum Dorf Drakon, vor dem sich eine Ebene erstreckt: freies Gelände, ideal für die türkischen Reiter.

Währenddessen drängen die Franzosen voran. Mit jedem Schritt wächst das Selbstvertrauen. Unbesiegbar sind sie! Der Herr ist auf ihrer Seite! Und hätte man je ein größeres Heer gesehen?

Dann Stocken, Konfusion, Stille: Sie erreichen den Rand eines Waldes, davor ein Feld. Und dort wartet der Feind ...

Askar heißen die Reiter bei den Seldschuken. Formal sind sie Sklaven oder Freigelassene, doch tatsächlich genießen sie höchstes Ansehen als Kämpferelite. Gewandt sind sie auf dem Pferd, nur mit Leder und ein wenig Metall geschützt, dafür schnell. Ihre beste Waffe ist der Bogen, aus Holz und Horn, umwickelt und verklebt mit Sehnen: leicht, präzise und von ungeheurer Durchschlagskraft. Auf hundert Meter und mehr sind die Pfeile tödlich, auf kürzere Distanz zerschmettern sie sogar Kettenhemden und Helme. Die Askar haben gelernt, in vollem Galopp zu schießen, rasch und genau, nach vorn, zur Seite, über die Schulter sogar nach hinten.

Tausende türkische Reiter warten nun auf dem Feld. Kampferfahren, diszipliniert, selbstbewusst, in scheinbar unbeweglicher Formation.

Haben die Christen einen Schlachtplan? Wahrscheinlich nicht, ebensowenig wie sie einen wahren Anführer haben: Sie stürmen einfach los. Tausende, blitzende Waffen, Kampfgeschrei. Was bleibt ihnen auch anderes übrig? Komplizierte Manöver können sie nicht durchführen, niemand hat das je geübt. Auf Dauer irgendwo verschanzen ist auch unmöglich, denn irgendwann müssen sie Vorräte auftreiben. Also voran!

Walter Sans-Avoir und seine 500 Ritter sprengen im Galopp los, die Fußsoldaten hinterdrein, aber viel langsamer. Immer größer wird die Lücke zwischen den Männern hoch zu Ross, dann einer Gruppe besonders schneller Infanteristen und dem Rest.

Da geht auf ein Kommando ein Pfeilhagel nieder.

Kilidsch Arslan I. lässt seine Kämpfer nicht etwa auf die Front der heranstürmenden Reiter feuern, sondern im Bogen über diese hinweg. Die tödlichen Geschosse treffen die schnellsten Nachsetzenden zu Fuß, viele von ihnen ohne Rüstung. Konfusion und Schrecken bei den Franzosen. Wer noch am Waldsaum steht, und das sind die meisten, der zögert nun, bleibt lieber im Schutz der Äste.

Da stürmen die Seldschuken los. Zwar ist der Anprall der Ritter fürchterlich. Mit Lanze, Streitaxt und Schwert töten sie Dutzende Türken, doch ein paar Pfeilschüsse reichen, und ihre Rösser brechen tödlich getroffen zusammen. Isoliert sind sie von der Masse des Heeres. Pfeile aus kürzester Distanz. Walter Sans-Avoir, mit sieben Geschossen in der Brust, bricht tot zusammen. Auch die anderen Ritter werden in wenigen Augenblicken niedergemacht.

Da wendet sich ausgerechnet Gottfried Burel als einer der Ersten zur Flucht. Er ist hinter den geschmähten Rittern gestürmt, sieht sie fallen, rennt nun zurück Richtung Wald.

Seine Flucht lässt das, was die Franzosen noch an Ordnung haben, kollabieren. Rette sich, wer kann! In Panik rennen die Christen davon, hinein in ein Land, das sie nicht kennen, in ein Land, das sie ausgeplündert haben, in ein Land, in dem niemand ihr Freund ist.

Die Seldschuken setzen nach. Leicht ist es für die Reiter, die Fliehenden einzuholen, selbst im Wald. Sie schießen die Christen nieder wie Wild auf der Jagd. Nur die jungen, bartlosen Männer fangen sie ein und fesseln sie für den Sklavenmarkt.

Die Hatz geht bis Civetot, wo niemand mehr da ist, die Festung zu verteidigen. Für die Frauen öffnet sich die Hölle – und am Ende überleben nur jene, die jung sind und schön, einige Nonnen darunter. Auch sie werden gutes Geld bringen oder als Trophäe den Harem schmücken.

Doch Mord und Menschenraub in Civetot retten wenigstens einigen Christen das Leben. Denn sie geben den Fliehenden eine Atempause, weil die Reiter für eine Zeit lang anderweitig beschäftigt sind. So erreichen etwa 3000 Erschöpfte den Strand. Dort erblicken sie die Ruine einer uralten, längst verlassenen Burg direkt am Wassersaum. Panisch stürmen sie hinein, schaffen mit bloßen Händen Steine herbei und schichten sie in den Mauerbreschen auf, verschanzen sich zwischen den Trümmern. Ängstlich warten sie dort auf die schrecklichen Bogenschützen. Doch es dämmert schon, kein Reiter riskiert seinen Hals, indem er hoch zu Ross gegen eine Burg anstürmt, und sei diese auch noch so provisorisch befestigt.

Man muss ja nur warten, in der Festung gibt es keinen Tropfen Wasser.

Und so sind jene 3000 am Abend dieses Tages die letzten lebenden Kreuzzügler. Aber auch ihr Schicksal scheint besiegelt zu sein.

Donnerstag, 22. Oktober 1096

Schiffe am Horizont! Tatsächlich entsendet Alexios Komnenos eine Flotte über den Bosporus – Indiz dafür, dass er über Späher und Agenten stets genau weiß, was sich zugetragen hat. Und so hat er abgewartet, wie sich die Fremden im Land der Ungläubigen schlagen, und greift erst ein, als alles entschieden ist.

Die Überlebenden stürmen von der Burgruine zu den fast am Ufer ankernden Schiffen. Die Seldschuken lassen sie ziehen – vielleicht fürchten sie ein Gefecht mit den Seesoldaten an Bord der Schiffe. Vielleicht auch legt es Kilidsch Arslan I. nicht darauf an, den Kaiser von Byzanz zu provozieren. Denn eigentlich will der junge Sultan ja einen Feldzug weit im Osten gegen einen Rivalen führen und kann es sich nicht leisten, Konstantinopel zur gleichen Zeit zum Feind zu haben.

Und so endet der Kreuzzug des Volkes schmählich mit einem Anführer, Peter dem Einsiedler, der bei der entscheidenden Schlacht gar nicht anwesend ist, sondern am Kaiserhof zu Konstantinopel weilt. Und mit 3000 demoralisierten Überlebenden, denen die Byzantiner zur Sicherheit auch noch ihre letzten Waffen abnehmen, bevor sie ihnen gnädig Obdach gewähren.

Eine tragische Farce wäre dieses Abenteuer gewesen, hätte es nicht drei Folgen gehabt.

Die Juden wissen nun, dass die Kreuzzügler ihre Todfeinde sind. Sie werden genauso gegen die fremden Ritter kämpfen wie die Muslime.

Die Christen aus dem Westen misstrauen fortan dem Kaiser von Byzanz. Keine Rede von den Plünderungen der ersten Kreuzzügler und ihrem gewalttätigen und respektlosen Benehmen, ihrer strategischen Dummheit, ihrem blinden Anstürmen, ihrer Taubheit gegenüber guten Ratschlägen. Was bleibt, ist vielmehr der Eindruck, dass sie von der Hand der Ungläubigen den Märtyrertod erlitten, während die Byzantiner am anderen Ufer des Bosporus tatenlos zusahen.

»Der Kaiser hat Peter den Einsiedler betrogen«, schreibt ein Chronist, der am Kreuzzug teilnehmen wird. »Er hat ihn dazu verführt, in ein Land zu ziehen, das er nicht kennt, und ihn den Türken ausgeliefert.« Das Gegenteil ist wahr, doch im Abendland weiß das fast niemand.

Kilidsch Arslan I. schließlich hat durch einen leichten Triumph über ein riesiges Christenheer sein Ansehen gewaltig vermehrt. Nun verachtet er die Franken, unterschätzt ihre Kampfkraft und ihr Geschick auf dem Schlachtfeld. Er glaubt, dass sie erbärmliche Kämpfer sind, ein Pöbel eher als ein Heer.

Und so macht er sich sofort nach seinem Sieg wieder auf den 500 Kilometer weiten Weg Richtung Osten, um seinen Rivalen niederzuringen, der sein eigentlicher Feind ist, wie er glaubt.

Ein schrecklicher Fehler, denn der wirkliche Kreuzzug hat noch nicht einmal begonnen.

4 WER DAS KREUZ NIMMT

»Verlass deine Heimat, deine Sippe und die Familie deines Vaters und zieh in ein Land, das ich dir zeigen werde!« (Genesis 12, 1)

Mittwoch, 23. Dezember 1096, Konstantinopel

Mehr als 10 000 Ritter, Knappen und Knechte marschieren am Ufer des Goldenen Horns entlang. Kommandos ertönen, dann hält der Zug. Konstantinopel liegt vor ihnen. Bald flattern die ersten Zeltbahnen im Winterwind. An der Spitze ein etwa 45 Jahre alter Mann, groß, wohlgestaltet, mit flachsblondem Haupthaar und ebensolchem Bart, in schimmernder Rüstung, auf einem prachtvollen Streitross; fromm und huldvoll, tapfer und kriegserfahren, ein Nachfahre Karls des Großen – das Idealbild eines Ritters: Gottfried von Bouillon, der Herzog von Niederlothringen, führt seine Männer ins Heilige Land. Er wird der berühmteste aller Kreuzzügler werden.

Zum Stammbesitz des Herzogs gehören die Grafschaft Antwerpen und die Herrschaft Bouillon in den Ardennen. Er ist ein mächtiger Adeliger im Deutschen Reich – und ein treuer Gefolgsmann des Kaisers Heinrich IV., des großen Gegenspielers der Päpste.

Doch Gottfried von Bouillon ist auch ein gläubiger Mann, durchglüht von den Ideen der Cluniazenser, deren Förderer er ist. Zwar ist es pure Spekulation, heute die Psyche und die Motive eines Menschen ergründen zu wollen, der vor einem Jahrtausend gelebt hat, aber zumindest denkbar ist, dass der Aufruf Urbans II. im Herzog einen tiefen inneren Konflikt aufgerissen hat. Treue zu seinem Kaiser? Oder Treue zur Kirche?

Der Adelige ist ein Kämpfer gewesen, sein Leben lang. Schon als Halbwüchsiger ging es für ihn um Leben und Tod: 1076, da war Gottfried wohl um die 20 Jahre alt, überfiel sein Nachbar, Graf Albert III. von Namur, die Besitzungen und wollte ihn daraus vertreiben. Der Herzog aber siegte und sammelte erste Erfahrungen auf Feldzügen und bei Belagerungen. Später focht er an der Seite Heinrichs IV. Gottfried wird niemals ein großer Stratege sein, doch ein erfahrener Kriegsmann ist er allemal, dazu stark im Zweikampf und fürchterlich präzise als Armbrustschütze.

Ein guter Verwalter aber ist er nicht. Die Einzelheiten sind undeutlich, doch offenbar missfällt dem Kaiser die Art, wie Niederlothringen regiert wird. Erhält er von dort zu geringe Steuern? Beklagen sich Untertanen, rangniedere Adelige oder Geistliche etwa, beim Monarchen über die Herrschaft des Herzogs? Vernachlässigt er Städte oder das flache Land?

Klar ist, dass Gottfried von Bouillon das Herzogtum als Amt vom Kaiser erhalten hat, nicht als Lehen: Er besitzt einige Ländereien, etwa die in den Ardennen, die ihm gehören. Das große Herzogtum jedoch regiert er als eine Art Verwalter des Monarchen, es ist kein erblicher Besitz. Heinrich IV. kann ihm dieses Amt wieder entziehen, zudem besteht keinerlei Garantie, dass einer von Gottfrieds Söhnen Niederlothringen erben könnte.

Genau diese Wiedereinziehung seines Besitzes scheint der Kaiser zu erwägen – zumindest glaubt Gottfried von Bouillon, dass ihm das Herzogtum bald vom Kaiser genommen werden könnte. Er ist niedergeschlagen.

Ist da der Kreuzzug nicht ein glänzender, ehrenhafter Ausweg? Gottfried könnte sich als treuer Gefolgsmann der Kirche erweisen, ohne den Monarchen zu brüskieren. Er würde Niederlothringen in Ehren verlassen – und nicht vom Kaiser dazu gezwungen werden. Und er könnte sich im Heiligen Land ein neues Fürstentum erobern, fern von Heinrich IV. oder irgendeinem anderen König.

Und so nimmt Gottfried von Bouillon das Kreuz.

Er geht dabei methodisch vor, gründlich und radikal – ein Mann, der seine Sachen ordnet, bevor er in die Fremde zieht, um niemals wiederzukehren. Ein Auswanderer auch er.

Teile seines persönlichen Besitzes, Burgen und Ländereien, verkauft er an Bischöfe aus angrenzenden Regionen. Das bringt ihm ein Vermögen ein. Dem Bischof von Lüttich verpfändet er den Stammsitz Bouillon. Noch ein Vermögen. Von den Juden Niederlothringens erzwingt er ein »Schutzgeld«: noch mehr Gold und Silber.

Viele wallonische und lothringische Ritter schließen sich ihm an. Teils aus echter religiöser Begeisterung, teils weil das Geld Gottfrieds sie lockt oder die Aussicht, gleich dem Herzog Land im Osten zu erobern. Denn für die Adeligen aus Lothringen, Wallonien, Nordfrankreich – und ebenso für die Normannen – gilt das Erstgeburtsrecht: Der älteste Sohn erbt Titel und Besitz des Vaters. Für die jüngeren Söhne bedeutet dies, eine geistliche Karriere einzuschlagen, eine standesgemäße, reiche Erbin zu heiraten, sich als Kämpfer für einen reichen Herrn zu verdingen – oder sich mit dem Schwert in der Faust selbst Ländereien zu erobern.

»Ehre« ist in jener Zeit – anders als in späteren Jahrhunderten, wo sie vor allem als innerer Wert begriffen wird – ein äußerer Rang: Lehen, Ämter, der Respekt der Standesgenossen. Ein Schatz, den ein Ritter mehren kann: Die Chronisten nehmen deshalb oft den Plural, *honores*, »Ehren«, wenn sie große Adelige würdigen. Ehre wird im Kampf errungen, im Wettstreit oder im Krieg. Und die Ehre, die jemand dort gewinnt, bedeutet oft auch, dass jemand anderer seine Ehre verliert.

So ist der ideale Ritter tapfer, treu und fromm. Der ideale Anführer ein Ritter, der Ehre im Kampf errungen hat – eine Eigenschaft, die mehr geschätzt wird als kluge Strategie oder vorausschauendes Handeln.

Zu den Edlen, die mit Gottfried ziehen, gehören auch zwei seiner jüngeren Brüder, von denen einer berühmt werden wird: Balduin von Boulogne.

Balduin überragt noch seinen hochgewachsenen Bruder, doch gleicht er ihm sonst kaum. Schwarzhaarig ist er, auffallend hell hingegen seine Haut. Eigentlich war er, der dritte Sohn einer Adelsfamilie, für ein geistliches Leben bestimmt.

Er besuchte die Domschule zu Reims, er besitzt Kultur, Geschmack und gute Bildung – doch das geistige Leben erträgt der abenteuerdurstige Jüngling nicht. Er wird Lehensmann seines älteren Bruders. Ein *miles literatus*, ein lese- und schreibkundiger Ritter ist er. Und auch Fulcher von Chartres rühmt ihn als einen »wahrhaft höchst fähigen Ritter«.

Doch Balduin hat auch eine dunkle Seite: Er ist hochfahrend, kalt, prunkliebend, wollüstig. Er, der einst für ein geistiges Leben bestimmt war, ist längst nicht so fromm wie Gottfried von Bouillon. Für ihn ist der Kreuzzug ein vor allem weltliches Abenteuer: Der Krieg soll ihm Ruhm bringen. Und soll ihm, dem dritten Sohn mit wenig eigenem Besitz, Land verschaffen. Auch Balduin denkt nicht daran, jemals wiederzukehren: Unter seinem weißen Banner sammelt er nicht nur Knappen und Getreue, ihm folgen auch seine normannische Frau Godvere von Tosni und seine kleinen Kinder gen Jerusalem.

Ende August ziehen die Streiter aus Lothringen ab. Sie gehören zu den ersten Kreuzzüglern, die aufbrechen. Einige sind zwar schon auf den Straßen unterwegs, die meisten anderen jedoch sammeln sich noch.

Was Urban II. in seiner Kreuzzugspredigt gefordert hat, ist durchaus nicht ungewöhnlich: Dass sich die Kämpfer zur festgelegten Zeit an einem festgelegten Ort einfinden, also zu Mariä Himmelfahrt in Konstantinopel. Wie sie dorthin kommen, auf welchen Wegen, das bleibt ihnen überlassen. So hält man es im Abendland meist, wennn ein Krieg geplant wird: Mit einem schriftlichen Befehl wird ein Herold vom Herrn zum Vasallen geschickt: Der möge sich an einem bestimmten Tag zu einem bestimmten Ort begeben, Genaueres wird nicht geregelt.

»In jenem Jahr herrschte durch Gottes Gnade Frieden, und es gab in allen Ländern großen Überfluss an Korn und Wein, sodass auf der Reise bei denen, die sich entschlossen hatten, IHM mit ihren Kreuzen gemäß SEINEN Befehlen zu folgen, keine Knappheit an Brot aufkam«, berichtet Fulcher von Chartres.

Und tatsächlich zieht der Heerzug rasch durch deutsche

Lande. Der König von Ungarn jedoch, misstrauisch geworden durch die Mordbrennerei des Volkskreuzzugs, verbietet zunächst die Überquerung der Donau. Gottfried selbst eilt an dessen Hof – und hier gelingt es ihm, die Bedenken des Monarchen zu zerstreuen. Zumindest teilweise.

Denn der König, offenbar inzwischen wohl informiert, will sich immer noch nicht auf die Friedfertigkeit der riesigen fremden Armee verlassen. Vor allem den Herzogbruder Balduin von Boulogne hält er wohl für einen Hitzkopf, für jemanden, der schnell zum Schwert greift und sich raubt, was ihm gefällt. Also vereinbart er mit Gottfried, dass Balduin, dessen Frau Godvere und deren gemeinsame Kinder als Geiseln am ungarischen Hof bleiben müssen, bis das Heer die Grenze nach Byzanz überschritten habe: Verlaufe alles friedlich, dürfen Balduin und die Seinen wieder dazustoßen.

Der Herzog akzeptiert – und sein jüngerer Bruder, zornbebend, doch machtlos, reist mit der Familie zum König von Ungarn. Herolde verkünden in Gottfrieds Heer, dass jeder, der Gewalt anwende, sofort mit dem Tode bestraft wird. Dann erst überqueren die Ritter die Donau.

Sie bewegen sich langsam, doch friedfertig voran. Trotzdem mag den ungarischen Grenzsoldaten, mag den Bauern und Handwerkern der Dörfer am Wegrand schaudern beim Anblick der fremden Panzerreiter. Kein Soldat des Abendlands kommt einem Ritter zu Pferd an Kampfkraft gleich – und Schlachtross, Rüstung, Waffen sind kostbar, sind bei jedem Ritter allein wohl so wertvoll wie ein großer Bauernhof.

Die Häupter der hohen Herren verschwinden bei der Schlacht unter dem halbrunden oder konischen, aus einem einzigen Eisenstück getriebenen Helm. Das Gesicht schützt eine Nasenschiene, Eisenplatten liegen an den Ohren, Kettenringe am Nacken.

Aus Ketten – scheinbar unendlich vielen, ineinander geflochtenen Eisenringen – besteht auch die Rüstung am Leib, über die ein bunter Waffenrock aus Stoff geworfen wird. Nun haben alle frommen Kämpfer, wie vom Papst gefordert, ein rotes Kreuz auf die rechte Schulter genäht zum Zeichen ihrer Berufung. Eisenschienen schützen Arme und Beine.

Das Schwert an der Seite ist gut einen Meter lang und wiegt etwas mehr als ein Kilogramm. Die Klinge beidseitig geschliffen und angespitzt, sodass ein Schwert Stoß- und Schlagwaffe zugleich ist. Erfahrene Schmiede fertigen Schwerter so, dass ihr Schwerpunkt in der quergestellten Parierstange liegt, welche die Hand schützt: Dann ist ein Schwert leichter zu führen. Längere Schwerter sieht man kaum, denn sie sind schwer und unhandlich: Trüge der Kämpfer sie an der Seite, sie würden über den Boden schleifen.

Die Lanzen ragen senkrecht in den Himmel. Nur zum Angriff werden die drei bis vier Meter langen hölzernen Stoßwaffen mit Eisenspitze gesenkt. Es sind fürchterliche neue Erfindungen, die dem Angriff der Panzerreiter noch mehr Wucht verleihen. Mancher Ritter mag noch die älteren, nur höchstens zweieinhalb Meter messenden Speere mit sich führen.

Die Schlachtrösser – Hengste oder Wallache, da sie aggressiver sind als Stuten – sind starkknochig und muskulös. Überhänge aus Weidengeflecht oder Leder schützen, Kuvertüren – farbige Decken – schmücken sie. Jahrelang werden sie trainiert. Etwa im *turnai*, dem Turnier, in dem zwei Gruppen von Rittern mit Lanzen gegeneinanderprallen. (Der ritterliche Zweikampf, das Lanzenstechen, auch »Tjost« genannt, wird hingegen erst im 14. Jahrhundert aufkommen.) Die Pferde dürfen sich von der Lanzenspitze ihrer Herren vor den Augen nicht irritieren lassen. Sie dürfen keine Angst zeigen beim Anblick und beim Gestank von Blut und sterbenden Tieren. Sie müssen im Galopp mit den rechten Beinen etwas weiter ausgreifen als mit den linken, um beim Angriff eine ungleichmäßige Bewegung des Ritters auszugleichen. Der nämlich muss die rechte Schulter, unter die er die Lanze geklemmt hält, starr halten; die linke hingegen, unter der der Arm den metallenen Schild hält, schwingt weiterhin vor und zurück. *Dextarii* werden Schlachtrösser deshalb genannt, vom lateinischen Begriff für »rechts«: *dexter*.

Nur wer von den Ungarn genauer hinsieht, dem dürfte auffallen, dass mancher Kettenpanzer mehrfach geflickt, dass manches Schwert Jahrzehnte alt, dass mancher Helm seit einem Jahrhundert veraltet ist. Denn die Ausrüstung eines einzigen Ritters ist zwanzigmal teurer als die eines Fußsoldaten – so teuer, dass sich mancher Adelige keine neue Rüstung leisten kann. Stattdessen schützt er sein Leben in uraltem, von Generation zu Generation vererbtem Waffeneisen.

Und gerade deshalb kommen in jeder Armee auf jeden Ritter mehrere Fußsoldaten: freie, jedoch nichtadelige Männer in einfachen Rüstungen aus Eisen und Leder, meist nicht mehr als einem simplen Helm und Brustschutz. Männer, die mit Spießen, Schwertern, Streitäxten bewaffnet sind. Sie sind langsamer als die Ritter, schlechter ausgebildet meist auch – doch viele führen tödliche Fernwaffen: Bogen und Armbrust. Mit Pfeil und Bogen kann ein geübter Kämpfer etliche Geschosse pro Minute abfeuern und seinen Gegner auf bis zu 100 Meter Distanz fällen.

Die Armbrust – vom älteren deutschen Ausdruck *arm-berust*, »Armrüstung« – wird seit etwa dem Jahr 950 in Europa eingesetzt. Die Kreuzzügler gehören zu den ersten Kämpfern, die nicht mehr, wie bislang, Pfeile mit ihr verschießen, sondern etwa 40 Zentimeter lange, eisengespickte Bolzen. Die Sehne der Armbrust ist noch viel straffer gespannt als beim Bogen: Wer sie aufzieht, muss die Waffe senkrecht auf den Boden stellen, mit dem Fuß darauf steigen, um sie festzuhalten – und dann mit aller Kraft die Sehne bis zum Haken spannen. Höchstens zwei Schuss kann ein Soldat damit pro Minute abfeuern. Aber noch auf 50 Meter Distanz durchschlägt ein Bolzen sieben Zentimeter dicke Holzbohlen und auch Kettenhemden mühelos, und selbst auf 200 Meter reißt er im ungeschützten Körper noch schreckliche Wunden.

Ein Fußsoldat kann auf Dauer etwa 30 Kilogramm Ausrüstung schleppen, etwa die Hälfte davon wiegen Rüstung, Waffen, Kleidung. Bleiben 15 Kilogramm für Brot, Getreide oder andere Vorräte. Da ein Mann davon etwa anderthalb Kilogramm täglich verbraucht, kommt ein Heer aus Fußsoldaten also höchstens zehn Tage weit voran, dann müssen neue Vorräte her – irgendwie. Die Reiter wären schneller, doch ein Pferd benötigt pro Tag fünfmal so viel Getreide wie ein Mensch. Dieses Futter wird auf zweirädrigen, etwa 500 Kilogramm tragenden, oder vierrädrigen, bis zu 650 Kilogramm fassenden Karren transportiert. Diese Karren werden von Ochsen oder Pferden gezogen – von Tieren also, die selbst wiederum einen erheblichen Teil eben jenes Futters verbrauchen.

Unter optimalen Bedingungen – wenn die Straßen einigermaßen trocken und gut passierbar sind, wenn das Wetter angenehm ist, wenn keine Feinde drohen – schaffen Fußsoldaten im Durchschnitt 20 Kilometer am Tag, unter ungünstigen Umständen sind es viel weniger.

Also ist das Heer der Kreuzzügler zu ewiger Bewegung verdammt: Niemals kann man lange irgendwo verweilen, denn Pferde und Ochsen werden binnen weniger Tage alle Weiden leerfressen, die Menschen werden die Vorräte aller Dörfer verschlungen haben. Weiter, nur weiter! Spätestens alle 200 Kilometer muss das Heer alles Lebensnotwendige einkaufen – oder plündern. Und das gilt nun für jeden Tag des langen Marschs bis Jerusalem ... Weiter, nur weiter!

Zunächst scheint alles einfach zu sein: Aus Gottfrieds riesigem Vermögen kaufen die Kreuzzügler bei den Ungarn Vorräte ein. Sie kommen rasch voran. Ende November 1096 sind sie an der Save, gelangen bei Belgrad auf byzantinisches Gebiet.

Die Stadt liegt nach der Plünderung durch die Volkskreuzzügler noch immer verlassen da. Weiter, immer weiter! In den Wäldern vor Niš erreichen Boten des byzantinischen Statthalters das Heer: freundliche Worte des Kaisers, Geleitschutz. Weiter, nur weiter! Durch den Balkan. Wälder, Berge, Dörfer. Mit den byzantinischen Begleittruppen kommen Gerüchte zu Gottfrieds Männern: Andere Kreuzzügler seien schon in Konstantinopel. Sie seien vom Kaiser gefangen genommen worden. Nein, ganz im Gegenteil: Sie seien vom Herrscher reich beschenkt worden!

Unruhe beim Herzog: Was soll er davon glauben? Unruhe auch im Heer, Goldgier, Ungeduld. Einige Ritter setzen sich ab, reiten voraus, wollen die sagenhafte Stadt zwischen den Kontinenten vor den anderen erreichen und dort in die Schatztruhen des Kaisers greifen.

Am 12. Dezember 1096 quält sich der Heerzug bei der Stadt Selymbria das Marmarameer entlang. Fast ist man schon am ersten Ziel des langen Zuges. Da plötzlich plündern die Soldaten: Sie rauben, marodieren, schlagen Häuser der von einer Festung bekrönten Hafenstadt kurz und klein. Ein Rätsel, denn es scheint keinen Anlass dafür zu geben, nicht die geringste Provokation und ganz sicher keinen Mangel an Vorräten. Ein böses Omen auch, denn selbst unter diesen guten Bedingungen kann ein erfahrener und reicher Herr wie Gottfried von Bouillon seine Kämpfer nur mühsam kontrollieren. Erst nach acht Tagen hört das Plündern auf. Entschuldigungen gegenüber den entsetzten byzantinischen Gesandten, dann marschiert man voran. Weiter, nur weiter!

Am 23. Dezember 1096 erreicht Gottfried von Bouillon mit seiner Armee die Umgebung von Konstantinopel. Auch er muss außerhalb der Stadtmauern lagern.

Den Kaiser sieht Gottfried zunächst nicht persönlich, denn der Herrscher schickt Gesandte hinaus ins Lager der Kreuzzügler – Gesandte, mit denen der Herzog wohl kaum gerechnet hat: Hugo von Vermandois, der jüngere Bruder des französischen Königs. Und in dessen Gefolge einige Ritter, darunter Wilhelm »der Zimmermann«, ein Überlebender der Judenmörder unter Graf Emich von Leiningen.

Graf Hugo von Vermandois hat den Beinamen »Le Maisné«, »der Jüngere«. Der jüngere Sohn des französischen Königs Heinrich I. und dessen Gattin Anna von Kiew, einer Prinzessin skandinavischer Abkunft, ist von der Herkunft her einer der höchsten Adeligen Frankreichs – und einer der machtlosesten. Was soll der jüngere Bruder des Königs tun? Was darf er tun? Wieder einer jener jüngeren Adeligen, die fast nichts erben. In

Frankreich hat er keine Aufgabe, wird, falls er überhaupt beachtet wird, von seinem älteren Bruder König Philipp I. eher von allen Verpflichtungen ferngehalten, damit er erst gar nicht zum Rivalen um den Thron heranwächst.

»Le Maisné« wird von vielen Chronisten, vielleicht in bewusster Schmeichelei, vielleicht aus mangelnder Kenntnis des Französischen, in ihren lateinischen Schriften mit *Magnus* übersetzt: »der Große«.

Nicht gerade ein treffender Beiname.

Denn Graf Hugo ist weder wohlhabend noch ehrgeizig, noch herausragend auf irgendeinem Feld. Adelsstolz, das ja, durchdrungen von der Würde seiner königlichen Familie. Doch Hugo ist ein eher schwächlicher Charakter, kein besonders energischer Kriegsmann, auch nicht übermäßig fromm. Was genau ihn bewegt, das Kreuz zu nehmen, wird wohl für immer rätselhaft bleiben. Vielleicht träumt auch er davon, selbst König zu werden – und zwar König von Jerusalem. Vielleicht will auch er sich im Heiligen Land ein Fürstentum erobern – nicht ahnend, dass es andere, brutalere, skrupellosere, geschicktere Ritter mit demselben Ziel in den Nahen Osten zieht.

Fulcher von Chartres rühmt ihn als den »ersten Helden, der übers Meer fuhr«. Ende August sammelt er ein kleines Heer, meist sind es Lehensleute seines königlichen Bruders, Hugo selbst hat kein Vermögen, um viele Kämpfer auszurüsten.

»Oh, was für einen Kummer das gab!«, schreibt Fulcher über den Aufbruch der Ritter. »Was für Seufzer, was für ein Weinen, was für ein Wehklagen unter Freunden, wenn der Gemahl seine geliebte Gattin verließ, seine Kinder, seinen Besitz, so groß er auch sein mochte, seinen Vater und seine Mutter, seine Brüder und andere Verwandte!«

Die Franzosen überqueren die Alpen, ziehen durch Italien. Dort irgendwo stoßen abgekämpfte Ritter dazu: Männer, die mit Graf Emich Juden erschlugen und dann von den Ungarn zerschmettert wurden. Zu ihnen gehört Wilhelm von Melun, »der Zimmermann«. In Bari schiffen sie sich ein. Anfang Oktober 1096 setzen sie über die Adria. Da kommt ein heftiger Sturm auf, die Segler geraten in Not, einige zerschellen an der Balkanküste, mancher Ritter ertrinkt. Die Überlebenden, unter ihnen Hugo, verlieren Pferde und Geld. Verstört und geschwächt, werden sie von byzantinischen Beamten aufgenommen, mit dem Nötigsten ausgestattet und auf neuen Schiffen bis Konstantinopel geschickt.

So erreicht Hugo von Vermandois mit seinen wenigen Männern tatsächlich zwar als erster Edler die Stadt am Bosporus, doch führt er kaum eine Armee, mit der man die Seldschuken erschrecken, geschweige denn Jerusalem erobern könnte. Er lebt bei Hofe, halb Gast, halb Gefangener, geehrt wegen seines Ranges, aber machtlos – so machtlos und vielleicht auch ohne politischen Instinkt, dass er Alexios Komnenos willig den Lehenseid leistet.

Dem Kaiser dürften diese Kreuzzügler langsam unheimlich werden. Zunächst erscheint bei ihm ein Einsiedler mit einer vieltausendköpfigen Mörderbande. Dann nimmt er ein paar Schiffbrüchige auf, deren Waffen irgendwo im Meer versunken sind. Zudem erwartet er, dass Heere aus dem Abendland per Schiff von Süditalien aus über die Adria kommen – nicht aber auf dem Landweg von Norden, von der ungarischen Grenze her quer durch das Imperium. Wen mag ihm der Papst als Nächstes schicken?

»Das ganze Abendland und alle barbarischen Völker von jenseits der Adria bis hinaus zu den Säulen des Herkules [also bis nach Nordeuropa, C. R.] haben sich samt und sonders in Bewegung gesetzt und führen ganze Familien mit sich«, schreibt eine Prinzessin der kaiserlichen Familie.

Das Heer, das dann jedoch am Tag vor Heiligabend 1096 im Schatten von Konstantinopel rastet, ist in der Tat furchterregend. Endlich Kämpfer, die gegen die Türken bestehen könnten! Kämpfer aber auch, die der Kaiser nur ungern lange vor den Mauern seiner Hauptstadt lagern sehen will. Denn kann er sich auf deren Loyalität verlassen?

Es ist Zeit, dies zu testen – und deshalb entsendet er Hugo von Vermandois.

Alexios Komnenos macht sich keinerlei Illusionen über die Ziele vieler abendländischen Ritter: Nicht allein frommer Eifer treibt sie, nicht allein der Ehrgeiz, das Heilige Land zu befreien. Sie wollen Land rauben – und sie sollen Land rauben. Für Byzanz mag es vorteilhaft sein, kriegerische Fürstentümer mit kampferprobten Rittern zwischen sich und den Seldschuken zu haben. Doch die Bedingungen dafür will Alexios Komnenos diktieren: Die Kreuzzügler sollen ihm den Lehenseid leisten, ihn also als Oberherren anerkennen. So, hofft er, werden sie sich nie gegen Konstantinopel wenden, denn jeder Fürst, der dies dann täte, bräche seinen Eid.

Die Botschaft, die Hugo von Vermandois deshalb an jenem Wintertag Gottfried von Bouillon überbringt, ist scheinbar einfach und großzügig: Leistet dem Kaiser den Lehenseid, dann wird er euch Geld, Vorräte und Schiffe geben, damit ihr das Heilige Land erobern könnt. Gottfried möge deshalb in den Palast kommen.

Der Herzog aber weigert sich.

Er hat doch schon einen Lehenseid geschworen – nämlich gegenüber Heinrich IV., dem Kaiser im Westen. Zudem hat er nun das Kreuz genommen auf Aufforderung des Papstes. Kann er da noch einen dritten Eid leisten? Schließt nicht zumindest der eine Eid gegenüber dem Kaiser den gegenüber dem anderen Kaiser aus? Präzedenzfälle gibt es nicht – und Gottfried, eher Kämpfer als Gelehrter, mangelt es an Wissen, an Neugier wohl auch, um derart komplizierten Fragen bis in die letzten Verästelungen möglicher Antworten nachzugehen.

Zudem spricht er mit Überlebenden des Volkskreuzzugs – wohl nicht mit Peter dem Einsiedler selbst, denn der weilt am Hof des Kaisers in Konstantinopel, aber mit einfachen Kämpfern. Die erzählen ihre Version des Unglücks: Der Kaiser habe sie getäuscht, habe sie an die Türken ausgeliefert und ihrem Schicksal überlassen.

Damit ist eine fatale Legende in der Welt: der Kaiser von Byzanz als Verräter der abendländischen Glaubensstreiter.

In den Augen vieler Ritter hat Byzanz bereits auf dem Schlachtfeld von Manzikert für immer das Recht verloren, bewaffnete Schutzmacht der Christen im Heiligen Land zu sein. Wer sich derart schmählich von den Türken schlagen lasse, der verwirke jeden Anspruch darauf, mit dem Schwert in der Faust Jerusalem zu beherrschen.

Nun steigert sich diese Verachtung noch: Byzanz habe nicht nur gegen die Seldschuken verloren, es ist möglicherweise sogar heimlich mit den Ungläubigen verbündet. Ein Ritter im Heerzug, der eine Chronik schreibt – leider anonym, sodass sein Name die Zeiten nicht überdauert hat –, nennt Alexios Komnenos schon zu dieser Zeit »jenen Schuft von einem Kaiser«.

Gottfried von Bouillon lehnt eine Audienz beim Monarchen deshalb ab. Er bleibt vor Konstantinopel im Lager. Irgendwann werden weitere große Ritterheere aus dem Abendland unter Führung edler Männer eintreffen; mit denen werde er sich beraten – und dann werde man sehen.

Dem Kaiser muss das wie eine kaum verhüllte Drohung erscheinen.

Alexios Komnenos befindet sich in einer fatalen Lage: Er weiß schon von Gesandten und Spionen, dass sich im Abendland weitere Heere aufmachen. Wenn sich alle abendländischen Ritter vereinten, dann lagerte plötzlich ein gewaltiges Heer direkt vor den Mauern Konstantinopels. Wer kann ihm dann garantieren, dass sich diese raubgierigen Fremden nicht einfach auf seine Kapitale stürzen? Dass sie Konstantinopel einnehmen, statt nach Jerusalem zu marschieren? Nein, sein Ziel muss es sein, jedes Kreuzzugsheer mit byzantinischen Schiffen über den Bosporus zu bringen, bevor die nächsten Truppen aus dem Abendland eintreffen. Stets wäre er dann mächtiger als die Fremden. Jenseits des Bosporus mögen sich die Kreuzzügler dann zu einem gewaltigen Haufen vereinen, Konstantinopel wäre von ihnen nicht mehr gefährdet – denn den Rittern mangelt es an Schiffen. Lagern sie erst einmal jenseits des Bosporus, dann gibt es nur ein Zurück zu seinen, des Kaisers Bedingungen ...

Also beschließt der Monarch, Gottfrieds Zaudern zu beenden: Er lässt keine Vorräte mehr an die Kreuzzügler liefern. Erst wenn der Lehenseid geleistet ist, so die unmissverständliche Botschaft, gibt es wieder Brot für die Kämpfer und Heu für die Pferde.

Keine kluge Entscheidung.

Denn sofort stürmt Balduin von Boulogne, der jüngere, heißblütigere Bruder des Herzogs, los und plündert mit einigen Rittern die Dörfer der Umgebung aus. Brennende Häuser, einige erschlagene Petschenegen, entsetzt in die Hauptstadt fliehende Griechen – der Kaiser, schockiert, gibt rasch nach. Er liefert wieder Vorräte, dafür verhalten sich die fremden Ritter wieder ruhig.

Ein unsicherer Friede, der den Winter über dauert. Gottfried von Bouillon betritt die Hauptstadt nicht, der Kaiser wagt sich nicht mehr aus ihr hinaus. Misstrauen zwischen Kreuzzüglern und Byzantinern. So geht der Januar 1097 dahin, der Februar, drei Wochen im März. Ende März jedoch vernimmt der Kaiser, dass die nächsten großen Heere aus Westen anrücken. Er muss Gottfried von Bouillon über den Bosporus locken, irgendwie, so rasch wie möglich!

Gründonnerstag, 2. April 1097, Konstantinopel

Die Ritter belagern die Stadt! Panik bei Hofe, denn plötzlich schlägt Gottfried von Bouillon sein Lager direkt jenseits des Palastviertels Blacherna auf. Will er Konstantinopel stürmen?

Was er plant, ist bis heute nicht ganz klar – noch nicht einmal, ob der Herzog überhaupt einem festen Plan folgt. Alexios Komnenos hat kurz vor Ostern die Lieferungen wieder reduziert, um die Fremden endlich zum Einlenken zu bewegen. Zuletzt, welche Provokation, hat er ausgerechnet zu Ostern keinen Fisch mehr bringen lassen. Daraufhin plündern die Fremden; Balduin von Boulogne liefert sich ein Scharmützel mit Petschenegen – 60 türkische Söldner des Kaisers bleiben tot zurück oder werden als Gefangene verschleppt. Gottfried von Bouillon lässt den Ort Pera am Marmarameer, wo er lagert, bis auf die Grundmauern niederbrennen, dann zieht er vor die Hauptstadt.

Die Lage beider Führer ist prekär: Alexios Komnenos weiß nicht, wann genau die nächsten Kreuzzügler eintreffen werden. Womöglich wird ihn bald ein Riesenheer belagern. Gottfried von Bouillon wiederum kann sich ausrechnen, dass er seine 10 000 Mann nur wenige Tage aus dem Umland mit Plünderungen versorgen kann. Und dann? Über den Bosporus setzen kann er nicht, wenn ihm die Byzantiner keine Schiffe senden. Und zurück? Das wäre, erstens, eine schmähliche Tat, nachdem er doch nun das Kreuz genommen und seinen Besitz verpfändet hat. Und, zweitens, wohl auch militärisch unklug, denn auf dem wochenlangen Marsch durch byzantinisches Territorium könnte sich der Kaiser rächen.

Und so sirren zu Ostern 1097 Pfeile über das Lager der Kreuzzügler: Der Kaiser, empört darüber, am höchsten kirchlichen Feiertag gegen Christen kämpfen zu müssen, hat Bogenschützen auf der Mauer postiert – sie jedoch angewiesen, zunächst über das Lager der Angreifer zu zielen.

Am nächsten Tag entsendet der Monarch wieder Hugo von Vermandois zu den Zelten der Kreuzzügler, um deren Anführer zur Vernunft zu bringen. Doch Gottfried von Bouillon hört dem Königsbruder nicht einmal richtig zu – verhöhnt ihn bloß als Sklaven der Byzantiner. Griechische Gesandte werden sogar angegriffen und fürchten um ihr Leben. Nicht ganz grundlos: In Scharmützeln vor den Mauern sterben wieder Soldaten des Kaisers.

Nun lässt Alexios Komnenos stärkere Truppen zusammenrufen – und zwar im Rücken des Feindes.

Boten eilen hin und her, nachdem sich die erste Aufregung gelegt hat. Gottfried, der seine Lage wohl für ziemlich aussichtslos hält – und der womöglich auch weniger genau darüber informiert ist, wo die anderen Kreuzzugsheere gerade stehen –, gibt nach seiner formidablen Scheinbelagerug Konstantionopels schließlich auf. Er akzeptiert den Lehenseid.

Ostersonntag, 5. April 1097, Kaiserpalast, Konstantinopel

Alexios Komnenos schickt Familienangehörige ins Lager der Fremden, als Geiseln. Dann macht sich der Herzog seinerseits mit Balduin von Boulogne und seinen wichtigsten Gefolgsleuten auf in den Palast. Ein Thronsaal. Gold und Purpur. Verächtliche Blicke der geschmückten, wohlerzogenen Höflinge und Prinzessinnen auf die Barbaren in ihren Eisenrüstungen. Die Muslime mögen verdammenswerte Ungläubige sein, doch sind sie wenigstens zivilisiert! Kaum verhüllte, aus Neid und Minderwertigkeitsgefühlen gespeiste Geringschätzung umgekehrt bei den Rittern für diese parfümierten Häretiker, die man für rückgratlos und verlogen hält, deren Kultiviertheit und Reichtum jedoch einschüchtern.

Alexios Komnenos, ganz in Purpur, auf einem Thron. Gottfried von Bouillon legt seine Hand in die Hände des Herrschers. Dann beugt er sich zu ihm, eine Geste der Unterordnung, und küsst den Monarchen auf die Wangen. Seine Gefolgsleute tun es ihm gleich.

Nun sind sie alle Lehensleute des Kaisers von Byzanz.

Gottfried und seine Männer erkennen den Kaiser als obersten Herrn aller Länder an, die sie sich unterwerfen wollen. Territorien, die früher direkt dem Byzantinischen Reich unterstanden, sind an den Kaiser und des Kaisers Beamte zurückzugeben. Territorien, die zuletzt nicht von Konstantinopel aus regiert wurden, dürfen sich die Ritter als eigenes Land nehmen, vorausgesetzt, sie akzeptieren auch hier die oberste Autorität von Alexios Komnenos.

Entspannung, huldvolle Worte – und dann öffnet Alexios Komnenos seine Schatztruhen. Gold, Geschmeide, Edelsteine, kostbare Stoffe ... Niemals ist Gottfried von Bouillon so reich beschenkt worden!

Alles ist wie weggewischt: das wochenlange, nutzlose Warten. Der Zorn über die Plünderungen. Das Gerede vom Verrat. Die hässlichen Scharmützel. Die beiden Anführer, eben noch Belagerer und Belagerter, sind nun Verbündete. Sie besprechen freundschaftlich die nächsten Schritte. Ein Festmahl: Byzantiner in gefärbten Tuniken, die gelehrt und witzig über Poesie plaudern und über Fragen theologischer Bildung. Burgherren, die mit den Händen Köstlichkeiten in den Mund schaufeln und zwischen zwei Bissen von Schlachtrössern und Lanzenkämpfen prahlen.

Sofort, sagt der Kaiser, könne er das Heer über den Bosporus setzen. Auch jenseits der Meeresstraße werde er es versorgen, werde Heu liefern für die Pferde, Brot für die Männer und Geld auch, viel Geld.

Wahrscheinlich wird Hugo von Vermandois bei den Beratungen dabei sein – vielleicht dämmert ihm hier schon, dass sein Traum, einmal König von Jerusalem zu sein, zu Ostern 1097 ausgeträumt ist. Dieser Gottfried von Bouillon ist viel mächtiger und machtbewusster als der von ihm geschmähte Bruder des Königs von Frankreich, der doch nur als Schiffbrüchiger bis Konstantinopel gelangt ist. Aber was bleibt ihm schon übrig, als bei dem Zug mitzumarschieren? Soll er umkehren, heim in ein Reich, in dem es keinen Platz gibt für ihn?

Auch Peter der Einsiedler wird wohl hinzugeholt. Der charismatische Mönch wird sicher den frommen Herzog beeindrucken, wird auch klarer und besser und wahrscheinlich weniger verleumderisch sprechen als die anderen Überlebenden des Volkskreuzzugs. Für den Mönch ist dies die zweite Chance: Er wird sich nun den Rittern anschließen auf seinem langen Pilgerzug nach Jerusalem.

Am Abend jenes Ostersonntags ist die Krise gemeistert: Die Ritter sind wohlversorgt und brechen auf, Konstantinopel ist sicher. Wohl noch am gleichen Tag setzen sie über den Bosporus ins Niemandsland vor den ersten Garnisonen der Seldschuken. Die Ritter marschieren ein Stück weit ostwärts und lagern bei Pelekanon an der alten Straße in Richtung Nikomedia.

In den nächsten Tagen strömen noch Nachzügler in die Stadt: französische und italienische Ritter, die sich Gottfried anschließen wollen, aber das Hauptheer verpasst hatten. Sie sind führerlos, gewalttätig, hochfahrend. Der Kaiser, der kein Risiko eingehen will, lässt auch sie den Lehenseid schwören – dazu bittet er Gottfried von Bouillon und Balduin von Boulogne sogar für einen Tag aus dem Heerlager zurück.

Im Palast kommt es während der Zeremonie zum Eklat. Nach dem Eid erhebt sich Alexios Komnenos – und ein Ritter setzt sich frech auf seinen Thron. Ein scharfer Tadel von Balduin. Herrische Worte des Ritters. Der Kaiser, am anderen Ende des Raums, eilt hinzu, lässt sich übersetzen, fragt dann den unhöflichen Fremden sanft, warum er sich denn so verhalte.

Dem Ritter fällt nur ein zu prahlen, er sei noch niemals im Zweikampf besiegt worden. Daraufhin rät ihm der Monarch, feine Ironie und eisige Höflichkeit in der Stimme, sich in der Schlacht gegen die kriegserfahrenen Türken besser eine neue Taktik zu überlegen.

Dann ist er auch die Nachzügler los. Keinen Tag zu spät, aus Sicht des Kaisers – denn das nächste Heer rückt heran. Und dessen Führer hat einen noch viel schrecklicheren Ruf als der Herzog von Niederlothringen.

Bohemund von Tarent kommt mit einigen Tausend Normannen. Ausgerechnet Normannen! Die Krieger, die eine Generation zuvor Süditalien und Sizilien geraubt haben. Schlimmer noch: 3000 Normannen dienten als Söldner für Byzanz in der verheerenden Schlacht von Manzikert – noch während des Kampfes jedoch desertierten sie. Und dann versuchten sie, die Schwäche des Kaisers ausnutzend, ein eigenes Fürstentum zu errichten. Jahrelange Kriege folgten. Und letztlich wurden diese schrecklichen Fremden nur zerrieben, weil sie sich nicht nur gegen die Griechen, sondern zur gleichen Zeit auch gegen die Seldschuken wandten. Am schlimmsten aber: Bohemund von Tarent führt sie an!

Denn auch später, nach den Kämpfen in der Folge von Manzikert, überfielen Normannen Besitzungen auf dem Balkan und in Griechenland. Zweimal kämpfte Alexios Komnenos dabei gegen sie, zweimal verlor er. Nur weil sie zu schwach waren, um sich auf Dauer zu halten, zogen sich die Fremden wieder zurück. Ihr Anführer bei jenen Überfällen war – Bohemund von Tarent.

Auch der ist einer jener unzufriedenen, übergangenen Adelssöhne – auch wenn der Fall bei ihm etwas anders liegt als bei vielen Rittern, dramatischer und finsterer. Er ist ein Sprössling von Robert Guiskard, »dem Wiesel« aus dessen erster Ehe, geboren irgendwann zwischen 1050 und 1058. Sein Taufname ist Marcus, doch der Vater nennt ihn Bohemund. Als Robert Guiskard wieder heiratet, bevorzugt er die Söhne aus der zweiten Ehe – Bohemund wird ignoriert.

Doch der Junge ist hart, skrupellos, klug, mutig und ein hervorragender Redner – kein Mann, der sich Dinge rauben lässt, von denen er glaubt, dass sie ihm zustehen.

So besteht sein Leben aus endlosen Fehden und Überfällen, mal auf Byzanz, noch häufiger auf Gebiete seiner Verwandten. Als der Papst zum Kreuzzug aufruft, ist Bohemund tief verstrickt in einen Kampf gegen einen Bruder um die Herrschaft über Süditalien. Er ist jetzt mehr als 40 Jahre alt, gut aussehend, hochgewachsen, wenn auch etwas gebeugt gehend, breitschultrig, schmalhüftig, mit der reinen Haut eines Jünglings. Ein erfahrener Kriegsherr, Stratege, Heerführer, »ein weiser und starker Mann«, wie Fulcher von Chartres schreibt. Eine byzantinische Prinzessin jedoch wird in seinen Zügen etwas Hartes, in seinem Lächeln etwas Unheimliches, Finsteres erkennen.

Ganz sicher ist Bohemund ein Mann mit vielen Feinden: Sein Bruder hat sich 1095 mit anderen Verwandten verbündet, der Normanne kämpft in Süditalien nun gegen eine Übermacht.

Da reiten die ersten Franzosen nach Bari – Ritter, die dem Aufruf des Papstes folgen, aber auf eigene Faust mit dem Schiff von Süditalien aus gen Osten reisen wollen. Bohemund erkennt eine Möglichkeit, die sich ihm vielleicht nie wieder im Leben bieten wird: Er wird sich dem Kreuzzug anschließen!

Von allen Anführern des Abenteuers ist er wohl derjenige, dem Glaubensdinge am wenigsten bedeuten. Fromm ist er nicht, um theologische Fragen schert er sich nicht, das Schicksal Jerualems oder der Pilger hat ihn nie zuvor interessiert. Doch sofort erkennt er, dass er sich auf einem derartigen Zug Land rauben kann – Land, das er sich in Italien wohl nicht mehr wird holen können, denn die Koalition seiner Feinde ist übermächtig. Er wird Italien verlassen und ins Heilige Land ziehen!

Bohemund »belagerte gerade Amalfi«, schreibt einer seiner Ritter – dort hat sich ein Verwandter verschanzt. Da erfährt er von den französischen Rittern und dem Kreuzzug, lässt sich alle Einzelheiten erzählen. Vom Aufruf Urbans II. hat er offenbar zuvor nichts gehört. »Sodann schickte Bohemund, vom Heiligen Geist erfüllt«, schreibt der Chronist weiter, der seinen Herrn ins beste Licht rücken will, »nach dem kostbarsten Mantel, den er besaß, um ihn unverzüglich in Stücke zu schneiden und Kreuze daraus zu machen, und die meisten Ritter, die während der Belagerung zugegen waren, begannen sofort, sich ihm anzuschließen, zumal sie voller Begeisterung waren.«

Tatsächlich sammeln sich unter Bohemunds purpurnem Banner rasch Tausende Krieger. Fast scheint es, als hätten die Normannen Süditaliens, der endlosen Bruderkriege überdrüssig, nur auf so einen Feldzug in die Fremde gewartet. Auch mit seiner Familie schließt ihr Anführer schnell Frieden: Seine Gegner, wahrscheinlich erleichtert, ihn los zu sein, greifen ihn nicht mehr an; er hingegen lässt allen Besitz auf der Apenninhalbinsel zurück. Für immer, werden die meisten Beobachter denken.

Kaum weniger groß wird die Freude sein, auch Tankred von

Hauteville ziehen zu sehen: Der erst 19 Jahre alte Normanne ist ein Neffe Bohemunds – Tankreds Mutter Emma ist eine Tochter von Robert Guiskard – und wird nun, trotz seiner Jugend, dessen Stellvertreter. Tankred ist kaum wohlhabend zu nennen, nur etwa 40 Ritter groß ist das Gefolge, das er für den Kreuzzug mitnimmt, doch hat er sich in den Kämpfen um Süditalien bereits als furchtlos ausgezeichnet. Und jeder im Heer wird wissen, dass er skrupellos ist, anmaßend, stolz, unberechenbar und ungehorsam – ein Schwertmann, den es nach Ruhm und Schlachten dürstet und der kaum in Zaum zu halten ist, wenn einmal einige Tage lang kein Blut fließt. Nicht gerade der ideale Heerführer, um gen Byzanz zu ziehen ...

Denn ausgerechnet Bohemund hat den strengen Befehl ausgegeben: keine Plünderung, keine Gewalt! Im Oktober 1096 segelt sein Heer mit Schiffen von Bari aus über die Adria, dann marschiert es rasch quer durch den Balkan. Rund 150 Kilometer schaffen sie manchmal in sieben Wochen, viel für eine Armee im Winter. Bohemund ist peinlich darauf bedacht, den fernen Kaiser nicht zu provozieren: Er raubt nichts, oder fast nichts: Manchmal müssen seine Männer Lasttiere von Bauern nehmen, doch selbst da verspricht der Normanne den entsetzt herbeieilenden byzantinischen Beamten, dass er in Konstantinopel den Schaden ersetzen werde – ein zivilisiertes Verhalten, das die Beamten wiederum eiligst nach Konstantinopel weitermelden.

Zwar fließt manchmal doch Blut, etwa wenn die Ritter auf »Häretiker« treffen – wahrscheinlich Anhänger der Sekte der Manichäer auf dem Balkan. Doch alles in allem ziehen die Normannen in einer Ordnung durch fremdes Land, wie man sie wohl noch nie erlebt hat.

Bohemund nämlich, der ja schon gegen Byzanz gekämpft und wahrscheinlich mit Überlebenden jener 3000 bei Manzikert desertierten Normannen gesprochen hat, ist ein kühler Stratege: Wenn er sich Land erobern will, dann jenseits der Ostgrenzen von Byzanz. So weit entfernt aber von allen Städten des Abendlands wird ihm gar nichts anderes übrig bleiben, als sich auf byzantinische Hilfe zu stützen, will er sich auf Dauer gegen die Seldschuken halten. Also versucht er den Kaiser milde zu stimmen, um in ihm einen zukünftigen Verbündeten zu gewinnen.

Seinen Neffen kann er nur mühsam vom Plündern abhalten. Bohemund, schreibt ein Begleiter, sei »wütend auf Tankred«, weil der immer wieder Dörfer oder Burgen ausplündern wolle. Man kann sich vorstellen, wie mühsam die Disziplin im Heer zu halten ist.

Als sie endlich Griechenland erreichen – es ist Anfang April 1097 –, ringen zwei Sorgen in der Seele Bohemunds: die Befürchtung, dass seine Armee doch noch marodieren könnte. Und die Sorge darum, dass er zu spät nach Konstantinopel kommt. Irgendwie – vielleicht durch byzantinische Beamte und Soldaten, die seinen Zug begleiten – hat er gehört, dass andere Führer des Kreuzzugs schon am Bosporus sind. Hat von einem Eid ebenso gehört wie von unglaublichen Schätzen. Was geht dort vor? Misstrauen gegen Byzanz. Misstrauen gegen die anderen Edlen des Abendlands. Werden da vielleicht die erst noch zu erobernden Länder bereits verteilt? Wer schließt da mit wem ein Bündnis? Richtet sich gar eine Absprache gegen ihn, den Normannen? Schließlich hätte Byzanz allen Grund, ihn ähnlich zu fürchten wie die Türken.

Dann hält es ihn nicht mehr: Mit wenigen Getreuen galoppiert Bohemund zu Ostern 1097 davon, verlässt die Fußsoldaten, die langsamen Ochsenkarren im Tross. Möge das Heer so rasch wie möglich nachkommen! Er eilt voraus, gen Konstantinopel!

Tankred lässt er als Befehlshaber zurück – und das Wunder geschieht: Der Hitzkopf erweist sich auf einmal als besonnener Anführer. Obwohl sie im Frühling in Griechenland lagern, einem durchaus reichen Landstrich, hält er nun die Soldaten zusammen und marschiert in annehmbarer Ordnung weiter, dem fernen Ziel zu.

Freitag, 10. April 1097, Kaiserpalast, Konstantinopel

Audienz für den Normannen, der am Vortag in die Stadt geritten kam. Alexios Komnenos hält ihn für den gefährlichsten aller Kreuzzügler. Ein fähiger Heerführer, ein alter Feind, ein ehrgeiziger, kluger Mann. »Nun lebte der Kaiser in großer Furcht vor dem tapferen Bohemund«, schreibt ein normannischer Ritter und verkündet damit wohl die Wahrheit. Zur Sicherheit lässt Alexios Komnenos wieder Gottfried von Bouillon und Balduin von Boulogne in den Palast kommen.

Die Normannen sind misstrauisch. Mit »List und Tücke« wolle der Kaiser »sie in die Falle locken«, allein durch »Gottes Gnade« habe er weder Zeit noch Gelegenheit für einen Verrat gehabt.

Anders ihr Anführer: Bohemund hat ja nur wenige Gefolgsleute. Sollte Alexios Komnenos ihn beseitigen wollen, er hätte nun die Gelegenheit dazu. Doch der Normannenführer spielt »Alles oder nichts«: Betritt mit wenigen Getreuen den Palast, gibt sich konziliant, verweist auf das Ziel des Kreuzzugs, tritt überhaupt viel zurückhaltender auf als die rauen Ritter, die zuvor am Hof durch die Säle stampften. Hier auch sieht er wohl zum ersten Mal in seinem Leben Gottfried von Bouillon und Balduin von Boulogne: zukünftige Verbündete auf dem Weg nach Jerusalem.

Und zukünftige Rivalen.

Lehenseid? Bohemund zögert nicht, küsst den Kaiser, der diesen leichten diplomatischen Sieg wohl gar nicht recht begreifen mag, sofort auf beide Wangen.

Dann zeigt Bohemund, was er von Byzanz gelernt hat: Er bittet den Kaiser, dass er ihn, den Normannen, zum Groß-Domestikos des Ostens ernenne. Das ist der Titel eines Oberbefehlshabers. Streitkräfte im Osten? Byzanz hat kaum noch Truppen jenseits des Bosporus, was also wäre dieser griechische Titel für den Normannen wert?

Man kann nur spekulieren, aber eigentlich gibt es für dieses Anliegen nur eine Erklärung: Bohemund, nicht der ranghöchste Anführer der Kreuzzügler und auch nicht der mit der größten Gefolgschaft, könnte niemals aus eigener Kraft zum Führer des ganzen Feldzugs werden. Wenn er aber einen Titel von Byzanz erhielte, dann hätte er eine wichtige Position, dann wäre er DER Abgesandte des Kaisers im Heer. In einem Heer, das ohne byzantinische Unterstützung scheitern würde. Eine Schlüsselposition wäre dies, eine, die ihm mehr Macht geben könnte, als ihm zustünde.

Eine sprichwörtliche byzantinische Intrige, ausgerechnet ersonnen von einem Barbaren aus dem Abendland, ausgerechnet gesponnen in Anwesenheit des Kaisers von Byzanz! Wird Alexios Komnenos gelächelt haben? Wird er einen raschen Blick auf Gottfried von Bouillon und Balduin von Boulogne riskieren, um zu sehen, ob die sofort die Absicht hinter diesem Wunsch erkennen? Ganz sicher wird es den Monarchen in seiner Meinung über Bohemund bestärken: Dieser Normanne ist gefährlich!

Der Kaiser antwortet ausweichend, höflich, gibt Ehren und Geschenke und eine unbestimmte Zustimmung – eine offizielle Ernennung aber gibt er nicht.

Trotzdem bleibt die Audienz erfreulich. Bohemund zieht sich schließlich zurück – und erst da mag manchem Beobachter aufgefallen sein, dass er in der ganzen Zeit keinen Pokal Wein, kein Obst, kein Gebäck, gar keine Köstlichkeit aus dem Palast angerührt hat, sondern nur nach Speisen griff, die seine Normannen mitgebracht hatten. Aus Angst vor Gift.

Am 26. April 1097 setzen byzantinische Schiffe das inzwischen eingetroffene Heer der Normannen über den Bosporus, wo die Neuankömmlinge neben den Kämpfern von Gottfried von Bouillon lagern. Auf einem der Kähne steht ein Fußsoldat, der es vermeidet, viel Aufmerksamkeit zu erregen: Tankred von Hauteville.

Der Neffe hat von dem Lehenseid gehört, den der Kaiser jedem Anführer des Kreuzzugs abfordert. Nicht mit ihm! So hat er sich verkleidet und lässt sich heimlich über den Bosporus schmuggeln.

Wenn Tankred erst einmal im Osten ist, dann will er freie Hand haben. Niemand wird ihn dann noch kontrollieren, schon gar nicht der Kaiser von Byzanz.

Dienstag, 21. April 1097, Konstantinopel

Keine Minute zu früh sind die Normannen verschwunden! Denn nur wenige Tage, bevor Alexios Komnenos die Krieger seines unheimlichen neuen Gefolgsmanns übersetzen lässt, gelangt der Mann in die byzantinische Hauptstadt, der sich selbst für den wahren Anführer des Kreuzzugs hält: Raimund von Toulouse.

Er, der doch als Erster das Kreuz nahm, gelangt fast als Letzter ans Tor zum Nahen Osten. Monatelang hat er sich Zeit gelassen, hat seine Dinge sorgfältig gesichert. Formal bleibt er der Herr fast aller seiner Ländereien, nur einige Besitztümer überschreibt er dem Lieblingskloster Saint-Gilles. Seinen Sohn Bertrand setzt er als Verwalter ein. Mit seiner Gattin Elvira von Aragon zieht Raimund von Toulouse dann in die Fremde – auch dies ein Zeichen dafür, dass da wieder jemand das Kreuz nimmt, um für immer im Heiligen Land zu bleiben. Ein fürstlicher Auswanderer und Glücksritter.

Mit Raimund, der viel Geld hat, ziehen zahlreiche Ritter, vor allem Provenzalen. Auch Adhémar begleitet ihn, Freund des Grafen, Legat des Papstes und geistiges Oberhaupt der Kreuzzügler.

Zum Gefolge Adhémars wiederum zählt ein junger Geistlicher: Raimund von Aguilers, Kanoniker der Kathedrale Sainte-Marie von Le Puy in der Auvergne. Während des Kreuzzugs wird er zum Priester geweiht werden, wird später auch dem Grafen Raimund von Toulouse als dessen Kaplan dienen.

Dieser junge Kirchenmann macht sich wohl vom ersten Tag des Abenteuers an Notizen, schreibt in einem eleganten Latein nieder, was er sieht. Später wird er ein Buch über den Kreuzzug verfassen – und mehr als jeder andere Chronist auch das Schicksal der armen, der namenlosen Kreuzzügler beschreiben.

Schon der Zug ist eine gefährliche Strapaze: Raimund von Toulouse und Adhémar wählen den Landweg, vielleicht um die Kosten für die Schiffe über die Adria zu sparen, vielleicht auch weil sie das Risiko des Schiffbruchs im Winter scheuen.

Denn erst im Herbst 1096 brechen sie von Südfrankreich aus auf, durchqueren Norditalien, ziehen um die Adria herum. Langsam kommt der Tross voran. Schlechte Straßen. Hohe Berge. »Wir waren in Slowenien fast 40 Tage lang«, notiert Raimund von Aguilers, »in dieser Zeit trafen wir auf Wolken so dicht, dass wir sie fühlen und mit einer leichten Bewegung vor uns herschieben konnten.«

Einheimische lauern an den Hängen, überfallen die Nachzügler. Graf Raimund von Toulouse und einige Ritter galoppieren zurück »und nahmen nicht weniger als sechs Angreifer gefangen«, berichtet ihr Chronist. »Und als ihn die Slowenier deshalb umso mehr bedrängten und der Graf sich zum Hauptteil seiner Armee zurückziehen wollte, befahl er, dass einigen Gefangenen die Augen herausgerissen werden, anderen die Füße abgehackt, wieder anderen die Nasen oder Hände abgeschnitten werden. So waren die Verfolger erschüttert bei diesem Anblick und beschäftigt mit ihren eigenen Sorgen, der Graf mit seinen Begleitern jedoch entkam in Sicherheit. Und deshalb, dank der Gnade Gottes, entgingen wir der Gefahr des Todes und dieser schwierigen Situation.«

Auch auf byzantinischem Gebiet hinterlässt das Heer eine Blutspur, obwohl den Grafen Freundschaftsbriefe des Kaisers erreichen. Plündereien, Scharmützel mit Petschenegen, einmal werden zwei Barone erschlagen, ein anderes Mal wird gar der Bischof Adhémar von Le Puy, der mit seinem Maultier vom Weg abkommt, von Petschenegen attackiert. »Sie stießen ihn vom Maultier, raubten ihn aus und schlugen ihm hart auf den Kopf«, berichtet Raimund von Aguilers. Auch für ihn ist der Schuldige schnell benannt: der Kaiser von Byzanz, der »Verrat« an den Chisten des Abendlands übe.

Ein unguter Anfang.

Irgendwo in Griechenland übermannt den Grafen schließlich die Ungeduld. Sein Freund Adhémar liegt noch verletzt danieder, ihn jedoch erreichen nun Gerüchte von den anderen Kreuzzüglern am Hofe des Kaisers. Misstrauen. Will man ihn, Graf Raimund von Toulouse, den Anführer des Kreuzzugs, etwa übergehen?

Er eilt voraus, fast ohne Begleiter. »Unbewaffnet«, schreibt gar sein Chronist, doch das ist sicher eine fromme Übertreibung. Nachdem ihr Heerführer davongaloppiert ist, morden und plündern seine Soldaten immer abscheulicher. Schließlich geraten sie an einen großen Trupp Petschenegen. Scharmützel, Kämpfe, eine regelrechte Schlacht – und, welche Schande, die Ritter fliehen! Ihr Tross fällt den Reitern des Kaisers in die Hände.

An jenem 21. April 1097, da Raimund von Toulouse endlich Konstantinopel erreicht, erreicht ihn auch die Nachricht, dass sein Heer besiegt worden ist und jetzt durch Griechenland getrieben wird. Der Graf wird von kaiserlichen Abgesandten empfangen, in einem Palast vor den Mauern luxuriös untergebracht, doch er bebt vor Wut. Seine erste Audienz beim Kaiser ist gründlich verpatzt.

Alexios Komnenos jedoch empfängt ihn huldvoll. Inzwischen hat er eine gewisse Übung darin, die wilden Fremden zu beehren. Wieder im Palast, wieder sind Anführer der Fremden dabei, Gottfried von Bouillon und Bohemund von Tarent. Wieder das freundliche Angebot, ihm den Lehenseid zu leisten, dann werde es seinem Heer an nichts mangeln.

Doch Raimund von Toulouse weigert sich.

So ganz allein, wie sein Chronist schreibt, wird er nicht gewesen sein. Der Graf ist nicht nur ziemlich alt und sehr erfahren, er scheint sich auch beraten zu haben, scheint Zuträger bei Hofe gefunden zu haben, die ihm Sätze zuflüstern, noch während der Audienz.

Wenn er den Lehenseid leistet, so wird sich Raimund von Toulouse sagen, dann unterscheidet er sich in nichts von den anderen Anführern des Kreuzzugs. Was könnte dann noch seinen Anspruch, der Allerhöchste unter ihnen zu sein, rechtfertigen, wenn sie doch alle dieselben Lehensleute des Kaisers wären?

Mehr noch: Irgendwie erfährt er, dass der Normanne Bohemund von Tarent nach dem Eid um das hohe byzantinische Amt eines Ober-Domestikos ersucht hat. Im Gegensatz zu den anderen Edlen des Abendlands scheint Raimund dieses Manöver sofort durchschaut zu haben: Da will sich einer zum obersten Heerführer aufschwingen! Wie aber steht der Kaiser dazu?

Der Graf, vorsichtig, wartet ab. Und weigert sich. Er habe nicht Heimat und Besitz verlassen, um einem anderen Herrn zu dienen, antwortet er. Nur Gott sei nun sein Lehensherr.

Dann setzt er listig hinzu: Sollte der Kaiser jedoch persönlich an der Spitze der Kreuzzügler nach Jerusalem ziehen, dann wolle er ihm willig folgen. Alexios Komnenos lehnt bedauernd ab, die Verwicklungen in der Heimat ließen dies leider nicht zu. Das wird niemanden überrascht haben.

Gottfried von Bouillon und Bohemund von Tarent, die endlich losschlagen wollen und plötzlich den Erfolg ihres ganzen Abenteuers gefährdet glauben, bedrängen ihn: Leiste den Eid! Bohemund bietet dem Kaiser gar unverhohlen an: Wenn dieser Graf da sich weigere, das Geforderte zu leisten, könne er mit seinen Normannen gegen die Provenzalen ziehen. Er sei ja schon Lehensmann des Kaisers …

Alexios Komnenos hält sich aus dem anbahnenden Streit der Kreuzzügler heraus. Die Audienz geht ohne Ergebnis zu Ende. Raimund von Toulouse wird freundlich, doch ohne Geschenke in seinen Palast entlassen.

Fünf Tage später jedoch leistet Raimund von Toulouse einen Eid – wenn auch nicht den ursprünglich geforderten. Vermutlich sind heimliche Verhandlungen vorausgegangen. Der Graf schließlich willigt in eine Formel ein, die er aus seiner südfranzösischen Heimat kennt: Er werde Leben und Ehre des Kaisers achten und dafür sorgen, dass weder er noch seine Leute etwas unternähmen, was dem Kaiser zu Schaden gereichte.

Wahrscheinlich ist es kein Zufall, dass exakt an jenem Tag die Normannen von Bohemund über den Bosporus gesetzt werden. Nun, da auch der Führer der Provenzalen einen Eid geleistet hat, muss man ihm nicht mehr drohen.

Mehr noch: Bischof Adhémar, inzwischen wieder genesen, führt das Heer in leidlicher Ordnung bis Konstantinopel. Vielleicht trifft auch er sich mit dem Kaiser, sicher ist das allerdings nicht. Sicher ist hingegen dies: Während nun endlich auch die Provenzalen über den Bosporus segeln, bleibt Graf Raimund von Toulouse noch bei Hofe zurück. Einen Tag, zwei Tage, eine Woche, zwei Wochen. Lange Gespräche mit dem Kaiser, vertraulicher von Audienz zu Audienz.

In Südfrankreich ist das antike Erbe Roms nicht so gründlich vergessen worden wie weiter nördlich im Abendland. Und da man dort schon lange gegen die Mauren in Spanien kämpft, weiß man auch etwas von der muslimischen Zivilisation, hat nicht nur deren Krieger respektieren, sondern auch deren Kultur schätzen gelernt. Dem Monarchen muss Raimund von Toulouse als der weitaus zivilisierteste und zuverlässigste jener Kreuzzügler erscheinen, die bei ihm vorgesprochen haben.

Schließlich wird Alexios Komnenos ungewöhnlich offen: Er misstraue Bohemund von Tarent, er werde den Normannen niemals vertrauen, und schon gar nicht werde er deren Anführer zum Oberbefehlshaber seiner eigenen Truppen machen. Und so spinnt der Kaiser eine neue Intrige: Ausgerechnet dem Grafen aus der Provence, der sich einem Lehenseid störrischer verweigerte als die anderen bedeutenden Anführer des Kreuzzugs, schenkt er Vertrauen, ermuntert ihn, sich als Günstling von Byzanz, als dessen Verbündeter – und damit als einzig echter Anführer des Kreuzzugs – zu sehen.

Die beiden Männer scheiden schließlich in bestem Einvernehmen.

Sonntag, 26. April 1097, Lager der Kreuzfahrer bei Pelekanon

Aufbruch! Gottfried von Bouillon führt seine Streiter aus der Festung weiter Richtung Osten, dann Süden. Peter der Einsiedler und einige Überlebende des Volkskreuzzugs sind dabei. Bald folgen auch die Normannen; die Provenzalen sind ebenfalls nicht mehr weit. Beim Heer marschieren schließlich auch noch byzantinische Belagerungsspezialisten, die Rammen, Katapulte und anderes schweres Gerät mit sich führen.

Allen ist klar, dass sie nicht in Eilmärschen durch das Gebiet gelangen können, im Gegenteil: Sultan Kilidsch Arslan I. muss gestellt und besiegt werden. Nur wenn den Seldschuken die Kontrolle über die kleinasiatische Küste, über Teile Anatoliens und Syriens wieder entrissen wird, sind die Nachschubwege für die Kreuzzügler frei. Alles, was das Heer benötigt, muss zunächst vom byzantinischen Kaiser geliefert werden. Von Konstantinopel jedoch können Versorgungsschiffe nur entlang der Küste segeln oder Karawanen über die alten Reichsstraßen ziehen; diese Wege müssen freigekämpft werden.

Diese strategische Notwendigkeit für die Kreuzzügler ist zugleich das wohl größte Ziel des Kaisers: Sind die Seldschuken Kleinasiens niedergerungen, verschwindet der Gegner, der am härtesten seine Reichsgrenzen bedrängt. Der Monarch bekäme die Möglichkeit, die Schmach von Manzikert auszutilgen und sich wieder altes byzantinisches Herzland anzueignen.

Deshalb zieht Gottfried von Bouillon direkt gegen Nikäa, die Hauptstadt des Sultans. Er will diese Metropole nehmen, auch wenn es Zeit kostet.

Schnell stoßen die Ritter auf grimmige Warnzeichen: die gebleichten Knochen jener Erschlagenen des Volkskreuzzugs. »Wie viele abgetrennte Köpfe und wie viele Gebeine von Getöteten fanden wir doch auf den Feldern um Nikomedien liegen!«, berichtet ein Augenzeuge. »In jenem Jahr hatten die

Türken die Unsrigen, die von den Pfeilen nichts wussten und denen ihr Gebrauch neu war, aufgerieben. Von Mitleid bewegt, vergossen wir bei diesem Anblick viele Tränen.«

Hass auf die Ungläubigen. Scheue Blicke zu Peter dem Einsiedler, der auf seinem Maultier im Zug reitet. Hat er nicht diesen Volkskreuzzug organisiert und diese Unglücklichen in ihr Verderben geführt? Müssten seine Knochen nicht auch dort bleichen?

Es ist nicht ganz klar, was die Kreuzzügler über den Mönch denken. Manche werden ihn wohl tatsächlich für einen Phantasten halten, der Tausende in den sicheren Untergang führte. Möglich aber auch, dass er, gerade unter den einfachen Kämpfern, noch immer hoch angesehen ist, gewissermaßen als der Erste, der das Kreuz genommen hat. Auf jeden Fall behält er inmitten der Grafen und Ritter ein gewisses Ansehen.

Gottfried von Bouillon erkennt bald, dass die Straßen inzwischen zu schlecht geworden sind, als dass Tausende schnell und sicher auf ihnen vorankommen könnten. Er schickt 3000 Männer mit Schwertern und Äxten voraus, die durch das Unterholz einen Weg gen Nikäa freischlagen sollen. Dichte Wälder. Berge, manche über 1000 Meter hoch. Beginnende Hitze. Die Pfadfinder markieren ihren Weg mit Kreuzen aus Holz oder Metall, die sie auf hohe Pfosten stellen, damit sie schon von Weitem erkennbar sind. Kilometer um Kilometer marschieren die Ritter.

Bis sie Nikäa erblicken.

Zum Heer, das sich nun nach und nach vor der feindlichen Stadt sammelt, stoßen noch Nachzügler: Eine große Armee aus Normannen, Schotten, Bretonen, Brabantern und Flamen rückt heran, das letzte Kontingent des Kreuzzugs.

Zwei ihrer drei Anführer werden in den nächsten Monaten unzertrennlich sein, obwohl sie einst Todfeinde waren: Graf Robert II. von Flandern ist der eine, ein reicher Edelmann, etwas mehr als 30 Jahre alt, tatkräftig, klug – und wohl der frömmste aller Anführer. Er, der älteste Sohn und gesicherte Erbe großen Besitzes, will von Anfang an Jerusalem befreien, für die Christen sichern – und dann wieder nach Hause zu seiner Gattin Klementia von Burgund zurückkehren.

Er allein von allen herausragenden Männern kennt auch schon den Geist des Morgenlands, wenn auch indirekt: Sein Vater Robert I. der Friese war 1086 als Pilger nach Jerusalem gelangt. Auf dem Rückweg war er dann eine Zeit lang in byzantinische Dienste getreten – und hatte so Kaiser Alexios Komnenos kennengelernt. Auch der Sohn ist deshalb bei Hofe in Konstantinopel wohlgelitten – und umgekehrt hat er mehr Verständnis für die schwierige Lage, für das Intrigenspiel und das endlose Taktieren des östlichen Monarchen.

Der zweite Anführer der Nachzügler und ehemalige Gegner seines Kameraden ist Robert Curthose, »Robert der Kleine«, Herzog der Normandie: etwa 40 Jahre alt, sanftmütig, eher entscheidungsschwach, der Jagd und dem Wohlleben ergeben. Er ist der älteste Sohn von Wilhelm dem Eroberer, der England unterwarf. Doch er wird übergangen, muss jahrelang und mit wenig Erfolg gegen den Vater, später gegen einen jüngeren Bruder um die Herrschaft über England Krieg führen. (Einen Krieg, in dem er zeitweilig auf seinen Namensvetter, den Grafen von Flandern, trifft, der auf der Gegenseite dient.)

Papst Urban II. schließlich vermittelt im Jahr 1095 Frieden zwischen den Brüdern – und Herzog Robert, zumindest zeitweise religiös tief bewegt, nimmt das Kreuz und organisiert zusammen mit Robert von Flandern ein Heer. Dafür verpfändet er für 10 000 Silbermark sein Herzogtum an den verfeindeten Bruder. Eigentlich muss ihm in diesem Augenblick schon klar sein, dass er es kampflos nie zurückerhalten wird. Also wäre es für ihn besser, auch er würde sich im Osten ein neues Fürstentum erobern.

Dritter Anführer ist Graf Stephan II. Heinrich von Blois und Chartres, einer der reichsten Grundherren Frankreichs. Er hat Adela geheiratet, eine Tochter Wilhelms des Eroberers, was ihn zum Schwager von Herzog Robert von der Normandie macht. Seine Frau, eine herrische Dame und echte Ahnin des

Eroberers, lässt er als Verwalterin aller Güter zurück – und schreibt ihr fortan lange Briefe von unterwegs.

Im Oktober 1096 brechen die drei Anführer auf – auch Fulcher von Chartres ist dabei, der Chronist, als Gefolgsmann des Grafen Stephan von Blois.

Die Glaubensstreiter ziehen über die Alpen. In Italien empfängt sie Papst Urban II. Robert von der Normandie erhält zudem Reliquien: ein Haar der Heiligen Jungfrau Maria, Gebeine des Evangelisten Matthäus und des heiligen Nikolaus von Myra.

Doch, ach, es fehlt den Seinen an Glauben. Noch in Süditalien machen sich viele Ritter wieder davon. »Durch Feigheit schwach geworden«, schimpft Fulcher von Chartres die Deserteure. Die nächste Katastrophe dann, als das Heer über die Adria setzt: Kaum hat das erste Schiff den Hafen Brindisi verlassen, da »bricht es unvermutet in der Mitte auseinander«, wie der Chronist überliefert. 400 Tote, Männer wie Frauen, ertrunkene Schlachtrösser, versunkene Schatzkisten. Doch dann, oh Wunder, treiben die ersten Toten ans Ufer – und die noch in Italien stehenden Ritter entdecken »bei einigen von ihnen, wahrhaftig ins Fleisch eingebrannt, Kreuze zwischen den Schultern.«

»Fürstliches Lob steigt zu Gott empor«, überliefert Fulcher von Chartres weiter, der Rest des Heeres setzt denn auch – endlich – problemlos über, erreicht schließlich Konstantinopel, wo die beiden Robert und Stephan von Blois, offenbar ohne große Bedenken, dem Kaiser den Lehenseid leisten. Alexios Komnenos verzaubert die drei.

»Dein Vater, meine Liebe«, schreibt Stephan von Blois an seine Gattin, »machte viele große Geschenke, aber er war fast nichts, verglichen mit diesem Mann.« Ein Geständnis, das die adelsstolze Tochter Wilhelms des Eroberers vermutlich nicht allzu gern gelesen haben wird.

Im Mai 1097 schließlich sind die Kreuzzügler endlich vor Nikäa vereint: »600 000 kampferprobte Männer«, schreibt Fulcher von Chartres – und verrät damit nur, wie schlecht er schätzen kann. Die tatsächliche Zahl ist geringer, doch immer noch gewaltig. 60 000 bis 100 000 Kämpfer haben sich eingefunden, darunter etwa 7000 Ritter hoch zu Ross, eines der größten Heere des Zeitalters. Dazu Tausende Frauen, Geistliche, Marketender, sogar Kinder. Einige Frauen sind Gattinnen der Ritter, andere Prostituierte, andere Nonnen, wieder andere Abenteurerinnen, die der heimischen Enge entflohen sind, zum Teil als Männer verkleidet. Die Kinder, manche Sprösslinge der Abenteurer, andere Waisen, schließen sich zu eigenen »Armeen« zusammen, zu riesigen Banden, kommandiert von selbst ernannten Anführern, die sich nicht scheuen, bei den edlen Herren zur Not auch betteln zu gehen.

Es gibt keinen Oberkommandierenden, sondern mehrere Anführer, die eher Rivalen als Verbündete sind – und die nur zweierlei verbindet: das Ziel Jerusalem und ihr gegenseitiges Misstrauen.

Da sind Raimund von Toulouse und Bischof Adhémar, die sich für die eigentlichen Auserwählten halten. Mehr als 10 000 Soldaten stehen unter ihrem Kommando. Ähnlich groß sind die Armee des Gottfried von Bouillon und seines Bruders Balduin von Boulogne sowie der Haufen, den Robert von der Normandie, Robert von Flandern und Stephan von Blois befehligen. Kleiner, doch sehr schlagkräftig ist das Kontingent der Normannen unter Bohemund von Tarent und seinem Neffen Tankred. Noch deutlich schwächer die Anhängerschaften des Königsbruders Hugo von Vermandois. Dazu die Versprengten des Volkskreuzzugs, die auf Peter den Einsiedler blicken. Und Abenteurer aus dem Abendland, Einzelgänger oder kleine Banden, die niemanden über sich anerkennen.

Berühmte Ritter, die wichtige Schlachten ausgefochten oder legendäre Zweikämpfe bestanden haben, tragen nun das Kreuz: Gaston von Béarn (ein ehemaliger »Spanienkämpfer«), Achard von Montmerle aus Burgund und Raimund Pilet etwa, die bei Raimund von Toulouse reiten. Die französischen Ritter Raimbold Croton aus Chartres, Gérard de Quierzy und Thomas von Marle – Letzterer ein düsterer Kämpfer, der schon im

Rheinland Juden mordete. Auch Wilhelm der Zimmermann ist dabei.

Hohe Geistliche begleiten das Heer, etwa Bischof Otto von Straßburg. Der war ein Gefolgsmann des Kaisers in dessen Streit mit dem Papst gewesen – und nimmt nun als Buße an dieser langen, gefahrvollen Reise teil.

Die große Mehrheit der Glaubensstreiter jedoch ist namenlos, gesichtslos, geschichtslos: Männer, Frauen, Kinder aus dem Volk, losgerissen aus der Heimat, einem höchst ungewissen Ziel entgegentreibend. Eines nur ist allen gemeinsam, und auch dies macht den Feldzug so außergewöhnlich in der abendländischen Geschichte: Sie sind alle frei. Keiner im Heer, der es bis hierhin geschafft hat, ist noch Leibeigener oder Höriger von irgendjemandem – Gefolgsmann und Vasall, das ja. Aber niemand ist mehr so unfrei, dass er für immer und bedingungslos an einen Herrn oder gar an ein Stück Land gefesselt wäre. So ungebunden wie im Frühjahr 1097 werden sich die allermeisten Kreuzzügler nie zuvor im Leben gefühlt haben. Und so selbstbewusst, wie sie den hohen Adeligen manchmal entgegentreten, hätten sie in der alten Heimat niemals sein dürfen.

Die Kämpfer sammeln sich unter dem *Gonfanon* ihrer Herren: quadratische oder rechteckige Flaggen mit zwei, drei oder noch mehr Zungen am Ende, die an hohen Stangen flattern. Diese Zeichen sind neu, werden auf dem Kreuzzug vielleicht zum ersten Mal in großem Stil gezeigt. Die Ritter haben Stoffbahnen, die in der Schlacht anzeigen, wo der wichtigste Anführer steht, bei ihren muslimischen Gegnern kennengelernt – wahrscheinlich haben es die Normannen zuerst von den Sarazenen Süditaliens übernommen, vielleicht auch die Provenzalen von den Mauren in Spanien.

Weiß flattert der Gonfanon von Balduin von Boulogne, purpur oder rot der von Bohemund von Tarent, golden der von Robert von der Normandie. Die anderen Farben hat kein Chronist überliefert – einer jedoch versichert, dass auch die von Raimund von Toulouse und Tankred von Hauteville im Heer »sehr bekannt« seien.

Die Zeichen werden überlebenswichtig werden, eine gemeinsame Sprache gibt es nicht, mit Ausnahme des Lateins, das die Kleriker sprechen. Die Kämpfer, ihre Frauen und Kinder stammen ja aus vielen Ländern des Abendlands. (Und selbst innerhalb eines Reiches ist es oft so, dass der Dialekt einer Region, etwa in Frankreich, nur 100 Kilometer weiter nicht mehr verstanden wird.) Relativ eng ist der Zusammenhalt noch bei den Südfranzosen von Raimund von Toulouse. »Die Provenzalen« werden sie bald umstandslos im Heer genannt – und alle anderen werden »die Franken« gerufen, ob sie nun aus Lothringen stammen, aus Flandern oder Schottland, oder ob sie Normannen sind oder Franzosen.

Einig sind sich alle nur im Schlachtruf, mit dem man sich fortan auf die Ungläubigen stürzen will – einem Schlachtruf, der sich unter den Kreuzzüglern verbreitet, fortgetragen von Mann zu Mann, ein Echo jener Begeisterung, die den Aufruf des Papstes umglänzte: »Deus lo volt!« – »Gott will es!«

5 NIKÄA

Hört, der Sturm des Herren bricht los. Ein Wirbelsturm braust hinweg über die Köpfe der Frevler. Der Zorn des Herren hört nicht auf, bis er die Pläne seines Herzens ausgeführt und vollbracht hat. Am Ende der Tage werdet ihr es klar erkennen. (Jeremia 23, 19–20)

Mittwoch, 6. Mai 1097, vor den Mauern von Nikäa

Die Stadt, auf dem Landweg 200 Kilometer südöstlich von Konstantinopel gelegen, ist seit der Spätantike eine Festung: Mehr als sechs Kilometer lang ist die Mauer, welche die Metropole umgibt, sie wird von 240 Türmen bekrönt. Von jedem Turm aus können Bogen- oder Armbrustschützen nicht nur das Vorfeld, sondern auch die Mauer selbst unter tödliches Kreuzfeuer nehmen. Im Norden, Osten und Süden schützt zudem ein Graben die Stadt, gespeist aus dem Wasser mehrerer Bäche. Und im Westen steht die Festung im seichten, aber großen Askanischen See.

Gottfried von Bouillon schlägt sein Lager gegenüber der Nordmauer auf, Tankred, der die Normannen in jenen Tagen führt, bei der Ostmauer. Der Süden bleibt frei – zunächst.

Von hier entweichen heimlich Boten der Seldschuken. Denn die Garnison der Stadt ist groß, vielleicht einige Tausend Krieger, doch nicht annähernd so groß wie das Heer der Angreifer. Einen der Boten nehmen die Kreuzritter gefangen: Er ist ausgesandt, um seinen Herrn zu warnen. Sultan Kilidsch Arslan I. steht irgendwo in Armenien, auf seinem Feldzug gegen einen Rivalen. Er solle so rasch wie möglich zurück zu seiner Hauptstadt eilen!

So erfahren die Kreuzzügler, dass der Sultan weit fort ist, zwei Wochen wird es wohl mindestens dauern, bis er mit seinen Truppen heran sein könnte. So erfahren sie auch, dass sowohl der Reichsschatz als auch Kilidsch Arslans hochschwangere Frau und die Kinder in Nikäa sind. Und sie erfahren, dass andere Boten durchgekommen sind: Der Sultan wird auf jeden Fall gewarnt werden.

Zwei Wochen ...

Zwei Wochen, dann säßen sie in der Falle: Vor sich die starke Festung Nikäa, im Rücken das große Heer des Sultans. Die Kreuzzügler beraten sich. Noch ist keine Zeit, um persönlichen Ehrgeiz oder Fehden zu pflegen. Einträchtig treffen sie sich in einem Zelt, diskutieren unterschiedliche Vorschläge, entscheiden einmütig.

Das größte Problem ist zunächst noch ihre mangelnde Zahl: Von Süden her können die Feinde Nikäa versorgen, vom Askanischen See her erst recht.

Etwas besser wird ihre Lage erst am 16. Mai, als Raimund von Toulouse mit seinen Mannen heran ist: Er belagert die Südmauer. Kurz darauf erscheint auch das letzte Kontingent unter Robert von der Normandie, Robert von Flandern und Stephan von Blois. Den Türken auf den Mauerzinnen muss spätestens jetzt klar sein, dass sie es diesmal nicht nur mit einem wohlausgerüsteten, sondern auch einem wahrhaft riesigen Christenheer zu tun haben.

Welcher Schock für Kilidsch Arslan I., als Boten ihm das berichten! Nie zuvor haben die Christen derartiges gewagt! Noch wenige Wochen zuvor muss er für die Fremden, deren Mordbanden er so leicht zersprengte, nichts als Verachtung empfunden haben. Und nun lagern Panzerreiter vor seiner eigenen Hauptstadt – und seine Familie sitzt darin fest, unerreichbar eingeschlossen.

Unerreichbar? Nein, über den Askanischen See bringen Boote der Seldschuken noch immer Vorräte in die Stadt. Die Kreuzritter sehen hilflos zu – sie können nicht alle Ufer des großen Gewässers kontrollieren –, wie auf Kähnen Getreide, Heu für die Pferde, sogar Feuer- und Bauholz nach Nikäa gerudert werden. Damit scheint klar zu sein, dass sie Nikäa nicht aushungern können. Nicht, dass dies sonderlich wichtig gewesen wäre.

Sie haben ja ohnehin nur zwei Wochen.

Die Panzerreiter sind keine guten Belagerer. Was soll ein Lanzenritter schon gegen eine Stadtmauer ausrichten? Stürmen kann er eine Metropole zwar: Auf Leitern, die an die Mauer gelehnt sind, besser noch durch Breschen in eben jener Mauer oder durch gesprengte Tore. 20, 30 Meter Breite reichen, dann können die Verteidiger die Lücke kaum noch stopfen; und viele Burgen und Städte sind schon gefallen, weil eine einzige Bresche geschlagen, ein einziges Tor erobert worden ist.

Wer aber bringt die Leitern an die Mauer? Wer zerstört die Festungswerke?

Im Heer laufen Tausende Fußsoldaten mit: Sie sollen dieses Werk vollbringen. Unterstützt werden sie dabei von den Spezialisten aus Byzanz, die der Kaiser ihnen mitgegeben hat.

Denn es ist eine Kunst, eine Stadt mit *Tormentae,* den Fernwaffen, sturmreif zu schießen: etwa mit der schon erwähnten *Mangonel,* einem schweren, schon in der Antike bekannten Katapult. Ein Holzrahmen, ein gespanntes Seil, das einen löffelförmigen Wurfarm niedergedrückt hält. Löst ein Soldat dieses Seil, schleudert der Wurfarm hoch, bis er gegen ein Querholz prallt. Auf der Löffelschale des Wurfarms liegt ein Steinbrocken, der durch die Wucht von Hochreißen und Rückschlag weggeschleudert wird. Das Geschoss rast schnell, es zerschmettert Mauern und die Knochen der Verteidiger auf ihren Zinnen. Doch die Flugbahn ist flach, die Reichweite also begrenzt. Zudem wäre eine höher gelegene Festung unerreichbar für die *Mangonel.*

Ähnlich wirksam ist die *Trébuchet,* ein T-förmiges Geschütz: Am einen Ende des Querbalkens lagert ein Wurfstein in einer Schlinge, am gegenüberliegenden Ende baumelt ein Gegengewicht. Mehrere Soldaten reißen diesen Balken ruckartig herum, der Stein saust los: tödlich, aber nur auf einige Meter.

Wirksam wäre es, eine Mauer zu unterminieren: einen Tunnel zu graben bis unter das Fundament einer Festung, diesen Tunnel einstürzen zu lassen – und so auch die darüberliegende Mauer auf zumindest einigen Metern Breite wie bei einem Erdrutsch kollabieren zu sehen. Das aber kann Wochen dauern.

Noch primitiver ist die Ramme: ein schwerer Balken mit eiserner Spitze, festgezurrt auf einem Gestell mit Rollen, geschützt durch ein Dach aus Holz und Eisenplatten. Der Koloss wird von Männern bis direkt an eine Mauer oder an ein Tor gerollt, dann schwingt die Ramme vor und zurück, bis irgendein Teil der Festung unter den wuchtigen Stößen zusammenbricht. Allerdings müssen die Angreifer dafür direkt unter den Verteidigern ausharren, nur das Dach schützt sie vor Pfeilen, siedendem Öl, in die Tiefe geschleuderten Felsbrocken – oft genug ein mangelhafter Schutz. Wenn das Dach zusammenkracht oder von Brandpfeilen in Flammen geschossen wird, verwandelt sich die Ramme in eine Todesfalle für die Angreifer.

Gleiches gilt für die »Schildkröte«, ein mobiler Schild aus Holzgeflecht und Metallplatten, unter dem sich Angreifer bis zur Mauer nähern, um dort dann mit Spitzhacken und Hämmern die Steine zu bearbeiten. Eine lang dauernde Arbeit unter primitivem Schutz – sehr gefährlich.

Fulcher von Chartres, der Geistliche, der vielleicht nie zuvor eine Schlacht miterlebt hat, wird durch die Lager gehen und staunen. Auf »600 000 kampferprobte Männer, von diesen hatten 100 000 Kettenhemden und Helme als Schutz«, schätzt er die Heeresstärke. Eine Übertreibung, wie schon gesagt, in der Zahl, aber vielleicht nicht in der Relation der Gepanzerten zu den Nichtgepanzerten. Viele Kreuzzügler, so scheint es, ziehen jämmerlich bewaffnet in diesen Krieg.

Und mancher wird das große Abenteuer seines Lebens schon unter Leid und Blut vor Nikäa beenden: Fast sofort nach Beginn der Belagerung fallen zwei türkische Scharen aus den Bergen in den Rücken der Angreifer: Reiter, die sich auf die Kreuzzügler stürzen, Pfeile, blitzende Säbel. Ihr Plan: Die eine Gruppe stürzt sich auf die Belagerer der Südmauer. Die zweite

Einheit galoppiert bis zum dortigen Stadttor von Nikäa, wird von den Verteidigern eingelassen, stürzt quer durch die Stadt, stürmt dann aus dem Nordtor wieder hinaus – und überfällt dort die völlig überraschten Angreifer.

Die abendländischen Panzerreiter jedoch reagieren nicht mit Panik auf diese Attacke, anders als der Mob des Volkskreuzzugs. Der Angriff wird, da er sich zunächst gegen die Belagerer der Südmauer richtet, gegen Graf Raimund von Toulouse und seine Männer geführt, erfahrene »Spanienkämpfer«. Sie sitzen auf, stürzen sich auf die Seldschuken. »Doch sie wurden von den Unseren grimmig zurückgeworfen, wobei ihrer fast zweihundert getötet wurden«, berichtet Fulcher – diese Zahl mag eher stimmen als die anderen, sie mag aber auch übertrieben sein. Der Chronist Raimund von Aguilers berichtet von lediglich »einigen« Erschlagenen.

Die beiden türkischen Scharen werden auf jeden Fall aber zersprengt, die eine Truppe erreicht nicht einmal das Südtor. Die überlebenden Seldschukenreiter fliehen in die Berge, wo sie sich verstecken und abwarten.

Ein Triumph, gleich zu Anfang – und zunächst der einzige.

»Dann ließen unsere Führer Kriegsmaschinen anfertigen«, fährt der fromme Chronist fort. »Pfeile wurden mit Bögen verschossen und Steine mit der Tormenta geschleudert. Häufig griffen wir die Stadt mit unseren Maschinen an, aber weil uns eine starke Mauer trotzte, wollte der Angriff nicht recht gelingen. Türken, die von Pfeilen oder Steinen getroffen wurden, kamen häufig um und Franken auch.«

Schlimmer noch: Die Verteidiger lassen von den Mauern an Seilen oder Ketten eiserne Haken hinunter, mit denen sie die Leichen gefallener Christen greifen, nach oben zerren, die Toten ausplündern – und die nackten Körper schließlich wieder hinunterschleudern. »Keiner der Unseren getraute sich oder war dazu in der Lage, ihnen einen solchen Leichnam zu entreißen«, klagt Fulcher. Der Pfeilhagel von den Zinnen ist zu stark. Man habe sich »wahrhaftig gegrämt und vor Mitleid geschluchzt«, gesteht er.

Und so wird den Kreuzzüglern schon in den ersten Tagen, da sie Nikäa erfolglos beschießen, ein Wesenszug dieses neuartigen Krieges deutlich: Gnade wird nicht gegeben und nicht erwartet. Sind doch für Abendländer wie für Seldschuken die jeweiligen Feinde verdammenswerte Ungläubige. Den Rittern gilt zudem ein Muslim als weniger ehrenhaft, als nicht gleichrangiger Gegner. Und umgekehrt ist der Kreuzzügler für den Türken, der ja selbst erst als Eroberer ins Land gekommen ist, seinerseits nun ein Eroberer aus der Fremde, der einem das soeben mühsam errungene Gebiet wieder entreißen will.

Nach einigen Tagen entdeckt eine Patrouille der Kreuzzügler in den Bergen zwei türkische Reiter: einer wird ergriffen und sofort enthauptet. Den anderen zerrt man vor Gottfried von Bouillon und Bohemund von Tarent. Es ist ein Bote des Sultans.

Dieser Reiter, in panischer Todesfurcht, beteuert, dass er getauft werden und fortan als Christ leben möchte. Und zum Beweis seiner Ernsthaftigkeit verrät er dies: Er sei von Kilidsch Arslan I. vorausgeschickt worden, um die Verteidiger von Nikäa zu ermutigen und zu informieren. Der Sultan ist mit seinem riesigen Heer heran! Er eilt durch die Berge, bald wird er die Christen angreifen. Die Garnison der Stadt möge sich für einen Ausfall bereithalten.

Der Gefangene fleht um sein Leben: Man möge ihn schonen, bis sich herausgestellt habe, ob er die Wahrheit gesprochen habe. Denn das Heer des Sultans sei nah.

Morgen schon werde er zuschlagen, zur dritten Stunde nach Sonnenaufgang.

Donnerstag, 21. Mai 1097, südlich vor den Mauern von Nikäa, früher Morgen

Kilidsch Arslan I. blickt von den Hügeln auf seine Stadt: Nikäa ist umzingelt. Unfassbar, wie viele Ungläubige vor den Mauern lagern! Seine Unterführer raten ihm vom Angriff ab: Zu zahlreich seien die Feinde!

Aber kann der Sultan seine Hauptstadt, seine Familie, seinen Schatz kampflos den Christen überlassen? Der persönliche und materielle Verlust wäre gigantisch – und sein Prestige wäre dahin. Selbst wenn er irgendwann gegen die Fremden wieder siegen würde, kein anderer Seldschukenfürst würde ihn noch verehren, gäbe er Nikäa einfach preis.

Also Angriff!

»Allahu akbar!«, schreien die Reiter, der Boden zittert unter den donnernden Pferdehufen. Schilde und Schwerter blitzen in der Morgensonne. Doch die Attacke ist kein planloser Sturm, sondern ein sorgfältig choreografierter Angriff. In mehreren Wellen reiten die Türken. Als die erste Linie nahe genug bei den Kreuzzüglern ist, schießen die Krieger ihre Pfeile ab, wenden schnell, preschen zur Seite. Dann folgt die zweite Welle, und die dritte, und die vierte ... Ein Pfeilregen soll auf die Angegriffenen niedergehen, so lange, bis sie zermürbt sind – erst dann wollen sich die Seldschuken zum Kampf Mann gegen Mann stellen.

Doch dazu kommt es nicht.

Denn die Kreuzzügler sind gewarnt. Der Angriff erfolgt auf die Südmauer, Graf Raimund von Toulouse trägt die Wucht des Anpralls. Er kommandiert das Zentrum seiner Ritter, seinen Freund, den Bischof Adhémar von Le Puy hat er auf den rechten Flügel beordert – und der Kirchenmann erweist sich wieder einmal als kühler Feldherr, nervenstärker und mit besserer Übersicht gesegnet als fast jeder Ritter. Irgendwo an seiner Seite wohl wird auch Raimund von Aguilers stehen, Geistlicher und Chronist. Ob er ein Kreuz umklammert hält und Psalmen murmelt? Oder wird er sich Notizen machen, hingeworfen im Schlachtgetümmel? Über sich selbst wird Raimund kaum je schreiben, dass er aber fast überall in vorderster Linie dabei ist, werden seine Zeilen später verraten.

Von links galoppieren die Panzerreiter von Robert von der Normandie, Robert von Flandern und Stephan von Blois heran. Die Lothringer und Normannen im Osten und Norden jedoch sind keine Hilfe – sie harren vor ihren Mauerabschnitten aus, denn sie wissen ja, dass auch die Garnison einen Ausfall versuchen könnte. Würden sie sich gen Süden wenden, dann könnte der Feind aus Nikäa herausreiten und ihnen in den Rücken fallen.

Graf Raimund stellt seine Männer in langer Reihe auf. In dichten Reihen rücken die Fußsoldaten vor, und langsam sind sie, damit sie nicht zu früh erschöpft sind. Welche Nervenstärke! Schritt um Schritt, von Helm und Schild nur unzureichend gedeckt, auf freiem Feld voranzuschreiten unter einem mörderischen Pfeilhagel, unter Geschossen, die links und rechts bei Kameraden schreckliche Wunden reißen. Weiter, nur weiter voran.

Nervös tänzeln die Pferde der Panzerreiter. Schnauben. Kreuze auf den rechten Schultern der Waffenröcke. Banner im Wind. Staub in der Luft. Trab, die lange Lanze noch senkrecht hoch gen Himmel gereckt.

Die türkischen Geschosse prasseln nieder, doch unaufhaltsam nähert sich eine Wand aus Eisen den Angreifern.

Noch 100 Meter. 80 Meter. 50 Meter …

Jetzt erst senken die Ritter die Lanzen, halten sie mit der Rechten leicht schräg über ihr Ross, etwas angehoben, damit sie nicht in die Erde gerammt werden können. Die Füße in die Steigbügel gedrückt, der Körper gehalten von Vorder- und Hinterzwiesel, mehr als handgroßen Erhöhungen am Sattel, die den Leib stützen. Dann Galopp.

»Deus lo volt!« Und der Kampfruf der Provenzalen: »Toulouse!«

Pferd und Reiter sind Hunderte Kilogramm schwer und ungefähr 30 Stundenkilometer schnell. Der Boden bebt.

Ein Aufprall, unter dem die türkischen Linien wanken, zerbrechen; Lanzenspitzen in Leibern, Blut, Todesschreie. Meist bleibt die Lanze im ersten Opfer stecken, sinkt mit diesem zu Boden. Der Ritter lässt sie fallen, reißt das Schwert aus der Scheide. Mann gegen Mann. Bald sind die Fußsoldaten heran, auch sie laufen schreiend erst auf den letzten Metern gegen den Feind an, mit Spießen und Äxten gegen die feindlichen Reiter.

Mit Schwert, Schild und Kettenhemd scheinen die Ritter unverwundbar zu sein, jedenfalls viel unverwundbarer als die leicht gepanzerten Seldschuken. Die sind zwar beweglicher, doch was nützt das nun noch, da der Feind heran ist, im Handgemenge? Viel zu spät richten sie ihre Bögen auf die Pferde, die verletzlicher sind und leichter zu treffen. Stürzt das Ross, ist der Ritter benommen, taumelt, liegt ebenfalls am Boden. Selbst wenn er sich fängt, so ist er doch viel unbeweglicher als zuvor. Doch solche Treffer gelingen im Nahkampf kaum.

Hiebe, Stiche, das Röcheln der Sterbenden. Ärzte oder Retter gibt es nicht, wer auf dem Schlachtfeld fällt, der ist so gut wie verloren.

Plötzlich türkische Rufe, scheppernde Signalhörner, unverständliche Kommandos für die Kreuzzügler. Ihre Feinde wenden, stieben davon; Flucht!

Die Ritter setzen nach. Die Seldschukenkrieger schleudern Waffen davon, Rüstungen, Schilde, alles, um leichter zu werden, schneller. Das schnellere Ross entscheidet über Leben und Tod. Wer eingeholt wird, fällt unter den Schwerthieben. Wer die Hügel erreicht, kommt davon – schließlich lassen die Ritter von der Verfolgung ab.

Sieg!

Die erste große Schlacht gegen die Ungläubigen – und Gottes Streiter haben sie gewonnen! Der Sultan flieht, versteckt sich in den Bergen, holt seine zersprengten Reiter zusammen, zieht sich zurück. Sein Reich ist noch lange nicht zerstört, denn die meisten seiner Reiter können fliehen, der Großteil seines Territoriums ist noch unbesetzt. Nikäa allerdings ist für ihn verloren – und der Sultan ist zunächst zu schwach, um sich den Kreuzzüglern wieder direkt in den Weg zu stellen.

Auf dem Schlachtfeld machen sich schon die Fußsoldaten – sie wären viel zu langsam, um die fliehenden Reiter zu verfolgen – über die Toten und Sterbenden her. Christen werden versorgt, doch barbarisch gering ist das Wissen um Medizin und

Hygiene. Verbände um grausige Wunden, Gebete. Alles andere liegt in Gottes Hand. Keine Gnade für die Türken, die noch röcheln. Wer verletzt ist, wird niedergemacht. Die Leichen werden ausgeplündert bis auf die Haut, die Körper bleiben liegen, den Vögeln und Hunden zum Fraß.

Dann beschließen die Anführer, es ist nicht ganz klar, wer es sein mag, aber wahrscheinlich ist es eine Idee von Graf Raimund von Toulouse, dass die toten Feinde zu enthaupten seien. Alle.

Tausend grausige Trophäen lassen die Ritter auf Karren laden und zum Meer bringen, auf dass ein Schiff sie nach Byzanz transportieren möge. Ein Beweis für den Triumph der Kreuzzügler – und eine unmissverständliche Aufforderung an den Kaiser, diesen Glaubensstreitern aus dem Abendland weiterhin beizustehen.

Die übrigen Köpfe, es müssen noch immer Hunderte sein, werden auf die Schalen der *Mangonels* gelegt – und zu den schockierten Verteidigern nach Nikäa hineingeschleudert.

Hohnworte der Christen, Triumphgeschrei: Bei den Gefallenen entdecken sie Stricke, mit denen die Türken sie binden wollten, so siegesgewiss waren sie.

Der türkische Bote, der ihnen den Angriffszeitraum verraten hat, wird nicht nur geschont, sondern geradezu wie ein Glücksbringer verehrt. Er darf im Lager von Gottfried von Bouillon herumgehen, seine Wachen haben bald kein Auge mehr auf ihn.

In der Nacht nach dem Triumph jedoch macht sich eben jener Bote heimlich davon, schleicht sich bis unter die Mauern Nikäas, ruft, bittet um Einlass – vergebens. Die Wächter sind misstrauisch: Ist das eine Falle? Morgendämmer. Alarm im christlichen Lager: Wo ist der Bote? Einige Kreuzzügler stürmen Richtung Nikäa, wo der Unglückliche noch immer am Fuß der Mauer ausharrt. Nun erst reagieren die Verteidiger, lassen Pfeile und Speere herabregnen, um die Häscher zu stoppen. Dann fällt ein Seil von den Zinnen – und der Bote klettert über den Mauerkranz und außer Sicht.

Ein ungutes Omen: Beweist dies doch, dass selbst dieser Verräter der Seinen und Augenzeuge christlicher Macht nicht daran glaubt, dass Nikäa fallen wird.

Nacht von Donnerstag, 18. Juni, auf Freitag, 19. Juni 1097, Askanischer See bei Nikäa

Drei Wochen sind vergangen seit dem Sieg über den Sultan. Drei Wochen Belagerung – und nichts ist erreicht.

Graf Raimund hat seine Männer einen Tunnel unter einen der Türme an der Südmauer treiben lassen. Ein Schacht, kaum mannshoch, wenige Meter unter der Erde, abgestützt mit ein paar Balken. Tagelange Schufterei in der Hitze. Erstickende Luft. Die Gefahr des Einsturzes. Der Lärm von Hacken und Schaufeln. Endlich haben sie sich unter die Festung gegraben.

Raimund von Toulouse lässt flinke, tapfere Männer Reisig und Holz heranschaffen – im Tunnel, aber auch oberhalb der Erde, direkt am Fuß des attackierten Turms. Flammen lodern auf. Das Feuer oben nimmt den Verteidigern die Sicht, lenkt sie auch ab. Rauch, Hitze, Geschrei. Das Feuer im Tunnel verzehrt währenddessen die Stützbalken. Schließlich ein Poltern, vielleicht gar ein Zittern im Boden, bis in die Leiber von Angreifern und Verteidigern hinein: Der Tunnel stürzt ein, dann ein Riss in der Mauer, ein Knirschen – und ein paar Meter Festungswerk brechen zusammen. Triumphgeschrei der Christen.

Doch der Zeitpunkt ist schlecht gewählt, vielleicht schwelte auch der Brand länger als gedacht oder die Mauer erwies sich als stabiler denn vermutet. Sie stürzt erst in der Abenddämmerung ein. Im Dunkeln jedoch wagt niemand einen Sturmangriff auf eine unbekannte Stadt. Zu groß wäre das Risiko, sich im unbekannten Festungswerk oder in den vielen Gassen dahinter zu verirren, in Hinterhalte zu geraten, ja einen nächtlichen Gegenangriff auf das eigene Lager zu riskieren.

Also wartet Raimund von Toulouse bis zum ersten Morgenlicht. Vielleicht im Vorgefühl des baldigen Triumphs. Vielleicht auch voller böser Ahnungen. Denn durch die Nacht hallt Lärm von Nikäa her, Kommandorufe, das Poltern schwerer Steinbrocken.

Und tatsächlich: Am nächsten Morgen steht die Mauer wieder, binnen weniger Stunden von den Seldschuken zu alter Größe hochgezogen. Flickwerk zwar, eilig aufeinandergeschichtet, doch massiv genug, um einen Sturmangriff zu verhindern. Die Schufterei in der Erde – vergebens.

Mit einer Ramme attackieren die Kreuzzügler nun den Wall, doch die Verteidiger kippen siedendes Öl auf das Dach – und schießen dann mit Brandpfeilen. Feuer, Qualm, die Schreie der Sterbenden, eine verlorene Ramme.

Ein normannischer Ritter, Gefolgsmann des Robert von der Normandie, rennt, Kampfschreie ausstoßend, allein Richtung geflickter Mauer, den Schild zum Schutz gegen Speere und Pfeile hoch über den Kopf erhoben. Er erreicht die Festung, zerrt an den Brocken – und merkt erst jetzt, dass er verloren ist. Kein Kämpfer wagt es, ihm zu folgen. Allein steht er vor dem Wall Nikäas, wo die Türken nun Steine auf ihn niederregnen lassen. Er springt hin und her, eng an die Mauer gepresst, um wenigstens den Bogenschützen kein gutes Ziel zu geben.

Steine, Rufe, Hohnworte von oben. Seine Kameraden, 100 oder 200 Meter entfernt, eine unüberbrückbare Kluft. Da trifft ein großer Brocken den Schild, der Normanne bricht in die Knie. Noch mehr Steine, Blut, das hässliche Geräusch splitternder Knochen. Dann ist es vorbei.

An Haken ziehen die Seldschuken den toten Leib des Ritters hoch, plündern ihn aus, hängen ihn dann nackt zum Spott an einen Mauervorsprung.

Scharmützel auch überall sonst vor den Mauern: Ein türkischer Krieger, schon mit mehreren Pfeilen im Leib, kämpft wie ein Berserker auf den Zinnen, schleudert Stein um Stein herab. Graf Gottfried von Bouillon kommandiert zwei seiner Getreuen, dass sie ihm Schutz mit ihren Schilden geben. Langsam wagt er sich heran, hebt seine Armbrust – und schießt dem Verteidiger einen Bolzen mitten ins Herz.

Doch schließlich, welche Demütigung, kommen die Anführer des Kreuzzugs überein: Ohne den Kaiser wird es nicht gehen. Solange Boote die belagerte Stadt über den Askanischen See versorgen können, so lange wird Nikäa sich halten. Aber sie müssen weiter, weiter gen Jerusalem! Zwei Monate schon lagern sie hier.

Also schicken sie einen Boten nach Konstantinopel: Ob nicht die byzantinische Flotte irgendwie den See kontrollieren könne?

Die Bitte wird Kaiser Alexios Komnenos nicht ungern hören. Nikäa ist zwar die Hauptstadt des Sultans, die Mehrzahl seiner Einwohner jedoch sind noch immer griechische Christen. Ihm liegt nicht daran, dass die fremden Ritter sie womöglich nach einer Eroberung abschlachten. Außerdem ergibt sich hier vielleicht die Gelegenheit, die Stadt unzerstört in seine Hand zu bekommen, was allemal besser ist, als ein Ruinenfeld zu erobern.

Also sagt der Herrscher zu und schickt einige leichte Kriegsgaleeren über den Bosporus. Die landen am asiatischen Ufer am Strand. Die Seeleute nehmen die Ruder heraus, die Waffen, überhaupt alles, was man herausnehmen kann, damit die Schiffe so leicht wie möglich werden. Und dann drücken sie hölzerne Rollen unter den Kiel der leichten, schlanken Fahrzeuge. Ein paar Stricke dazu, Ochsen und kräftige Männer – und so zerren sie die Schiffe etwa zehn Kilometer über das Land.

Wieder eine qualvolle Arbeit in der Frühsommerhitze, aber Männer hat das Heer ja genug und Vorräte auch, denn Byzanz öffnet seine Schatzhäuser. Jubel im Heer, Begeisterung, neue Hoffnung. Meter um Meter rumpeln die Galeeren über staubigen Boden, kriechen zwischen dornigen Büschen entlang, durch Wälder, über Hügel hinweg wie Fabelwesen aus einer Rittersage, Lindwürmer aus Holz und Teer und mit einer eisernen Ramme am Bug. Am Abend des 17. Juni gleiten sie über das Seeufer wieder ins Wasser – in der Dämmerung bereits unsichtbar für die Seldschuken in Nikäa.

Welcher Schock für die türkischen Verteidiger auf den Türmen, als am 18. Juni plötzlich byzantinische Galeeren auf dem Askanischen See kreuzen! Die Kampfschiffe sind schneller und wendiger als die Kähne, mit denen die Stadt bislang versorgt worden ist, an Bord blitzen die Waffen der Bogenschützen.

Nun erst ist die letzte Lebensader der Verteidiger gekappt. Und der heiße Sommer beginnt. Und die Kreuzritter, die die Köpfe erschlagener Feinde über die Mauern schleudern, johlen vor Freude.

Der türkische Befehlshaber in Nikäa war Zeuge, wie das große Heer seines Sultans unter dem Anprall der Panzerreiter zersprengt wurde. Entsatz wird nicht kommen, zumindest nicht in den nächsten Wochen. Von den Fremden hat er keine Gnade zu erwarten. Welche Möglichkeit bleibt noch?

Byzanz.

Heimlich entsenden die Seldschuken einen Boten. Es ist nicht ganz klar, wohin er sich durchschlägt: Vielleicht erkennen die Verteidiger, wo die Zelte der byzantinischen Soldaten stehen, die mit den Kreuzzüglern lagern. Vielleicht schleicht sich der Mann auch zu einer der Galeeren, die nachts am Ufer des Askanischen Sees festgemacht haben.

Sicher ist nur dies: Das Angebot der Türken erreicht Kaiser Alexios Komnenos – und nur ihn: Wir übergeben die Stadt an den Kaiser, wenn er unser Leben schont! Der Monarch verspricht sofort, auf diese Bedingung einzugehen, mehr noch: Er verspricht freies Geleit für alle Türken, selbst für die Familie des Sultans, und dazu noch Geschenke aus den Schatztruhen von Konstantinopel! Selten nur dürften Belagerer den Eingeschlossenen ein großzügigeres Angebot gemacht haben.

Die Kreuzzügler jedoch ahnen nichts von der geheimen Absprache.

Nachts lässt sich ein byzantinischer Feldherr in die Stadt bringen. Über den Askanischen See – die eine Stelle, die kein abendländischer Ritter kontrollieren kann – gleiten ein, zwei Boote. Sanfte Ruderschläge, kaum mehr als das Seufzen von

Wasser. Schatten unter der seeseitigen Mauer, Lichtsignale vielleicht auch mit Fackeln. Leise Rufe. Den Byzantiner begleiten nur wenige ausgewählte Soldaten. Er muss den Türken nun vertrauen: Jederzeit könnten sie ihn erschlagen oder als Geisel nehmen. Doch die Eingeschlossenen halten Wort, was bleibt ihnen auch sonst übrig? Irgendwo öffnet sich eine Pforte in der Mauer. Geflüsterte Kommandos, Schritte auf nächtlichen Gassen. Die meisten Einwohner Nikäas werden die Eindringlinge nicht einmal hören. Die Türken lassen die Byzantiner auf die Mauern, auf die Türme. Dort pflanzen sie das blau-goldene Banner des Kaisers auf.

Dann warten die Türken und hoffen, dass sie den nächsten Tag überleben werden.

Freitag, 19. Juni 1097, Nikäa, früher Morgen

Befehl zum Sturmangriff im christlichen Heer! Zu den Waffen! Nun, da Nikäa ganz eingeschlossen ist, wollen sie den Angriff wieder wagen.

Dann wird irgendjemand Alarm schreien, ungläubig eher als verängstigt: Das Banner des Kaisers flattert über den Zinnen! Konfusion bei den Soldaten, Verwirrung bei den Anführern.

Dann Boten aus der Stadt, tatsächlich Byzantiner. Diese Griechen treten vor und erklären ehrerbietig, sie hätten in der letzten Nacht Nikäa im Sturm genommen. Nun gehöre die Stadt wieder dem Herrn, dem sie rechtmäßig zustehe: Seiner Majestät, Kaiser Alexios Komnenos.

Ob Gottfried von Bouillon, ob Raimund von Toulouse und die anderen Anführer die Geschichte vom erfolgreichen Nachtangriff auch nur eine Sekunde lang glauben? Aber was bleibt ihnen übrig, als gute Miene zu diesem Spiel des Kaisers zu machen? Ohne Byzanz kein Nachschub, ohne Byzanz keine Hilfe bei Belagerungen, ohne Byzanz kein Rückweg ins Abendland. Der Kaiser bestimmt die Regeln.

Noch.

Die Fürsten akzeptieren die Version ihres mächtigen Verbündeten. Vielleicht sind sie sogar heimlich erleichtert darüber, dass die langwierige Belagerung vorüber, dass ein verlustreicher Sturmangriff vermieden worden ist. Ganz sicher mildert die Großzügigkeit des Monarchen ihren Zorn: Dem Kaiser ist ja auch der immense Schatz des Sultans in die Hände gefallen – und aus dem gibt er nun reichlich an die führenden Kreuzzügler: Gold und Silber, Rubine und Diamanten, kostbare Stoffe. Dafür hat er die Anführer nach Pelekanon bestellt, wo er selbst ein prachtvolles Kriegszelt aufgeschlagen hat.

Stephan von Blois berichtet fassungslos an seine Frau über Berge von Gold. Tankred von Hauteville hingegen zittert vor Zorn. Irgendwie hat der Kaiser von seiner heimlichen Passage über den Bosporus erfahren; seine Spitzel sind wohl überall. Und sein Gedächtnis ist unfehlbar: Der Normanne habe noch nicht den Lehenseid geleiste. Er möge dies nun nachholen.

Tankred gibt sich hochmütig: Der Kaiser möge dieses Zelt bis obenhin mit Gold für ihn füllen und ihm dazu noch einmal so viel Gold geben, wie alle anderen Anführer erhalten hätten, dann erst würde er schwören. Sein Onkel Bohemund tadelt ihn, ein byzantinischer Würdenträger, ein Schwager Seiner Majestät, wagt ebenfalls kritische Worte. Tankred rempelt ihn an, wäre wohl beinahe auf ihn losgegangen. Scharfe Kommandos. Tankred wird klar, dass die anderen Christenführer ihm nicht beistehen werden. Eher werden sie ihn köpfen lassen, als jetzt noch den Weiterzug des Heeres zu gefährden. Also fügt er sich ins Unvermeidliche: Mit Tankred leistet auch der letzte große Kreuzzügler dem Kaiser einen Eid.

Halten wird er ihn jedoch nicht.

Mindestens so groß wie Tankreds Zorn ist auch die Wut der unzähligen Fußsoldaten. Haben sie nicht die schwerste, die gefährlichste Arbeit bei der Belagerung geleistet? Und nun lassen die Byzantiner sie, die Sieger, nicht einmal nach Nikäa hinein! Nur in Gruppen zu zehnt dürfen einige ausgewählte

Kreuzzügler – bewacht – die Kirchen und Klöster der Stadt besuchen. Nicht eine elende Hütte dürfen sie plündern. Zwar gibt ihnen der Kaiser großzügig Brot und Wein, auf dass sie satt werden. Doch spricht es sich schnell herum, dass die Anführer mit Gold und Geschmeide in wunderlicher Zahl bedacht worden sind.

Böse Worte gegen den Verrat des Kaisers. »Ein Narr und ein Spitzbube« sei er, schreibt ein anonymer Chronist. Misstrauen aber auch beim Fußvolk gegen die eigenen Anführer. Sind das wahrhaft Streiter Christi? Oder wollen sie sich nur bereichern?

Zwei Risse zeigen sich schon hier: der zwischen dem Kreuzzugsheer und dem Kaiser zu Konstantinopel. Zwar sind die Gotteskrieger auf Konstantinopels Hilfe angewiesen, doch zugleich misstrauen sie den Motiven des Monarchen, fühlen sich von den kultivierten, überlegenen, arroganten, den Muslimen so verdächtig zugetanen Griechen als Handlanger missbraucht, die die blutige Arbeit erledigen und dann verschwinden sollen. Nie wieder werden sie eine einmal eroberte Stadt so leicht in byzantinische Hände fallen lassen, Lehenseid hin oder her.

Der zweite Riss tut sich auf zwischen den Edlen und dem Volk im Kreuzfahrerheer selbst. Plündern wollen sie zwar alle – doch die einfachen Frauen und Männer wollen auch auf jeden Fall Jerusalem befreien. Das ist das eine, utopische, fromme Ziel. Nicht ganz zu Unrecht verdächtigen sie aber die Grafen und Herzöge, unter deren Bannern sie kämpfen, dass die ihren Blick nicht unbedingt auf die Heilige Stadt gerichtet haben – sondern sich vielleicht auch anderswo ein Reich erobern wollen. Doch wer ließe alles in der Heimat zurück, marschierte Tausende Kilometer auf eigenen Sohlen in die Fremde, vergösse dort sein Blut – um dann schließlich irgendwo im Osten als Lehensmann oder gar Höriger eines Höheren genauso unfrei zu leben wie zuvor?

Es macht die Sache nicht besser, dass die türkischen Verteidiger tatsächlich unbeschadet nach Konstantinopel gebracht werden. Die Beamten des Sultans und seine Soldaten sollen sich dort freikaufen können. Die Sultanin und ihre Kinder –

das jüngste wird in diesen dramatischen Tagen geboren – werden gar mit königlichen Ehren empfangen. Ein Bote geht aus: Der Sultan möge seine Familie empfangen, wo und wann es ihm beliebe. Ohne Lösegeld.

Tatsächlich wird die Sultanin zum unfreiwilligen Werkzeug byzantinischer Meisterdiplomatie: Sie ist die Schwester eines Emirs, der bei Smyrna an der Küste eine kleine Herrschaft hält. Eine byzantinische Galeere bringt sie und ihre Kinder bald darauf dorthin: Nikäa sei gefallen, verkünden die mitgereisten Diplomaten dem Emir, Kilidsch Arslan I. geflohen, seine Gattin der lebende Beweis für dessen Machtlosigkeit. Der Emir möge sich, wenn er klug sei, kampflos dem Kaiser unterwerfen, seine Schwester empfangen und zum Sultan geleiten.

Der Seldschukenfürst, verwirrt und schockiert ob dieses offenbar dramatischen Wechsels der Macht, akzeptiert alles. Da er die Schwester an Kilidsch Arslan I. überstellt, bleibt er mit dem Sultan freundschaftlich verbunden. Doch gleichzeitig unterwirft er sich Alexios Komnenos – der ohne einen Schwertstreich damit einen Teil der kleinasiatischen Küste erobert.

Davon aber ahnen die einfachen Kreuzzügler nichts – und wenn, auch dieses Manöver wäre ihnen nicht brillant, sondern bloß verräterisch vorgekommen. Sie sehen nur, dass die Ungläubigen gut behandelt werden von den Byzantinern. Zwar können sie sich schließlich doch wie Befreier fühlen: Denn einige Gefangene werden aus den Kerkern Nikäas herausgeholt, wenige Überlebende des Volkskreuzzugs. Aber selbst hier lauert eine Demütigung.

Eine Nonne des Marienklosters zu Trier, die, auf welchen verschlungenen Wegen auch immer, sich dem Zug Peters des Einsiedlers angeschlossen hatte, wurde nach der Katastrophe gefangen und an einen türkischen Soldaten als Sklavin gegeben. Für dessen Harem.

Nun ist sie zwar wieder frei, doch entehrt. Aber Bischof Adhémar von Le Puy persönlich vergibt ihr in einer Zeremonie vor den Kreuzzüglern, schließlich sei sie geraubt und gezwungen worden. Sie dürfe fortan wieder Nonne sein.

Jener türkische Soldat aber weilt als Gefangener in Konstantinopel – und verzehrt sich offenbar nach seiner Frau aus der Fremde. Er schreibt ihr einen Brief, verspricht ihr, ihr Gatte zu werden, komme er nur erst gegen Lösegeld wieder frei. Fassungslos erfahren die Kreuzzügler davon – und empört vernehmen sie, dass die Nonne auf dieses Angebot eingeht. Lieber bleibt sie die Gattin eines Seldschukenkriegers irgendwo in Kleinasien, als nach Trier ins Kloster zurückzukehren!

Niemand kennt den Namen jener gefallenen Nonne, nichts weiß man von ihrem Leben davor, auch ihr weiteres Schicksal liegt im Dunkel der Geschichte. Und doch ist diese kleine Spur, die sie in den Chroniken hinterlassen hat, nicht lediglich ein Zeichen einer romantischen Liebe, sondern auch ein Indiz für die Abenteuerlust, die Neugier auf das Fremde, die Unrast, die unzählige Kreuzzügler erfasst haben muss.

Weiter drängen sie, nur weiter! Mit Nikäa haben sie das Tor zum Nahen Osten aufgesprengt. Besser noch: Dieser Triumph spricht sich im Abendland herum. Die vorsichtigen Kaufleute der italienischen Republiken, die bis dahin kaum ein Goldstück in dieses Abenteuer investieren wollten, erkennen nun die Möglichkeit zu guten Geschäften. Erobern die Kreuzzügler nur genügend weitere Städte, dann könnten die Italiener dort Kontore errichten und den lukrativen Handel mit dem Osten an sich reißen. Die Seldschuken wären machtlos, die frommen Glaubensstreiter selbst aber haben keine Schiffe, kein Wissen um Handelsdinge, wohl auch kein Interesse daran. Es wäre die ideale Gelegenheit, sich im Osten festzusetzen – vorausgesetzt, man handelt rasch und entschlossen, bevor Byzanz dieses Vakuum füllt und alle Handelswege unter seine Kontrolle zwingt.

Noch ist das kaum mehr als eine vage Möglichkeit, doch die weitblickenderen unter den Anführern, Bischof Adhémar vielleicht und Raimund von Toulouse, werden diese Entwicklung bedenken: Gewönne man die Unterstützung von Venedig, Pisa, Genua, dann hinge man nicht länger auf Gedeih und Verderb an den Lieferungen aus Konstantinopel.

Weiter also, nur weiter!

»In fünf Wochen«, schreibt Stephan von Blois an seine Gattin, »werden wir in Jerusalem sein! Es sei denn, wir werden vor Antiochia aufgehalten.«

Noch ahnt er nicht, wie bitter seine Hoffnung enttäuscht werden wird. Und wie schrecklich sich seine Bedenken erfüllen werden.

6 DIE HUNDERT TAGE VON ANATOLIEN

Dann gab ich euch dieses Land, dessen Felder ihr nie zuvor bestellt habt, und seine Städte, die ihr nicht selbst gebaut habt. Und nun wohnt ihr darin und esst Trauben von Weinstöcken und Oliven von Bäumen, die ihr nicht gepflanzt habt.
(Josua 24, 13)

Mittwoch, 1. Juli 1097, am Pass von Doryläum, früher Morgen

Ein weites Tal, schwarz von Reitern. Staubwolken unter den Hufen von 10 000 galoppierenden Pferden. Der Boden zittert. Kriegsrufe, »die Türken heulten wie Wölfe«, schreibt Fulcher von Chartres. Und dann regnet es Pfeile aus dem Himmel. Die Seldschuken greifen an!

Eine Wand aus Panzerreitern steht ihnen entgegen: Normannen, die, ganz gegen ihre Gewohnheit, den Rössern nicht die Fersen geben, sondern die nervösen, tänzelnden Tiere so gut es geht still halten. Die mit erhobenem Schild und Helm den Pfeilen trotzen. Hinter deren Rücken Fußsoldaten hastig Aufstellung nehmen. Und hinter denen wiederum Mönche, Frauen, Kinder panisch Zelte und Karren zu Barrikaden aufschichten am Rand eines Sumpfes.

Flucht ist unmöglich, nicht in den Sumpf, nicht in die Berge. Sie werden hier siegen oder sterben.

Seit knapp einer Woche sind die Kreuzzügler weitermarschiert, tiefer hinein ins Reich des Sultans. Schon ist die Zahl der Kämpfer geschrumpft, wenn man auch kaum schätzen kann, um wie viele Mann. Einige sind vor Nikäa gefallen, andere sind dort verwundet worden. Sie bleiben zurück, manche von ihnen treten in byzantinische Dienste und verstärken fortan die Garnison in dieser wichtigen Stadt – und betreten also als beinahe einzige Abendländer doch noch die erste Eroberung auf diesem Zug.

Das große Heer jedoch zieht weiter. Der einzige Weg ist die alte byzantinische Reichsstraße durch Kleinasien. Da es den Anführern fast unmöglich zu sein scheint, den Lindwurm der Zehntausende gut zu führen, die Menschen und das Vieh zu versorgen, teilt sich das Heer: Die Normannen aus Süditalien und Nordfrankreich marschieren zusammen mit den byzantinischen Spezialisten und Offizieren voran; dazu der Tross der Geistlichen, Frauen, Kinder, Marketender. Zwar ist offiziell niemand als oberster Anführer bestimmt, doch Stunde um Stunde gewinnt Bohemund von Tarent mehr Autorität, sodass dieser Normanne, zumindest in jenem Teil des Kreuzzugsheeres, zu einer Art inoffiziellem Oberbefehlshaber wird.

Einen Tag später marschiert die Kolonne der Provenzalen und Lothringer los, unter den Bannern von Raimund von Toulouse und Graf Gottfried von Bouillon, dazu Hugo von Vermandois, Robert von Flandern, Stephan von Blois und wohl auch viele Überlebende des Volkskreuzzugs und ebenfalls ein unschätzbar großer Tross. Der Graf von Toulouse erringt in diesem Teil des Heeres Ansehen. Vor allem bei den *pauperes*, den Armen, wird er, der glaubensernste, höfliche, strenge und zugleich wohlhabende, also mit Almosen großzügige Fürst verehrt.

Staub, Hitze. Kilometer um Kilometer unter der Sonne. Glänzende Waffen, Banner im Wind. Das Heer ist meilenweit zu sehen …

Späher von Kilidsch Arslan lauern längst in den Bergen beidseits der Route. Die byzantinische Straße wird sich teilen – doch erst nach dem Pass von Doryläum. Bis dahin können die Christen nur diesen einen Weg ziehen. Und der Pass selbst ist ein Nadelöhr, eine Todesfalle. Sie müssen nur einen Hinterhalt in den Hügeln legen und warten, bis der Feind dort anlangt. Die Späher galoppieren zurück zum Sultan und melden das Nahen der Christen.

Die Türken sind ungeduldig, getrieben vom Durst nach

Rache für die Schmach von Nikäa, vielleicht auch, trotz allem, immer noch erfüllt vom Hochmut gegenüber den Fremden. Immerhin haben die Seldschuken seit Jahrzehnten nur Sieg auf Sieg errungen: gegen Byzanz, gegen normannische Söldner im Dienst des Kaisers, gegen die Fatimiden in Ägypten, zuletzt gegen den Haufen des Volkskreuzzugs. So groß mag ihr Selbstbewusstsein sein, dass selbst das Desaster vor Nikäa ihren Glauben an den Triumph nicht erschüttert. Und war jenes Gefecht vor der Stadt denn wirklich eine Katastrophe? Nein, zwar mussten sie fliehen, doch das Heer ist intakt geblieben, hat sich in den Bergen wieder gesammelt, hat neue Soldaten aufgesogen. Nichts ist verloren, alles bereit zur Revanche: 10 000 Reiter galoppieren unter dem Banner des Sultans.

Der Angriffsplan der Seldschuken ist einfach, aber er hängt von einem einzigen Faktor ab: Zeit. Es muss Kilidsch Arslan gelingen, die erste Kolonne der Christen bereits am frühen Morgen zu stellen. Dann bleiben ihm einige Stunden, um diese Feinde zu vernichten, bevor die schnellsten Reiter des zweiten Kreuzzüglerheerzugs heran sein könnten. Hat er erst die erste Kolonne zerschmettert, kann er noch am gleichen Tag oder später die zweite angreifen; die Türken wären den Christen zahlenmäßig gewachsen, zudem wäre die Moral der Fremden erschüttert.

Bei Doryläum trifft das Tal, durch das sich die alte Straße windet, auf ein zweites. Die Schlucht weitet sich dort zu einer flachen, an manchen Stellen sumpfigen Mulde – ideales Terrain für eine Reiterattacke.

Kilidsch Arslan lässt einige Abteilungen seiner Armee am Ende der Mulde ihr Lager aufschlagen. Den größten Teil seiner Kämpfer jedoch hält er in den Bergen versteckt.

Am 30. Juni erreicht die erste Kolonne der Kreuzzügler den Zugang zum Doppeltal. Alarm, türkische Banner und Zelte! Doch es ist zu spät zum Angriff, die Dunkelheit fällt über die Hügel. Bohemund lagert mit seinen Truppen am Eingang zur Mulde.

Genau das hat Kilidsch Arslan geplant: Nun hat er wieder

die Initiative ergriffen – sobald es hell wird, kann er die Christen überfallen. Zum idealen Zeitpunkt und auf einem für ihn idealen Terrain.

Doch auch Bohemund entsendet noch Kundschafter in die anbrechende Dunkelheit. Spätestens in jenen Abendstunden erfährt er von ihnen, dass der Sultan im Hinterhalt lauert. Das Überraschungsmoment ist dahin. Die Normannen schicken einen Boten zurück, um die Nachrückenden zu warnen: »Wer heute von euch kämpfen will«, schreibt Bohemund an die nachrückenden Fürsten, »der möge kommen und seinen Mann stehen!« Dieser Bote wird von den Seldschuken nicht entdeckt.

Eine unruhige Nacht. Freude im Vorgefühl des Triumphs in dem einen Lager, banges Warten und Trotz im anderen. Wahrscheinlich – zumindest spricht der Verlauf der nächsten Stunden dafür – berät sich Bohemund mit den anderen Anführern seiner Kolonne. Der Normanne weiß sicherlich nicht genau, wie viele Feinde ihm gegenüberstehen. Aber da der Sultan offenbar diesen Ort und diesen Zeitpunkt gewählt hat, sonst hätte er sich ihnen ja nicht gerade hier in den Weg stellen müssen, werden die Seldschuken wohl überlegen sein.

Die einzige Siegesmöglichkeit der Kreuzzügler besteht darin, so lange auszuharren, bis die zweite Kolonne heran ist. Vielleicht sind sie dann stark genug, um den Widerstand der Türken zu brechen. Die Zeit also, das erkennt auch Bohemund, wird entscheidend sein.

Und dann befiehlt er ein ganz außergewöhnliches Vorgehen: Normalerweise greifen die Panzerreiter in Galopp und mit gesenkter Lanze den Feind an, sobald sie ihn sehen. Zumal in einer Landschaft, die für eine Reiterattacke so gemacht ist wie Doryläum. Ihre ganze Ausbildung, ihre Erfahrung, ihr Ehrgefühl, alles, was überhaupt einen Ritter ausmacht, drängt dazu: Vorwärts zum Angriff!

Nein, befindet Bohemund nun. Die Panzerreiter, von allen Kreuzzüglern noch am besten gegen die Geschosse der Seldschuken geschützt, sollen einen lebenden Wall bilden, gegen den die Feinde anrennen, gegen den sie anschießen sollen. Die Fußsoldaten und die Leute vom Tross sollen sich dahinter verschanzen, damit die feindliche Übermacht nicht plötzlich im Rücken auftauchen kann. Stunde um Stunde sollen die Seldschuken dann gegen diese Festung aus Menschen stürmen – bis der zweite Heerzug heran ist. Dann erst werde man selbst angreifen. Eine Taktik, die von jedem eine ungeheure Selbstdisziplin verlangt.

Und so kommt es: Kilidsch Arslan lässt seine Reiter in der Dämmerung los, sie attackieren auf traditionelle Art. Welle um Welle, die heranstürmt, Pfeile verschießt, wendet, zurückflutet. Dann die nächste. Die nächste. Die nächste.

»Nahezu alle Berge, Hügel und Täler und das gesamte Flachland diesseits und jenseits des Gebirges waren übersät mit diesem abscheulichen Volk«, schreibt ein christlicher Ritter.

Die Normannen halten aus. »Bleibt allesamt hart, vertraut auf Christus und den Sieg des Heiligen Kreuzes«, ermahnt sie Bohemund. »Möge Gott uns an diesem Tag reiche Beute bescheren!«

Die Kämpfer jedoch sind nicht unverwundbar. Mancher Pfeil findet sein Ziel: Das ungeschützte Auge zwischen Helmrand und Nasenschiene. Kehle oder Nacken. Mit grausigen Wunden sinkt mancher Ritter vom Pferd – seine Kameraden aber dürfen sich nicht wehren, schlagen nicht zurück.

»Haltet aus!«, schreit Bohemund. »Heute werden wir, so Gott will, reich werden!«

Und Robert von der Normandie, der erkennt, dass an manchen Stellen die Linie der Panzerreiter wankt, reißt sich den Helm vom Kopf, auf dass ihn jeder erkennen kann. Barhäuptig richtet er sich auf, feuert seine Soldaten an: Standhalten! Siegen oder sterben!

Frauen aus dem Tross schöpfen Wasser aus den Vorräten oder aus dem Sumpf, eilen im Pfeilhagel nach vorn, geben den dürstenden Rittern zu trinken. Eine Geste, die nicht nur den Körper stärkt, sondern auch den Kampfesmut.

Die Sonne steigt. Hitze, Staub, der Dunst Tausender schweißglänzender Pferdeleiber verschleiert den Himmel. Todesschreie. »Allahu akbar!« Und noch immer kein Gegenangriff.

Irgendwann ist es zu viel für Tankred von Hauteville.

Der hochmütige Normanne, heißblütig, jung, undiszipliniert, hält dem Druck nicht mehr stand. Ein Ruf, Zorn und Rache – und dann galoppiert Tankred los, sein Bruder Wilhelm und einige Getreue folgen ihm.

Die Normannengruppe hat einen Hügel erspäht, wo sich türkische Bogenschützen verschanzt haben, die auf die christlichen Linien feuern. Der Boden bebt, die Lanzen sinken – und Tankreds Leute fahren wie Racheengel zwischen die Feinde. Ein kurzes Gemetzel, dann flattert Tankreds Banner auf der Kuppe.

Bohemund ist außer sich. Keinen Mann wird er zur Verstärkung dorthin schicken!

Die Feldherren des Sultans erkennen nach der ersten Verwirrung, dass niemand den Rittern auf jenem Hügel beisteht. Also lassen sie einige Reitergruppen anrennen, immer wieder. Mit Pfeil und Bogen. Dann mit dem Schwert.

Tankreds Männer werden bedrängt, kämpfen wie besinnungslos. Wo sind die Kameraden? Die stehen wie ein Wall, nur ein paar Dutzend Meter entfernt, am Fuß des Hügels. Aber sie rühren sich nicht. Die ersten Normannen sinken zu Boden. Und dann fällt auch Wilhelm, der Bruder Tankreds. Mit dem Tod seines Verwandten bezahlt der junge Normannenfürst für seinen Ungehorsam – und mit Schande und Schmach. Denn nun wankt er doch unter der Übermacht, zieht sich mit den letzten Überlebenden wieder zurück in die schützende Reihe der Ritter. Doch nicht nur seinen Bruder lässt er liegen, auch sein Banner fällt den triumphierenden Türken in die Hand.

Die Stunden verrinnen. Schwer verwundete Türken und Christen winden sich auf dem staubigen Boden, gefangen im Niemandsland zwischen den Reihen, wartend auf einen einsamen Tod.

Seldschukenreiter bestürmen inzwischen auch das Lager,

wo die Fußsoldaten hinter Karren und Zelten erbärmlichen Schutz suchen. »Zusammengedrängt wie Schafe im Pferch, zitternd und in Schrecken versetzt«, bekennt Fulcher von Chartres, der hier ausharrt. Unzählige werden niedergemacht. Priester spenden die Sakramente und beten. Einige Frauen streifen sich hastig bunte Gewänder über, greifen zu Schminke: Wenn die Feinde erst gesiegt haben, dann ist es besser, als hübsche Beute versklavt zu werden als unter einem Säbelhieb zu sterben.

Mittag. Gnadenlose Hitze. Die Schlacht wogt in der sechsten Stunde. Da wächst in der Ferne eine neue Staubwolke am Horizont ...

Die ersten Kreuzzügler der zweiten Kolonne sind heran! Hugo von Vermandois mit wenigen Getreuen, Robert von Flandern, Graf Gottfried von Bouillon mit 50 ausgewählten Rittern, unter ihnen Thomas von Marle.

Ein Moment der Verwirrung im Lager des Sultans. Der Plan ist gescheitert, die kostbare Zeit verstrichen. Kilidsch Arslan muss sich rasch entscheiden. Noch kommen da erst wenige Christen auf der Straße heran, noch rührt sich die Linie der Panzerreiter aus der ersten Kolonne nicht vom Fleck. Also weiter!

Die Seldschuken berennen nun das Lager vor ihnen, andere Truppen stürzen den Neuankömmlingen entgegen. Wenig scheint sich ja geändert zu haben: Die zweite Kolonne galoppiert auf der alten byzantischen Reichsstraße, erscheint also im Rücken des Lagers der ersten Kolonne. Die Zahl der Feinde nimmt zu, aber ihre Stellung verändert sich kaum. Noch immer beherrschen die Türken die Talmulde, noch immer sind ihre Reiter schneller, beweglicher, aggressiver.

Dann jedoch reitet die Hauptmacht unter Raimund von Toulouse heran. Nun erst lässt auch Bohemund seine Ritter los: Vereint stürmen Normannen, Lothringer und Provenzalen mit gesenkten Lanzen los. Bohemund von Tarent, Robert von der Normandie und Stephan von Blois an der linken Flanke, Gottfried von Bouillon und Hugo von Vermandois auf der rechten, Raimund von Toulouse und Robert von Flandern im Zentrum. Endlich Rache! Endlich kann sich die unerträgliche Spannung der letzten Stunden entladen in Stoß und Hieb. »Deus lo volt!«

Doch noch immer ist nichts entschieden. Schnell verwirren sich die Reiterhaufen im Kampf Mann gegen Mann. Kilidsch Arslan wirft spätestens jetzt seine letzten Reserven ins Feld, alle Reiter, die er hat, alle, die vielleicht noch versteckt in den Bergen ausgeharrt haben. Jetzt oder nie!

Es ist sein entscheidender Fehler.

Denn die Ritter der zweiten Kolonne sind keinesfalls blind und kampfesdurstig nach vorn gestürmt, wie es wohl den Anschein hat. In den Stunden, die verstreichen, bis sie das Schlachtfeld sehen, schmieden Raimund von Toulouse und Adhémar von Le Puy einen Plan: Der Bischof kommandiert einige Reiterabteilungen – vielleicht nur ein paar Hundert Mann – und verlässt mit ihnen die Straße. Womöglich hat er unterwegs ortskundige Führer aufgelesen oder Byzantiner dabei, die das Land noch kennen; womöglich stürmt er jedoch auch einfach nur mit Gottvertrauen in die Berge.

Der Kirchenmann führt seine Ritter über die Hügel. Langsam kommt er voran, viel langsamer als die Kreuzzügler auf der Straße. Die stürzen sich schon in die Schlacht, als er noch im unwegsamen Gelände steckt. Die Türken aber haben die Hügel geräumt, sie ahnen nichts von den Feinden, die sich nun hier nähern – bis es zu spät ist.

Wahrscheinlich ist es inzwischen später Nachmittag, als Adhémar von Le Puy das Angriffssignal gibt. »Deus lo volt!« Plötzlich stürmen Panzerreiter von den Hängen herab – und zwar im Rücken der Seldschuken. Der Bischof hat sie um das weite Tal herumgeführt. Die Türken, die seit Stunden vor dem christlichen Lager kämpfen, denen möglicherweise auch langsam die Pfeile ausgehen, wanken nun unter dem Anprall der Feinde von hinten.

Konfusion beim Sultan: Wo kommen diese Christen her? Wie viele sind es? Namenlose Furcht packt ihn, dann blinde

Panik: Flucht! Sultan Kilidsch Arslan I. ist der Erste, der sich abwendet, der in den Schutz der Hügel galoppiert. Ihm folgen seine Unterführer, die ihr Heer im Stich lassen. Schon lösen sich die Reiterreihen auf – und dann, ganz plötzlich, kollabiert die Ordnung im Heer. Flucht!

Der Überraschungsangriff Adhémars von Le Puy bringt den Kreuzrittern den Sieg. Denn plötzlich wirkt das weite Tal von Doryläum nicht mehr wie eine Falle für die Christen, sondern wie eine für die Türken. Die sehen ja vor sich das Lager der Feinde, die seit Stunden nicht weichen. Und glauben sich nun auch von hinten umfasst.

Furcht, weggeschleuderte Schilde und Schwerter, keine Kommandos mehr, sinkende Banner, Durcheinander. Wer kann, der flieht: Nach Süden, nach Westen stieben Türken davon. Unzählige werden niedergemacht. Mehr Soldaten sterben auf der Flucht nach der Schlacht als im Gefecht zuvor.

Am Abend gehört den Kreuzzüglern das Tal von Doryläum. Sie haben den größten Sieg errungen, den bislang Feinde gegen Seldschukenreiter genießen konnten.

»Geschicklichkeit und Verwegenheit und den Mut der Türken« lobt ein Ritter trotzdem. Aus den verachteten, in der Ehre nicht gleichrangigen Ungläubigen sind ebenbürtige Gegner geworden. Kein Kreuzzügler wird diesen Feind fortan unterschätzen.

Die Beute im geplünderten Lager ist ungeheuer groß, so ungeheuer, wie Bohemund es versprochen hat – und nichts davon müssen sie mit den Byzantinern teilen. Ihnen allein gehört alles! »Gold, Silber, Pferde, Esel, Kamele, Ochsen, Schafe und viele andere Dinge, über die wir nichts wissen«, berichtet ein fassungsloser Kreuzritter.

Troubadoure werden schon bald von diesem Sieg künden, werden Loblieder auf die Kämpfer dichten. Der Ruhm von Tapferkeit, Kampfesmut und kühlem Kopf wird nicht auf jeden gleich verteilt: Bohemund von Tarent und Robert von der Normandie umglänzt diese Ehre, auch Hugo von Vermandois und Gottfried von Bouillon. Bischof Adhémar von Le Puy, als Legat des Papstes und ob seines kirchlichen Rangs schon lange spiritueller Führer des Kreuzzugs, wird nun auch als Feldherr und Krieger verehrt.

Graf Raimund von Toulouse hingegen, der sich doch so gern als Führer aller Kreuzritter sieht, hat zwar eine wichtige, aber keine entscheidende Rolle gespielt. Und einige der kampfesdurstigen Ritter verlieren Prestige: Balduin von Boulogne zeichnet sich nicht besonders aus, er steht noch mehr im Schatten seines Bruders Gottfried von Bouillon. Und Tankred? Der hätte um ein Haar sich und vielleicht das ganze Heer ins Verderben gerissen. Wenn es im christlichen Lager an diesem Tag Verlierer gibt, dann sind es diese beiden Fürsten.

Freitag, 3. Juli 1097, auf der alten byzantinischen Reichsstraße Richtung Kilikien

Zwei Tage Erholung gönnen die Anführer ihrem Heer, dann marschieren sie weiter. Das anatolische Hochland liegt nun vor ihnen: heiß, trocken – und leer geplündert. Denn Kilidsch Arslan brennt nach seiner Flucht die eigenen Dörfer nieder, lässt Felder und Äcker verwüsten und überhaupt alles, was entlang der vermutlichen Route der Eindringlinge liegen könnte.

Kleinasien steht den Christen offen. Bis zur syrischen Grenze wird es wohl kein muslimischer Herrscher mehr wagen, sich ihnen entgegenzustellen – vorausgesetzt, sie wählen die richtige Straße. Drei Wege zweigen hinter dem Tal von Doryläum ab: einer, der weit nach Osten führt. Dort allerdings sind die Emire so stark, dass es gefährlich werden könnte. Ein zweiter, der durch die große Salzwüste im Herzen Anatoliens führt – zu trocken, zu unwegsam und damit ebenfalls zu gefährlich für ein großes Heer.

Bleibt die dritte Straße, die zwischen dem Südrand der Salzwüste und hohen Bergen hindurchführt. Sie ist immer noch Hunderte Kilometer von jedem Hafen entfernt, was die Versorgung durch Byzanz erschwert. Zudem sind nach der türkischen Invasion viele Dörfer zerstört, Brunnen verschüttet, Brücken eingestürzt. Eine Alternative aber gibt es nicht.

Am 3. Juli brechen die Kreuzzügler auf – ein langer Lindwurm, denn niemand wagt zunächst, das Heer wieder zu teilen. Wer nicht ganz vorn marschiert, der atmet den Staub von Tausenden. Die Reiter der Vorhut brechen wohl schon beim ersten Sonnenlicht auf, die der Nachhut müssen fast bis zur Mittagszeit am Platz ausharren. Die Ochsenkarren und die schwer bepackten Fußgänger bestimmen das Tempo des Heeres. Geistersiedlungen am Wegesrand: Entweder sind die Ruinen verlassen und geplündert, oder die Einwohner zeigen sich nicht – aus Furcht vor den Fremden, denen der Ruf gewalttätiger und auch gegen die nichtkatholischen Christen unduldsamer Streiter vorauseilt.

Die Ritter jedoch misstrauen ihren byzantinischen Führern, von denen sie doch abhängen: Ist dies wirklich der beste Weg? Sind alle diese Dörfer wahrhaft verlassen? Oder schickt der Kaiser sie nur auf einer klug gewählten Route vorbei an allen reichen Städten der Region, damit er und nicht ein Kreuzritter sie plündern kann? Misstrauen schwelt, doch was bleibt den Kreuzzüglern übrig, als durch die Hitze weiterzumarschieren? Tag um Tag, Kilometer um Kilometer.

Sie erreichen die Ruinen von Polybos, überqueren die Pässe von Sultan Dagh, wenden sich gen Philomelion. Immer nach Südosten, der glühenden Mittagssonne entgegen. Zerstörte byzantinische Zisternen am Wegesrand. Kein Baum, keine Wiese, bloß Dornbüsche. Die Kreuzzügler reißen an deren Zweigen, kauen die bitteren, harten Blätter in der Hoffnung auf etwas Flüssigkeit.

Hitze, wohl 40 Grad Celsius und mehr, flirrende Luft. Unerträglich vor allem für die Ritter, die vielleicht ihre Helme am Sattel befestigen, ihre Kettenhemden aber wohl übergestreift lassen. Jederzeit können sie ja überfallen werden. Schreie gequälter Tiere. Irgendwann brechen die ersten Pferde zusammen – und ihre stolzen Reiter müssen nun auf Ochsen oder

Maultieren weiterkommen. Hammel, Ziegen, Schweinen, sogar Hunden, die im Heer mitgetrieben werden, schnallen sie nun Waffen und Vorräte auf. Vielen Tieren wird der Rücken wund gescheuert.

Durst und Sonnenglut zermürben die Menschen mehr als die Pfeile der Türken: Schwangere Frauen im Tross, dehydriert und erschöpft, werden von vorzeitigen Wehen gequält, gebären ihre Kinder zu früh – Babys, die in der Hitze keine große Überlebenschance haben.

Graf Raimund von Toulouse wird von einer Krankheit niedergeworfen. Die Chronisten äußern sich nicht klar über das Wesen dieser Plage, doch der Fürst ist so schwach, dass man um sein Leben fürchtet: Ein Bischof spendet ihm schon die Sakramente. Der stolze Ritter muss im Zug getragen werden. Langsam nur erholt er sich – und glaubt dann aber umso mehr, dass Gott ihn auserwählt habe, diesen Kreuzzug anzuführen.

Überhaupt bleibt die Moral der Kreuzzügler hoch, vielleicht nicht trotz, sondern gerade wegen ihrer ungeheuren Qualen. Ist das nicht der notwendige Leidensweg, die Prüfung vor dem Triumph?

Fulcher von Chartres, der wahrscheinlich irgendwo im Tross marschiert, glaubt an ein Wunder: »Wer hörte je ein solches Durcheinander an Sprachen im selben Heer? Da waren Franken, Flamen, Friesen, Gallier, Allobroger, Lothringer, Alemannen, Bayern, Normannen, Engländer, Schotten, Aquitanier, Italiener, Daker, Apulier, Iberer, Bretonen, Griechen und Armenier. Wenn irgendein Brite oder Teutone mich etwas fragen wollte, konnte ich ihm weder antworten noch ihn verstehen. Doch obwohl wir unterschiedlicher Zungen waren, schienen wir aus Liebe zu Gott dennoch Brüder und nahezu einer Meinung zu sein. Denn wenn einer irgendetwas von seiner Habe verlor, hätte der, der es fand, es sorgsam viele Tage lang aufbewahrt, bis er durch seine Nachforschungen den Verlierer ausfindig gemacht und das, was gefunden worden war, zurückgegeben hätte.«

Mitte August 1097 erblicken sie Ikonion: eine bedeutende

Stadt, aus der ebenfalls sämtliche Einwohner geflohen sind. Doch hier fließt Wasser, die Obstgärten und Felder im Tal sind unberührt: »voll des Guten und Köstlichen zum Essen«, schreibt ein Ritter erleichtert.

Das Heer ist gerettet, wieder einmal.

Und das keinen Tag zu früh: Raimund von Toulouse wird, noch immer krank, in die Stadt geschleppt. Dann steht plötzlich auch ein zweiter Anführer an der Schwelle des Todes. Eines Tages zieht Gottfried von Bouillon zusammen mit einigen Rittern, Fußsoldaten und Hunden in den Wäldern des Umlands zur Jagd aus. Die Männer verfolgen verschiedene Spuren, bald ist der Herzog allein.

Da hört er die panischen Schreie eines Menschen in Todesangst irgendwo im Unterholz. Er stürzt dorthin: Ein riesiger Bär verfolgt einen seiner Fußsoldaten. Gottfried zückt das Schwert und attackiert das Tier hoch zu Ross. Der Bär stellt sich auf seine Hinterbeine – aufgerichtet ist er so hoch wie der Ritter auf dem Pferd. Dann stürzt er dem neuen Angreifer entgegen.

Ein gewaltiges Krachen. Schreie von Mensch und Tier, weit hallend durch den Wald. Einen Moment später wird klar, wer den Zusammenprall gewonnen hat: der Bär. Mit einer Tatze fegt er den Gepanzerten aus dem Sattel, mit seinen gewaltigen Zähnen verbeißt er sich in der Kehle des Schlachtrosses.

Gottfried, halb betäubt und zu Tode erschrocken, wälzt sich im Staub, sein Schwert noch immer in der Faust. Doch die Klinge ist ihm im Sturz irgendwie zwischen die Beine geraten. Er taumelt hoch, will zugleich seine Waffe hochreißen – und schneidet sich mit der Klinge dabei selbst tief in die Innenseite eines Oberschenkels. Das Blut strömt ihm am Bein hinab. Welch schändlicher Tod, denkt der taumelnde Herzog, gefressen von einem wilden Biest. Eine Atempause bleibt ihm, weil der Bär zunächst das Pferd zerreißt.

Da stürzt ein zweiter Panzerreiter durch das Unterholz. Er hat den Lärm vernommen, erkennt sofort die dramatische

Lage – und durchbohrt den Leib des Bären mit einem Jagdspieß. Mit den Schwertern machen er und der immer schwächer werdende Herzog dann das schwer verwundete Tier endgültig nieder.

Jetzt aber bricht Herzog Gottfried von Bouillon zusammen und muss, leichenblass, nach Ikonion getragen werden.

Es bleibt eine müßige Spekulation, sich auszumalen, wie es mit dem Ersten Kreuzzug weitergegangen wäre, hätten mitten in Anatolien sowohl Raimund von Toulouse als auch Gottfried von Bouillon ihr Leben ausgehaucht. Wären die Ritter mutlos geworden? Wäre das Heer umgekehrt? Oder wäre es, schlecht geführt, zwar weitergezogen, aber dann kurz darauf den Türken in der Schlacht unterlegen? Und: Wenn der Erste Kreuzzug hier schon gescheitert wäre, wäre jemals ein weiteres Heer aus dem Abendland gen Jerusalem gezogen?

Mag sein, dass eine namenlose Krankheit und eine selbst beigebrachte Wunde den Lauf der Weltgeschichte geändert hätten. So aber überleben beide Adelige ihre Qualen. Und wie Raimund von Toulouse sich nach seiner Genesung als von Gott auserwählt bestätigt wähnt, so gewinnt Gottfried von Bouillon mit seiner Tat ungeheuren Ruhm, zunächst im Heer, später im ganzen Abendland: Der edle Herzog, der todesmutig eine Bestie niederringt, um einen seiner einfachen Soldaten vor den Bärenklauen zu bewahren.

In den Tagen von Ikonion jedoch und unmittelbar danach sind die beiden hohen Herren noch nicht wieder bei Kräften. Eine fatale Gelegenheit für ihre Rivalen, sich Macht anzumaßen und Abenteuer zu wagen.

Bald wollen die Ritter weiterziehen. Aus Verstecken im Umland haben sich endlich ein paar Einheimische vorgewagt: Armenier, Christen, die den Fremden freundlich raten, so viel Wasser wie möglich in Lederschläuchen mit sich zu führen, denn das Land vor ihnen sei trocken.

Nach wenigen Tagen erblicken die Kreuzzügler plötzlich ein türkisches Heer: Im Tal von Herakleia lagert eine Armee, geführt von örtlichen Emiren. Die planen wohl keine Schlacht, sondern wollen die Christen abdrängen: Die bloße Ansicht von Feinden, so hoffen sie, werde die Fremden abhalten, tiefer in Richtung Landesinnere vorzudringen, stattdessen würden sie zur Küste hin ausweichen.

Eine fatale Fehleinschätzung.

Denn kaum erblicken die Ritter die türkischen Banner, senken sie die Lanzen und galoppieren los. Allen voran: Bohemund von Tarent. Unter seiner Führung gelingt den Kreuzzüglern ein leichter Sieg, denn die Seldschuken sind gar nicht auf eine Schlacht gefasst. Sie weichen aus ins Gebirge, überlassen dem Feind das Feld.

Am Abend zieht ein Komet über den Himmel. Den Frommen im Heer ist es ein göttliches Signal. »Wir erblickten ein gewisses Zeichen am Himmel«, schreibt Fulcher von Chartres, »das sich in strahlendem Weiß in Form eines Schwertes mit der Spitze nach Osten zeigte.« Bohemund von Tarent gewinnt mit diesem mühelos errungenen Triumph an Ansehen und Macht.

Nun jedoch steht eine wichtige Entscheidung an: Wie geht es weiter? Denn wieder teilt sich die Straße kurz hinter dem Tal von Herakleia, wo die Christen vier Tage gerastet haben. Das Heer zieht im Innern Anatoliens in eine Art gigantische Sackgasse hinein. Voraus liegt Kappadokien. Könnten sie wie Adler fliegen, sie würden nun einige Hundert Kilometer geradeaus ostwärts eilen, um danach scharf rechts, also nach Süden hin, abzubiegen in Richtung Syrien, Libanon, Palästina. Doch das Anti-Taurus-Gebirge liegt wie ein gigantischer Sperrriegel im Weg. Dessen Höhen sind nur auf wenigen Wegen zu überwinden.

Wahrscheinlich raten die mitreisenden Byzantiner dazu, eine alte Heer- und Handelsstraße zu wählen, die über die Stadt Caesarea Mazacha läuft: Sie sei von einem Heer gut zu begehen. Außerdem herrschten hier armenische Fürsten, die nur nominell von Seldschuken unterworfen worden seien, aber sicherlich ihren christlichen Brüdern helfen würden. Allerdings müsse man einen großen Umweg in Kauf nehmen.

Wie ein umgedrehtes »V« führt die Straße nämlich zunächst scharf nach Nordosten und knickt erst bei Caesarea Mazacha wieder in Richtung Südosten ab. Auf tagelangen Märschen also wird man sich tief in fremdes Land wagen und sich dabei zunächst mit jedem Schritt von Jerusalem entfernen.

Trotzdem wählen die Kreuzzügler diese Route – allerdings nicht alle.

Denn rechter Hand, südlich von Herakleia, ragt noch ein zweites Gebirge auf: der Taurus. Hier beginnt die Landschaft Kilikien, die sich bis zur Mittelmeerküste erstreckt. Eine viel kürzere Straße in Richtung Heiliges Land führt durch Kilikien ans Meer, dort folgt man der Küste, knickt dann südwärts gen Syrien ab. Erreicht man erst den Meeressaum, könnten zudem Schiffe aus Byzanz oder den italienischen Handelsrepubliken Venedig, Pisa und Genua Vorräte bringen. Doch regieren in Kilikien muslimische Emire, die Bevölkerung ist allerdings erst zum Teil islamisiert; noch leben Armenier und Gläubige anderer christlicher Kirchen in den größeren Städten.

Zudem, das geben die byzantinischen Begleiter zu bedenken, ist der Landstrich heiß, selbst im September, dazu fieberverseucht. Und: Um dorthin zu gelangen, müsse man durch die Kilikische Pforte. Ein Pass – der einzige auf dieser Route – durch den Taurus. Ein Pass, der eng und gewunden sei, wo selbst wenige entschlossene, gut verschanzte Krieger ein riesiges Heer aufhalten könnten.

Doch möglicherweise sind es gerade die gut begründeten Warnungen der verachteten Byzantiner, die einigen Normannen und Lothringern die Zornesröte ins Gesicht treiben. Möglicherweise aber auch ist es kalte Berechnung, ein Manöver, ausgeführt in exakt jenem Augenblick, da Raimund von Toulouse und Gottfried von Bouillon ans Krankenlager gefesselt sind und mithin niemand da ist, der einen eigensinnigen Kopf noch aufhalten könnte.

Zumindest Balduin von Boulogne scheint schon lange ein solches Abenteuer vorbereitet zu haben. Seit der Belagerung von Nikäa kennt er den Bruder eines armenischen Fürsten, hat diesen Mann sogar in sein Gefolge aufgenommen. Dieser Armenier wird ihm von der verworrenen Lage, von den Machtkämpfen der christlichen Herren untereinander und gegen die Seldschuken berichtet und ihm wohl in Aussicht gestellt haben, dass ein entschlossener Ritter sich dort eine eigene Herrschaft erkämpfen könne. Nun führt die Kilikische Pforte allerdings keineswegs nach Armenien, sondern, im Gegenteil, eher weg aus dieser Region.

Doch dann verkündet Tankred von Hauteville, dass er in Kilikien einfallen werde. Dieser – offenbar rasch gefasste – Entschluss des Normannen wird wohl auch Balduin angetrieben haben: Jetzt oder nie!

So oder so: Tankred von Hauteville und, etwas später, Balduin von Boulogne erklären, dass sie den Weg durch die Kilikische Pforte wagen werden. Der hitzköpfige, fast besitzlose Neffe Bohemunds von Tarent und der jüngere, im Schatten seines übergroßen Verwandten stehende Bruder Gottfrieds von Bouillon ergreifen die Gelegenheit, auf eigene Faust loszuziehen.

Tankred schließen sich lediglich 100 Ritter und 200 Fußsoldaten an, alles Normannen. Balduin folgen immerhin 500 Ritter und 2000 Fußsoldaten, Normannen, Flamen, Lothringer. Seine Frau Godvere und die kleinen Kinder lässt er beim Hauptheer zurück – ein sicheres Zeichen also, dass er keineswegs alle Kontakte zu seinen Kameraden zu kappen gedenkt. Einen Nichtkämpfer aber nimmt Balduin mit: Fulcher von Chartres. Der Chronist wechselt aus dem Gefolge des Stephan von Blois zu ihm, wird Kaplan des jungen Lothringers: eines »wahrhaft höchst fähigen Ritters«, wie er ihn nun lobt.

Niemand wagt es, sie aufzuhalten. Und so teilt sich das Heer. Etliche der kampfesmutigsten Ritter reiten mit den beiden Ungehorsamen – und manche von ihnen werden den Kreuzzug nie wiedersehen.

Dienstag, 15. September 1097, auf der Straße zur Kilikischen Pforte

Tankred und seine Männer ziehen los. Kein Tross folgt ihnen, sie sind ausgeruht, kräftig, tatendurstig – und so eilen sie rasch davon. Drei Tage darauf erst folgt ihm Balduin mit dem größeren Heer, auch er ohne Tross, doch langsamer als der Normanne.

Tankred erreicht die gefürchtete Kilikische Pforte – und passiert die Engstelle ohne Schwierigkeiten. So unorganisiert ist die Verteidigung der Seldschuken, dass niemand den Pass sperrt. Vielleicht auch überrascht die Türken dieser Heerhaufen, da sich doch die Masse der Fremden in ganz anderer Richtung weiterbewegt.

Die Normannen marschieren, nachdem sie den Taurus überwunden haben, direkt auf Tarsos zu, die größte Stadt Kilikiens – und Geburtsort des Apostels Paulus. Hier haben die Seldschuken eine Garnison stationiert, wahrscheinlich ungefähr so stark wie das Heer von Tankred. Die Türken jedenfalls stellen sich vor den Mauern ihrer Stadt zur Schlacht, werden zurückgetrieben und verschanzen sich in Tarsos. Tankred wiederum ist zu schwach, um die Befestigungen zu stürmen, und zu ungeduldig, um eine lange Belagerung einzugehen. Er schickt einen Reiter zurück zum Hauptheer, der Verstärkungen werben soll.

Da erscheinen auch die Panzerreiter von Balduin vor Tarsos und schlagen ihr Lager auf. Die Verteidiger sehen wohl zwei Banner über zwei Lagern flattern, das von Tankred und das von Balduin, doch sie ahnen nicht, dass diese Christen keineswegs geeint sind: Balduin will mit dem Normannen ein Abkommen schließen, wie Tarsos aufzuteilen sei, wenn die Stadt erst einmal eingenommen ist. Doch Tankred lehnt das brüsk ab. Den Türken aber scheint es, als stehe nun ein überlegenes Heer vor den Mauern – und so fliehen sie.

Nachts entweichen die Verteidiger aus Tarsos, verstecken sich in den Bergen, warten ab. Am nächsten Morgen öffnen christliche Einwohner die Tore und lassen die Ritter ein: »Los, unbesiegte Franken, los! Die Türken sind allesamt weg, dieweil sie so große Angst vor euch haben!« Das rufen sie – berichtet zumindest ein Chronist der Kreuzzügler.

Es sind Tankreds Männer, die, wohl eher zufällig, die Gelegenheit als Erste nutzen und das Banner ihres Herrn auf die Zinnen pflanzen.

Dort allerdings weht es nicht lange im Wind. Denn Balduin mit seinem deutlich größeren Heer rückt ebenfalls ein und zwingt den Normannen in einer unfreundlichen Unterredung, ihm die Stadt auszuliefern. Tankred, der mit seinen wenigen Männern den Kampf in der relativ großen, ihm gänzlich unbekannten Stadt nicht wagt, zieht zornbebend davon, um irgendwo eine neue Eroberung zu suchen.

Tarsos gehört nun dem Lothringer. (Keiner der beiden Kontrahenten hat sich, einmal innerhalb der Mauern der Stadt, die Mühe gemacht, sich auch nur die Wünsche der Einwohner anzuhören: Sie sind Unterworfene.) Doch kaum hat er sich eingerichtet, es dämmert schon, wird Alarm gegeben: Die Staubwolke einer Marschkolonne!

Als die Unbekannten näher gekommen sind, erkennt man Mitkämpfer: 300 Normannen sind zu Fuß nach Tarsos geeilt, der Bote von Tankred hat sie angelockt. Sie wissen nicht, dass der junge Fürst inzwischen voller Wut weitergezogen ist.

Was tun? Balduin könnte sie einlassen – aber würden sie nicht früher oder später, und sei es vom losen Gerede seiner eigenen Männer, von Tankreds schmachvollem Abgang erfahren? Und würden sie das nicht rächen? So beschließt Balduin, die 300 Normannen vorerst nicht einzulassen; sie müssen vor den Mauern der Stadt ihre Zelte aufschlagen.

Und am nächsten Morgen sind alle 300 Kämpfer tot.

Die Seldschuken, die Tarsos verteidigt hatten, sind zwar in die Berge geflohen, doch dann nicht weiter. Sie verstecken sich, beobachten das seltsame Verhalten der Fremden. Als sie erkennen, dass die 300 Normannen fast ungeschützt die Nacht zubringen müssen, schleichen sie sich an – und bringen alle um, direkt unter den schützenden Mauern und den Schilden und Schwertern ihrer Kameraden.

Das erste Sonnenlicht gibt den Blick frei auf verstümmelte Körper, auf dunkle Blutlachen. Welche Schmach! Welcher Verrat! Nur Fulcher von Chartres, Balduins Kaplan, wird diesen Zorn und diesen Verrat in seiner Chronik taktvoll verschweigen. Doch tatsächlich verfluchen sogar seine eigenen Männer Balduin. Mancher greift zum Bogen und schießt gar auf den Lothringer. Der flieht im Pfeilhagel in einen Turm.

Vielleicht wäre er in dieser Stunde in Schande gestorben – wenn er nicht von einem Fremden gerettet worden wäre.

Von einem Piraten.

In die Bucht unterhalb von Tarsos gleiten einige Schiffe, Galeeren vielleicht oder klobige Segler. Einer jener unglaublichen Zufälle, die die Weltgeschichte mitbestimmen, führt sie in exakt jenem Augenblick an diesen Ort.

Ihr Kommandeur ist Guynemer von Boulogne, ein Pirat aus Balduins Heimat. Der Seeräuber hat von dem Kreuzzug vernommen und etliche dänische, friesische und flämische Haudegen und Gesetzlose angeworben. Von der holländischen Küste aus sind sie bis in die Levante gekreuzt, mit dem ebenso vagen wie tollkühnen Plan, die Wirren des Kreuzzugs irgendwie auszunutzen, um Beute zu machen.

Fast nichts weiß man über diesen Guynemer, der ein ferner Vorfahr jener abenteuerlustigen, gold- und ruhmsüchtigen Seefahrer späterer Zeitalter sein muss, ein Ahnherr von Christoph Kolumbus und Francis Drake.

Welch Zufall nun, dass er, auf der Suche nach jemandem, der ihm irgendeine Nachricht vom Kreuzzugsheer geben könnte, exakt an diesem Tag ausgerechnet unter die Mauern von Tarsos fährt. Mit einigen Männern rudert er von der Bucht über einen Fluss bis in die Stadt – und erfährt dort, dass Balduin von Boulogne, wenn auch bedrängt, der Herr der Gemeinde ist. Ein Landsmann, der Bruder seines Herzogs gar!

Guynemer huldigt dem Fürsten sofort – und befreit ihn damit aus seiner bedrohlichen Lage.

Schiffe, die den Kontakt ins Abendland halten könnten ohne die verhassten Byzantiner. Eine Flotte, mit der man die türkische Küste kontrollieren kann. Wilde Seeräuber. Und ihr Anführer, der sich freudig unterwirft: Balduins Macht ist gestärkt. Die Huldigung erhöht sein beschädigtes Prestige. Die Piratenflotte erhöht darüber hinaus die Wahrscheinlichkeit, dass er einen erfolgreichen, also auch für seine Männer gewinnbringenden Feldzug führen wird. Ihr Murren verstummt.

Balduin lässt die Piraten bei Tarsos lagern und unterstellt die Stadt dem Befehl des Guynemer. Zudem überlässt er ihm 300 seiner Männer – die rebellischsten, so steht zu vermuten.

Die Piraten, soeben in der Levante angekommen, haben kampflos eine Stadt eingenommen. Sie werden ihr Glück kaum fassen können. Fortan regiert Guynemer von Boulogne mit seinem Haufen als Statthalter Balduins die Metropole des Apostels Paulus – und kein abendländischer Chronist macht sich die Mühe aufzuzeichnen, was denn die Christen dort, die diese Männer ja erst eingelassen haben, von den Seeräubern denken, denen sie nun ausgeliefert sind. Und niemand verzeichnet, wie sich die neuen Herren verhalten – gerecht, milde und großmütig wahrscheinlich nicht.

Mit seinem immer noch beachtlichen Heer zieht Balduin nun ebenfalls aus Tarsos gen Osten weiter. Diese Eroberung soll erst der Anfang sein, sein eigentliches Ziel liegt viel weiter im Landesinnern.

Und wieder folgt er Tankreds Spur.

Der hat inzwischen Mamistra eingenommen, eine armenische Stadt im Landesinnern am Fluss Dschihan. Die kleine türkische Garnison dort – wohl wissend, dass alle Einwohner Christen sind und sie hassen – flieht. Tankred verschanzt sich in Mamistra: Diesmal wird er nicht weichen!

Und tatsächlich erblickt er bald Balduins Heer, nun sind es etwa 2200 Mann – 300 Kämpfer hat er ja in Tarsos zurückgelassen. Tankred ist nicht nur wütend nach der erlittenen Schmach, er hat, wahrscheinlich durch einen Boten, auch vom Schicksal jener Normannen erfahren, die vor den Mauern gemeuchelt worden sind. Vielleicht weiß er auch in diesem Moment schon von Guynemers Ankunft – und von der nur mühsam unterdrückten Rebellion in Balduins Heer.

So sicher fühlt er sich, dass er diesmal seine Stadt sperrt: Die Neuankömmlinge dürfen am Fluss Dschihan lagern, er schickt ihnen sogar Vorräte, doch nach Mamistra einrücken können sie nicht. Eine durchaus vorsichtige Taktik – doch Tankred kennt seine Männer schlecht.

Die wollen Rache für die 300 Erschlagenen! Ein paar Hitzköpfe drängen darauf, Balduins Lager zu überfallen. Sofort! Tankred, bislang noch nie als Zauderer aufgefallen, lässt sich mitreißen. Oder vielleicht erkennt er auch den Wahnsinn des Plans, doch ist seine Stellung als fast mittelloser Fürst noch so unsicher, dass er seinen Leuten kaum Einhalt gebieten kann.

Jedenfalls öffnen sich plötzlich die Tore von Mamistra – und vor den Augen der erstaunten armenischen Einwohner preschen die fremden Panzerreiter hinaus, um ihre Landsleute anzugreifen. Schreie. Getümmel. Balduins Männer mögen ihren Anführer verachten, doch das geht dann doch gegen die Ehre! Sie sitzen auf, schlagen zurück – und drängen mit überlegener Kraft die Normannen rasch bis vor die Mauern der Stadt. Gefangene werden auf beiden Seiten gemacht, selbst Tankreds Schwager fällt den Lothringern in die Hände. Mit knapper Not rettet sich Tankred schließlich nach Mamistra. Wieder ist er aus einem von ihm geführten Gefecht als Verlierer geflohen.

Ratlosigkeit auf beiden Seiten. Wird Tankred jetzt belagert? Doch Kilikien ist, wie die Byzantiner gewarnt hatten, heiß und fieberverseucht – kein Ort, an dem Balduin noch lange aushalten möchte. Ein dummes Abenteuer das alles, unüberlegt und ziellos. Also gehen Boten hin und her, freundliche Worte, ein Missverständnis, mehr nicht – und schließlich söhnen sich Balduin und Tankred aus.

Die Gefangenen kommen frei. Persönlich mögen sich die Fürsten misstrauen, vielleicht gar hassen. Da ist mehr als eine Rechnung offen. Außerdem weiß jeder vom anderen, dass der ein Rivale ist, wenn es darum geht, sich irgendwo im Nahen Osten ein Reich zu erobern. Aber es wäre töricht, sich hier zu zerfleischen.

Niemand weiß, wie viele Kreuzzügler diesem Bruderkampf zum Opfer gefallen sind, viele vermutlich nicht. Doch der Riss im Heer der Glaubenskrieger ist offensichtlich – wenn sie denn überhaupt noch Glaubenskrieger sind. Zumindest unter den Armeniern und den anderen Christen Kleinasiens spricht sich nun, langsam zunächst, herum, dass die fremden Ritter nicht als Befreier vom muslimischen Joch gekommen sind, sondern als Eroberer. Aber dass man sie, stellt man es nur geschickt genug an, durchaus gegeneinander ausspielen kann.

Balduin rückt von Mamistra ab, hat überhaupt genug vom heißen, ungesunden Kilikien. Er macht sich auf, das Hauptheer wieder einzuholen.

Tankred ist Herr von Mamistra – aber ist das jenes Fürstentum, von dem er geträumt hat? Auch er leidet unter der Hitze, unter den Krankheiten. Also rückt er ebenfalls ab. Wohin? Boten gehen zu Guynemer dem Piraten: Ob er Lust habe auf ein neues Abenteuer, diesmal an der Seite Tankreds?

Und der Seeräuber, der Tage zuvor noch Balduin gehuldigt hat, vergisst bei der Aussicht auf Kampf und Beute sofort alle Loyalitäten. (Oder er glaubt, die Übereinkunft mit Tankred berühre sein Verhältnis zu Balduin nicht, weil er von deren Rivalität nichts weiß.)

Gemeinsam überfallen Piraten und Normannen die Stadt Alexandretta: ein wichtiger Hafen, dort, wo die Küste Richtung Süden abknickt. Das seewärtige Tor zu Syrien.

Das Wagnis gelingt, die Angreifer ringen die Seldschukengarnison nieder. Es ist Tankreds erste Großtat und der bedeutendste Triumph jenes kilikischen Abenteuers. Für die nächste gefährliche Etappe des Kreuzzugs – die Route durch Syrien –

sichert er den Christen einen wichtigen Nachschubhafen. Guynemer von Boulogne lässt sich nun dort mit einigen Kämpfern nieder. Tankred aber eilt davon, nur weg von der ungesunden Küste! Auch er will inzwischen bloß noch zum Hauptheer stoßen.

Balduin hat dieses schon erreicht. Und vielleicht glauben viele seiner Männer, dass Gott ihren Anführer für seinen unüberlegten Feldzug straft: Denn Balduins Frau Godvere und die kleinen Kinder liegen im Sterben. Wahrscheinlich ist es eine Krankheit, die sie dahinrafft – und wahrscheinlich hat der Fürst noch Zeit, von ihnen Abschied zu nehmen.

Doch falls Balduin trauern sollte, dann zeigt er es nicht.

Donnerstag, 15. Oktober 1097, bei der Stadt Marasch

Das Hauptheer hat inzwischen den langen Bogen bis hinauf nach Caesarea Mazacha zurückgelegt und anschließend bei Koxon den Anti-Taurus bezwungen. Die Armenier in den Siedlungen entlang des Weges bejubelten sie als Befreier vom muslimischen Joch – und tatsächlich werden sie freier als zuvor, denn die Kreuzzügler erfüllen ihren Eid gegenüber dem byzantinischen Kaiser und unterstellen die Gebiete formal der Autorität von Konstantinopel. Allerdings setzen sie keine Griechen, sondern armenische Fürsten als byzantinische Statthalter ein. Nun stehen die Ritter an der Pforte zu Syrien.

Balduin muss sich in den letzten Tagen mit seinem älteren Bruder sowie mit Raimund von Toulouse und den anderen Großen besprochen haben. Wahrscheinlich erkennen die, dass sie den unruhigen Kämpfer nicht in ihren eigenen Reihen halten können, wahrscheinlich zürnen sie ihm auch noch ob der 300 Toten von Tarsos. Jedenfalls stimmen sie wohl einem neuen Abenteuer zu: Balduin will diesmal, während das Heer nun südwärts zieht, scharf östlich vorstoßen bis an den Euphrat, wo armenische Fürsten leben – und sich dort ein Reich erobern.

Sinnvoll ist das allemal: Eine Bastion am Euphrat würde den Kreuzzüglern den Rücken freihalten, würde muslimische Angriffe aus den Tiefen des Mittleren Ostens zumindest deutlich erschweren. Zudem ist das Land am Fluss reich an Vorräten, sodass es viel einfacher wäre, das Heer zu versorgen.

Also galoppiert Balduin wieder davon. Nur hundert Ritter folgen ihm diesmal. Die meisten Kämpfer wähnen sich nun so nah vor Jerusalem, dass sie nicht mehr vom heiligen Ziel abweichen wollen; zudem wird ihm der eine oder andere die Tat von Tarsos nicht verziehen haben. Fulcher von Chartres allerdings ist dabei – und der Armenier aus dem Gefolge, der Bruder eines Fürsten.

Jener Herrscher ist Kogh Vasil, »Vasil, der Räuber«, der sich in den Bergen am mittleren Euphrat versteckt, wo er gegen Seldschuken und armenische Rivalen kämpft. Die armenischen Brüder hoffen, in Balduin und seinen Rittern eine Art Söldnertruppe zu finden, die ihre Macht stärken wird: Söldner, mit denen sie die islamische Herrschaft abschütteln können, ohne doch zugleich wieder die alte, ebenfalls verhasste byzantinische Herrschaft erneut akzeptieren zu müssen.

Viel zu spät merken sie, wie sehr sie sich irren.

Im Winter 1097 erreicht Balduin das Land westlich des Euphrat – und erobert mithilfe der armenischen Bevölkerung dort zwei bedeutende muslimische Burgen: Ravendel (vom arabischen *Ruwandan*) an einer großen Straße Richtung Antiochia, und Turbessel (*Tell Baschir*), die bei Karkemiš eine wichtige Furt über den Euphrat kontrolliert.

Dann erreicht ihn in Turbessel irgendwann um den Jahreswechsel 1097 auf 1098 ein Bote: Der Armenierfürst Thoros von Edessa – einer recht wohlhabenden Stadt östlich des Euphrat – bittet um Hilfe der Panzerreiter gegen ein anrückendes Seldschukenheer.

Und zum ersten Mal zeigt sich, dass Balduin von Boulogne mehr ist als ein tollkühner Abenteurer, nämlich ein ebenso kluger wie zynischer Stratege.

Edessa wäre die bislang bedeutendste Metropole an seinem

Weg. »Jene Stadt ist hochberühmt und ist in einem überaus fruchtbaren Land gelegen«, schreibt Fulcher von Chartres. »Sie befindet sich in Syrisch-Mesopotamien, ungefähr zwanzig Meilen hinter dem Euphrat [tatsächlich etwa 80 Kilometer, C. R.] und ungefähr hundert Meilen oder mehr [mehr als 350 Wegkilometer] von Antiochia entfernt.« Sie liegt in armenischem Land, wo die Seldschuken nicht so stark sind. Andererseits ist sie so entlegen, dass die den Kreuzzüglern nachrückenden Byzantiner sie nicht sogleich für sich beanspruchen könnten. Edessa könnte das Herz eines neuen Fürstentums werden.

Also holt Balduin Erkundigungen ein: Thoros ist alt und verheiratet, doch kinderlos. Kein natürlicher Thronerbe? Der Normanne erkennt die goldene Gelegenheit, erkennt die Not des Armeniers – und nützt sie kühl aus. Ja, lässt er ausrichten, er werde Thoros beistehen, allerdings um einen Preis: dass Thoros ihn, Balduin, zum Nachfolger ernenne.

Was bleibt dem alternden Fürsten übrig? Aus den Bergen rücken Seldschuken an, im Westen warten die Normannen in den Burgen Ravendel und Turbessel. Er hat nur noch die Wahl, sich entweder den Muslimen oder den Katholiken zu unterwerfen – aus seiner Sicht den Ungläubigen oder den Häretikern. In welche böse Falle hat er sich mit seiner Bitte selbst manöveriert!

Thoros entscheidet sich für die Häretiker, die ihm wenigstens versprochen haben, ihn zu Lebzeiten auf dem Thron zu lassen, und die immerhin Christen sind. Er schickt wieder einen Boten ab und akzeptiert die Bedingungen, ja verspricht sogar, Balduin nicht nur zum Nachfolger, sondern zudem sofort zum Mitregenten zu machen.

Seine Not muss groß sein.

Wahrscheinlich ist mit dem Austausch der Boten ein Großteil des Januars dahingegangen. Die Gesandten leisten einen Eid, in dem sie beschwören, dass Balduin zum Nachfolger des Fürsten auserkoren sei. Auf dieses Versprechen hin rüstet sich der Normanne zum Aufbruch.

Der Bruder von Kogh Vasil, noch im Gefolge Balduins, ist erschüttert: Er selbst hat doch geholfen, diese fremden Ritter nach Armenien zu locken. Hat gehofft, sie als Söldner in den ewigen Wirren der Fürsten und den Türkenkriegen klug für Kogh Vasil kämpfen zu lassen. Aber dieser Normanne da, das erkennt er zu spät, wird sich nicht als Söldnerführer abspeisen lassen. Der ist gekommen, um zu bleiben. Als Herr.

Also wird der Armenier seinerseits zum Verräter. Heimlich, die Einzelheiten sind nicht ganz klar, nimmt er Kontakt zu den Seldschuken auf. Die Türken wagen zwar keine offene Schlacht, doch lauern ihre Trupps noch immer in den Bergen. Und auch Kogh Vasil, der Räuber, versteckt sich irgendwo dort. Balduin residiert in Turbessel, der Armenier hat Quartier jedoch in Ravendel genommen. Wahrscheinlich hofft er, mit seinen Intrigen dort den Blicken des Fürsten zu entgehen.

Ein anderer Armenier in Ravendel jedoch erfährt von den Verrätereien – und hat nichts Eiligeres zu tun, als Balduin darüber zu informieren, wohl in der Hoffnung, selbst in der Gunst des Fürsten aufzusteigen. Der Normanne lässt den Verräter noch in Ravendel in Ketten legen, nach Turbessel schleifen, dort schließlich foltern, um ihm abzupressen, was er dem Feind versprochen hat. Wenig genug erfährt er – und nachts gelingt dem Gefangenen die Flucht aus der Burg, hinein in die Berge. Er rettet sich zu Kogh Vasil.

Die Normannen wissen nun, dass dort Feinde lauern. Und sie wissen, dass die Armenier ihnen zunehmend feindlich gesonnen sind. Sie haben keine Zeit mehr zu verlieren.

Anfang Februar 1098 bricht Balduin auf. Sein Unternehmen ist ebenso tollkühn wie klug vorbereitet. Gen Edessa – jene Stadt, in der er sein Glück machen will – nimmt er bloß 80 Ritter mit, berichtet Fulcher von Chartres. (Der Gottesmann, das verraten seine Notizen, darf wohl ebenfalls aufsatteln.) Verrät ihn Thoros, dann wird Balduin sterben. Auch mit Gewalt wird er Edessa nicht nehmen können.

Doch dieser kleine Trupp macht ihn schnell, beweglich,

dazu fast unsichtbar. Er weiß, dass in den Bergen Seldschuken lauern und vielleicht auch die Kämpfer von Kogh Vasil, dessen Bruder er foltern ließ. Ein größeres Heer würden sie sofort entdecken und ihm an passender Stelle einen Hinterhalt legen. Aber mit nur ein paar Dutzend Reitern hat er vielleicht eine Chance.

Tatsächlich lauern Türken an den Wegen, auch an den Furten über den Euphrat. Doch Balduin wählt einen Übergang, der so weit im Norden liegt, dass er von den Feinden nicht bewacht wird. Vielleicht weist ihm ein Armenier den Weg. Denn noch sehen viele von ihnen, die in Dörfern und befestigten Gehöften leben, in den Rittern ihre Befreier vom Joch der Muslime. »Als wir an den Städten der Armenier vorbeikamen«, berichtet Fulcher, »wäret ihr erstaunt gewesen mitanzusehen, wie sie untertänig Kreuze und Fahnen tragend herbeikamen, um uns willkommen zu heißen, und Gott zuliebe unsere Füße und Kleider küssten.«

Einmal nimmt ein Armenier die Fremden in seiner Burg auf, weil er weiß, dass Seldschuken in der Nähe lauern. Zwei Tage harren sie dort aus, dann liefern sie sich ein Scharmützel mit einem türkischen Trupp. Ein Feind bleibt auf dem Feld, von einer Lanze durchbohrt – das einzige Opfer an jenem Tag. Der Ritter, der den Todesstoß führte, darf das Pferd des Besiegten behalten.

Die letzte Nacht reiten sie durch, »wobei wir große Angst ausstanden«, gesteht Fulcher. Dann sind sie am Ziel: Edessa.

Samstag, 6. Februar 1098, Edessa

Jubelnd empfangen die Einwohner jene Ritter aus der Fremde, in denen sie ihre Retter wähnen – ein wenig lauter, als es sich geziemt, ist diese Freude vielleicht, denn Fürst Thoros ist im eigenen Volk nicht beliebt. Fast scheint es, als könne es mancher gar nicht erwarten, den designierten Nachfolger schon auf dem Thron zu sehen.

Seltsamer jedenfalls als an diesem Tag wird kein Kreuzzügler je eine Stadt in Besitz nehmen: Um ihn zum Erben zu machen, muss Thoros Balduin adoptieren. Und die dafür notwendige, öffentliche Zeremonie mag selbst einem ungeschliffenen Normannen archaisch erscheinen.

Mit blankem Oberkörper muss sich Balduin aufstellen. Thoros zieht sich ein weites Gewand über seinen Leib. Und dann schlüpft Balduin von unten in eben jenes Gewand, bis die beiden Männer Brust an Brust und Kopf an Kopf im selben Kleidungsstück vereint sind – nun ist er symbolisch zum Sohn des alternden Herrschers geworden. Mit der ebenfalls betagten Fürstin wiederholt Balduin jene Zeremonie, die eher zur Adoption eines Kindes passt als zur Aufnahme eines hünenhaften Ritters in die Familie. (Und man kann sich wohl denken, was die Reiter in seinem Gefolge flüstern, als sie den Anführer im Gewand einer alten Armenierin verschwinden sehen.)

Mögen die Recken auch grinsen oder peinlich berührt in den Himmel starren: Balduin erträgt die Zeremonie – und bestimmt von der Stunde seiner Adoption an die Politik von Edessa, als hätte er schon immer dort gelebt.

Schnell erkennt er, dass vor allem der türkische Emir in der nahe gelegenen Stadt Samosata der bedrückendste Feind ist. Er ist der Gegner, vor dem Thoros sich gefürchtet hat. Er plündert das Land, verschleppt Armenier als Geiseln in seine Stadt, zwingt Edessa gar manchmal demütigende Tributzahlungen auf.

Acht Tage erst ist Balduin in Edessa, da führt er bereits seinen ersten Kriegszug. Gegen Samosata! Mit seinen 80 Panzerreitern und angeblich einigen Tausend Einwohnern macht er sich auf den Weg. Es wird ein Triumph, wenn auch zu einem hohen Preis. Angeblich erschlagen die Türken 1000 Armenier vor den Mauern Samosatas, die Stadt selbst verteidigen sie erfolgreich. Doch Balduin nimmt ein Dorf in deren Nähe ein und baut es zur Burg aus, von der aus seine Ritter die Reiter aus Samosata überfallen können. Und prompt wagen sich kaum noch Seldschukenplünderer ins Gebiet von Edessa, zu gefährlich werden nun ihre Raubzüge.

Ein Prestigegewinn für Balduin – und, zumindest indirekt, das Todesurteil für seinen Adoptivvater.

Sonntag, 7. März 1098, Palast von Edessa

Wieder wird Balduin von einer finsteren Geschichte umweht. Fürst Thoros ist, wiewohl Armenier, doch griechisch-orthodoxer Christ. Die meisten Untertanen jedoch hängen der armenischen Glaubensrichtung an. Sie, die sich noch an die Zeit der byzantinischen Herrschaft erinnern können, misstrauen den Orthodoxen als Handlangern des fernen Kaisers, der fast genauso verrufen ist wie die Muslime. Nun ist da dieser junge, tatkräftige, erfolgreiche und den Byzantinern offenbar keineswegs hörige Ritter aus dem Abendland in der Stadt. Ist der nicht der bessere Fürst?

An diesem Sonntag jedenfalls verhaften Verschwörer Thoros in seinem eigenen Palast. Es sind Männer aus den führenden Familien der Stadt. Und Balduin? Kann man glauben, was er sagt – nämlich, dass er mit alldem nichts zu tun hat? Fulcher von Chartres, sein getreuer Kaplan, wird später von einem »bösartigen Komplott der Einwohner« schreiben, das »Balduin und die Seinen sehr erbittert« habe. Doch seltsam: Jene Panzerreiter, die Tod und Teufel nicht fürchten, »können keine Gnade für ihn erwirken«: Balduin rührt keinen Finger zur Rettung seines Adoptivvaters – sondern rät dem gestürzten Fürsten bloß, sich widerstandslos in sein Schicksal zu fügen.

Wahrscheinlicher ist, dass der Normanne in den Verrat eingeweiht ist, wenn er nicht sogar als Kopf dahintersteckt – zu gut passt die Entmachtung des Thoros doch zu seinem Ehrgeiz, zu seinen Plänen. Er braucht den alten Fürsten nicht mehr.

Dienstag, 9. März 1098, Edessa

Thoros ist geflohen! Irgendwie gelingt es dem Fürsten, aus dem Palast zu entkommen. Wie? Vielleicht hat jemand absichtlich eine Tür unversperrt gelassen ...

Thoros kommt allerdings nicht weit. Der Flüchtling wird schnell gestellt – und von seinen eigenen Untertanen in einem Akt rasender Wut in Stücke gerissen.

Balduin? Der lässt es geschehen.

Und am nächsten Tag trägt eben jene Menge, die das Blut des alten Fürsten an den Händen hat, ihm den Titel an, den er ohne zu zögern annimmt.

Und so wird aus Balduin von Boulogne, einem unbedeutenden Rittersmann, Balduin, Graf von Edessa, der erste abendländische Herrscher im Nahen Osten.

Er hat den Sprung in die Weltgeschichte geschafft.

Schnell und geschickt sichert er seine Macht – fast so, als habe er schon lange einen Plan im Kopf gehabt, den er nun systematisch abarbeitet: Edessa ist eine reiche Stadt. Einen Teil des Goldes schickt er an den Emir von Samosata, ausgerechnet! Damit besticht er ihn, der Emir erklärt sich zum Gefolgsmann von Balduin und lässt die letzten Geiseln aus Edessa frei. Kampflos hat der Normanne seine Grafschaft so vergrößert und zugleich sein Volk für sich eingenommen.

Mehr noch: Er, der als angeblicher Glaubensstreiter ausgezogen ist, zeigt sich plötzlich in religiösen Dingen pragmatisch und lax. Armenier dürfen in seiner Verwaltung Karriere machen und sogar Muslime; ihnen sichert er auch Glaubensfreiheit in seinem Herrschaftsbereich zu.

Schließlich heiratet er noch eine armenische Fürstentochter und verschwägert sich so mit mächtigen einheimischen Familien. (Die Ehe wird allerdings kinderlos bleiben.) Nach wenigen Monaten schon ist Balduin so selbstbewusst, dass er auch Gold an die Kreuzzügler schicken kann – genauer: an seinen Bruder. Gottfried von Bouillon wird mächtiger auch durch die Schätze von Edessa.

Doch um welchen Preis?

Für viele Kreuzzügler wird Balduin immer ein Verräter bleiben: Der Mann, der die 300 Normannen vor Tarsos erschlagen ließ. Der seinen Eid brach und nicht gen Jerusalem zog, sondern an den Euphrat. Der verwickelt ist in den Tod seines Adoptivvaters und der eine Häretikerin heiratete. (Und das so skandalös kurz nach dem Tod der ersten Ehefrau!) Der Ungläubige nicht erschlägt, sondern mit Macht und Posten belohnt.

Ausnahmsweise sind sich hier einmal Kreuzzügler und Byzantiner einig: Auch Kaiser Alexios nämlich ist verstimmt. Edessa gehörte einst zu seinem Reich. Da Balduin in Konstantinopel einen Lehenseid auf den Kaiser geschworen hatte, hätte er die Stadt dem Monarchen ausliefern müssen. Für den Hof ist die Grafschaft Edessa eine Missgeburt, ein illegitimer Staat, dessen Existenz man nur hinnimmt, da man bedauerlicherweise momentan noch zu schwach ist, um ihn wieder zu zerschlagen.

Und schließlich: Mit Balduin entfernt sich der vielleicht klügste Stratege aus dem Heer der Kreuzzügler – und zwar genau in jenem Moment, da der Feldzug in seine entscheidende Phase tritt.

Denn während der Lothringer am Euphrat intrigiert und kämpft, marschiert das Hauptheer ja weiter – langsam zwar, eine normale Handelskarawane wäre wohl dreimal so schnell, doch unaufhörlich. Im Anti-Taurus, »einem verfluchten Gebirge«, wie ein Ritter klagt, ziehen sie auf schmalen Pfaden einer hinter dem anderen an finsteren Tälern entlang. »Pferde stürzten in den Abgrund, und ein Lasttier zog das andere hinab. Was die Ritter anbelangt, so gerieten sie in einen Zustand tiefer Traurigkeit, rangen die Hände, weil sie derart erschrocken und unglücklich waren, und boten, weil sie nicht wussten, was sie mit sich und ihrer Rüstung machen sollten, ihre Schilde zum Verkauf an, wertvolle Panzer und Helme für drei oder fünf Denare oder zu dem Preis, den sie erzielen konnten«, berichtet ein Augenzeuge. (Ein Denar ist nominell ein Zweihundertvierzigstel eines Pfunds Silber.) Manche werfen ihre Waffen auch in ihrer Verzweiflung fort. Regen. Schlamm. Kälte. Totale Erschöpfung. Die Verluste an Mensch und Tier sind schlimmer als in einer Schlacht gegen die Türken. Aber sie geben nicht auf.

Einmal schickt Raimund von Toulouse 500 seiner Ritter voraus – angeblich hat er ein Gerücht gehört, die Seldschuken hätten Antiochia aufgegeben. Tatsächlich jedoch verstärken sie, die längst von Spähern über den Heerzug unterrichtet worden sind, ihre Anstrengungen, die gewaltige Stadt am Fluss Orontes um jeden Preis zu halten. Unverrichteter Dinge ziehen Raimunds 500 Ritter wieder ab.

Doch im Christenheer herrscht seither noch mehr Misstrauen: Was hat Raimund tatsächlich geplant? Hat er seine Leute vielleicht vorausgeschickt, um im Handstreich die Metropole allein einzunehmen, als Hauptstadt eines künftigen Fürstentums? Weicht da der größte Fürst vom heiligen Ziel ab und macht es Balduin nach, dem mittellosen Adelsbruder? Aber was wird dann aus dem Rest des Heeres?

Und doch ziehen sie weiter, immer weiter, stumm, erschöpft, unbeirrbar.

Am 20. Oktober 1097 stehen die Glaubensstreiter an einer Brücke, drei Stunden Marsch nur noch bis Antiochia, der gewaltigen Stadt – und vor dem größten Hindernis auf ihrem langen Weg nach Jerusalem.

7 ANTIOCHIA

> Die drei Teufelsgeister versammelten die Könige an einem Ort, der auf hebräisch Harmagedon heißt.
> (Offenbarung des Johannes 16, 16)

Dienstag, 20. Oktober 1097, an der »Eisernen Brücke«

Bischof Adhémar von Le Puy führt einen Spähtrupp an, vielleicht ein paar Hundert Berittene. Die Kreuzzügler sind schon im Gebiet der Stadt Antiochia. Aus einigen Dörfern sind die türkischen Garnisonen geflohen. Robert von Flandern ist bereits Richtung Südwesten geeilt, wo die christlichen Einwohner der kleinen Stadt Artah die bei ihnen stationierten Seldschuken ermordet haben und nun die Ritter aus dem Abendland einrücken.

Die »Eiserne Brücke« (*pons ferreus* heißt das Bauwerk bei den Chronisten, wahrscheinlich die lateinische Nachbildung eines örtlichen, über die Jahrhunderte nun verloren gegangenen Namens, der gar nichts mit Eisen zu tun hat) sichert den Übergang über den breiten Orontes genau an jener Stelle, da sich die Fernstraßen aus Richtung Marasch und Aleppo vereinen, um weiter auf Antiochia zu führen. Ein Wachturm steht an jedem Ufer, sodass die Brücke einer kleinen Burg gleicht.

Adhémars Ritter erblicken die Brücke – und einen riesigen Treck: Kamele, Pferde, Maultiere, Esel, beladen mit Wein und Getreide. Einige türkische Reiter treiben die Karawane voran. Sie soll Vorräte nach Antiochia bringen, wo man sich auf eine Belagerung vorbereitet.

Und wieder zeigt sich das militärische Genie des Kirchenfürsten: Der Bischof greift sofort an. Mit gesenkten Lanzen galoppieren die Ritter heran. Die Seldschuken, überrascht und vom Tross behindert, können den Turm nicht besetzen. Die Brücke ist frei für die Christen! Ein heftiges Handgemenge. »Unter den Barbaren wurde ein großes Durcheinander angerichtet, sodass sie sich, viele Tote auf dem Schlachtfeld zurücklassend, zur Flucht wandten«, berichtet ein Kreuzzügler und erwähnt auch die »fette Beute«, die sie durch »Gottes Gnade« erringen.

Bischof Adhémars wilde Attacke sichert dem Heer nicht nur einen großen Versorgungstreck, sondern, wichtiger noch, den Übergang über den Orontes. Antiochia liegt vor ihnen, die Zitadelle der Metropole schimmert schon blau am gebirgigen Horizont.

Wenn es einen Ort gibt, an dem die Kreuzzügler vor dem Erreichen Jerusalems scheitern können, dann hier. Sie müssen diese Stadt in ihre Hand bekommen! Antiochia war einst die drittgrößte Stadt des Römischen Reichs: eine Metropole im weiten Tal zwischen dem Orontes und dem Berg Silpios, gut drei Kilometer in der Länge parallel zum Strom, rund anderthalb Kilometer vom Ufer bis zum Fuß des steil aufragenden Berges. Paläste, Häuser, Thermen, Amphitheater, Minarette, Markthallen, Souks in der Ebene, dazu Weiden, Obstgärten, Felder; am Berghang die Villen der Reichen.

Unvergleichlich ist die von fünf Haupt- und vielen Nebentoren durchbrochene, von wohl 400 Türmen bekrönte und zwölf Kilometer lange Mauer, die weit mehr als die Häuser umschlingt. Im Nordwesten, von wo aus die christlichen Ritter nun herangaloppieren, wächst sie direkt aus dem sumpfigen Orontesufer, knickt im rechten Winkel ab, führt über Schluchten den Silpios hoch, bis sie als Südmauer den Gipfelgrat entlangläuft. Dort oben auf dem Silpios sichert zudem eine gewaltige Zitadelle die Stadt.

Antiochia, das ist wahr, ist eine verfallende Metropole. Eine in der Antike einst große und den Kreuzzüglern zudem überaus heilige Stadt: Gründete Petrus doch hier sein erstes Bistum, wurden die Anhänger des neuen Glaubens doch hier, nach der Apostelgeschichte, zum ersten Mal *christianoi* gerufen, »Messiasleute«.

Doch verheerende Erdbeben im 6. Jahrhundert und Plünderungen durch Perser und Türken haben die Stadt schwer getroffen. Vielleicht 40 000 Einwohner leben noch am Orontes, weniger als ein Zehntel der einstigen Zahl.

Und doch: Die Stadt beherrscht die Kreuzung großer Fernstraßen und liegt zudem nur etwa 20 Kilometer vom Meer entfernt. Sie ist ein bedeutender Marktplatz – und die stärkste Festung Syriens. Würden die Kreuzzügler sie umgehen, sie hätten einen schrecklichen Feind im Rücken, der von Antiochia aus jederzeit alle Nachschublinien bis Konstantinopel kappen könnte.

Ihre Wälle sind immer wieder instand gesetzt worden, zuletzt von den Byzantinern: Ziegel und breite Quader, fest vermörtelt. Die Türme sind so gebaut, dass man jeden Zentimeter dieser gewaltigen Mauer mit Pfeilschüssen bestreichen kann. Die Zitadelle, schreibt ein Kreuzzügler, sei ein »wunderbares Bauwerk, welches äußerst stark ist«. Wie soll man diese Mauern stürmen? Im Nordwesten steht sie direkt am breiten Orontes, im Norden und Südosten könnte man auf einigen Hundert Metern die Wälle zwar berennen, doch dann heben sie sich ins Gebirge, wo der Boden so uneben ist, dass Truppen nicht einmal ein Lager aufschlagen können. Schlimmer noch: Die Kreuzzügler können eine derart riesige Stadt zunächst nicht vollständig einschließen, denn gerade die kleinen Tore und Pforten der Gebirgsmauer sind kaum zu überwachen. Hier können jederzeit nicht nur Boten, sondern sogar Hirten mit einigen Tieren, ja ganze Karawanen hineinschlüpfen.

Und selbst wenn die Umzingelung gelänge: Gerade der Niedergang ist nun Antiochias Stärke: Große, sonst unbenutzte Flächen tragen Weiden, Gärten, Felder; Wasser kommt vom Orontes und von Bächen, die vom Berg Silpios hinunterstürzen. Diese Festung wird man, wenn überhaupt, nur nach Monaten aushungern können.

Antiochia ist in seiner 1300-jährigen Geschichte denn auch niemals im Sturm genommen worden. Wenn Eroberer die Stadt je betraten, dann durch Verrat. Irgendjemand ließ sie durch eines der schier unzähligen Tore hinein. Wird den Glaubenskriegern gelingen, was niemandem je gelang: der Sturm? Oder werden auch sie einen Verräter finden müssen? Aber wer würde ihnen die Stadt ausliefern?

Verrat ist denn auch das, was der Herr der Stadt am meisten fürchtet: Emir Yaghi-Siyan, ein alter Mann mit 40 Jahren Erfahrung als Soldat und Beamter. Als türkischer Sklave begann er einst seine Karriere, seit 1090 ist er de facto das Oberhaupt von Antiochia. Theoretisch jedoch ist er anderen Fürsten untertan – und das ist eines seiner großen Probleme. Denn er ist von fürchterlichen Herren umzingelt.

Seit Jahren etwa laviert Yaghi-Siyan in einem gnadenlosen Krieg zweier Seldschukenbrüder: Ridwan, Herr von Aleppo, gegen Duqaq, den Fürsten von Damaskus. Ridwan, mager, klein, furchtsam, ist kaum 20 Jahre alt und hat schon den Großteil seiner eigenen Familie ausgelöscht. Muslimische Chronisten überliefern, der junge Fürst sei den Assassinen hörig, einer neu entstandenen geheimnisvollen, ekstatischen Sekte, angeführt von einem rätselhaften Weisen, dem »Alten vom Berg«. Diese Assassinen schicken Meuchelmörder aus, um Feinde zu vernichten. (Noch in vielen modernen Sprachen steht der Name ihrer schreckenerregenden Sekte als Synonym für »Attentat«.)

Ridwan hat nach seiner Thronbesteigung in Aleppo zwei seiner drei jüngeren Brüder von Sklaven erwürgen lassen – so vernichtet er potenzielle Rivalen um die Herrschaft. Der dritte Bruder allerdings entkommt in der Mordnacht aus der Stadt: Duqaq.

Mit dem Herrn von Aleppo, nur drei Tagesritte entfernt, versucht Yaghi-Siyan ein gütliches Auskommen zu finden; sogar eine Tochter gibt er ihm zur Frau. Doch bald erkennt er, dass sein Schwiegersohn trotzdem Antiochia an sich reißen will – sei es durch Eroberung, sei es durch den Dolch eines Assassinen.

Also hat sich Yaghi-Siyan mit Duqaq verbündet, der nach

Damaskus entkommen ist. Doch der ist sehr jung und halb wahnsinnig vor Furcht, zudem auch sonst ein schwacher Charakter, beeinflusst von undurchsichtigen Ratgebern an seinem Hof.

Niemals würden sich diese beiden brüderlichen Todfeinde verbünden, nicht einmal gegen das anrückende Christenheer. (Und es ist unklar, wie viel die Ritter von jener für sie so günstigen Rivalität wissen – wahrscheinlich nichts, zumindest wird es sie nicht interessiert haben. Denn niemand versucht beispielsweise je, den Herrn von Aleppo als Verbündeten zu gewinnen oder zumindest zum Stillhalten zu überreden, während man zum Angriff gen Antiochia schreitet.)

Yaghi-Siyan kommandiert zwar einige Tausend Mann, doch fleht er um Verstärkung: Seinen Sohn schickt er nach Damaskus. Duqaq solle anrücken, die Christen zu schlagen!

Doch der (oder seine Phalanx aus Beratern) zögert, nicht ohne Grund. Wenn er anrücke, erwidert er dem Sohn des Emirs, dann gerate sein Heer zwischen diese fremden Christen, deren Kampfesmut immerhin schon in mehreren Schlachten gegen Seldschuken erwiesen sei, und das Heer von Ridwan, der von Aleppo ausrücken und entweder ihm in den Rücken oder aber das schutzlos zurückbleibende Damaskus anfallen könne.

Monatelange Verhandlungen. Der Sohn bittet, fleht, breitet politische und religiöse Argumente aus. Erst nach acht Wochen wird es ihm gelingen, dem Herrn von Damaskus ein Heeresversprechen abzuringen.

Noch einen Fürsten erreicht Yaghi-Siyan derweil mit seinen Depeschen: Kerboga von Mossul, ein berühmter, kriegerischer Emir und Herr einer Stadt, die alle Wege zum fernen Bagdad kontrolliert. Doch auch der zögert zunächst.

Also muss Yaghi-Siyan dem ersten Anprall der Kreuzzügler allein standhalten. Schlecht sind seine Chancen nicht – und er ist nicht der Mann, sie nicht noch zu erhöhen. Etliche Tausend Krieger schickt er auf die Mauern, mit einer zuverlässigen Garnison belegt er die Zitadelle auf dem Berg. Vorräte lässt er eintreiben – jene Karawane, die Bischof Adhémar und den Seinen zur »fetten Beute« wurde, ist nur eine von vielen, und alle diese anderen Karawanen kommen nach Antiochia durch.

Dann überdenkt der Emir die Lage in seiner Stadt. Christen stellen die Mehrzahl seiner Untertanen, orthodoxe Griechen, Armenier, Syrer. Untereinander sind sie verfeindet, vor allem die Syrer hassen Armenier und Orthodoxe. Kann er diesen Zwist nutzen? Oder muss er nicht fürchten, dass sich die Ungläubigen ausnahmsweise einigen werden, rücken erst einmal jene fremden Ritter heran?

Yaghi-Siyan beschließt, den sicheren Weg zu gehen – und ersinnt einen perfiden Plan.

Tage vor dem Herannahen der Kreuzzügler – Späher melden dem Emir sicherlich genau jedes Vorrücken – schickt Yaghi-Siyan alle christlichen Männer zum Frondienst hinaus aus Antiochia. Sie sollen den Graben vor der Mauer säubern. Doch bei Sonnenuntergang schließt er die Tore. Und die Christen sind aus ihrer Heimat ausgesperrt. Niemand von ihnen kann nun zum Verräter werden, hilflos lagern sie vor der Metropole. Und sie werden, hofft der Emir, auch den Kreuzzüglern nicht beistehen, denn ihre Familien harren ja weiterhin in Antiochia aus. Erobern die Ritter, deren Furor inzwischen im Nahen Osten gefürchtet ist, die Stadt, dann müssten die Christen um das Leben ihrer Angehörigen fürchten – ein guter Grund, um den Fremden nicht beizustehen.

Schließlich lässt Yaghi-Siyan noch den orthodoxen Patriarchen der Stadt, den höchsten Geistlichen und angesehensten Christen, in den Kerker werfen. So beraubt er die verbliebenen Christen ihres Anführers – und ihren wichtigsten Ort nimmt er ihnen gleich auch noch: Die Kathedrale des Apostels Petrus entweiht er. Fortan dient sie als Stall für die Pferde des Emirs.

Als ihm am 20. Oktober ein Ausguck auf der Zitadelle Staubwolken von der Eisernen Brücke meldet, ist Yaghi-Siyan auf einen langen Kampf vorbereitet.

Mittwoch, 21. Oktober 1097, vor den Mauern Antiochias

Die ersten 4000 Kreuzzügler reiten heran, unter dem Banner Bohemunds von Tarent. So reich ist das Land, dass der Emir es nicht vermocht hat, die Umgebung restlos leerzuplündern. Noch stehen Rinder und Schafe auf den Weiden, die Speicher in manchen Dörfern sind gefüllt. »Ertragreiche Weinberge und Gruben voll gespeicherten Getreides, obstbeladene Apfelbäume und jede Art von anderen guten Dingen« finden Bohemunds Späher, wie ein Chronist überliefert. Die Ritter werden keine Not leiden – vorerst.

Denn die größte Gefahr bei einer Belagerung besteht für die Angreifer im Hunger. Oft ist es so, dass die Eingeschlossenen, sofern sie Vorbereitungszeit hatten, besser mit Vorräten für Mensch und Vieh versorgt sind als die Kämpfer draußen vor den Wällen. Oft schon mussten Belagerer, zermürbt und fast in Auflösung begriffen, vor feindlichen Mauern in Schande abrücken.

Offenbar aber glaubt Bohemund nicht an einen langen Kampf – oder er wähnt das Land noch viel reicher, als es in Wahrheit ist. Jedenfalls lassen er und später auch die anderen Fürsten ihre Männer sorglos prassen. Niemand legt Vorräte an.

Bohemund pflanzt sein Banner in der Senke zwischen dem Berg Silpios und dem Orontes auf, gegenüber dem Sankt-Pauls-Tor, dem letzten vor dem ansteigenden Höhenzug. Neben ihm lagert Raimund von Toulouse am Hundetor. Und daneben Gottfried von Bouillon am Herzogstor. Die kleineren Heere nehmen Aufstellung hinter dem Lager von Bohemund.

So blockieren die Christen nur einen winzigen – den nordöstlichen – Teil der riesigen Mauer, zwischen »der Stadt und dem ersten Meilenstein«, wie Fulcher von Chartres schreibt. Alle anderen Brücken und Pforten sind frei. Allerdings lässt Gottfried von Bouillon binnen weniger Tage Schiffe, die er am Orontesufer rauben kann, aneinanderbinden und mit dieser schwimmenden Brücke den Fluss an der Stelle überwinden, wo der muslimische Friedhof liegt. Nun bedrohen seine Reiter auch die Straßen nach Sankt Symeon und Alexandretta, sodass zumindest große, langsame Karawanen Antiochia nicht mehr erreichen können.

Raimund von Toulouse rät im Kriegsrat sofort zum Sturmangriff: Gott werde ihnen den Sieg schenken!

Niemand pflichtet ihm bei. Die Männer sind müde. Die Mauern sind erschreckend hoch. Gerüchte schwirren umher: Wird nicht bald Tankred, der ja sein kilikisches Abenteuer durchlebt, wieder eintreffen und sie verstärken? Wird nicht Guynemer von Boulogne Männer senden? Werden die Byzantiner nicht in den nächsten Tagen schwere Belagerungsmaschinen schicken? Wird nicht gar eine große Flotte aus Genua kommen und unglaubliche Verstärkungen bringen?

Niemand schürt die Gerüchte, die Hoffnungen, die Zweifel so geschickt wie Bohemund von Tarent. Der hat gar kein Interesse an einem erfolgreichen Sturmangriff durch das Kreuzzugsheer. Denn wer wäre danach der Herr Antiochias? Müssten sie die Stadt dem Kaiser von Byzanz ausliefern, wie sie auch Nikäa an ihn verloren haben? Oder würden die Fürsten die Metropole untereinander aufteilen?

Bohemund hat einen anderen Plan.

Raimund von Toulouse erleidet eine Niederlage, wie er vielleicht noch nie eine erlitten hat: nicht durch Schwert und Lanze, sondern mit dem Wort. Er, der sich als Anführer des Heeres sieht, scheitert mit seinem Vorhaben. Die anderen Führer folgen ihm nicht, und es gibt nichts, was er dagegen tun könnte. Die Kreuzzügler sind uneins, vor allem zwischen Raimund und Bohemund schwelt Misstrauen, ja Hass.

Yaghi-Siyan, beim ersten Nahen des Christenheeres trotz aller Vorbereitungen nahe der Panik (Raimund, der das allerdings nicht ahnen kann, hätte mit seinem Sturmangriff deshalb gute Erfolgsaussichten gehabt), wagt keinen Ausfall, gewinnt aber von Tag zu Tag mehr an Ruhe und Zuversicht zurück: So übermächtig sind diese Fremden nicht.

Denn die Kreuzzügler schlagen zwar Zelte auf, heben vielleicht auch ein paar Latrinen aus – doch wie viel ungeschützter sind sie vor Sonne, Regen, Wind und Kälte als die Verteidiger in der uralten Stadt! Wie viel schmutziger leben sie, wie viel gefährdeter sind sie durch Seuchen! Und wie lange wohl werden ihre Vorräte reichen?

Schnell, vielleicht noch am ersten Tag, erscheinen Männer im Lager der Kreuzzügler – die Christen, die Yaghi-Siyan aus Antiochia vertrieben hat. Sie können wertvolle Informationen liefern: über die Stärke der türkischen Garnison, über den Zustand der Mauern, Türme und Tore, den Charakter des Kommandanten, die Stimmung bei den Soldaten und Einwohnern. Besonders Bohemund lauscht ihnen aufmerksam.

Was die Ritter jedoch nicht ahnen: Es sind vor allem die Orthodoxen und Armenier, die ihnen militärische Geheimnisse preisgeben. Die Syrer stehen dabei, sehen sich um – und schleichen sich später auf versteckten Wegen zu einem der unzähligen unbewachten Tore Antiochias …

Durch die syrischen Christen, die ihre Glaubensbrüder mehr hassen als die Muslime, erfährt Yaghi-Siyan wiederum von der Stärke der Angreifer, von den vielen Führern, die sich vielleicht nicht immer einig sind, von der Sorglosigkeit der Abendländer mit ihren Vorräten. Verrat und Gegenverrat, Antiochias Schicksal.

So gehen die Wochen dahin, der Oktober verweht, der November dämmert herauf. Regen. Kälte. Hässliche Scharmützel auch. Denn die Türken fassen Mut, rücken heimlich in kleinen Trupps aus der Stadt, verstecken sich in den Bergen – und überfallen Kreuzzügler, die im Umland Vorräte suchen.

Auch die Lager sind nicht sicher: Eine Frau in Bohemunds Heeresquartier stirbt durch einen Pfeilschuss von den Zinnen der Stadtmauer. »Wohlleben und Geiz sowie Stolz und Raub hatten die Kreuzzügler verdorben«, berichtet Fulcher von Chartres. Der Kirchenmann empört sich über die »Besudelung eines zügellosen Lebens« in den Lagern, weshalb die Führer schließlich alle Frauen – die verheirateten wie die ledigen –

aus den Lagern geworfen hätten. Sie mussten in eroberten Dörfern der Umgebung unterkommen.

Ob dies tatsächlich, wie der fromme Chronist glauben machen will, aus moralischen Gründen erfolgt? Oder nicht vielmehr aus militärischen, um die Lager sicherer zu machen, um die Frauen (und wahrscheinlich auch die Kinder und den Tross) aus der Gefahrenzone zu bringen?

Fulcher berichtet auch, die Seldschuken schnitten einigen der noch in Antiochia verbliebenen Christen die Köpfe ab und schleuderten diese grausigen Trophäen ins Lager der Christen: »Dies grämte die Unseren sehr.«

Sie müssen nicht lange auf ihre Rache warten.

Mitte November galoppieren einige Ritter bis zur Burg Harenc, einer Festung jenseits der Eisernen Brücke, weit im Rücken der Kreuzzügler. Auf ihrem Hinmarsch haben sie sie nicht erobert. Noch immer ist sie, wie ein Ritter berichtet, »mit vielen der Tapfersten der Türken bemannt«, die nun unaufhörlich kleine Angriffe auf Vorratstrupps der Christen unternehmen.

Ein Chronist berichtet, jene wenigen Ritter seien ein Spähtrupp gewesen. Doch was hätten sie noch bei der Burg Harenc ausspähen sollen? Die Lage ist längst klar. Wahrscheinlicher ist, dass sie von Bohemund ausgeschickt worden sind, der einen gewagten Schlag plant.

Die wenigen Ritter reizen die türkischen Verteidiger von Harenc zum Kampf: Diese stürzen hinaus, bedrängen die Kreuzzügler, ein Gefecht entbrennt, zwei Christen sinken tot aus den Sätteln – die anderen fliehen. Die Türken setzen nach. Und plötzlich, weit entfernt von der Burg, prallen sie auf Hunderte Panzerreiter.

Bohemunds Ritter zersprengen die überraschten Seldschuken, erschlagen viele, nehmen andere gefangen und erobern die Burg Harenc. Die Gefangenen schleppen sie anschließend vor die Mauern Antiochias, wo sie ihnen die Köpfe abschlagen, »damit sich die Türken, die in der Stadt waren, grämten«.

Ungefähr zur Zeit von Bohemunds Triumph erreicht eine

weitere Nachricht die Ritter: Eine Flotte aus Genua ankert im Hafen von Sankt Symeon! Bald bringen die Italiener Vorräte ins Lager.

Fast wichtiger noch als Getreide und Wein ist das Gefühl, nicht vergessen worden zu sein, nicht mehr abgeschnitten zu sein vom Rest der abendländischen Christenheit, nicht länger vom verhassten Byzanz abhängig zu bleiben. Die Genueser, abenteuerfreudige, trotzdem kluge Kaufleute, haben erkannt, dass der Kreuzzug doch kein gar so hoffnungsloses Unterfangen ist. Vorsichtig haben sie abgewartet, wie sich dieses militärische Unternehmen entwickelt, um nicht voreilig Schiffe in einem Desaster zu verlieren.

Aber sollte den Fürsten die Einnahme Antiochias gelingen, dann stünde ihnen Syrien offen. Hoch ist das Risiko noch immer, aber nun kalkulierbar: Die Genueser schicken Schiffe in der Hoffnung, nach dem Sieg der Ritter mit lukrativen Handelskontrakten belohnt zu werden. Könnten sie hier Faktoreien errichten, so rissen sie einen Teil des reichen Handels mit Waren aus Asien an sich, könnten im Nahen Osten Gewürze, Stoffe, Edelsteine direkt erstehen und auf eigenen Schiffen ins Abendland bringen – ein schwerer Schlag gegen Byzanz, gegen die muslimischen Machthaber, auch gegen die italienischen Rivalen Venedig und Pisa.

Und noch etwas hellt die Stimmung der Fürsten im trüben November für einige Zeit auf. Aus den Klüften am Abhang des Silpios-Berges direkt neben Bohemunds Lager tauchen immer wieder feindliche Trupps auf, die Christen überfallen. Gegen sie errichten die Kreuzzügler einen Turm auf einer Anhöhe: Malregard, eine kleine Burg, in der stets einige Ritter abwechselnd Wachdienst übernehmen. Von nun an wagt sich kein Türke mehr auf dieser Seite aus dem Versteck. Ein weiterer Abschnitt der Mauern Antiochias ist somit blockiert.

Doch Brot und Wein, die sich die Kämpfer bei den Händlern im Tross und bei christlichen Dorfbewohnern des Umlands kaufen müssen, werden teurer und teurer.

Freitag, 25. Dezember 1097

Weihnachten. Regen. Die christlichen Streiter haben sich über den Orontes auf dessen Nordufer zurückgezogen, denn das Land direkt vor den Mauern der belagerten Stadt wird sumpfig und ungesund. Herzog Gottfried von Bouillon liegt krank darnieder. Die Vorräte gehen zur Neige. Antiochias Verteidiger sind ungebrochen.

Die Fürsten beraten sich. Niemand macht sich mehr stark für einen Sturmangriff, dazu fühlt sich nun jedermann zu schwach. Also weiter mit der Belagerung – aber wie lange halten die Männer noch durch? Einige Tage? Ein paar Wochen, höchstens. Kaum wird man sich durch diesen elenden Winter retten können. Also müssen Vorräte her.

Einmütig, so scheint es, einigen sich die edlen Herren auf einen riskanten Plan: Während ein Teil des Heeres unter Führung Raimunds von Toulouse und Bischof Adhémars von Le Puy vor Antiochia die Stellung halten soll, wollen Bohemund von Tarent und Robert von Flandern 20 000 Männer in einem weiten Bogen um die Stadt herum und in südlichere Länder führen, um dort die dringend benötigten Vorräte zu rauben.

Befehle in den Lagern. Knappen setzen das Zaumzeug an den Rössern ihrer Herren instand; Schmiede polieren den Rost der regenfeuchten Luft von Schwertern und Helmen; Ritter rufen Fußsoldaten zusammen, die mit ihnen ziehen sollen. Leise wird das vor sich gehen, ohne Bannerflattern und Hörnerklang, denn niemand will den Verteidigern die baldige Schwächung im christlichen Heer verraten. Doch die Vorbereitungen für den Aufbruch von 20 000 Männern beenden trotz allem die Routine, die Lethargie im Lager. Wer Augen hat, der sieht ungewohnte Tätigkeiten, wer Ohren hat, dem schwirren Gerüchte zu.

Und die aus Antiochia verdrängten syrischen Christen bewegen sich noch immer frei unter den Kreuzzüglern.

Montag, 28. Dezember 1097, vor Antiochia

Bohemund und Robert von Flandern rücken mit ihrem Heer ab. Und während die Schlachtrösser leise davonstampfen, macht sich ebenso leise eine zweite Armee kampfbereit: die der türkischen Verteidiger.

Denn Emir Yaghi-Siyan ist über den Zug seiner Feinde genau informiert. Tausende Streiter lässt er direkt hinter dem Tor aufsitzen, das sich zur steinernen Brücke über den Orontes hin öffnet. Am jenseitigen Ufer lagern die verbliebenen Kreuzzügler – und sie ahnen nicht, dass sich der Feind nur ein paar Hundert Meter entfernt zum Schlag sammelt.

Stunden verstreichen. Yaghi-Siyan muss sichergehen, dass die davonreitenden Feinde nicht mehr sehen, was sich in ihrem Rücken zuträgt, dass auch niemand mehr sie rasch erreichen könnte. Spannung hinter den Mauern der Stadt. Und eine gewisse Sorglosigkeit und Erschlaffung im Lager der Kreuzzügler.

Es ist einer der kürzesten Tage des Jahres. Nach der Mittagszeit, vielleicht dämmert es schon, gibt der Emir endlich das Zeichen: Angriff!

»Allahu akbar!« Das Tor fliegt auf, die Seldschukenreiter stürzen hinaus. Pferdehufe dröhnen auf der Brücke. Schon sind sie am jenseitigen Ufer. Schrecken bei den Christen. Durcheinander, wirre Schreie, Blut.

Einer jedoch behält kühlen Kopf: Graf Raimund von Toulouse.

Er ruft die Ritter zusammen, lässt aufsitzen. Dann prallen die Panzerreiter in langer Linie gegen die vordrängenden Türken, dass deren Reihen erzittern. Nun stürzen auch Fußsoldaten vor. Pfeile und Steine regnen auf die dicht gedrängte Masse der Seldschuken. Graf Raimund persönlich reitet zwei Feinde nieder, die eine Anhöhe am Ufer erklommen haben – und erschlägt die beiden Krieger. Die Wende. Panik nun bei den Angreifern. Die Seldschuken fluten zurück, sind wieder auf der Brücke, nur hinein ins schützende Antiochia.

Jesus beweint die Eroberung Jerusalems durch die Muslime.
Aus dem Evangeliar Ottos III., 10. Jh.

Das Konzil von Clermont im Jahr 1095. Französische Miniatur, ca. 1490.

Papst Urban II. ruft die christlichen Ritter auf dem Konzil von Clermont zum »Heiligen Krieg« auf. Miniatur, 15. Jh.

(34)

HISTORY OF GODFREY DE BOUILLON

FLEMISH: 15TH CENTURY (BRITISH MUSEUM)

Der niederlothringische Herzog Gottfried von Bouillon vor dem Aufbruch nach Jerusalem 1096. Flämische Buchmalerei, 14. Jh.

Gottfried von Bouillon (um 1060–1100). Fresko, 15. Jh.

Ritter des Ersten Kreuzzugs auf dem Weg ins Heilige Land. Miniatur, Anfang 14. Jh.

Bischof Adhémar von Le Puy, einer der wichtigsten Führer des Ersten Kreuzzugs. Miniatur, um 1280.

Die Belagerung der Stadt Nikäa im Jahr 1097.
Französische Buchmalerei, um 1250/59.

Kreuzfahrer katapultieren die Köpfe getöteter Türken in die Stadt Nikäa. Miniatur, 13. Jh.

Szenen auf dem Weg nach Jerusalem: Kämpfende Kreuzritter *(obere Bildhälfte und unten rechts)*, Kaiser Alexios Komnenos empfängt 1096 Peter den Einsiedler *(unten links)*. Miniatur, um 1490.

Die christlichen Einwohner von Tarsos übergeben 1097 die Schlüssel der Stadt an Tankred. Kurz danach muss er die Stadt an Balduin abtreten. Miniatur, 14. Jh.

Kreuzfahrer erobern 1098 die Stadt Antiochia. Miniatur, um 1490.

Bischof Adhémar von Le Puy mit der »Heiligen Lanze«. Miniatur, um 1490.

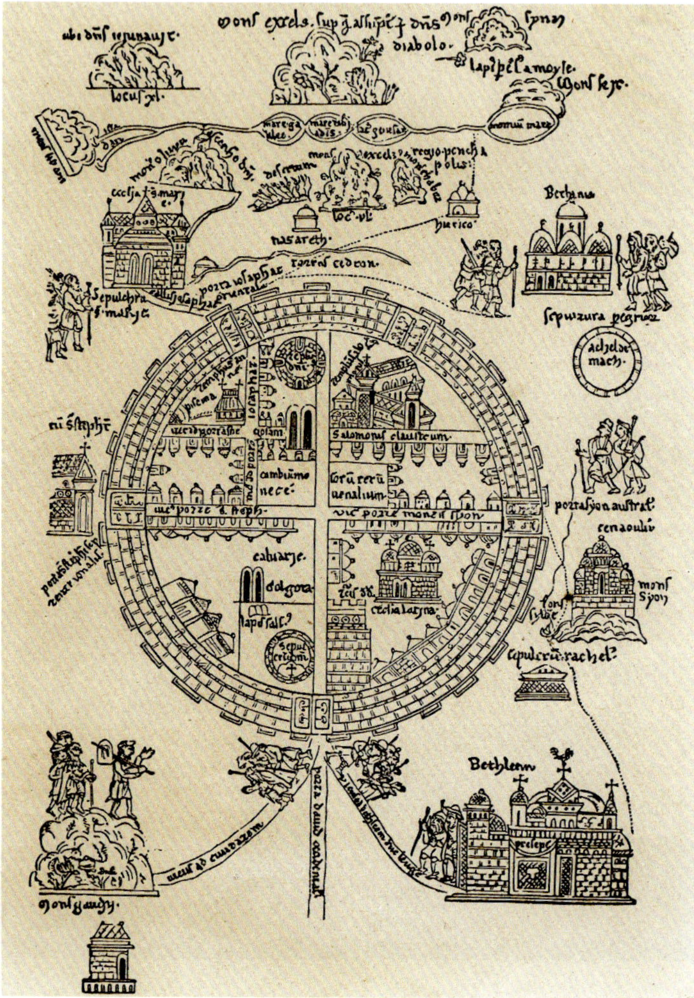

»Stadtplan« von Jerusalem, um 1130.

Stadtansicht von Jerusalem. Miniatur, um 1120.

Mit einer ausgeklügelten Belagerungstechnik gelingt es 1099 den christlichen Rittern, Jerusalem zu erstürmen. Miniatur, 15. Jh.

Nach der Eroberung Jerusalems massakrieren Kreuzritter Muslime in der Al-Aqsa-Moschee. Miniatur, 14. Jh.

Rückkehr von Kreuzrittern aus dem Heiligen Land. Miniatur, Ende 15. Jh.

Antiochia! Der Graf erkennt die Gelegenheit, die Gott ihm zu schenken scheint. Die Ritter drängen nach, sind auf der Brücke. Fürchterliches Getümmel über dem Strom. Sie sind am Tor! Jeden Moment kann die Metropole, die sie so lange vergebens belagert haben, nun fallen. Die Christen müssen sich bloß noch den Weg freikämpfen, müssen das offene Tor erreichen, bevor die letzten Fliehenden hindurch sind. Düsternis. Schlechte Sicht. Viele Edle hauchen an diesem Abend ihr Leben aus. Aber diese Möglichkeit! Antiochia liegt frei!

Vielleicht ist der türkische Pfeilhagel an diesem Abend weniger durchschlagend als sonst: In feuchter Luft löst sich der Leim auf, der die aus Holz und Horn bestehenden Kompositbögen der Seldschukenreiter zusammenhält.

Da stürzt ein Panzerreiter vom Pferd. Das herrenlose Tier schlägt in Panik aus, galoppiert zurück – hinein in die Reihen der nachsetzenden Kämpfer. Verwirrung. Ein fliehender Ritter? Die Fußsoldaten wanken, viele wenden sich nun ebenfalls zur Flucht. Eine Atempause für die Seldschuken – und der Emir nutzt sie sofort: Gegenangriff! Wieder stürzen die Türken hinaus. Die Schlacht wogt auf der Brücke, Nacht zieht auf.

Die Ritter stecken im Strom ihrer eigenen fliehenden Fußsoldaten fest; mancher wird von ihnen aus dem Sattel gerissen. »Der Feind«, schreibt ein Überlebender, »verfolgte und massakrierte die Lebenden und plünderte die Toten.« Wer von den Christen von der Brücke ins Wasser stürzt, wird mit Steinen und Pfeilen eingedeckt.

Das Banner Adhémars von Le Puy sinkt in den Staub – sein Träger ist gefallen, der Seneschall des Bischofs. Die Türken zerren das Abzeichen im Triumph fort.

Plötzlich Befehle, die Seldschuken wenden sich ab, erreichen das Tor, und donnernd fällt das schwere Holz in seinen steinernen Rahmen. Kein Kreuzzügler hat Antiochia an diesem Tag betreten.

Erschöpfung auf beiden Seiten. Hohe Verluste. Wie viele, weiß niemand genau. Von 15 erschlagenen Rittern berichtet ein Chronist und von etwa 20 Verletzten – und nennt damit wahrscheinlich nur die berühmten Opfer, die Kämpfer edlen Geblüts. Graf Raimund von Toulouse hat das Lager gerettet – und doch die eine große Chance vertan, die Metropole zu erobern.

Am Folgetag bebt die Erde unter einem heftigen Stoß. Und zur Zeit der ersten Nachtwache flackert, außergewöhnlich für diese Breiten, rotes Nordlicht über das Firmament, »als wenn die Dämmerung gekommen wäre, um die Ankunft eines neuen Tages zu verkünden«, wie der Chronist Raimund von Aguilers berichtet.

Böse Omen.

Donnerstag, 31. Dezember 1097, beim Dorf Albara

Bohemund von Tarent und Robert von Flandern sind weit im Süden von Antiochia. Noch haben sie wenig plündern können. Und sie scheinen wie blind und taub durch das fremde Land zu streifen: Denn weder wissen sie bis zu dieser Stunde vom heftigen Kampf, der nach ihrem Abzug vor der Metropole entbrannte. Noch ahnen sie, dass ein anderes muslimisches Heer schon auf sie lauert.

Duqaq von Damaskus hat sich endlich aufgerafft und zieht gen Antiochia; der Sohn des Emirs Yaghi-Siyan begleitet ihn. Welche Überraschung, als Späher ihm am 30. Dezember christliche Ritter so weit im Süden melden, etwa 40 Kilometer vor seinem eigentlichen Ziel! Doch er nutzt die unverhoffte Gunst, denn das Heer der Fremden ist weit kleiner als sein eigenes – und so überfällt er die Kreuzzügler beim Dorf Albara.

Einige arme Christen, die zu Fuß im Dorf plündern, sind die Ersten, welche die Angreifer sehen und in Panik Alarm geben. Zu spät. Rasch sind die Seldschukenreiter heran. Die Männer Roberts von Flandern wanken unter dem Anprall der Türken, den niemand erwartet hat. Bald sind sie umzingelt. Doch Bohemund fällt den Angreifern in den Rücken – und treibt die Feinde trotz ihrer Überzahl auseinander.

Ein Sieg, wieder einmal – aber um welchen Preis?

Zwar hat Bohemund das Feld behauptet, doch der Schock des plötzlichen Überfalls sitzt tief. Woher kommen diese Kämpfer? Die Verluste sind zudem hoch in den eigenen Reihen: Die zurückweichenden Türken haben vor allem christliche Fußsoldaten niedergemacht, die sie zuvor passiert hatten. Deren Leichen liegen nun auf dem Boden, »wie Getreidebündel nach der Ernte«, schreibt Raimund von Aguilers.

Also werden noch ein, zwei Dörfer geplündert, geht eine Moschee in Flammen auf. Eher Racheakte als Plünderungen. Dann kehren die Ritter um, eilen nach Antiochia zurück.

Mit leeren Händen.

Dort erfährt Emir Yaghi-Siyan, dessen Späher schneller und zuverlässiger sind als die der Christen, bald von Duqaqs Niederlage, ihm wird zudem berichtet, dass der junge Fürst aus Damaskus seinerseits so erschrocken ist, dass er keineswegs noch einmal gegen diese Fremden ziehen will.

Also schickt Yaghi-Siyan wohl oder übel Boten nach Aleppo: Ridwan, der Brudermörder im Banne der Assassinen, möge ihm beistehen! Ihn bittet er nun um Hilfe.

Aber ob er sie überhaupt benötigt? Vielleicht löst sich der Spuk vor Antiochias Mauern bald von allein auf.

Januar 1098, vor Antiochia

Regen, Regen, Regen. Aufgeweichte, rottende Zeltbahnen, feuchtes Stroh, der Boden in den Lagern ein schlammiger Sumpf. Stephan von Blois schreibt seiner Frau, dass er nicht verstehe, wie irgendjemand Syrien jemals als heißes Land habe bezeichnen können.

Heu für die Pferde, von skrupellosen armenischen und syrischen Händlern aus den Bergen geliefert, ist bald nur noch für sieben oder acht Solidi am Tag zu haben, ein Vermögen. Und so sterben denn die Tiere als Erste: 700 Rösser nur werden, glaubt man den Chronisten, diesen Winter vor Antiochia überstehen. Selten nur traben die Ritter ins Umland, um arme Kreuzzügler, die zu Fuß auf Plünderungen gehen, vor türkischen Hinterhalten zu schützen. Niemand berennt mehr die Mauern der Metropole.

Längst hungern auch die Menschen: Sie »verschlangen Bohnenhalme, die noch auf den Feldern standen, mit Salz viele Arten noch unreifer Kräuter und selbst Disteln, die wegen des Fehlens von Feuerholz gar nicht zubereitet waren und daher die Zungen derer reizten, die sie aßen«, berichtet Fulcher von Chartres. »Sie verzehrten auch Pferde, Esel, Kamele, Hunde und sogar Ratten. Die ärmeren Leute aßen selbst die Häute von Tieren und die Samen von Korn, die sie im Dung fanden.« Eine Eselsladung Getreide kostet bei den Händlern 120 Denare – viel mehr, als sie sich jemals leisten könnten. Angeblich, aber das mag eine Übertreibung sein, stirbt jeder siebte Christ an dieser Not.

Dazu müssen sie den Spott der Türken ertragen. Emir Yaghi-Siyan, dessen Soldaten, die in sauberen, trockenen Häusern nächtigen, viele Vorräte horten, die zudem durch Karawanen über die Bergtore noch ergänzt werden, weiß um das Elend seiner Feinde. Und so lässt er den gefangenen orthodoxen Patriarchen von Antiochia an manchen Tagen aus dem Kerker schleifen, in einen Käfig sperren – und diesen Käfig dann stundenlang an der Außenseite der Mauer baumeln, den Christen zum Hohn.

Langsam wächst unter den Kreuzzüglern die Verzweiflung. Kaum hellt sich die Stimmung auf, als Tankred von Hauteville mit den Seinen wieder zum Heer stößt, so wenige Ritter sind es – und Vorräte führen sie auch nicht mit.

Zürnt Gott ihnen? Ist es die Hoffahrt der Ritter? Oder sind es die vielen Frauen, die wieder in den Lagern leben und zur Wollust reizen? Zur »Besudelung eines zügellosen Lebens«, wie der Kanoniker Fulcher klagt.

Manche der Armen schließen sich zu Banden zusammen, die ins Umland ziehen: *Tafurs* nennen sie sich, nackt und barfüßig marschieren sie los, graben Wurzeln aus und verschlingen auch sonst, was sie erblicken. Halb Plünderung ist dies, halb Bußprozession – und obwohl die Tafurs unbewaffnet sind, ist ihr Anblick so erschreckend, dass sich selbst Ritter zu Pferd nicht mehr in ihre Nähe wagen.

Bischof Adhémar von Le Puy lässt die Geistlichen schließlich Psalmen singen, führt selbst eine Prozession um die Zelte und verkündet ein allgemeines dreitägiges Fasten zur Sühne. Angesichts des Hungers eine Buße, die ohnehin von jedermann mehr oder weniger erfüllt wird.

Praktischer ist da schon eine andere Tat des Kirchenfürsten: Adhémar hat Boten nach Zypern entsandt. Auf der Insel lebt Symeon, der orthodoxe Patriarch von Jerusalem, der vor den Muslimen dorthin geflohen ist. Der Bischof von Le Puy ist kein Dogmatiker, im Gegenteil: Stets bemüht er sich um freundschaftliche Kontakte zu den orthodoxen Würdenträgern auf seinem Weg.

Seine Unbefangenheit bringt nun Linderung. Denn Patriarch Symeon, wiewohl kein Freund der Katholiken, erkennt doch die Möglichkeit, dass diese fremden Christen dermaleinst Jerusalem den Ungläubigen entreißen könnten. Nun, da er von deren Not vor Antiochia vernimmt, schickt er Getreide und Wein, was zumindest für einige Tage die Not bannt, wenn auch nicht auf Dauer.

Doch selbst diese großzügige Gabe liefert inzwischen manchen Glaubenskämpfern keine Hoffnung mehr.

Herzog Robert von der Normandie etwa ist mit seinen Gefolgsleuten zur Hafenstadt Latakia gezogen. Laut hat er verkündet, er wolle dort auf Nachschub aus Zypern warten und diesen sicher bis zum Heer zu bringen. Jedermann aber weiß, dass er dort eher das Wohlleben genießt, weil er das Elend und die Routine der Belagerung hasst. Wochenlang wird man ihn nun nicht mehr sehen.

Schlimmer noch: Fast jede Nacht verschwinden nun Männer auf Nimmerwiedersehen aus dem Lager. Deserteure. Wie wollen sie, allein und mittellos in einem noch immer größtenteils von Türken beherrschten Land, je ihre Heimat wiedersehen? Wahrscheinlich hat kaum einer von ihnen mehr als eine vage Vorstellung von seiner Zukunft – außer der, bloß fortzukommen aus diesem Elend.

Eines Abends jedoch wird Alarm gegeben, denn diesmal haben sich nicht nur Namenlose davongestohlen: Peter der Einsiedler und Wilhelm der Zimmermann sind verschwunden! Zwei Anführer, zwei Helden des Volkskreuzzugs, zwei Männer, die deshalb gerade bei den Armen im Heer hohes Ansehen genießen.

Tankred reitet sofort los – und fängt die Flüchtlinge noch in derselben Nacht wieder ein. Peter den Einsiedler lässt man irgendwo in einem Zelt unterkriechen, unbehelligt wohl, weil er Mönch ist. Sein Prestige aber ist dahin.

Wilhelm der Zimmermann jedoch ist Ritter. Der wird ins Zelt von Bohemund von Tarent geschleift, wo er die restlichen Stunden der Nacht auf dem Boden liegt »wie ein Haufen Kehricht«, überliefert ein Chronist.

Bei Tagesanbruch muss er, »rot vor Scham«, fährt jener Augenzeuge fort, vor Bohemund stehen.

»Du erbärmliche Schande für das gesamte fränkische Heer!«, fährt der ihn an, schimpft ihn einen »ehrlosen Schandfleck« und »verhasstesten aller Menschen, welche die Erde geboren hat«. Dann erinnert er ihn daran, dass er offenbar schon einmal, auf einem Kriegszug gegen die Mauren in Spanien, vom Heer desertiert ist.

Was soll mit Wilhelm dem Zimmermann geschehen?

Bohemunds Tirade wird von vielen Kriegern gehört – öffentlich wird der Deserteur der Schande anheimgegeben. Was noch? Einen Kerker gibt es nicht, in den man ihn werfen könnte. Hinrichten, zumindest verstümmeln, ihn also etwa blenden oder ihm eine Hand abschlagen? Wilhelm der Zimmermann ist denn doch Herr von Melun, ein Adeliger. Was gäbe das für ein Beispiel vor den Armen im Heer, wenn einer der Edlen zerschmettert wird?

Also folgt der öffentlichen Bloßstellung ein ebenso öffentliches Ritual, ein erbauliches Lehrstück: Einige Adelige aus

Nordfrankreich, Landsleute Wilhelms, von denen ihn manche vielleicht schon seit Jahren kennen, bitten Bohemund laut um Vergebung. Der zeigt sich denn auch gnädig und entlässt den Angeklagten, nachdem dieser feierlich gelobt hat, von nun an ohne Wankelmut bis nach Jerusalem zu ziehen. Einigkeit im Heer. Ehrverlust, doch keine Körperstrafe für einen Adeligen. Und nebenbei hat Bohemund sich noch als ebenso strenger wie gnädiger Herr präsentiert.

Eine Inszenierung, die perfekt zu seinen heimlichen Plänen passt.

Anfang Februar 1098, vor Antiochia

Während die Männer desertieren und die Pferde krepieren, macht Bohemund von Tarent einen Zug in einem unsichtbaren Krieg, von dem die meisten Kreuzzügler gar nichts ahnen. Antiochia war schließlich einst eine byzantinische Stadt – und Bohemund hat, wie die meisten anderen Anführer, dem Kaiser den Lehenseid geleistet. Erobern die Ritter Antiochia, müssen sie es den Byzantinern herausgeben. Und es sind auch immer noch Heerführer und Spezialisten des Kaisers im Lager, Griechen, die den langen Weg vom Bosporus mitmarschiert sind.

Bohemund will Antiochia dem Kaiser aber nicht ausliefern, sondern die Stadt für sich selbst in Besitz nehmen.

Und so ruft er eines Tages Tatikios ins Zelt, den höchsten Truppenführer der Byzantiner, »übel zugerichtet an der Nase und in allen Tugenden«, wie der Augenzeuge Raimund von Aguilers schreibt. (Es geht die Legende, dass Tatikios – ein Eunuch in des Kaisers Diensten, halb Araber, halb Grieche – einst seine Nasenspitze verlor und seither eine Nachbildung aus Gold im Gesicht trägt.) Vertraulich flüstert er dem Griechen zu, dass gar viele Kreuzzügler einen großen Hass gegen Byzanz hegten, ja die Griechen gar verdächtigten, heimlich mit den Seldschuken zu verhandeln.

Tatikios erschrickt: Droht Gefahr?

Bohemund: Lebensgefahr!

Und so brechen des Kaisers Soldaten schon ein paar Stunden später überhastet auf. Ihre Zelte lassen sie zurück, selbst ihre Diener finden sich plötzlich ohne Herren wieder. Tatikios verbreitet, er wolle persönlich nach Konstantinopel reisen, um die schlechte Versorgung des Kreuzzugheeres zu verbessern. Dann verschwindet er gen Küste und wird nie mehr gesehen.

Es ist wohl wahr: Seit sie ihrer Meinung nach um die Eroberung Nikäas betrogen worden sind, ja eigentlich vom ersten Tag in Konstantinopel an, hegen viele Kämpfer aus dem Abendland Misstrauen gegen den Kaiser. Aber bislang ist dies eher ein unbestimmtes, auch aus religiösen Vorbehalten und aus dem Neid der Armen und Unzivilisierten gespeistes Unbehagen, keinesfalls jedoch eine Mordstimmung. Erst jener hastige Aufbruch verwandelt Misstrauen in Hass: Indem Tatikios und die Seinen verschwinden, scheinen sie gerade alle Gerüchte von Verrat und doppeltem Spiel zu bestätigen. »Er ist ein Lügner und wird immer einer bleiben«, schmäht ihn ein Chronist, und er habe die Ritter »in der schlimmsten Not zurückgelassen«.

Und wieder ist es Bohemund, der diese Gerüchte noch verstärkt, der vor allem zu den einfachen Kämpfern von »Feigheit« und »Verrat« spricht. Wie geschickt! Zuerst drängt er die Byzantiner zur Abreise, dann stellt er eben jene Abreise als schändliches Manöver dar. Eine wahrhaft »byzantinische« Intrige, würdig jeder Kabale am Hof zu Konstantinopel.

Mehr noch: Der Fürst von Tarent spricht nun auch davon, das Heer zu verlassen. Schrecken bei den Rittern! Bohemund? Er ist in den letzten Monaten zum angesehensten Anführer gewachsen: Held der Schlachten, Organisator der Belagerung, gerechter Richter gegen Deserteure noch ein paar Tage zuvor. Ein wahrer Fürst. Was wären sie ohne ihn?

Nun, streut Bohemund, wenn er weiter mitkämpfen würde, dann müsse er wohl oder übel seine großen Ländereien in Italien endgültig verloren geben. Dafür könnte man ihn doch mit Antiochia entschädigen. Zumal der Eid gegenüber dem

Kaiser zu Konstantinopel nicht mehr gelte, habe der doch Verrat geübt …

Raimund von Toulouse, den wieder genesenen Gottfried von Bouillon und die anderen Anführer täuscht er damit allerdings nicht: Der Normanne will sich die Riesenstadt Antiochia und all ihr Land als Fürstentum aneignen!

Sind sie etwa so weit gezogen, nur um Bohemund ein Reich erringen zu helfen? Und sie? Was wird aus ihnen? Was wird aus Jerusalem? Niemals werden sie diesen Plan akzeptieren! Vor allem Raimund von Toulouse will verhindern, dass sein Rivale hier die Macht an sich reißt.

Doch die einfachen Kämpfer denken anders darüber: Ist es nicht recht und billig, was Bohemund verlangt? Sollten wir ihm nicht Antiochia geben?

Doch bevor Bohemunds Intrige zum offenen Streit zwischen den Anführern – und zwischen manchen Anführern und den ärmeren Kämpfern – führt, müssen sie Antiochia erst einmal erobern. Und das wird schwerer von Tag zu Tag. Denn wieder rückt ein türkisches Heer heran.

Sonntag, 8. Februar 1098, im Zelt des Bischofs Adhémar von Le Puy

Kriegsrat. Die Fürsten haben erfahren, dass sich ein neues türkisches Heer von Osten nähert – vielleicht durch Späher, vielleicht durch jene Christen, die in Antiochia spionieren.

Denn Emir Yaghi-Siyan hat sich nun wieder dem schrecklichen Ridwan von Aleppo unterworfen, hat ihm versprochen, ihn jetzt endgültig als Oberherrn anzuerkennen. Und Ridwan zögert nicht länger: Schlägt er die Christen, dann kann er die Hand auf Antiochia legen. Zudem sind jene Ungläubigen schon viel zu lange in Syrien. Letztlich sinkt mit jedem Tag, den sie dort ungestört lagern, das Ansehen aller Seldschukenfürsten: Nehmen sie das einfach so hin? Sind sie zu schwach geworden, um sich der Fremden zu erwehren?

Und so hat nun Ridwan seine Männer zusammengezogen und eilt in Richtung Antiochia, es ist schließlich bloß drei Tagesritte entfernt. Einige Verwandte und Gefolgsleute haben ebenfalls Kämpfer abgestellt, doch weder mit seinem verhassten Bruder Duqaq noch mit dem mächtigen Kerboga von Mossul verbündet sich der junge Fürst: Allein will er die Christen schlagen.

Bei Bischof Adhémar hören es die Kreuzzügler: Das Dorf Harenc ist schon in der Hand des Feindes! Morgen wird das Türkenheer heran sein!

Die Ritter stecken in einer erbärmlichen Falle. Sicher wird Emir Yaghi-Siyan, wie beim letzten Mal, mit seinen Männern einen Ausfall wagen. Dann müssten sie sich von zwei Seiten aus gleichzeitig gegen die Angreifer stellen, von Osten gegen Ridwan, von Westen gegen den Emir.

Aber mit wem? Hunger und Seuchen verwüsten das Heer. Einige Tausend Fußsoldaten können die Fürsten wohl aufstellen. Doch derzeit nur 700, bestenfalls 800 Ritter; zu krank sind die anderen Reiter – oder ihnen fehlen die Pferde.

Da tritt Bohemund von Tarent vor: »Meine Herren und tapferen Ritter, was sollen wir tun?«, spricht er (und ein Chronist schreibt getreulich mit). »Wir sind nicht genügend an Zahl, um an zwei Seiten zu kämpfen. Wisst Ihr vielleicht, was wir tun könnten?«

Schweigen.

Bohemund fährt fort. Soll man tatenlos warten, bis man zwischen beiden feindlichen Streitmächten aufgerieben wird? Soll man riskieren, dass die Frauen, Marketender und Priester, alle die »unkriegerischen Leute« im Tross, das Türkenheer sehen und in Panik geraten – eine Panik, die auch den Kampfesmut der Ritter und Fußsoldaten schwächt? Nein, noch haben die Christen ein wenig Zeit. In dieser Nacht noch müssten die Ritter heimlich aufsitzen und sich bis vor die Eiserne Brücke schleichen, da muss Ridwan doch hinüber. Bei der Brücke müsse man sein Heer, das überrascht sein werde, mit wütender Attacke in die Flucht schlagen. Die Fußsoldaten aber sollten sich allein dem Ausfall Yaghi-Siyans entgegenstemmen und das Lager halten.

Ein waghalsiger Plan – aber niemand hat einen besseren, also stimmmen alle Fürsten zu; selbst jene, die Bohemund feindlich gesinnt sind.

Und so sitzen die wohl 800 Ritter nach Einbruch der Dunkelheit auf. Bohemund von Tarent führt das Kommando, für dieses Abenteuer ordnen sich ihm auch Gottfried von Bouillon und Stephan von Blois unter. Leise traben sie aus dem Lager. Ob Spione sie trotzdem erblicken? Vielleicht nicht – oder wenn doch, dann wagen sie es nicht, sich nachts der Stadt zu nähern, aus Angst, von den Wachen auf den Zinnen irrtümlich für Angreifer gehalten und getötet zu werden. Jedenfalls erfahren weder Ridwan noch Yaghi-Siyan rechtzeitig von diesem Zug.

Ein Ritt in der Dunkelheit. Fährtenleser eilen voraus, Einheimische oder besonders erfahrene Kreuzzügler. Irgendwann erblicken sie Schatten in der Ferne: die Türme der Eisernen Brücke. Auf der Christenseite der Brücke breitet sich eine flache Wiese aus, ideal für eine Reiterattacke. Doch sehr groß ist jene Fläche nicht. Auf der einen Seite wird sie begrenzt vom silbrig schimmernden Orontes. Auf der anderen erstreckt sich ein sumpfiger See. So werden die Türken, die sicherlich vielfach an Zahl überlegen sind, die Ritter nicht an den Flanken überrennen und schließlich umzingeln können: Brücke und Wiese sind wie ein Nadelöhr, durch das Ridwans Heer sich hindurchquetschen muss.

Hier rasten die Ritter hinter einem flachen Hügel, gönnen den mageren Pferden eine kurze Pause. Mitternacht ist längst verweht, es ist der 9. Februar 1098, Fastnachtsdienstag. Ein paar Stunden noch, dann werden sie einen höllischen Tanz wagen.

Dienstag, 9. Februar 1098, an der Eisernen Brücke, morgens

Regen. Nass glänzen die Rüstungen. Durchgefroren und müde sind Reiter und Rosse, denn niemand hat lange ruhen können, trocken schon gar nicht. In sechs Schlachtreihen hat Bohemund sein Heer eingeteilt, er selbst kommandiert die hinterste. Alles ist vergessen, sobald die Ritter die Feinde erblicken. Noch sehen die Seldschuken sie nicht hinter dem Hügel. Die Ritter richten die Banner auf – sie haben alle Feldzeichen aus dem Lager mitgenommen, auch jene der hohen Herren, die nicht mitkämpfen. Je mehr Banner die Feinde erblicken, das ist die Hoffnung, desto größer werden sie ihre Zahl schätzen. Nun kommt es darauf an, dass Ridwan niemals Zeit hat, ihre wirkliche Stärke zu erkennen. Also im Galopp über den Hügel – und dann sofort mit angelegter Lanze auf den Feind! »Deus lo volt!«

Die Lanzenreiter prallen in Ridwans anrückendes Heer, Gruppe für Gruppe. Verwirrung dort. Niemand hat hier mit einer Schlacht gerechnet. Trotzdem werfen die Türken die Kreuzzügler nach deren ersten Anprall zurück, vielleicht ist es die schiere Masse Krieger, der die Angreifer nicht standhalten können: 12 000 Soldaten führt Ridwan ins Feld. Die Eiserne Brücke gehört nun dem Herrn von Aleppo. Seine Soldaten strömen auf die Wiese. Doch ihnen fehlt der Platz. Eng gedrängt bleiben sie stehen. Und der ewige Regen durchfeuchtet ihre Bögen, sodass die Waffen unter dem Zug starker Arme zerbrechen. Hilflos sind sie, werden von den Panzerreitern niedergeritten, niedergehauen, niedergestochen. Ein zweites Mal reiten die Christen an. Ein drittes Mal. Ein viertes. Ein fünftes. Ein sechstes.

Bohemund greift mit der letzten Reserve an – »wie ein Löwe, der drei oder vier Tage ausgehungert war, der brüllend aus seiner Höhle hervorkommt«, berichtet ein christlicher Chronist.

Nun erzittert die Ordnung in Ridwans Heer. Die Kämpfer der vordersten Linie fliehen, manche desertieren, andere strömen nach hinten. Unordnung auch dort. Und dann: Flucht!

Wieder siegen die Christenritter, sind Panzer, Schlachtross und Lanze fürcherlicher als Krummschwert und Bogen. Ridwan weicht, sein Heer strömt über die Eiserne Brücke zurück, ein Blutbad auf dem engen Bauwerk, sie räumen Harenc, stecken das eigene, befestigte Lager in Brand, nur fort, fort, fort!

Bohemund gibt nach etwa 15 Kilometer Verfolgung das Signal zur Umkehr. Zurück zum Lager! Und tatsächlich: Dort fechten die Fußsoldaten in schwerem Kampf gegen Yaghi-Siyans Männer fast zwischen den Zelten schon.

Hier fahren die Reiter, sicherlich schon erschöpft, die Pferde schaumig, wie Racheengel dazwischen – und auch die Türken aus Antiochia stieben davon, retten sich hinter die Mauern ihrer Stadt.

Am Abend dieses Fastnachtsdienstags haben die Kreuzzügler auch den zweiten der feindlichen Brüder vertrieben. Niemals mehr wird sich Ridwan von Aleppo ihnen in den Weg stellen. Und um den Eingeschlossenen von Antiochia ihre Schmach und Ausweglosigkeit zu demonstrieren, schlagen die christlichen Ritter gefallenen Feinden die Köpfe ab und präsentieren sie auf Spießen vor der belagerten Stadt. Einhundert sind es, schreibt ein anonymer Chronist, der dabei gewesen ist.

Samstag, 6. März 1098, auf der Straße zwischen Antiochia und Sankt Symeon

Eine Karawane auf der Straße: Pilger aus Italien, byzantinische Soldaten, Maultiere und Pferde, bepackt mit Balken, Seilen, Nägeln, Werkzeugen; dazu die Panzerreiter von Bohemund von Tarent und Raimund von Toulouse. Zwei Tage zuvor ist eine christliche Flotte im Hafen von Sankt Symeon eingetroffen. Die Schiffe kamen aus Italien, mit Pilgern an Bord. Sie hatten unterwegs in Konstantinopel haltgemacht, wo der Kaiser Belagerungsgerät und Militärspezialisten für diese Art von Kriegsführung an Bord schickte. (Eine entscheidende Hilfe für die Kreuzzügler – aber kein Fürst verliert darüber ein lobendes Wort. Den Soldaten gelten die Byzantiner weiterhin als Verräter.)

Ebenfalls an Bord: ein ehemaliger englischer König. Edgar Ætheling ist etwa 50 Jahre alt, der letzte Spross des Hauses Wessex. Einst regierten seine Ahnen England. Als der Normanne Wilhelm der Eroberer 1066 auf der Insel landete und König Harald II. schlug und tötete, wählten einige englische Adelige Edgar, noch ein Kind, zum letzten nicht-normannischen Monarchen – gekrönt wurde er jedoch schon nicht mehr. Nach wenigen Wochen hatte ihn Wilhelm entmachtet, aber unversehrt gelassen.

Seither ist Edgars Leben ein einziger Kriegszug. Beständig kämpft er mit den oder gegen die Normannen; zuerst gegen Wilhelm den Eroberer. Später mischt er in dessen Nachfolgekämpfen mit – er ist einer der drei wichtigsten Berater von Robert von der Normandie in dessen Bruderzwist.

Wie Edgar Ætheling, der noch im Winter 1097 in Schottland focht, auf eines dieser Schiffe kommt, ist bis heute ein Rätsel. Ist er, der zwischendurch auch einmal bei den Normannen Süditaliens kämpfte, von Anfang an dabei? Oder hat es ihn irgendwie nach Konstantinopel verschlagen, wo er die Gelegenheit nutzte und auf die Pilgerschiffe stieg? Niemand weiß es. Sicher ist, dass ein so kriegserfahrener Ritter den Kreuzzüglern willkommen ist.

Bohemund von Tarent und Raimund von Toulouse sind mit starken Truppen bis Sankt Symeon geeilt. Nicht etwa aus Respekt vor dem ehemaligen König – sondern aus Misstrauen untereinander. Edgar Ætheling soll Kämpfer werden, auch bei den Pilgern hoffen sie, etliche Freiwillige rekrutieren zu können. Wichtiger noch ist das Belagerungsmaterial: Wer das kontrolliert, hat eine viel größere Chance, sich den Zugang zu Antiochia zu erzwingen.

Da auf der Straße zwischen dem Hafen und Antiochia immer wieder türkische Marodeure lauern, die sich aus der belagerten Stadt geschlichen haben, kann eine so wertvolle Karawane nur unter Bedeckung losgeschickt werden. Aber wer soll die stellen? Ein Fürst allein? Bohemund? Wenn der das Belagerungsmaterial in Händen hält, wird er sich vielleicht zum Herrn Antiochias aufschwingen? Also bricht auch Raimund auf, da er verhindern will, dass der Rivale alles an sich reißt.

Beinahe allerdings hätte es nichts gegeben, das irgendein Fürst erhalten hätte. Denn trotz aller Vorsicht wird die Karawane überfallen. Und die türkische Streitmacht ist weit größer als üblich: 4000 Krieger angeblich. Die feindlichen Reiter galoppieren heran, umschwärmen die schwerfällige Karawane; Pfeile regnen herab, Blut, Todesschreie. Bei den Christen herrscht Konfusion, dann Panik: Die Reiter weichen, selbst Bohemund und Raimund verschwinden in den Bergen. »An jenem Tag erlitten mehr als tausend unserer Ritter und Fußsoldaten den Märtyrertod«, schreibt ein Chronist. Vielen Toten wird der Kopf abgeschnitten. Und die wertvolle Fracht wird zur Beute der Seldschuken.

Versprengte Reiter galoppieren zurück ins Lager und verkünden: Bohemund und Raimund sind in Not! Sind vielleicht schon erschlagen!

Alarm. Gottfried von Bouillon ruft seine Panzerreiter zusammen. Aufsitzen. Gerade wollen sie Richtung Küste losreiten – da öffnet sich das Sankt-Georgs-Tor zu Antiochia: Yaghi-Siyans Männer stürzen hinaus!

Reiter haben dem Emir vom glücklichen Überfall und der reichen Beute berichtet. Nun will er alles sichern und schickt seine besten Kämpfer dem Überfalltrupp entgegen, damit die langsamen Packtiere sicher nach Antiochia getrieben werden.

Doch die ausfallenden Türken geraten an Gottfrieds Panzerreiter, die ja schon schlachtbereit sind und sich sofort auf die Seldschuken stürzen. Heftige Kämpfe, dann weichen die Türken zurück.

Neue Aufregung: Bohemund und Raimund tauchen in diesem Moment aus den Bergen auf! Gerettet! Die meisten Ritter in ihrem Gefolge leben auch noch. Neue Ordnung, rasche Kommandos – dann galoppieren die Christen auf die langsamen, beutebeladenen Türken zu, die noch auf der Straße von Sankt Symeon ziehen. Kurz vor Antiochia werden sie gestellt. Berge im Rücken, keine Hilfe aus der Stadt. Die Feinde werden in die Enge getrieben und gnadenlos niedergemacht.

Herzog Gottfried von Bouillon, im Schlachtenrausch, schwingt sein Schwert in einem so gewaltigen Streich, dass er einen Feind in zwei Hälften haut. Während dessen Oberkörper in den Staub sinkt, galoppiert das erschrockene Pferd mit den Beinen und der Hüfte davon. Eine Tat, von der nur zu bald die Troubadoure im fernen Abendland künden werden.

Wer es von den Türken bis zur Brücke schafft, die vor ein Stadttor Antiochias führt, muss bald wieder dem fürchterlichen Herzog gegenübertreten. Denn Gottfried galoppiert an vielen Feinden vorbei, springt am Zugang zur Brücke vom Ross und drischt mit seinem blutigen Schwert fürchterlich auf alles nach allen Seiten hin ein. Niemand wagt es, sich dem Berserker in den Weg zu stellen, die Türken drängen sich zu den Seiten. Viele werden zerquetscht oder hinuntergestürzt; etliche ertrinken jämmerlich im Orontes, den sie in ihrer Todesfurcht durchschwimmen wollen. Andere klammern sich an Brückenpfeilern fest, bis sie von Kreuzzüglern am Ufer erschlagen oder mit Pfeilen erschossen werden. Yaghi-Siyan, aus Angst, dass seine Stadt gestürmt werden könnte, schließt das schwere Tor – und verurteilt alle seine Krieger, die noch draußen sind, zum Tode. Und die christlichen Frauen der Stadt, die ohne ihre Männer ausharren müssen, sehen von der Mauer aus zu und klatschen Beifall.

Angeblich fallen 1500 Türken an diesem Tag und, wie ein christlicher Chronist notiert, »zwölf Emire«, womit er hohe Truppenführer meint. Diese Zahl mag kaum übertrieben sein, denn sicher ist, dass Yaghi-Siyan an diesem 6. März seine besten Kämpfer verliert.

Die Heere der verfeindeten Brüder Duqaq und Ridwan sind vertrieben, er selbst hat nun schwere Schläge erlitten: Allah, so scheint es, ist Yaghi-Siyan nicht mehr gnädig.

Mehr noch: Ein Frevel wäre es, die Toten unbestattet zu lassen, den Hunden und Vögeln zum Fraß. Also schleichen sich in der Nacht noch einige mutige Männer aus Antiochia heraus und tragen die Leichen zum muslimischen Friedhof, am anderen Ufer des Orontes, nahe beim Lager der Kreuzzügler. Dort werden die Opfer bestattet.

Das pietätvolle Werk bleibt nicht unbeobachtet: Die Christen sehen sehr wohl, was mit den Leichen geschieht. Sie unternehmen nichts, sondern warten ab.

Und am nächsten Morgen stürmen die Ärmeren aus dem Kreuzzugsheer den muslimischen Friedhof, zerren alle Leichen aus ihren Gräbern – und plündern die Toten, in der Hoffnung, goldene und silberne Schmuckstücke oder Münzen zu finden. Dann schneiden sie ihnen die Köpfe ab und werfen die verstümmelten Körper in eine Grube. Die abgeschlagenen Trophäen werden ins Lager geschafft.

»Als die Türken dies sahen«, berichtet ein christlicher Chronist, »wurden sie sehr traurig und grämten sich fast zu Tode.«

Freitag, 19. März 1098, vor Antiochia

Auf dem muslimischen Friedhof wächst eine christliche Burg empor. Wahrscheinlich ist es kaum mehr als ein steinerner Turm in der Nähe einer befestigten Brücke, die im Südwesten aus Antiochia über den Orontes hinausführt. Mit dem Material, den Technikern, den Werkzeugen und wohl auch den willigen Arbeitskräften der italienischen Pilger gelingt den Kreuzzüglern nun in wenigen Tagen, was ihnen monatelang zuvor misslungen ist: Sie errichten eine Festung vor einem bislang noch unbesetzten Tor der belagerten Stadt. In dieser Festung, deren Mauern zum Teil aus den Grabsteinen des geplünderten Friedhofs bestehen, lagern nun Ritter. Keine Karawane mehr kann sich von dieser Seite aus der eingeschlossenen Metropole nähern.

Weil die Burg neben der kleinen Friedhofsmoschee errichtet worden ist, wird sie – nach dem französischen Wort für ein islamisches Gotteshaus – *La Mahomerie* genannt. Doch weil es Raimund von Toulouse war, der die Idee für ihre Errichtung hatte und dessen Soldaten auch dort stationiert werden, nennt man sie bei den Kreuzzüglern bald nur noch »Raimundsburg«.

Kurz darauf erhebt sich schließlich auch eine Festung im Süden Antiochias, am Fuß des Silpios-Bergs und gegenüber vom Sankt-Georgs-Tor. 400 Mark Silber hat Tankred von den anderen Fürsten dafür erhalten, dass er mit seinen wenigen Gefolgsleuten die Arbeit auf sich nimmt, dort eine Anlage zu errichten und zu bemannen. »Tankreds Burg« sperrt die letzte größere, noch unbewachte Straße aus der Stadt.

Nun erst ist Antiochia wirklich eingeschlossen.

Bedenklicher noch für Yaghi-Siyan: Während er zum ersten Mal Hunger leidet, erholen sich die Christen langsam. Nachschub kommt aus Zypern heran. Das Wetter wird milder. Und manche Karawane, die eigentlich für den Emir bestimmt ist, fällt nun in die Hände der Kreuzzügler. Vor allem Tankred wird durch überraschende, gnadenlose Überfälle auf türkische Trupps rasch ein gefürchteter Krieger.

Und dann wird den Christen in jenen Tagen auch noch ein Beistandspakt von gänzlich unerwarteter Seite angeboten: von einem mächtigen muslimischen Herrscher.

Irgendwann in jenen Frühlingstagen trifft eine Gesandtschaft aus Ägypten im Lager der Kreuzzügler ein und wird dort ehrenvoll empfangen.

Schon im Jahr 645 fiel das Nilland endgültig an den Islam. Die Kopten, die Christen Ägyptens, hatten die Byzantiner, die bis dahin die Oberherren gewesen waren, nicht unterstützt – zu verhasst waren auch ihnen der Kaiser und die orthodoxe Elite der Kirche zu Konstantinopel.

Etwa sieben Millionen Menschen leben in Ägypten, das Nildelta ist die vielleicht am dichtesten besiedelte Region der mediterranen Welt, Kairo und Alexandria sind bedeutende Metropolen. Ein reiches Land zudem, das Glas und Töpferwaren, Brokat und Schmiedearbeiten, Leinen, Getreide und Zuckerrohr exportiert, das mit Gold, Elfenbein, Gummiharz und Straußenfedern aus Afrika handelt, das eine gewaltige Söldnerarmee und, als einzige muslimische Macht, auch eine große Flotte besitzt.

Seit dem Jahr 972 sitzt die Dynastie der Fatimiden (die ihre Legitimation von der Abstammung Fatimas, der Tochter des Propheten Mohammed, herleiten) auf dem Kalifenthron zu Kairo – Schiiten, die Todfeinde der Sunniten. Doch als die Kreuzzügler in den Nahen Osten einfallen, ist der Kalif ein Kind, eine Marionette bloß. Wahrer Herr ist der Wesir Schahanschah Malik al-Afdal, »der Beste«, ein ehemaliger Sklave armenischer Abstammung, der sich geschickt und skrupellos nach oben gekämpft hat. 1094, nach dem Tod des alten Kalifen, hat al-Afdal den rechtmäßigen Erben vertrieben und einen jüngeren Sohn des Verstorbenen als neuen Kalifen installiert – ein Kind, dem er zudem noch eine seiner Töchter zur Gemahlin gibt. So kontrolliert er ihn vollkommen.

Doch al-Afdals Skrupellosigkeit ist zugleich seine Schwäche, denn an ihm haftet der Ruch der Illegitimität und Unmoral. Der übergangene Thronerbe sammelt Anhänger und kämpft gegen ihn. Zudem ringen die schiitischen Fatimiden seit Jahren erbittert mit den sunnitischen Seldschuken um die Herrschaft über Palästina. Und, als wäre dies alles noch nicht genug, der Wesir muss sich auch noch mehr schlecht als recht einer Seuche erwehren, die seit mehreren Jahren grausige Opfer in Kairo fordert.

Byzanz ist in all diesem Ringen seit Jahren ein Verbündeter. Die Christen genießen am Nil Religionsfreiheit. Mit Konstantinopel handelt man Luxuswaren, auch fühlt man sich den zivilisierten Griechen wesensverwandt – verwandter jedenfalls als den wilden Türken, die von Osten heranstürmen. Denn auch die mit Verachtung vermischte Furcht vor den Seldschuken verbindet Kairo mit Konstantinopel.

Als nun die Kreuzzügler in die Levante einfallen und Nikäa erobern, da wird al-Afdal es nicht ungern vernommen haben.

Wahrscheinlich hält er diese fremden Ritter für eine Art Söldnertruppe des Kaisers.

Jene Abgesandte jedenfalls, die nun vor Antiochia erscheinen, überbringen ein Bündnisangebot von al-Afdal: Die Kreuzzügler mögen Syrien und das nördliche Palästina (mithin die lange von Byzanz gehaltenen Regionen) erobern. Die Fatimiden hingegen wollen von den Seldschuken den Rest Palästinas zurückerobern, auch Jerusalem. Entweder weiß al-Afdal nicht einmal, dass die Heilige Stadt das eigentliche Ziel der fremden Ritter ist – oder er nimmt ihre Bekenntnisse zu deren Eroberung, ihren Glaubenseifer ebenso wie ihren Landhunger und ihre Gier nicht recht ernst.

Kein Fürst untersteht sich, die Abgesandten über den Irrtum ihres Wesirs aufzuklären. Im Gegenteil: Freundlich, aber unbestimmt hält man die Fatimiden eine Zeit lang hin. Gibt Festmähler in den Zelten. Spielt Schach mit den Ägyptern. Führt *Quintain* vor: das Lanzenstechen auf eine drehbare Figur mit Gegengewicht. Wer deren Schild trifft, muss schnell und beweglich sein, damit das vom Stoß herumgerissene Gewicht den Reiter nicht trifft und aus dem Sattel schlägt. Überschüttet die Diplomaten mit Geschenken. (Vor allem Beute aus der Schlacht vom 6. März.) Zu den Geschenken gehören auch die Köpfe einiger erschlagener Türken. Lässt die Fatimiden schließlich ziehen und schickt seinerseits einige Unterhändler mit für weitere Verhandlungen.

Die Christen ahnen, wie uneins jene Muslime sind, gegen die sie kämpfen. Rivalitäten, gefährlicher und tiefer als im eigenen Lager. Ein Feind, dessen Uneinigkeit ihn überwindbar macht. Das Ziel der christlichen Gesandten: Zeit gewinnen, vollendete Tatsachen schaffen; die Fatimiden aus den Kämpfen möglichst heraushalten, bis Jerusalem von den Kreuzzüglern erobert ist.

Dies allerdings ist ihrerseits eine Fehlkalkulation. Kaum sind die Fatimiden und ihre Gäste in Kairo eingetroffen, beschließt Wesir al-Afdal, die Schwäche der Seldschuken zu nutzen.

Die Fatimiden werden Jerusalem angreifen. Sofort.

Anfang Mai 1098, vor Antiochia

Armenier, Bewohner der Dörfer des Umlands, eilen ins Lager und bringen eine Nachricht: Wieder nahen Feinde! Kerboga ist der Herr von Mossul, einer Stadt in Mesopotamien, wo der nach ihr benannte feine Musselinstoff gewirkt wird und Naphtha sich in natürlichen Erdbecken sammelt, zähflüssiger Erdölteer, mit dem die Hammams ausgekleidet werden und der die Rümpfe hölzerner Schiffe vor dem Faulen schützt. Kerboga ist der *Atabeg*, der »Vater des Fürsten« – Regent für einen minderjährigen Seldschukenherrscher, ein Mann mit ergrautem Bart, ein ehemaliger Sklave und gefürchteter Feldherr.

30 000 Krieger versammelt er nun unter seinem schwarzen Banner, eigene Soldaten und Mitstreiter von Verbündeten. Zum Dschihad hat er aufgerufen, zum heiligen Krieg gegen die Ungläubigen. Doch es geht nicht nur um die Religion: Schlägt Kerboga die Kreuzzügler, eine Aufgabe, an der die verfeindeten Bruderfürsten von Aleppo und Damaskus kläglich gescheitert sind, dann greift er von Mesopotamien aus nach Syrien. So ist auch dieses Heer nicht nur ein Schlag gegen die Christen, sondern vor allem auch ein Schachzug im innermuslimischen Machtkampf – und entsprechend misstrauisch betrachten die anderen Emire dieses Abenteuer, ob es nun ein heiliger Krieg ist oder nicht.

Davon jedoch ahnen die abendländischen Fürsten vor Antiochia wohl nichts. Sie fürchten, wieder einmal, einen Zweifrontenkrieg: gegen Yaghi-Siyan auf der einen Seite, gegen Kerboga, dem ein furchterregender Ruf vorauseilt, auf der anderen. 17 Tagesmärsche trennen Mossul von der Metropole am Orontes. Als Kerboga aufbricht, so scheint es, drängt die Zeit: Irgendwie müssen sie Antiochia erobern, bevor jener neue Feind heran ist!

Dann erfahren die Kreuzzügler, dass Gott ihnen eine Atempause gewährt. Kerboga verlässt zwar Mossul, doch wendet er sich zunächst gegen Edessa, das ja von Balduin von Boulogne erobert worden ist. Drei Wochen belagert er die Stadt. Vergebens. Und so hat Balduin zwar dem Kreuzzug etliche Kämpfer entzogen, indem er Edessa aber verteidigte, schenkt er den Bedrängten nun wertvolle Zeit. Wäre Kerboga direkt gen Antiochia gezogen, gut möglich, dass die Kreuzzügler zerschmettert worden wären.

Trotzdem bleibt nur wenig Zeit zur Vorbereitung. In ihrer Not senden die Kreuzzügler sogar Boten an den Kaiser nach Konstantinopel. Doch Alexios Komnenos steht schon mit einem Heer im Feld: Irgendwo in Anatolien kämpft er gegen Seldschuken, um die Umgebung von Nikäa und das Hinterland der bereits eroberten Levanteküste zu sichern. Er wird nicht kommen.

Einem der Recken ist das ganz recht: Bohemund von Tarent. Der will schließlich Antiochia für sich haben, ein byzantinisches Hilfsheer wäre ungefähr das Schlimmste, was ihm momentan unterkommen könnte. So treibt ihn mehr noch als alle anderen Führer des Kreuzzugs die Eile: Antiochia will er haben, bevor Kerboga heran ist und bevor der Kaiser von Konstantinopel Truppen schicken kann!

Raimund von Toulouse hingegen hofft auf den Monarchen. Er will abwarten, will die neu heranrückenden Feinde abwehren und dann erst weiter zur Eroberung Antiochias schreiten. Und wenn es mit byantinischer Hilfe gelingt, umso besser. Sie müssten ohnehin die Stadt gemäß ihrem geleisteten Eid dem Monarchen überantworten.

»Als Bohemund diese Worte vernahm, schaute er weniger erfreut drein und ging auf der Stelle weg«, berichtet ein Augenzeuge. Streit zwischen den Fürsten. Kaum verhohlener Hass. Dann, vermittelt von den anderen Edlen, ein mühseliger, angesichts ihrer Lage fast lächerlich anmutender Kompromiss: Man werde Antiochia dem Kaiser übergeben – es sei denn, von allen Kreuzzüglern gelinge es Bohemund als Erstem, die Stadt zu erobern.

Wahrscheinlich glaubt niemand unter den anderen Fürsten, dass dem Normannen dieser Schlag gelingen könnte.

Doch Bohemund hat schon einen Plan.

Heimlich hat der Normanne Kontakte in die belagerte Stadt geknüpft – so geheim, dass nicht einmal die anderen Fürsten davon etwas ahnen. In Antiochia dient ein hoher Truppenführer namens Firuz. Offenbar, die Berichte der Chronisten sind etwas unklar, ist dieser Firuz ein zum Islam konvertierter Armenier. Er gibt sich gegenüber Emir Yaghi-Siyan loyal, doch hat er nie den Kontakt zu seinen alten Glaubensgenossen abreißen lassen – und wahrscheinlich sind es nun armenische Spione, die als Mittelsmänner zwischen Firuz und Bohemund dienen.

Denn Firuz ist von Yaghi-Siyan zu einer Geldstrafe verurteilt worden: Er habe unrechtmäßig Getreide in der belagerten Stadt gehortet. Daraufhin beschließt Firuz, zum Verräter zu werden. Bohemund, der ihm wohl als der kriegerischste aller Christenführer erscheint, lässt er ausrichten, dass er drei Türme am Abschnitt einer Mauer kommandiere und ihm dort ein Tor öffnen könne für einen Überraschungsangriff.

Bohemund, der Meisterintrigant, geht auf diese Offerte ein. Er verspricht Firuz »Reichtümer und große Ehrungen«, wie ein Chronist festhält. Laut aber verkündet er im Lager, dass ihre Lage düster sei – und verstärkt so noch die Furcht und Not im Heer der Kreuzzügler.

Mittwoch, 2. Juni 1098

Graf Stephan II. Heinrich von Blois und Chartres, Schwager des Robert von der Normandie, Gatte einer Tochter des legendären Wilhelms des Eroberers, einer der wohlhabendstens Gutsherren Frankreichs, hat genug von diesem Krieg. Immer bedrohlicher schwirren die Gerüchte durch das Lager, verdichten sich zur Gewissheit: Kerboga von Mossul rückt nun doch heran!

Ist es da nicht Selbstmord und Wahnsinn, in dieser Lage vor Antiochia auszuharren? Täglich desertieren Krieger – so viele, dass sich die Fürsten kaum noch die Mühe machen, irgendwen wieder einzufangen. An diesem Tag nun reitet Stephan von Blois mit einem Gefolge nordfranzösischer Ritter ebenfalls davon. Sein Ziel: der Hafen Alexandretta. Von dort will er sich weiter bis Konstantinopel durchschlagen und schließlich die Heimat erreichen. Sollen doch die anderen den Krieg weiterführen!

»Diese Nachricht schmerzte uns alle sehr, denn er war ein sehr edler Mann und verfügte über Waffengewalt«, schreibt Fulcher von Chartres und nennt die Desertation auch eine »Schande«. Sicher werden viele Kämpfer so gedacht haben. Es ist ein schwerer Schlag für die Moral. Nach Balduin von Boulogne, der sich in Edessa verschanzt, verliert der Kreuzzug einen weiteren Anführer.

Hätte Stephan von Blois nur wenige Stunden länger ausgeharrt, kein Chronist hätte seinen Namen je geschmäht! Denn noch an dem Tag, da er sich in Schimpf und Schande davonschleicht, stiehlt sich ein Schatten ins Lager: ein Mann aus Antiochia, der den Ereignissen eine dramatische Wende gibt.

Dieser Mann wird in Bohemunds Zelt geführt – es ist ein Sohn des Offiziers Firuz. Der berichtet, dass sein Vater nun endgültig bereit sei zum Verrat. Offenbar hatte er noch lange gezögert. Der Chronist Fulcher von Chartres, der freilich an jenem Tag nicht dabei ist, wird später schreiben, eine Vision Christi habe Firuz den letzten Anstoß zum Seitenwechsel gegeben. Andere Berichterstatter überliefern Profaneres: Die Gattin des Firuz habe ein Verhältnis mit einem anderen türkischen Truppenführer begonnen, weshalb er zum Verräter geworden sei.

Wie auch immer: Der Sohn bringt nicht nur die Nachricht vom Seitenwechsel seines Vaters, sondern auch einen detaillierten Plan. Firuz kommandiert unter anderem den Turm der zwei Schwestern mit einem Abschnitt der Mauer, ein Bollwerk ziemlich genau gegenüber der Stelle, an der sich Tankreds Burg erhebt. Die Kreuzzügler sollen, lässt Firuz nun ausrichten, noch an diesem Tag in großer Zahl gen Osten aufbrechen – als wollten sie Kerbogas Heer entgegenziehen, um es weit vor Antiochia zur Schlacht zu stellen. Das werde Emir Yaghi-Siyan in Sicherheit wiegen. Doch noch in selbiger Nacht müssten die Christen umkehren und ihre Sturmleitern heimlich beim Turm der zwei Schwestern anlegen. Er werde sie einlassen, Antiochia werde dann ihnen gehören. Zum Beweis dafür, dass er es ehrlich meine, lasse er seinen Sohn als Unterpfand beim Heer der Kreuzzügler.

Das ist die Gelegenheit, auf die Bohemund gewartet hat. Er lässt einen Fußsoldaten namens Male Couronne durchs Lager ziehen. Dieser Herold verkündet, dass sich alle Reiter und Fußsoldaten bereit machen sollten, bei Sonnenuntergang einen Überfall in feindlichem Land zu unternehmen. Jeder muss denken, dass damit ein Zug ins Umland gemeint ist – auch jeder Spion, der sich im Lager herumtreiben mag.

Erst jetzt, im letzten Augenblick, lässt Bohemund Bischof Adhémar von Le Puy, Gottfried von Bouillon, Robert von Flandern und selbst seinen Feind Graf Raimund von Toulouse in sein Zelt rufen. Hier eröffnet er ihnen seinen Plan vom vorgetäuschten Feldzug und dem nächtlichen Sturm, vom Verrat des Firuz und dem Sohn des Türken, der bei ihm weile. »Mit Gottes Willen wird uns Antiochia noch in dieser Nacht verraten werden!«, ruft er.

Niemand widerspricht.

Was sollen die anderen Anführer auch sagen? Mit Kerbogas Heer im Nacken und den unerstürmbaren Mauern Antiochias vor Augen hocken sie in der Falle; selbst Ritter edelster Abkunft desertieren, sie sind ja noch vom Abzug des Stephan von Blois erschüttert. Wenn es eine Chance gibt, dann diese – und es ist klar, dass nur Bohemund das Heer anführen kann in diesen Stunden.

Und so bricht im roten Schimmer der sinkenden Sonne das Heer gen Osten auf: Hunderte Panzerreiter über die Felder, ein schier endloser Zug von Fußsoldaten hinein in die Berge; nur wenige Wachen bleiben im Lager zurück.

Emir Yaghi-Siyan sieht den Christen nach, die im Abenddämmer verschwinden, bald außer Sicht sind. Sollen sie dem fürchterlichen Kerboga entgegenziehen! Er begibt sich in seine Gemächer, wohl in der Hoffnung, dass der Herr von Mossul jene Ungläubigen zerschmettern werde und er sie niemals wiedersehen muss, ganz sicher aber im Glauben, zumindest eine Atempause in jenem langen Kampf zu haben.

Donnerstag, 3. Juni 1098, kurz nach Mitternacht

Die Kreuzzügler sind zurück. Geflüsterte Kommandos. Die meisten lagern vor der Stadtmauer, doch ein paar Dutzend Kämpfer schleichen sich zum Turm der zwei Schwestern. »Wartet, bis das Licht vorüber ist«, wispert der Sohn des Firuz: Drei oder vier ahnungslose Wächter patrouillieren oben auf dem Zinnenkranz mit Fackeln oder Laternen.

Als ihre Lichter verglimmen, legen die Christen Sturmleitern an: Ein Ritter namens Fulger von Chartres ist der Erste, der hinaufsteigt. Kein Widerstand. Robert von Flandern folgt, dann noch einer, ein weiterer, noch einer. Es sind die besten Ritter des Kreuzzugs, Gaston von Béarn ist auch darunter. So hastig klettern die eisengepanzerten Männer, dass die Leiter unter ihrem Gewicht zusammenbricht. Nun sind vielleicht zwanzig, dreißig Christen oben auf der Mauer, der Rest steht hilflos davor.

Firuz erwartet sie, in Panik. Er spricht Griechisch, in der Hoffnung, dass ihn die Fremden verstehen. So wenige? Robert von Flandern jedoch handelt rasch. Seine Krieger eilen die Mauer entlang. Unter ihren Schwertern fallen alle Türken, die ihren Weg kreuzen – auch ein Bruder des Firuz stirbt in diesen Minuten. Leise! Irgendwo auf der Innenseite der Mauer führen Stufen hinab. Ein kleines Tor. Dunkelheit. Die Ritter tasten, zerren blind an Eisen und Balken. Irgendwann gelingt es ihnen endlich, die schweren Flügel zu öffnen. Draußen warten Bohemund und Hunderte der Seinen. Hinein in die Stadt!

Gegen 4 Uhr

Rufe panischer Frauen und Kinder. Todesschreie. Triumphgeheul: »Deus lo volt!«

Im ersten Morgendämmer gewahren die Einwohner und die Verteidiger Antiochias die fremden Ritter mitten in ihrer Stadt. Schon hat Bohemund eine Anhöhe zwischen den Häusern und der Zitadelle auf der Bergspitze gestürmt und pflanzt dort sein purpurnes Banner auf, das nun über der Metropole flattert.

Panik bei den Türken. Der Emir vernimmt Lärm vom Tor der zwei Schwestern und denkt sich zunächst wenig dabei. Was soll schon geschehen? Dann die Erkenntnis, dass der Feind die Befestigung überwunden hat. Blinde Angst: Yaghi-Siyan wirft sich auf ein Pferd, nur wenige Getreue folgen ihm. Das nächste Tor lässt er aufreißen: Hinaus in die Berge, nur fort aus Antiochia!

Mit der haltlosen Flucht ihres Herrn kollabiert die Ordnung der Verteidiger. Alle fliehen nun, drängen hierhin, dorthin, nur hinaus! Doch die Panzerreiter mit den Lanzen, die schwert- und streitaxtschwingenden Fußsoldaten sind plötzlich überall. Geschrei, Gewalt. Tote und Sterbende auf den Straßen, Fliehende und ihre Verfolger, die rücksichtslos auf diese Leiber eintreten.

Ein verängstigter Trupp Seldschukenkrieger, in die Enge getrieben, stürzt über eine Felsenklippe am Bergrand in die Tiefe. »Ein freudvoller Anblick für uns«, schreibt der geistliche Chronist Raimund von Aguilers, »aber wir trauerten um die mehr als 30 Pferde, die sich dort ihre Hälse brachen.«

Die Fußsoldaten brechen die Häuser auf und plündern – und keiner fragt, ob er einen Muslim oder einen Christen ausraubt. »Niemand vermag zu sagen, wie groß die Beute ist«, schreibt Raimund von Aguilers weiter. »Glaube, was du willst – und addiere dann noch etwas dazu.« Es sind vor allem die Armen, die zusammenraffen, was sie greifen können. Die Ritter, erfahrenere Kriegsmänner, machen zunächst systematisch Jagd auf die Türken und töten möglichst viele Feinde.

Und doch sind sie nicht schnell genug. Ein Sohn des Emirs, Schams ad-Daula, mit kühlerem Kopf als sein Vater gesegnet, ruft einige Krieger zusammen und stürmt den Berg Silpios hoch bis zur Zitadelle. Diese Gipfelfestung über der Stadt verteidigt er verbissen, auch als die Kreuzzügler nachsetzen. Selbst Bohemund von Tarent wird beim Sturm auf jene Burg verwundet, doch unverrichteter Dinge muss er sich zurückziehen: Die Zitadelle bleibt in türkischer Hand.

Machtlos aber ist der Sohn über das Schicksal des Vaters. Emir Yaghi-Siyan galoppiert in die Berge, bis er vor Erschöpfung zusammenbricht. Die Berichte über seine letzten Augenblicke widersprechen sich in Details, klar ist aber dies: Seine Gefolgsleute lassen den Erschöpften zurück, vielleicht irgendwo auf freiem Feld, vielleicht in einem kleinen Dorf. Der Emir wird von armenischen Christen entdeckt, möglicherweise von einigen Bauern, vielleicht von einem Köhler. Die Armenier jedenfalls erschlagen Yaghi-Siyan, schneiden ihm den Kopf ab – und präsentieren wenig später Bohemund stolz die schaurige Trophäe.

Gegen Nachmittag

Die Metropole, die sie so lange belagert haben, gehört endlich den Kreuzfahrern. Triumph? Nein, nur bei den Dummköpfen vielleicht.

»Sämtliche Straßen der Stadt waren auf beiden Seiten voller Leichen, sodass es wegen des Gestanks keiner hier aushalten konnte«, berichtet ein christlicher Chronist. »Auch kam keiner auf den engen Wegen der Stadt voran, es sei denn, über die Leichen.« Kein Türke lebt mehr in Antiochia. Nur die Christen der Metropole sind verschont geblieben. Doch die Syrer waren den Kreuzzüglern immer feindlich gesonnen; die Armenier werden es nun auch sein, da man ihre Häuser geplündert hat. Viele potenzielle Verräter und Spione werden sich in den ausgeraubten Gebäuden verstecken.

Die Stadt, nach langer Belagerung schon erschöpft, ist binnen weniger Stunden ohne Sinn und Verstand leergeräumt worden. Schon sind die Vorräte knapp. Und was es noch gibt, das ist nicht zentral gelagert, man kann es nicht rationieren und verteilen. Eine lange Belagerung wird man hier nicht aushalten können.

Genau die aber droht: Kerboga von Mossul kann nun jeden Tag vor den Mauern aufmarschieren. Eilig wird der Tross, werden Frauen und Kranke vom Lager hinter die schützenden Befestigungen gebracht. Die Kreuzzügler aber haben nicht einmal genügend Männer, um diese riesigen Wälle überall zu besetzen. Auf Hunderte Meter müsste man die Stadt unbewacht lassen – oder sie den Einwohnern Antiochias anvertrauen. Die aber sind ergrimmt, man darf ihnen nicht trauen.

Schlimmer noch: Die Zitadelle oben auf dem Gipfel ist noch in türkischer Hand. Wie ein Adler kann der Sohn des Emirs von dort aus die Stellungen der Christen überblicken, kann jederzeit einen Ausfall wagen, wenn ihm die Gelegenheit günstig zu sein scheint – und kann Boten über eine Pforte ins Gebirge hinausschicken. Boten, die sich bis zu Kerboga durchschlagen und dem Belagerer draußen im Detail von der Lage drinnen berichten können.

Freitag, 4. Juni 1098, Antiochia

Eilig werden die Leichen fortgeschafft. Wachen bemannen die Mauern; weitere Kreuzritter lagern am Berghang, der Zitadelle gegenüber, um dort einen Ausbruch zu erschweren. Eilig richten sie dort auch eine Mauer aus groben Steinen auf, als Wall gegen Ausfälle.

Bischof Adhémar weiht die Kathedrale Sankt Peter wieder, die der Emir als Pferdestall geschändet hatte. Der orthodoxe Patriarch ist auch dabei, ihn haben die Kreuzzügler lebend aus dem Kerker geborgen und in sein altes Amt eingesetzt. Das versöhnt manche der christlichen Einwohner mit den neuen, fremden Herren – und auch die Tatsache, dass die von Yaghi-Siyan vertriebenen Männer wieder zu ihren Familien zurückkehren können.

Bohemund von Tarent, der auf jeden Fall verhindern will, dass Antiochia an Byzanz fällt, wird den Wiederaufstieg des orthodoxen Patriarchen wohl nur ungern gesehen haben. Aber was kann er tun? Zu pietätlos und unchristlich und, angesichts der latenten Feindschaft vieler Einwohner, auch militärisch dumm wäre es gewesen, dagegen irgendwie einzuschreiten.

Immerhin kommt wohl in diesen Stunden Verstärkung in die Stadt: Herzog Robert von der Normandie, der lange an der Küste weilte, reitet mit Gefolge nach Antiochia ein.

Dass dort vielleicht doch nicht alle muslimischen Einwohner erschlagen worden sind, deutet Raimund von Aguilers an. Der christliche Chronist vermerkt missbilligend, dass viele Kreuzfahrer der Musik »tanzender Heidenmädchen« lauschen – eine Sünde in seinen Augen, für die Gott die Krieger nur zu bald strafen werde.

Samstag, 5. Juni 1098, an der Eisernen Brücke

Kerbogas Heer nimmt die Brücke über den Orontes ein. In einem Burgturm haben sich einige Kreuzzügler verschanzt. Sie werden niedergemacht, nur ihr Anführer wird in Ketten gelegt. Andere Kreuzzügler – wohl arme Männer, die im Umland plündern wollten, oder Deserteure, die sich zur Küste durchzuschlagen hofften – werden aufgegriffen. Die Seldschukenkrieger spotten, wie ein Zeitgenosse schreibt, über »ein ziemlich wertloses, vollständig mit Rost bedecktes Schwert und einen noch schlechteren Bogen sowie einen Speer, der vollkommen unbrauchbar war, lauter Dinge, die sie soeben armen Pilgern abgenommen hatten«. So elend bewaffnet sind die fremden Ritter! Leicht werden sie zu besiegen sein!

Am gleichen Tag noch erreicht die Vorhut des Atabeg von

Mossul die Stadt am Orontes. Und 48 Stunden später lagert Kerbogas Heer genau an jener Stelle, wo noch fünf Tage zuvor die Kreuzzügler ihre Zelte aufgeschlagen hatten.

Nun werden die Christen in Antiochia belagert.

Schams ad-Daula, der Sohn von Emir Yaghi-Siyan, der kaltblütig wenigstens die Zitadelle gerettet hat, schickt Boten ins Lager. Ein Chronist überliefert auch, dass er persönlich hinausgeschlichen sei aus seiner Festung. Erleichtert begrüßt er Kerboga als Glaubensbruder und Befreier. Doch dann die bittere Enttäuschung: Der Atabeg von Mossul schickt einen Vertrauten sowie eigene Krieger auf heimlichen Wegen bis in die Zitadelle. Fortan kontrolliert er selbst die Festung über Antiochia – um den Preis allerdings, dass die überlebenden Kämpfer dort gedemütigt sind.

Nicht sein einziger Fehler.

Während des Kriegszugs hat sich ihm doch noch Duqaq von Damaskus mit seinem Heer angeschlossen, der jüngere der verfeindeten Brüder. Doch der flüstert nun mit anderen lokalen Herren, die sich unter dem Banner des Atabeg von Mossul eingefunden haben: Wenn Kerboga Antiochia einnehme, wer hätte dann die Macht in Syrien? Doch wohl der Atabeg selbst! Was aber, wenn Kerboga verlöre? Der Atabeg wäre geschwächt, er müsste sich nach Mesopotamien zurückziehen und käme niemals wieder nach Syrien. Und die Christen? Kaum zu glauben, dass die sich lange in Antiochia halten würden ... Sollen sich doch die Ungläubigen und Kerboga gegenseitig schwächen, am Ende würden davon vor allem die Herren der syrischen Städte profitieren! So spinnt Duqaq eine mörderische Intrige, und Kerboga merkt es nicht.

Auch die Christen ahnen nichts von den heimlichen Rissen im Riesenheer, das da nun bedrohlich vor der Mauer lagert. Banner, weiße Gewänder, blitzende Waffen, prachtvolle Zelte, der Ruf des Muezzins. Schrecklich ist dieser Anblick, von einer »unermesslichen Menge« schreibt Fulcher von Chartres. Niemals zuvor ist ihre Lage so verzweifelt gewesen.

Mittwoch, 9. Juni 1098, Antiochia, früher Morgen

Herzog Robert von der Normandie kämpft um sein Leben. Plötzlich sind türkische Krieger in der Stadt. Aber nicht von außen, aus Kerbogas Lager, sind sie gekommen, sondern von oben, nämlich aus der Zitadelle. Die Seldschuken dort berennen die improvisierte Mauer, welche die Kreuzzügler in den letzten Tagen um den Berg Silpios gezogen haben. Der Normanne, Hugo von Vermandois und Robert von Flandern befehligen an diesem Morgen zufällig den Wall, als der Überfall beginnt. Schwere Kämpfe, dann weichen die Feinde zurück, verschwinden wieder hinter den uneinnehmbaren Mauern der Zitadelle.

Ein Sieg der Christen, der doch ihre Moral erschüttert. Beinahe wäre Antiochia gefallen – und das durch die schwächere jener beiden feindlichen Streitmächte, die nun die Metropole wie die Backen einer Zange umschließen. »Die Franken blieben darin zurück, eingemauert, wie sie waren, wobei sie sich noch größere Sorgen machten, als man sich vorstellen kann«, gesteht Fulcher von Chartres.

Für Kerboga ist es eine Lektion: Nicht im sofortigen Angriff wird er diese fremden Krieger vernichten, dafür kämpfen sie zu wild. Er wird sie zermürben, aushungern. Die Zeit, so denkt der Atabeg, ist seine Verbündete. Eine gefährliche Kalkulation.

Donnerstag, 10. Juni 1098

Kerbogas Riesenheer rückt noch näher an die Mauern heran, »eine unermessliche Menge von Türken«, berichtet Fulcher von Chartres. So verzweifelt sind die Kreuzzügler, dass sie mit ihren wenigen Reitern den eisernen Lindwurm attackieren – in der Hoffnung, die noch unerprobten feindlichen Truppen zu zerstreuen.

Stattdessen werden die Christen schmählich nach Antiochia zurückgejagt. »Da gab es im Heer einen Ritter, höchst ausgezeichnet und allen sehr lieb«, schreibt Raimund von Aguilers, »Roger von Barneville mit Namen, der, während er die Armee des zurückweichenden Feindes verfolgte, gefangen wurde und seines Kopfes verlustig ging.« Und ein anonymer Chronist weiß von der anschließenden Flucht zurück in die Stadt: »Das Tor war so furchtbar eng und schmal, dass viele im Gedränge zu Tode getrampelt wurden.«

Verzweiflung. Hunger. Langsam realisieren die Kreuzzügler, wie leer sie die Stadt geplündert haben. Ein zentrales Lager, eine von einem Anführer überwachte Essensausgabe existiert nicht. Jeder muss sich Essbares besorgen, wo er kann. Ein Laib Brot ist für einen goldenen Byzantius zu haben, ein Huhn ist fünfzehnmal so viel wert – Preise, die kein Armer bezahlen kann, selbst eine einzige Walnuss kostet einen Denar. Also schälen die Kreuzzügler die Rinde von Bäumen, reißen Blätter ab oder essen, wie schon im Winter, die Häute von Tieren. Andere richten Schlachtermesser gegen Esel und sogar gegen die Pferde.

Gottes Strafe, so der fromme Fulcher, »weil sie sich sogleich nach der Einnahme mit unehelichen Frauen vereinigt haben«. Ob dies fröhliche Siegesfeiern gewesen sind oder Besuche bei Freudenmädchen oder Vergewaltigungen hilfloser Frauen der Einwohner, das verrät der Kanoniker nicht, es mag ihn auch gar nicht interessieren. Wichtig ist ihm nur, dass die Krieger sündig leben und dafür sofort bestraft werden. Und so wie Fulcher denken viele im Heer und nicht nur die Kleriker.

In der darauffolgenden Nacht hangeln sich einige Ritter an einem Seil heimlich die Mauer hinunter, angeführt von einem Grafen sowie zwei adeligen Brüdern: Wilhelm und Alberich von Grandmesnil. Die Männer lassen Rosse und ihre schweren Waffen zurück. Zu Fuß schleichen sie weiter gen Westen, passieren unerkannt das Lager von Kerbogas Heer – und desertieren Richtung Sankt Symeon. So rasch laufen sie, dass »wohl ihre Hände als auch ihre Füße bis auf die Knochen abgerieben waren«, wie ein christlicher Chronist bitter spottet.

Nach etlichen Stunden erreichen die Flüchtlinge den Hafen, in dem tatsächlich Schiffe aus dem Abendland ankern. Vielleicht sind es Galeeren aus Genua, vielleicht einige Segler aus der Piratenflotte des Guynemer von Boulogne. Rufe, Kommandos, am Rand der Panik wohl: Die Ritter melden, dass Antiochia an den schrecklichen Kerboga fallen werde: »Ihr armen Teufel, warum bleibt ihr hier? Alle die Unsrigen sind tot, und wir selbst sind dem Tod nur knapp entgangen, denn das türkische Heer belagert die anderen in der Stadt.«

Die Schiffe segeln davon.

Kurz darauf galoppiert tatsächlich eine Patrouille der Seldschuken bis zum Hafen. Einige aufgegebene Schiffe und Vorräte gehen in Flammen auf.

Ein militärischer Schlag für die Eingeschlossenen, eine Schande für die Flüchtlinge: »Seiltänzer« wird man diese Ritter bald auf Europas Burgen nennen. Doch für ihre zurückgebliebenen Kameraden ist es auch eine moralische Katastrophe: Wilhelm von Grandmesnil ist mit einer Schwester Bohemunds von Tarent verheiratet. Und wenn schon der Schwager des legendären Normannenfürsten desertiert, dann muss es wahrhaft schlecht stehen.

Schlimmer noch: Die Schiffe mit den Deserteuren erreichen den Hafen Tarsos. Dort lagert Stephan von Blois, der es zwischenzeitlich bereute, als erster Fürst geflohen zu sein. Nach der Einnahme von Antiochia wollte er zurückeilen, sah dann aber Kerbogas Heer und versteckt sich seither im Hafen, unschlüssig, was er nun tun soll. Nun muss er von jenen Rittern hören, dass alles verloren ist.

Ein zweites Mal wendet sich Stephan von Blois zur Flucht.

Noch in Kleinasien trifft er dabei in den folgenden Tagen auf ein riesiges byzantinisches Heer, das von Kaiser Alexios Komnenos selbst kommandiert wird. Dem berichtet Stephan von Blois, dass Antiochia gefallen sei. Der Monarch fürchtet einen Angriff der Seldschuken – und er steht mit seinen Soldaten isoliert in Kleinasien! Rasch gibt er Kommandos: Das byzantinische Heer, statt zur Hilfe gen Syrien zu eilen, marschiert in Eilmärschen nach Konstantinopel zurück.

Einen »Feigling« wird ein Chronist Stephan von Blois schimpfen. Der Papst wird ihn und alle, die mit ihm flohen, gar exkommunizieren. Über den »Verrat« der Byzantiner sind die Eingeschlossenen von Antiochia ergrimmt. Doch der Zorn nützt ihnen nichts: Die christlichen Streiter werden sich ihren Weg ins Heilige Land allein freikämpfen müssen, geschwächt, demoralisiert und ohne Hilfe aus Konstantinopel.

Stephan von Blois aber wird ins Abendland zurückkehren, entehrt und viel verspottet. Seine zornbebende Gattin wird die Schande nicht ertragen – und ihn öffentlich schmähen und damit zwingen, ins Heilige Land zurückzukehren. Nur so auch wird der Papst die Exkommunikation zurücknehmen. Dort aber wird Stephan von Blois im Frühjahr 1102 in einem Gefecht mit Muslimen erschlagen – ein gefallener Glaubensstreiter, der selbst im Tod sein beschmutztes Ansehen nicht wiederherstellen kann.

Samstag, 12. Juni 1098

Kerboga greift an! Vielleicht verlässt den Atabeg, der doch eigentlich die Belagerten zermürben will, die Geduld. Vielleicht haben sich aber auch die zahlreichen Deserteure doch nicht so unbeobachtet aus der Stadt geschlichen wie gedacht – und die Türken glauben die Christen nun entscheidend geschwächt.

Schwere Kämpfe an zwei Türmen der Südwestmauer. Ein Normanne kämpft so wütend, dass ihm nacheinander drei Speere in den Fäusten zerbrechen – und ihn seine Kameraden seither ehrfürchtig »Hugo den Berserker« nennen.

Noch einmal siegen die Kreuzzügler, drängen im Schutz der Abenddämmerung Kerbogas Männer zurück. Aber wie lange noch? Bohemund lässt danach die Häuser direkt hinter der Mauer niederbrennen, um freies Kampffeld zu haben; selbst der ehemalige Palast von Yaghi-Siyan geht in Flammen auf. Nirgendwo etwa sollen sich Feinde heimlich einschleichen und verschanzen können – und nirgendwo sollen sich Kreuzzügler, die zum Getümmel auf den Zinnen eingeteilt sind, zukünftig vor dem Kampf verstecken können. Eine verzweifelte Verteidigungsmaßnahme, die zudem fast die Metropole, die sie doch um jeden Preis halten wollen, der Vernichtung anheimgegeben hätte: Als der Wind dreht, wären die Brände beinahe von den Häusern in Mauernnähe auf alle Bauten des Zentrums übergesprungen.

Beißender Qualm zieht über Antiochia, wo es nach Feuer und glühendem Holz stinkt und nach den schlecht begrabenen Toten des Kriegs, nach Unrat und Not. Angeblich, so berichtet ein Augenzeuge, brennen »nahezu zweitausend Kirchen und Häuser« nieder: »Der weise Bohemund wurde darüber sehr betrübt.« Gegen Mitternacht erst legt sich der Sturm; noch einmal ist die Stadt gerettet.

Mag sein, dass die Kreuzzügler, die hier ausharren, nun noch empfänglicher werden für Wundergeschichten als sonst – und bald schon werden sie eine erleben.

Montag, 14. Juni 1098, in der Sankt-Petri-Kathedrale, Antiochia

Mosaike schimmern an den Gewölben des alten Gotteshauses, leuchten hoch über den Köpfen von Rittern und armen Kreuzzüglern, die mit Hacken und Schaufeln den Boden aufbrechen. Raimund von Toulouse, wieder einmal gezeichnet von einer Krankheit, sieht der seltsamen, mit frenetischem Eifer durchgeführten Schufterei zu – wahrscheinlich mit höchst hoffnungsvoller Miene, während der Boden der Kathedrale langsam zur Baugrube wird.

Das erstaunliche Schauspiel ist das Werk eines Mannes, der aus dem Nichts kommt: Peter Bartholomäus.

Der ist ein armer, doch lesekundiger Bauer, den es als Diener eines provenzalischen Pilgers auf den Kreuzzug verschlagen hat. Im Tross ist der noch recht junge Mann eher als rauer Geselle denn als frommer Gottsucher bekannt.

Kurz nachdem Kerboga seinen beinahe verheerenden Angriff unternommen hat und daraufhin die Deserteure über die Mauer verschwunden sind, ist Peter plötzlich im Zelt des Raimund von Toulouse erschienen und wünschte ebenso unterwürfig wie nachdrücklich den Grafen sowie den Bischhof von Le Puy zu sehen. Sofort.

Die hohen Herren gewähren ihm Gehör. Was denn sei?

Eine Vision!

»Andreas, Apostel unseres Gottes und unseres Herrn Jesus Christus, hat mich vor Kurzem zum vierten Mal ermahnt und mir befohlen, zu Euch zu gehen und Euch, nachdem Ihr die Stadt erobert habt, die Lanze zurückzugeben, mit der die Seite unserers Retters geöffnet wurde.« Umständlich erklärt dann Peter Bartholomäus, ihm, dem armen Pilgersdiener, sei seit Monaten immer wieder der heilige Andreas erschienen und habe ihm offenbart, dass die Heilige Lanze zu Antiochien zu finden sei! Jener Speer, mit dem einst der Kriegsknecht Longinus den am Kreuz hängenden Heiland verletzt und sein kostbares Blut vergossen habe. Eine gewaltige Reliquie! Sei sie erst beim Heer, dann werde niemand mehr die Kreuzzügler besiegen: »Und keiner wird ihnen standhalten können!«

Monatelang habe er nicht den Mut gefunden, irgendjemandem davon zu berichten; immer wieder sei der Heilige gekommen, habe ihn strenger und strenger ermahnt. Dann, bei jenem letzten Kampf gegen Kerboga, sei er um ein Haar zwischen zwei Pferden zerquetscht worden und habe sich da endlich überwunden, die Vision den hohen Herren zu berichten.

Der Bischof ist unbeeindruckt: Wird die Reliquie der Heiligen Lanze nicht längst in einer Kirche verehrt – und zwar zu Konstantinopel? Wie kann sie da noch in Antiochia versteckt sein? Und überhaupt: Der gebildete Kleriker misstraut dem dahergelaufenen Armen. Was sind kirchliche Würde und Amt noch wert, wenn jeder Bauer Visionen zum Besten gibt? »Der Bischof glaubte in ihr nur leeres Gerede zu erkennen«, schreibt Raimund von Aguilers, der geistlich gebildete Chronist.

Die Seele des Grafen Raimund aber erschaudert. Den Adeligen, welt- und kriegserfahren, in religiösen Dingen aber fast kindlich-fromm, erfasst eine heilige Scheu. Wahrscheinlich redet Peter Bartholomäus auch sehr viel bezwingender, als es sein niedriger Stand vermuten ließe: In seiner Vision, so verkündet er etwa, sehe er die durch die Heilige Lanze unbesiegbar gewordenen Kreuzzügler unter Führung des Grafen Raimund voranreiten. Der Graf wird das nicht ungern vernommen haben, jedenfalls nimmt er den Niemand in sein Gefolge auf. Und er verspricht ihm, nach der Heiligen Lanze an der von ihm bezeichneten Stelle suchen zu lassen.

In der Kathedrale Sankt-Petri.

Und so versammeln sich fünf Tage später Ritter und Arme im Gotteshaus, mit Hacken und Spaten über den Schultern. Auch Raimund von Aguilers – jener Kleriker, der später ein Chronist des Kreuzzugs werden wird – ist in dieser Stunde dabei. Bischof Adhémar, ungläubig, doch klug genug, sich dem frommen Eifer der eingeschlossenen, hungernden Christen besser nicht in den Weg zu stellen, hat ihnen seinen Segen gegeben.

»An diesem Tag, nach den notwendigen Vorbereitungen«, erinnert sich Raimund von Aguilers, »und nachdem jeder andere aus der Kirche Sankt-Petri geschickt worden war, begannen zwölf Männer zusammen mit dem Mann, der von der Lanze gesprochen hatte, zu graben. Unter diesen zwölf Männern waren Wilhelm I., Bischof von Orange, und Raimund, Kaplan des Grafen, der dies niederschreibt, sowie der Graf selbst und Pontius von Balazun und Feraldus von Thouars. Und nachdem wir von morgens bis abends gegraben hatten, begannen einige daran zu verzweifeln, dass wir die Lanze finden mögen. Der Graf ging, weil er einen Teil der Befestigungen bewachen musste; doch statt seiner und der anderen, die vom Graben müde waren, führten wir neue Männer hinein, die ausgeruht waren und weitergruben. Als jedoch der junge Mann, der von der Lanze gesprochen hatte, sah, dass wir erschöpft waren, zog er sich aus und stieg, seine Schuhe abstreifend, in die bereits gegrabene Grube hinab, wobei er uns ernstlich ermahnte, zu Gott zu beten, dass er uns Seine Lanze zur Beruhigung und zum Sieg Seiner Männer gebe. Schließlich war der Herr geneigt, uns durch Seine Gnade Seine Lanze zu zeigen. Und ich, der dies geschrieben habe, küsste sie, als bloß erst ihre Spitze über dem Boden erschien. Welch große Freude und Jubel dann die Stadt erfüllte, das kann ich nicht beschreiben.«

Und so ist es also nach einem langen, mühseligen Tag Peter Bartholomäus selbst, der in einer tiefen Grube im Dämmer des vergehenden Tages eine Lanzenspitze findet ...

Der Trick eines Hochstaplers, der dann, wenn er allein ist, seine Kameraden erschöpft sind oder inbrünstig beten und das Licht schwindet, mit geschickten Fingern ein Stück rostiges Eisen an passender Stelle in den Boden drückt? Mag sein. Ziemlich sicher sogar, dass Bischof Adhémar diese Wundergeschichte niemals glaubt, dass auch manche der anderen Fürsten mehr als nur leichte Zweifel an dieser erfüllten Vision überkommt.

Niemand aber wagt ein Wort des Widerspruchs.

Denn die Armen, die einfachen Kämpfer und wohl auch viele Edelmänner jubeln. Kein Zweifel hier, dass Gott ein Zeichen gegeben hat. Hat er sich nicht schon in der Nacht zuvor offenbart?

»Wir sahen ein wunderbares Zeichen am Himmel«, schreibt Raimund von Aguilers. »Während der Nacht stand über der Stadt ein sehr großer Stern, der nach kurzer Zeit in drei Teile zerbrach, die auf das Lager der Türken stürzten.«

Ein Meteorregen wahrscheinlich, aber was wissen die Kreuzzügler schon von diesen Phänomenen?

Für sie ist es ein Zeichen, das zu jener rostigen Eisenspitze passt, ihre Entdeckung andeutet. Der Herr ist mit ihnen! Fast ist es, als warteten die hungernden Belagerten nur auf diese Bestätigung, auf dieses eine Zeichen. Neuer Mut! Kampfeseifer! Was soll ihnen schon geschehen, steht Gott doch auf ihrer Seite!

Dieselbe Armee jedenfalls, aus deren Reihen noch Tage zuvor ranghohe Ritter schmählich über die Mauer desertierten, bebt plötzlich wieder vor Mut und Blutgier. Zumal Bischof Adhémar in jenen wundersüchtigen Tagen zuvor schon eine Bibel hat bringen lassen und die Führer schwören ließ, »dass keiner von ihnen, so lange er lebe, fliehen würde, weder aus Furcht vor dem Tod noch um auf Rettung seines Lebens zu hoffen«.

Bohemund von Tarent leistet den Eid als erster Fürst, ihm folgen Graf Raimund von Toulouse, Herzog Gottfried von Bouillon, Robert von Flandern, Robert von der Normandie. Und selbst Tankred legt die Hand auf die Heilige Schrift, wobei er, der fast mittellose, aber ehrgeizzerfressene Normanne, klugerweise sein Gelübde ergänzt um die Floskel, »solange mir noch vierzig Ritter folgen«.

»Als die Christen von diesem Eid erfuhren, waren sie beträchtlich ermutigt«, schreibt ein Chronist. Es sind die Fußsoldaten und die Armen, die nun drängen: Warten wir nicht länger in Antiochia! Greifen wir die Türken an!

Graf Raimund von Toulouse ist zwar erbaut vom Wunder der Heiligen Lanze, doch geschwächt von einer Krankheit – Raimund von Aguilers schreibt gar, er sei »tödlich krank«, was sicherlich eine Übertreibung ist, aber doch zeigt, dass der Fürst nicht bei Kräften ist. Die Heeresführung muss er ausgerechnet nun wieder seinem ärgsten Rivalen überlassen: Bohemund von Tarent. Und auch der Normanne, dem vielleicht Spione dies und jenes aus dem türkischen Lager zugetragen haben, erkennt, dass der Angriff, die eine, große Entscheidungsschlacht die Rettung der Kreuzzügler bedeutet – und die Erfüllung seines eigenen, geheimen Traums.

Sonntag, 27. Juni 1098, im Lager des Atabeg Kerboga von Mossul

Unterhändler aus Antiochia, ein Ritter namens Herluin, des Arabischen und Persischen mächtig – sowie Peter der Einsiedler, der Eremit, ehemaliger Anführer des Volkskreuzzugs und schmählich eingefangener Deserteur. Die beiden ungleichen Kreuzzügler begeben sich ins feindliche Lager. Ein mutiges Unterfangen, denn die Regeln der Gesandtschaft sind keineswegs universal; niemand weiß, ob die beiden Christen den Besuch bei den Türken überleben werden.

Herluin, über den man sonst wenig weiß, mag als Kämpfer und Kenner orientalischer Sprachen einen idealen Unterhändler abgeben. Aber der Eremit? Warum wird der von Bohemund entsandt? Wird er überhaupt vom Herrn von Tarent losgeschickt?

Die christlichen Chronisten bleiben seltsam vage, wenn sie jenen Tag beschreiben. Zwar fügt der eine oder andere Berichterstatter lange Reden ein, die Peter der Eremit und Kerboga gehalten haben sollen, doch sind diese offensichtlich nachträglich von den Verfassern selbst komponiert worden. Möglich, dass Peter sich zu dieser gefährlichen Aufgabe freiwillig meldet, ja sich nach ihr drängt, um seine nach dem Fluchtversuch beschädigte Reputation wieder zu verbessern. Möglich aber auch, dass er, der doch nicht öffentlich gedemütigt wurde, dies gar nicht nötig hat, zumindest bei den Armen nicht: Dass der Einsiedler nämlich von der Masse der Kreuzzügler noch immer als Autorität, als Repräsentant der Mittellosen gesehen wird – und dass er mitkommt, weil eben jene Armen ihren Fürsten misstrauen.

Wie auch immer: Der Eremit und der Ritter werden von Kerboga gnädig empfangen – auch wenn Peter der Einsiedler es übel aufnimmt, dass er vor dem Atabeg knien muss. Verhandlungen des Mönchs in abgerissener Kutte mit dem Herrn in Brokat und Seide. Worüber genau? Wieder seltsam unscharfe Darstellungen der mittelalterlichen Gewährsleute: Vielleicht bieten die Kreuzzügler ihren Feinden an, den Kampf durch eine Serie heroisch-ritterlicher Zweikämpfe zu entscheiden. Wer diese gewinne, dem solle Antiochia gehören. Das zumindest berichtet Fulcher von Chartres.

Kaum glaublich, dass Bohemund ernsthaft denkt, die Türken könnten darauf eingehen. Wahrscheinlicher ist, das legen byzantinische und arabische Chroniken nahe, dass die Kreuzzügler, hungrig und erschöpft, um freien Abzug bitten: Wenn man sie gehen lasse, würden sie ins Abendland zurückkehren.

Damit wäre der Kreuzzug schmählich gescheitert.

Doch diese Bitte, wenn sie denn je so geäußert worden ist, lehnt Kerboga ab: Er fordert die bedingungslose Übergabe.

Ergebnislos gehen die Verhandelnden auseinander.

Ergebnislos? Vielleicht auch hat keiner der Kreuzzügler je ernsthaft eine Übereinkunft gewollt. Vielleicht ist diese Gesandtschaft in Wahrheit eine Spionagemission. Vielleicht soll Herluin, der erfahrene Kämpfer, sich im Lager bloß umsehen und umhören.

Er wird Ermutigendes berichten.

Denn das erschöpfte, hungernde Christenheer steht einem ebenso schwachen, weil innerlich zerrissenen Muslimenheer gegenüber. Kerboga ist längst nicht so stark, wie er sich glaubt. Er weiß inzwischen, dass die Fatimiden von Ägypten aus Territorien der Seldschuken angreifen. Ständig muss er weit nach Süden blicken, muss eventuellen Attacken Rechnung tragen: Lange kann er seine Stellung vor den Mauern dieser Stadt nicht mehr halten.

Außerdem gibt es Streit in seiner Armee zwischen den türkischen Soldaten und den viel länger im Land lebenden, sich viel zivilisierter glaubenden Arabern. Auch deshalb laufen fast täglich Krieger davon.

Vor allem aber flüstert Duqaq von Damaskus mit anderen Unterführern und Emiren: Solle man wirklich sein Leben riskieren, um Kerboga zum Sieg und damit zur Macht in der ganzen Region zu verhelfen?

Am Ende dieses Tages jedenfalls beschließt Bohemund von Tarent, diesen Feind anzugreifen. Schon morgen, am Festabend der Apostel Petrus und Paulus.

Montag, 28. Juni 1098, vor Antiochia, früher Morgen

Die Ritter warten hinter einem Stadttor, manche auf schnaubenden Rossen, andere, die ihre Tiere verloren haben, auf Maultieren, wieder andere reihen sich bei den Tausenden Fußsoldaten ein, die hinter den Panzerreitern ausharren. Bischof Adhémar hat in der Nacht das letzte Getreide verteilen lassen – für die Pferde. Sie sollen in den kommenden Stunden nicht vor Hunger zusammenbrechen. Banner im Wind. Priester und Mönche auf dem Mauerkranz, die Psalmen singen und Messen zelebrieren.

In sechs Gruppen sind die Kreuzzügler eingeteilt: Vorneweg werden die Franzosen und Flamen unter Hugo von Vermandois und Robert von Flandern marschieren; dann die Lothringer unter Gottfried von Bouillon (der sich bei Raimund von Toulouse ein Pferd leihen muss, weil er selbst keines mehr besitzt); die Normannen des Robert von der Normandie; die Provenzalen unter Bischof Adhémar; die fünfte Gruppe wird von Tankred kommandiert, die letzte von Bohemund, beide aus den Normannen Süditaliens gebildet.

Lediglich 200 Kämpfer bleiben in Antiochia zurück. Sie besetzen den Wall, welcher der Zitadelle gegenüber errichtet worden ist, damit die türkische Besatzung von dort keinen erfolgreichen Ausfall machen kann. Graf Raimund von Toulouse kommandiert diese Wachen. Ein wenig ehrenhafter Posten, doch der Fürst liegt krank auf seinem Lager.

Das Tor geht auf – und die ersten Ritter stürzen hinaus. Raimund von Aguilers, der Geistliche und Geschichtsschreiber, ist unter ihnen, und was er trägt, ist wichtiger als jedes Schwert oder jedes Banner: Er hält die Reliquie der Heiligen Lanze in Händen …

Rasch, rasch! Ein einziges Tor hat Bohemund öffnen lassen. Trotzdem wird oben auf der Zitadelle schnell eine schwarze Flagge aufgezogen – ein Warnzeichen an die draußen lagernden Glaubensbrüder, dass die Kreuzzügler ausbrechen. Was mag geschehen, wenn Kerboga sofort die Christen angreift, noch bevor die sich auf dem freien Feld vor der Mauer formieren können?

Genau dies will der wichtigste Unterführer im Seldschukenheer tun: Zerschlagen wir die Ungläubigen, solange sie noch schwach und unvorbereitet sind!

Kerboga jedoch zögert, lehnt ab. Angeblich überrascht ihn die Nachricht vom Aufmarsch der Kreuzzügler, während er in seinem Zelt Schach spielt. Der Atabeg tritt aber wahrscheinlich hinaus und entscheidet dann aus militärischen Überlegungen: Stillhalten – sonst wird man nur eine Vorhut der Kreuzzügler zerschmettern, der Rest würde sich weiter in Antiochia verschanzen. Und dann? Nichts wäre gewonnen. Er müsste die Stadt weiter belagern, obwohl er doch keine Zeit mehr hat. Die Fatimiden drohen. Die Unzufriedenen laufen fort. Besser, alle Christen herauszulassen zur Entscheidungsschlacht. Heute Abend wird ihm Antiochia gehören!

Und so formieren sich die Kreuzzügler ungestört und frohen Mutes, glauben sie sich doch von Gott geschützt und unbesiegbar mit der Heiligen Lanze. Diesmal lässt Bohemund die Fußsoldaten in die vorderste Linie stellen, die Reiter dahinter – damit ihnen kein Türke in den Rücken fallen könne.

Sie marschieren voran, über den Orontes, stellen sich auf dem muslimischen Friedhof auf, bei der Burg La Mahomerie, ungestört »wie in einer Prozession«, berichtet Raimund von Aguilers. Und tatsächlich laufen einige weiß gekleidete Mönche und Priester mit, tragen Kreuze, singen Hymnen.

Unsicherheit dagegen auf der anderen Seite: Offenbar hat Kerboga die Zahl der Christen unterschätzt. Nun ist er erschrocken über die Zahl der Ungläubigen, die da aufmarschieren. Hätte er sie doch schon beim Tor angegriffen! Zu spät. Nun entsendet er einen Boten, der den Rittern neue Verhandlungen anbietet.

Der nächste Fehler.

Denn dieser Bote wird von Bohemund und den anderen Fürsten gar nicht beachtet. Für Christen wie Muslime aber ist allein die Tatsache, dass Kerboga zögert und dann einen Herold schickt, ein Zeichen seiner Schwäche.

Bohemund gibt das Angriffssignal.

Die Panzerreiter durchfluten die Reihen der eigenen Fußsoldaten, stürzen dann in die Stellung der Feinde, die christlichen Infanteristen mit Schwertern, Spießen, Streitäxten hintendrein. Kerboga zieht seine Leute zurück, will den Feind weiter von der Mauer weglocken, schickt eine Reitergruppe im großen Bogen um die ineinander verbissenen Heere, damit sie den Kreuzzüglern in den Rücken fallen kann. Doch ein Trupp Christen hält jene Reiter auf, die Umzingelung misslingt.

Und dann desertiert Duqaq von Damaskus mit allen seinen Männern. Und dann noch ein Emir. Und noch einer.

Die Einflüsterungen des jungen Fürsten wirken wie Gift. Er und mehrere Herren syrischer Länder riskieren nichts, sie kämpfen nicht einmal richtig. Sobald die Christen anstürmen, und sie prallen so heftig auf Kerbogas Männer, dass selbst der Bannerträger Bischof Adhémars getroffen niedersinkt, stiebt Duqaq in die Berge, zieht seine Männer ab und verschwindet gen Damaskus.

Wieder eine Vision, die im Christenheer von Mann zu Mann getragen wird, mitten im Getümmel. Viele Kämpfer haben auf einer Hügelkuppe in der Ferne weiße Ritter unter weißen Bannern ausgemacht! Der heilige Georg, der Drachenbezwinger! Der heilige Merkurius, der heilige Demetrius! Nur zu gern wird das geglaubt.

Verwirrung hingegen beim Atabeg und seinen Unterführern. Ihre Linien wanken, das Heer zerbröselt. In seiner Not lässt Kerboga das Gras auf dem Feld anzünden, um vielleicht hinter Rauch und Flammen einen geordneten Rückzug einleiten zu können. Vergebens.

Die Feinde stürmen hindurch – und dann bricht jegliche Ordnung zusammen. Flucht, nur Flucht! Aber nicht einmal mit Plünderung halten sich die Kreuzzügler an jenem Tag auf. Sie drängen die Türken zurück, erobern zwar deren Lager, doch lassen sie die Zelte unberührt, sondern galoppieren einfach weiter. Tausende werden erschlagen, vor allem Fußsoldaten: auf freiem Feld, auf den Straßen, selbst noch an der Eisernen Brücke. Und wer es in die Berge schafft, der wird oft genug von syrischen oder armenischen Christen aus den Dörfern massakriert.

Erst danach wenden sich die Sieger dem Lager zu, wo sie »Gold, Silber, Mäntel und andere Kleidung, Gebrauchsgegenstände und vieles mehr« plündern, wie Fulcher von Chartres bezeugt. »Was die Frauen anbelangt, die in den Zelten des Feindes aufgefunden wurden, so fügten ihnen die Franken kein Leid zu, außer dass sie ihnen Lanzen in den Unterleib stießen. Daraufhin priesen alle mit frohlockender Stimme den Herrn des Lobes.« (Gemeint ist wohl, dass die muslimischen Frauen ermordet, doch nicht vergewaltigt werden – was der fromme Chronist mit Genugtuung festhält.)

Kerboga gelingt zwar die Flucht, er und einige Getreue werden Mossul erreichen. Doch seine Macht ist für immer dahin.

Von der Zitadelle aus haben die muslimischen Verteidiger die Schlacht gesehen. Alles verloren. Was nun? Der Burgkommandant will wenigstens noch das Leben seiner Männer retten. Also schickt er einen Boten nach unten in die Stadt: Er wolle die Zitadelle übergeben, wenn man ihm und den Männern freien Abzug gewähre!

Graf Raimund von Toulouse lässt einen Ritter mit seinem Banner in Richtung Burg schicken. Doch dann die Überraschung: Nein, diesem Herrn wolle man sich nicht ergeben! Nur wenn Bohemunds Banner auf den Zinnen gepflanzt werde, werde man weichen!

Bohemund!

Hat der Normannenfürst längst schon heimliche Kontakte zur Zitadelle geknüpft? Ist dies wieder eine Intrige? Niemand weiß es, kein Chronist berichtet darüber. Vielleicht ist jener Burgkommandant einfach nur gut informiert, durch Spione oder durch das, was er von seiner erhöhten Position aus sehr gut überblicken konnte, und er weiß, wer der mächtigste Herr bei den Feinden ist.

Bohemund von Tarent jedenfalls bringt sein Banner persönlich hinauf, besetzt mit seinen Getreuen die Burg. Jetzt gehört die Zitadelle ihm. Die wichtigste Festung von Antiochia!

Die Türken dort dürfen tatsächlich ehrenvoll und unbehelligt abziehen – einige, unter ihnen ihr Kommandant, konvertieren gar zum Christentum und reihen sich in Bohemunds Gefolge ein. Welch ein Triumph!

Die Seldschukenmacht in Syrien kollabiert. Der Weg ins Heilige Land ist beinahe frei. Antiochia gehört endgültig den Kreuzzüglern – fragt sich nur, wem unter den Rittern.

Nach dem Siegestaumel, womöglich noch in der Nacht auf den Triumph, bricht Streit aus: Bohemund von Tarent verkündet, dass er als Fürst über Antiochia und das Umland zu herrschen wünsche. Die meisten hohen Herren haben wenig einzuwenden: Dass dies ein Bruch des geleisteten Lehenseides gegenüber dem Kaiser von Byzanz ist, mag manchen beunruhigen, doch nicht sehr – schließlich gilt Alexios Komnenos allgemein als Verräter des Kreuzzugs. Bohemund ist zudem ein fähiger Feldherr. Hält er Antiochia, sichert er den Rücken des weiter vorrückenden Christenheeres. Und zudem mag mancher Edle denken: Wenn Bohemund am Orontes bleibt, dann gibt es wieder einen Rivalen weniger um die Macht in Jerusalem, dem ultimativen Ziel.

Graf Raimund von Toulouse redet jedoch leidenschaftlich gegen diesen Plan, erinnert an den Eid, sieht wohl auch die Gefahr, Byzanz zu provozieren: Wer soll die Kreuzzügler auf Dauer versorgen, wenn nicht Konstantinopel? Doch sicherlich sprechen auch Neid und Hass aus ihm – und das wohl zu seinem Schaden.

Denn die anderen Fürsten folgen ihm nicht. Mühsam handelt Bischof Adhémar von Le Puy einen Kompromiss aus. Auch der hohe Kleriker ist gegen Bohemunds Griff nach der Macht, weil er fürchtet, dass mit der Provokation von Byzanz auch die Christen des Ostens sich von den fremden Rittern abwenden könnten. Auf deren Hilfe baut er jedoch, vor allem für die Zukunft im Heiligen Land.

Und so einigt man sich zunächst darauf, gemeinsam in Antiochia zu bleiben. Eine Wahl hat man schließlich auch kaum: Der heiße syrische Sommer bricht an, das geschwächte Heer bedarf dringend der Erholung. Im Umland will man sich versorgen, will sich ausruhen, die Waffen schärfen, neue Rösser kaufen und einreiten. Unterdessen soll eine Delegation zum Kaiser abgehen und ihn vom Fall Antiochias unterrichten. Offiziell wird man ihn bitten, die neu eroberte Stadt persönlich zu betreten. Wahrscheinlich geht jeder der Fürsten davon aus, dass Alexios Komnenos tatsächlich den beschwerlichen und gefährlichen Weg nicht wagen, sondern vielmehr fernbleiben wird. Dann werde man sehen, wie sich die Lage entwickle ...

Wer soll gehen? Hugo von Vermandois meldet sich freiwillig, der Bruder des französischen Königs. Er hat genug vom Abenteuer, er will nach Hause. Also reist er mit kleinem Gefolge um den Anfang des Juli herum ab: »Hugo zog los, kam jedoch nie mehr zurück«, schreibt ein Chronist. (Unterwegs werden ihn Seldschukenreiter überfallen und beinahe töten. Er wird erst im Herbst nach Konstantinopel gelangen – zu spät, als dass Kaiser Alexios Komnenos noch vor dem Winter, in dem traditionell keine Truppenbewegungen stattfinden, eine Armee hätte entsenden können. Aus Byzanz wird also im Jahr 1098 nichts und niemand mehr kommen.)

Doch Bischof Adhémars Kompromiss ist eigentlich gar keiner, ist lediglich eine Geste, mit der die beiden hohen Provenzalen wenigstens ihr Gesicht wahren. Denn im langen Sommer des Jahres 1098 schafft Bohemund von Tarent methodisch, unbeirrt und unbezwinglich Fakten.

Mittwoch, 14. Juli 1098, Antiochia

Genuesische Händler erscheinen in der Stadt: Seefahrer, die im benachbarten Sankt Symeon gelandet sind und sich vorteilhafte Handelskontrakte erhoffen. Bohemund von Tarent gewährt sie ihnen: Sie dürfen Waren in die Stadt bringen und verkaufen, dürfen mit den Kreuzzüglern handeln und erhalten dafür ein eigenes Stadtviertel mit etwa 30 Häusern, einem Marktplatz, sogar einer eigenen Kirche.

Der Normanne handelt hier bereits wie ein Fürst, der über sein Reich bestimmt. Formal hat er kein Recht dazu, mehr noch: Die Genueser sind im Nahen Osten Konkurrenten der Byzantiner – indem Bohemund ihnen Privilegien erteilt, maßt er sich nicht nur byzantinische Rechte an, er schädigt auch massiv die Interessen des Kaisers. Niemand widerspricht.

Die meisten anderen Fürsten haben Bohemunds Herrschaft längst akzeptiert. Der Handel mit den Genuesern erhöht noch sein Ansehen, sichern die Italiener doch fortan mit ihren Schiffen einen Teil der Versorgung des Heeres; der Normanne hat sich also wieder einmal als fähiger Anführer erwiesen – fähiger jedenfalls als der ferne, machtlose Kaiser zu Konstantinopel. Und fähiger auch als Graf Raimund von Toulouse, der krank darnieder liegt.

Eine letzte, trotzige Geste erlaubt sich der Provenzale: Während Bohemund die strategisch wichtige Zitadelle mit seinen Mannen besetzt hält, okkupiert er den ehemaligen, vom Brand beschädigten Palast des Emirs und eine befestigte Brücke, die vor Antiochia über den Orontes führt. Wichtige Positionen, ohne Frage, doch kaum welche, die er ohne Unterstützung anderer Christen bei einem Angriff halten könnte. Und ganz sicher keine, von denen aus man Antiochia beherrschen würde.

Der Sommer schleppt sich dahin. Hitze. »Das Heer in Antiochien«, schreibt ein Chronist zwar, »weilte daselbst in Lust und Heiterkeit.« Tatsächlich jedoch fliehen viele Ritter aus der leer geplünderten Stadt, ziehen mit kleinen Trupps ins Umland, um sich dort zu versorgen. Manche handeln friedlich mit Armeniern und Syrern – andere fallen wie die Schrecken der Nacht über Wehrlose her.

Irgendwann in diesen Wochen bricht in Antiochia eine Seuche aus – Typhus vielleicht, aber die Darstellungen der Chronisten sind zu vage, um das Leiden sicher zu identifizieren. Die Krankheit wirft auch Bischof Adhémar aufs Lager. Die Provenzalen, deren beide Anführer geschwächt sind, werden nun von den Normannen und Lothringern schikaniert und verhöhnt. Das Heer, so scheint es, droht auseinanderzubrechen.

Und ausgerechnet da verlieren die Kreuzzügler einen ihrer wichtigsten Anführer.

Sonntag, 1. August 1098, Antiochia

Der Festtag des heiligen Petrus in Ketten – der letzte kirchliche Feiertag, den Bischof Adhémar von Le Puy erlebt. Noch an diesem Sonntag haucht er sein Leben aus: »Der Bischof war ein Helfer der Armen und ein Anwalt der Reichen«, klagt ein Chronist, »er pflegte die Geistlichkeit in Zucht zu halten und den Rittern zu predigen, indem er sie verwarnte.«

Erschütterung im Heer, selbst bei den Normannen. Sogar Bohemund schwört, er werde persönlich den Leichnam des großen Kirchenmannes nach Jerusalem tragen. Möglich, dass er in diesem Augenblick sogar seinen eigenen Worten glaubt.

Mit Adhémar verlieren die Kreuzzügler ihre höchste kirchliche und moralische Autorität, ihren fähigsten Diplomaten, einen erfahrenen Organisator, Strategen und, wenn es gilt, sogar Truppenführer.

Und sie verlieren den einzigen Mann, der mit Geschick und Langmut die verfeindeten Anführer immer wieder geeint, sie immer weiter gen Heiliges Land gerissen hat.

8 MEUTEREI

Ihr werdet jetzt bald aufbrechen, um euer Land in Besitz zu nehmen, und der Herr, euer Gott, wird es euch gelingen lassen. Er wird sieben Völker vor euch vertreiben, die größer und stärker sind als ihr.
(Deuteronomium 7, 1)

Dienstag, 3. August 1098, Antiochia

Graf Raimund von Toulouse, der noch um seinen toten Freund, den Bischof, trauert, gerät in eine fatale Lage. Denn Peter Bartholomäus verkündet eine neue Vision: Der heilige Andreas habe ihn wieder besucht und jemanden an der Hand mit sich geführt – Adhémar von Le Puy. Der habe tatsächlich seit seinem Tod in der Hölle geschmort, sei dann aber durch die Gebete der Kreuzzügler und einige fromme Spenden zur Aufbewahrung der Heiligen Lanze errettet worden.

Nun, da er erlöst sei, dürfe man seinen Leichnam in der Kathedrale Sankt-Petri zu Antiochia beerdigen – nicht in Jerusalem. Die Orontes-Metropole selbst solle man einem Edlen übergeben, der darauf Anspruch erhebe, so habe der Heilige verkündet, vorausgesetzt, dieser Edle sei ein rechtschaffener Mann. Zudem müsse ein Patriarch katholischen Glaubens für diese Stadt ernannt werden. Sodann sollten alle Kreuzzügler ihre Sünden bereuen und gen Jerusalem ziehen – das liege nur zehn Tagesmärsche entfernt. Wenn sie jedoch nicht zu einem gottgefälligen Leben zurückfänden, dann werde diese Reise zehn Jahre währen.

Man muss kein Zyniker sein, um diese Vision nicht als Offenbarung Gottes, sondern als höchst weltliches Manifest bestimmter Gruppen von Kreuzzüglern zu sehen, nämlich der Armen im Heer und vor allem des provenzalischen Kontingents, arm wie reich. Dass Bischof Adhémar von Le Puy, wenn auch nur kurz, zur Hölle gefahren sei, das ist die Rache des Peter Bartholomäus dafür, dass der Bischof ihm die Geschichte mit der Heiligen Lanze nie wirklich geglaubt hat. Außerdem erhebt er damit nun selbst den Anspruch, zumindest als eine Art moralisch-religiöser Anführer der Armen angesehen zu werden.

Der Rest ist ein als Vision getarntes Ultimatum an Graf Raimund von Toulouse. Überlass Bohemund die Stadt Antiochia, sofern der Fürst uns weiterhin hilft! Setze einen katholischen Patriarchen ein, denn wir wollen mit Byzanz und den Orthodoxen nichts zu schaffen haben! Und zieh endlich nach Jerusalem!

Was soll Graf Raimund tun? Wie er sich auch entscheidet, er wird verlieren: Die Vision des Peter Bartholomäus ist ja ein Angriff auf das Ansehen und auch, was die Aussöhnung mit den Orthodoxen und den Kompromiss mit Byzanz angeht, auf die Politik Adhémars von Le Puy (die auch der Graf selbst verfolgt). Akzeptiert er die Vision, dann beschädigt er das Erbe des Bischofs und, da er ein enger Freund des Verstorbenen war, unterminiert seine eigene Reputation. Außerdem muss er Bohemunds Herrschaft über Antiochia anerkennen.

Hält er hingegen diese Vision öffentlich für eine Scharlatanerie, dann entwertet er damit zugleich die Geschichte von der Heiligen Lanze. Die Reliquie führt er aber mit sich, nicht wenige fromme Kreuzzügler schreiben ihr den letzten großen Triumph gegen Kerboga zu.

Die Normannen und Lothringer, als sie von dieser neuen Vision hören, empören sich über Peter Bartholomäus – vor allem über die Schmähung des toten Bischofs. Viele Ritter verteidigen den Kleriker und zweifeln einmal mehr an den Geschichten des Pilgerdieners.

Raimund von Toulouse bringt es nicht über sich, seinen verstorbenen Freund zu schützen, schon gar nicht, wenn er damit gemeinsame Front mit den Normannen und Lothringern machen müsste. Aber der neuen Vision will er andererseits auch nicht folgen. Er entscheidet sich für die fatalste Alternative: sich nicht zu entscheiden. Vor seinen Soldaten mag er sich weder zur Vision bekennen, noch verdammt er sie.

Doch damit entfremdet er sich nun auch noch seinem eigenen Heer. Die Provenzalen wollen weiterziehen, die Armen zumindest sehen in Graf Raimund den natürlichen Anführer des Kreuzzugs. Sein Zögern erweckt ihren Zorn, ohne dass er dafür von irgendwem unterstützt wird.

Wahrscheinlich wird Graf Raimund letztlich von der Seuche gerettet. Seine Soldaten hätten wohl rebelliert, vielleicht wäre seine Gefolgschaft auch einfach auseinandergelaufen, wenn die Situation in jenem Sommer etwas weniger dramatisch gewesen wäre. Da aber die Krankheit in der Metropole noch immer Opfer fordert, müssen die meisten Christen wieder ins Umland fliehen. In kleinen Trupps ziehen sie los – die Entscheidung über die Zukunft des Kreuzzugs wird noch einmal vertagt.

Nach den langen Kämpfen sind die Felder rund um Antiochia unbestellt – oder niemand wagt, die Ernte einzubringen. Viele hohe Herren müssen deshalb mit ihrem Gefolge weite Wege gehen. Bohemund von Tarent etwa (der allerdings eine starke Besatzung in der Zitadelle von Antiochia belässt) überquert die Gebirgshöhen bis Kilikien, und ihm wird von jenen Kämpfern gehuldigt, die Tankred dort stationiert hat – ein Territorium mehr, das er seinem zu gründenden Fürstentum Antiochia anzugliedern hofft.

Robert von der Normandie reitet nach Latakia. Diesen Hafen haben die Piraten des Guynemer von Boulogne erobert. Später ist dort die byzantinische Flotte mit dem ehemaligen englischen König Edgar Ætheling gelandet und hat die wilden Gesellen vertrieben. Gern wüsste man mehr über diesen Piratenkampf, doch die Chronisten halten ihn für zu unwichtig, um ihn ausführlich zu beschreiben.

Der Normanne übernimmt von Edgar Ætheling die Macht im Hafen, doch plündert er die Bewohner – zumeist Christen –

so sehr aus, dass sie nach wenigen Wochen rebellieren und er sich zur Sicherheit zurückzieht. Eine neue byzantinische Flotte trifft ein: Der Kaiser zu Byzanz kontrolliert fortan jenen wichtigen Hafen. Keine gute Nachricht für all jene Kreuzzügler, die in Konstantinopel den Feind erblicken.

Gottfried von Bouillon schließlich lässt sich von seinem Bruder Balduin die Burgen Turbessel und Ravendel aushändigen, solange er noch nicht gen Palästina weitergezogen ist. Balduins Eroberungen stärken so auch die Macht des Älteren.

Und Graf Raimund von Toulouse? Der bleibt möglicherweise zunächst in Antiochia zurück, vielleicht noch immer geschwächt von seiner Krankheit. Einige Wochen später jedoch, so berichten Chronisten, zieht er auf einen Feldzug aus, zu dem ihn Gottfried von Bouillon eingeladen hat: Ein Emir, dem irgendwie eine lothringische Frau in die Hände gefallen ist, die Witwe eines Ritters, hat sich in diese menschliche Beute verliebt. Und jene Christin wiederum bestärkt ihren neuen muslimischen Gatten darin, sich mithilfe der Kreuzzügler gegen Ridwan von Aleppo zu erheben.

So groß ist die Glaubensstrenge der Edlen nicht, dass sie dieses Angebot empört ablehnten. Im Gegenteil: Welch gute Gelegenheit, Zwietracht unter den Muslimen zu säen! So ziehen Gottfried und Raimund zusammen mit einem Emir gegen Ridwan von Aleppo und schlagen diesen in einem Gefecht. Der Emir mit der lothringischen Gattin erklärt sich daraufhin zu Gottfrieds Vasallen.

Und so wird in jenem Sommer 1098 der Krieg der Kreuzzügler immer unübersichtlicher. Die übrig gebliebenen Anführer und ihre Gefolgschaften sind längst eher Rivalen als Verbündete; vor allem die Provenzalen auf der einen und die Normannen und Lothringer auf der anderen Seite trennt eine kaum noch zu überbrückende Feindschaft. Zudem haben die Fürsten ganz andere Ziele als die Armen: Die Edlen hoffen, sich Reiche im Nahen Osten zu erobern. Dafür sind sie, wie Balduin oder Bohemund, auch bereit, weit vor dem Ziel den Kreuzzug zu verlassen. Der einzige Verdienst der Armen hingegen ist die

Plünderung. Nur wenn sie weiterziehen, dürfen sie hoffen, doch noch Beute zu machen. Nur wenn sie Jerusalem erreichen, dürfen sie hoffen, Land in Palästina zugeteilt zu bekommen. Also drängen sie voran, während ihre Anführer zögern.

Dem Kaiser zu Konstantinopel haben die wichtigsten Kreuzzügler zwar den Lehenseid geschworen, doch denkt kaum einer daran, ihn auch einzuhalten. Byzanz ist mindestens ebenso sehr Verbündeter der Kreuzzügler wie deren zumindest heimlicher Gegner. Dann mischen sich nun auch noch Abenteurer wie Guynemer von Boulogne und Edgar Ætheling ein sowie die seefahrenden Kaufleute aus Genua und anderen italienischen Republiken. Von den Juden, Armeniern und syrischen Christen, die Byzanz, den Katholiken und allen Muslimen gleichermaßen misstrauisch gegenüberstehen, noch gar nicht zu reden.

Auf der anderen Seite sind die Seldschuken tief zerstritten: Ridwan von Aleppo, Duqaq von Damaskus und Kerboga von Mossul sind Todfeinde; ihre Lehensleute oft potenzielle Verräter. Die arabischen Herren der syrischen und libanesischen Küstenstädte fürchten die türkischen Emire. Manche Muslime paktieren deshalb eher mit den fremden Christen als mit den Glaubensbrüdern.

Und dann sind da auch noch die Fatimiden, die von Ägypten aus nun mit eiserner Faust nach Palästina greifen.

Sonntag, 29. August 1098, Jerusalem

Wesir Schahanschah al-Afdal betritt die drittheiligste Stadt der Muslime. Der eigentliche Herrscher im Fatimidenreich hat Jerusalem mehr als einen Monat lang belagert, hat seine Soldaten die Nordmauer so lange mit riesigen Steinschleudern beschießen lassen, bis die Seldschukenverteidiger – Gefolgsmänner des Duqaq von Damaskus – zermürbt aufgeben. Nun ziehen sie mit Familien und Hausrat ab, der Sieger hat ihnen großmütig freies Geleit zugesichert.

Generationenlang haben die Fatimiden Jerusalem beherrscht, erst vor wenigen Jahren wurde ihnen die Stadt von den Türken entrissen. Nun glaubt Wesir al-Afdal, er habe lediglich den ursprünglichen Zustand wiederhergestellt. Er besetzt ganz Palästina und den südlichen Libanon bis zum Hundefluss, einem Gewässer nördlich von Beirut. In Jerusalem lässt er die soeben von ihm beschädigte Nordmauer und überhaupt alle Befestigungen wieder instand setzen, legt eine starke Garnison in die Metropole – und zieht mit dem Großteil seines Heeres zurück nach Ägypten.

Zwar berichten ihm Boten vom Kampf und vom Sieg der Kreuzzügler vor Antiochia. Doch den politisch sonst so erfahrenen und skrupellosen Wesir umfängt eine seltsam anmutende Naivität: Er glaubt, dass die fremden Ritter ihren Kriegsdurst in den jahrhundertealten früheren Grenzen des Byzantinischen Reichs stillen werden. Noch immer erscheinen ihm die Kreuzzügler als eine Art christliche Söldnertruppe des byzantinischen Kaisers, als Berufskrieger, die im Namen des Monarchen die Türken wieder aus dessen alten Reich vertreiben sollen.

Dass diese Fremden ein ganz anderes Ziel haben könnten, ahnt er nicht.

Freitag, 5. November 1098, Kathedrale Sankt-Petri, Antiochia

Vorüber ist die Gluthitze des Sommers, endlich vorüber die durch sie erzwungene lähmende Ruhe. Vor einigen Tagen, zu Allerheiligen, sind die Großen des Kreuzzugs aus ihren ländlichen Zufluchtsorten zurückgekehrt – Gottfried von Bouillon führt die abgeschlagenen Köpfe aller Türken mit sich, die er in den letzten Wochen getötet hat.

Nun versammeln sich die Anführer und ihre Berater in der Kathedrale, um die eine, entscheidende Frage zu beantworten: Wie geht es weiter? Draußen warten Ritter, Arme, Pilger vor dem Gotteshaus auf die Entscheidung. Und sie werden lange warten.

Ein Gefolgsmann Bohemunds eröffnet drinnen das Ringen: Sein Herr sei der beim Feind am meisten gefürchtete Kreuzritter, weshalb ihm gebühre, fortan Herrscher von Antiochia zu sein.

Protest bei Graf Raimund von Toulouse. Der Provenzale, inzwischen genesen, erinnert die anderen Führer an den Lehenseid, den diese dem Kaiser geleistet haben. Ausgerechnet Raimund, der von allen Anwesenden der Einzige ist, der diesen Eid gerade nicht geleistet hat! Ein leicht zu durchschauender Zug also, denn nicht um den Eid geht es dem Grafen, zumindest nicht in erster Linie. Er will bloß verhindern, dass sein verhasster Rivale Bohemund die Riesenstadt Antiochia als Preis bekommt.

Und doch auch ein kluger Zug: Gottfried von Bouillon etwa oder Robert von Flandern sind durchaus bereit, dem Normannen Antiochia zu überlassen. Aber nach Raimunds Rede wagen sie nicht, das in der Kathedrale auch laut zu sagen – sie würden dann, ausgerechnet in einem Gotteshaus, als Eidbrecher dastehen.

So wogen die Worte hin und her, wütend, ausweichend, mahnend, unverbindlich. Niemand ist da, der nachgeben würde, niemand, der einen Kompromiss zu ersinnen vermöchte – schmerzlich wird der tote Bischof von Le Puy vermisst. Auch vom Heiligen Vater kommt kein Schreiben.

Dem Papst nämlich hat man schon Wochen zuvor einen Brief gesandt, wahrscheinlich verfasst von Klerikern aus Bohemunds Gefolgschaft – zumindest hat der Normanne dieses Schreiben als erster aller Führer unterzeichnet.

Der kirchliche Chronist Fulcher von Chartres fügt den Wortlaut jenes Dokuments in sein Werk ein. »An den ehrwürdigen Herrn Papst Urban! ... Wir wünschen und verlangen danach, dass Ihr Kunde erhaltet davon, dass Antiochia durch die große Gnade Gottes wie durch Seinen offenkundigen Beistand von uns eingenommen worden ist.«

Dann erfährt Urban II. von der »Lanze des Herrn«, die man zu Antiochia gefunden habe – und vom Tod Adhémars von Le Puy. (»Weil auf dem Gipfel der Freude immer etwas Trauriges geschieht«, so heißt es bei Fulcher.) Schließlich bitten die Kreuzzügler den Heiligen Vater, doch persönlich an den Orontes zu reisen: Immerhin sei das Bistum dort vom Apostel Petrus gegründet worden, da sei es doch dieser Würde angemessen, dass der Mann auf dem Stuhle Petri ebendort einen Bischof einsetze. Und schließlich solle Urban II. mit ihnen ziehen, nach Jerusalem. »Möge Gott, der schaltet und waltet, jetzt und in aller Ewigkeit, Euch gestatten, dies auszuführen. Amen.«

Kaum wahrscheinlich, dass irgendeiner der Anführer des Kreuzzugs aber tatsächlich glaubt, dass Urban II. den weiten und gefährlichen Weg aus Rom wirklich auf sich nehmen würde. Der Papst bleibt in Rom, in Italien, das ist seit Jahrhunderten so; selten einmal beehrt ein Heiliger Vater Frankreich oder überquert die Alpen, um das Reich der deutschen Kaiser zu visitieren. Eine noch weitere Reise, gar nach Übersee, wäre ohne jedes Vorbild in der Geschichte.

Eher ist dieser Teil des Briefs eine respektvolle Bitte, den Kreuzzüglern doch schnellstens einen neuen Legaten zu schicken: einen Kirchenfürsten, der im Namen des Papstes und mit dessen Autorität auftritt, einen würdigen Nachfolger Adhémars, jemanden, der ähnlich geschickt und klug die brüchige Einheit der Glaubensstreiter bewahrt.

Doch bis zu jenem 5. November ist noch keine Antwort aus Rom eingetroffen.

Ergebnislos enden so die Beratungen an diesem Tag. Und auch am nächsten. Und am übernächsten.

Irgendwann ist die Geduld der Menschen vor der Kathedrale erschöpft. Zorn. Laute Schmähungen, gegen Bohemund wie gegen Raimund. Was schachern die hohen Herren da drinnen, wenn es doch gen Jerusalem gehen soll? Antiochia, so empfinden es die meisten Kreuzzügler, Arme wie Ritter, aber die Armen besonders, ist eine sündige, grandiose Täuschung. Sie sind nicht all diese Wege marschiert, haben nicht all diese Schlachten geschlagen, um eine Stadt am Orontes zu befreien, und sei es auch die des heiligen Petrus. Dafür werden sie nicht das vom Papst versprochene Seelenheil erlangen.

Und zudem ist das Umland auch erschöpft, reich wird hier auf absehbare Zeit niemand mehr. Mag also Bohemund doch mit seinen Mannen in Antiochia bleiben; sie aber, sie wollen weiter!

Es werden Männer wie Peter Bartholomäus sein, die den Unzufriedenen Stimme und Richtung geben. (Genaueres weiß man nicht, denn die kirchlichen Chronisten, treue Diener ihrer fürstlichen Beschützer, deuten die Ereignisse jener Tage nur an.) Schließlich erhebt sich aus den vor der Kathedrale lagernden Kriegsmännern eine Drohung: Wir ziehen allein nach Jerusalem weiter, ohne Fürsten! Und bevor wir abziehen, werden wir eigenhändig die Mauern von Antiochia schleifen, auf dass diese Stadt den Angriffen der Ungläubigen fortan schutzlos ausgeliefert sei!

Meuterei. Ein Ultimatum. Den hohen Herren zeigt es, dass sie die Kontrolle über ihre Heere verlieren, wenn sie sich nicht unverzüglich wieder an deren Spitze stellen. Sie haben keine Wahl.

Und so zieht sich Graf Raimund von Toulouse mit den anderen in einen Winkel des Gotteshauses zurück, dorthin, wo selbst die meisten ihrer Berater den geflüsterten Gesprächen nicht mehr lauschen können. Noch einmal heftige Worte – dann aber gibt der Provenzale nach.

Die Frage der Oberherrschaft über Antiochia, so vereinbaren die Fürsten, solle noch nicht förmlich entschieden werden. Doch Bohemund von Tarent behält mit seinen Männern die Kontrolle über die Zitadelle und Dreiviertel der Stadtmauern – de facto also ist er nun der Herr am Orontes. Graf Raimund besteht nicht länger auf der Einhaltung jenes Eides, den die anderen Kaiser Alexios Komnenos in Konstantinopel geleistet haben. Einzig das vage Versprechen, den Kreuzzug auch weiterhin zu unterstützen, ringt er Bohemund ab. Schließlich legen die Fürsten ihre Hände in die einiger Geistlicher und schwören, diese Vereinbarung einzuhalten.

Dann, endlich, brechen die Kreuzzügler wieder auf.

Ein langes, blutiges Jahr haben sie in Antiochia verloren. Verloren haben sie auch Bischof Adhémar von Le Puy, Kopf und Seele dieses Zuges. Verloren haben sie Hugo von Vermandois und Stephan von Blois als Anführer. Verloren haben sie Hunderte Ritter und Arme, die im Kampf gefallen oder Seuchen erlegen sind. Verloren haben sie die Normannen, die fortan in Antiochia als neue Herren zurückbleiben. Verloren haben sie Bohemund, ihren vielleicht tatkräftigsten und geschicktesten Strategen, der nun am Orontes ein neues Fürstentum errichtet.

Die Männer und Frauen, die am 23. November aus den Toren Antiochias strömen, sind ein abgekämpfter Haufen. Ein Heer, das sich hinter Graf Raimund von Toulouse schart, aber den eigenen Anführer trotzdem misstrauisch beäugt. Aber sie sind auch die Unbeugsamsten jenes Zuges, befeuert von Glaubensfanatismus oder immenser Beutegier.

Eine Armee, die nicht mehr umkehren kann, die nichts mehr zu verlieren hat, die nur noch die Wahl hat: Jerusalem oder der Untergang. Ein schrecklicher Feind für jedermann, der sich ihr noch in den Weg zu stellen wagt.

Samstag, 27. November 1098, Maarat an-Numan

Eine Festung, drei Tagesmärsche südöstlich von Antiochia. Von der turm- und mauerumgürteten Stadt aus, die vielleicht 10 000 Einwohner zählt, können die Seldschuken den in Richtung Heiliges Land abziehenden Kreuzzüglern in den Rücken fallen, also will Graf Raimund sie im Vorüberziehen erobern. Möglich sogar, dass er diesen strategisch wichtigen Punkt auf Dauer halten möchte, als Keimzelle eines eigenen Fürstentums.

Doch der erste Sturmangriff schlägt fehl. Also eine Belagerung in den Wäldern rings um Maarat an-Numan. Wieder verrinnt die Zeit, ohne dass sie ihrem eigentlichen Ziel näher kommen. Schlimmer noch, zumindest aus Sicht des provenzalischen Grafen: Nach ein paar Tagen reitet Bohemund mit vielen Normannen heran. Antiochia hat er nun gesichert, jetzt beteiligt er sich an der Belagerung. Niemand darf ihm deshalb gram sein. Genau das hat er schließlich geschworen – den Kreuzzug weiterhin zu unterstützen. Doch seine Anwesenheit untergräbt einmal mehr die Autorität von Graf Raimund, der es eben nicht vermocht hat, die Festung schnell zu erobern. Und die Aussicht, sie dauerhaft zu behalten, wenn es ihm denn endlich doch gelingt, wird durch die Ankunft seines Rivalen stark getrübt.

Missmut, Ungeduld, Zorn.

Wieder werden die Vorräte knapp. Trupps ziehen aus, Getreide, Obst und Fleisch zu beschaffen. Andere berennen die Mauern, doch die verzweifelten Einwohner verteidigen ihre Stadt mit allen Waffen, die sie haben – sie schleudern sogar Bienenstöcke hinab, und die Ritter müssen schmählich vor den zornigen Insekten fliehen. Graf Raimunds Männer schlagen Bäume, zimmern einen Belagerungsturm zusammen. Eine Woche verrinnt, dann noch eine.

Am 10. Dezember schließlich verkündet Peter Bartholomäus, dass Gott ihnen endlich den Sieg schenken werde, schon sehr bald! Hat ihm Graf Raimund diskret angedeutet, eine derartige Vision zu verkünden, um den Mut der Männer zu entfachen? Denn nun ist der Belagerungsturm vollendet. Oder ist das eher, ganz im Gegenteil, eine Ermahnung der ungeduldigen armen Kreuzzügler an ihren Fürsten, nun endlich loszuschlagen? Aus den Berichten der Chronisten kann man dies nicht eindeutig entschlüsseln.

Am 11. Dezember 1098 jedenfalls zerren die Provenzalen ihr hölzernes Ungetüm an einen Turm der Stadtmauer heran und versuchen, ihn von dort aus zu erstürmen. Wütende Kämpfe. Oben auf dem Belagerungsturm steht ein Ritter namens Everard der Jäger und bläst ins Horn, um die Angreifer anzufeuern. Die Türken jedoch verteidigen sich verbissen und erfolgreich – zunächst.

Denn zwar schlagen sie die Attacke gegen ihren Turm zurück, doch die einmal herangerollte hölzerne Konstruktion bietet den Christen Deckung gegen ihre Steine und Pfeile, sodass sie an einer Stelle die Stadtmauer untergraben können. Ein Ritter aus Raimunds Gefolgschaft, Wilhelm von Montpellier, schleudert vom Belagerungsturm aus wie ein Berserker Steine auf den Mauerkranz, sodass sich die Türken dort kaum noch halten können.

Plötzlich Getöse, Staub, Schreie des Triumphs und der Angst: Ein Teil des Walls stürzt ein, Ritter drängen kämpfend durch die Bresche. Die Christen sind in Maarat an-Numan! Brände. Todesröcheln. Die ersten Häuser werden geplündert.

Doch der Abend fällt nun rasch herein, das Licht erlischt. Es ist zu gefährlich, tiefer in die unbekannte Stadt einzudringen. Die Provenzalen verschanzen sich in dem, was sie schon erobert haben. Die Festung ist tödlich getroffen, die Bresche nicht mehr zu schließen. Morgen früh werden sie weitermachen, werden die Stadt Gasse für Gasse und Haus für Haus erobern.

Kein Provenzale rechnet damit, dass sie es neben den bereits geschlagenen Türken mit einem weiteren Gegner zu tun bekommen werden – den Normannen.

Bohemund ist an diesem Angriff unbeteiligt. Vielleicht hat er nicht mit einem Erfolg des Sturms gerechnet, vielleicht haben ihm die Südfranzosen auch nichts von ihrem Vorhaben erzählt. Er lagert mit seinen Männern am gegenüberliegenden Ende von Maarat an-Numan. Dass die Stadt irgendwo brennt, dass Kreuzzügler bereits in ihren Gassen kämpfen, das wird er schnell gehört haben. Die Mauer vor seinem Lager jedoch steht noch fest, gut bemannt und unüberwindlich.

Also schickt er, im letzten Dämmerlicht oder sogar noch etwas später, einen Herold bis vor den Wall von Maarat an-Numan. Wenn die Türken sich ihm ergäben, so lässt er verkünden, dann werde er ihr Leben schonen. Sie sollten morgen früh die Mauer nicht mehr verteidigen, sich alle in einem Gebäude neben dem Tor, das Bohemunds Lager gegenüberliegt, einfinden und dort unter seinem Schutz ausharren.

So will Bohemund die bereits von den Provenzalen fast eroberte Festung im Handstreich doch noch an sich bringen.

Nacht: Die Provenzalen, siegessicher, ruhen in den eroberten Häusern und vor der geborstenen Mauer auf ihrer Seite. Niemand hält es für nötig, bis zum Lager der Normannen zu gehen. Die Normannen wiederum machen sich bereit zum Sturm auf jenes Tor, das sie am nächsten Morgen geöffnet vorzufinden hoffen. Und manche Soldaten und Einwohner von Maarat an-Numan strömen tatsächlich in das Haus, das ihnen Bohemunds Herold als Asyl angewiesen hat; andere aber verschanzen sich in den Gebäuden, zimmern hastig aus Brettern und Steinen Befestigungen vor Türen und Fenstern, schärfen ihre Schwerter, legen Wurfgeschosse bereit zum finalen Kampf.

Sonntag, 12. Dezember 1098, Maarat an-Numan

Beim ersten Tageslicht schlagen die Provenzalen los. »Deus lo volt!« und »Toulouse!« hallt es durch die Gassen – und dazu die Todesschreie der Angegriffenen. »Im Morgengrauen töteten sie«, schreibt ein christlicher Beobachter, »gleichgültig ob Mann oder Frau.« Niemand wird geschont, Tausende werden erschlagen, manche Kinder enden an eisernen Spießen, die die Kreuzzügler über Flammen halten. Ein Wahn, ein Blutrausch. Etliche Leichen werden zerhackt, weil die Ritter glauben, dass die Türken in ihrer Not goldene Münzen verschluckt haben – und dann reißen arme Kreuzzügler, hungrig seit Wochen, den Toten Fleischstreifen herunter. »Mich schaudert, es auszusprechen«, schreibt Fulcher von Chartres, »dass viele der Unseren, die vom Wahnsinn des Hungertodes schrecklich gepeinigt wurden, aus den Gesäßen der Sarazenen, die tot herumlagen, Fleischstücke herausschnitten. Diese Stücke kochten und aßen sie, verschlangen roh das Fleisch, noch bevor es ausreichend durchgebraten war.«

Für die Muslime, die ins Umland fliehen können, es sind wenige genug, ist der Kannibalismus von Maarat an-Numan ein noch viel gewaltigerer Schock als der Fall Antiochias, als jede verlorene Schlacht zuvor. »Tiere« seien diese Franken, wird ein arabischer Chronist später schreiben. Das Massaker wird in der muslimischen Welt zum finsteren Mythos; noch Generationen später wird, fast stärker noch als alle Glaubensdifferenzen, der Abscheu vor dieser Barbarei die Türken und Araber des Nahen Ostens zu Feinden jener Christen machen.

Von der anderen Seite dringen währenddessen die Normannen vor. Sie haben das Tor, offenbar ohne Widerstand, überwunden. Die Türken, die im Gebäude daneben im Vertrauen auf Bohemunds Versprechen Zuflucht gesucht haben, werden trotzdem ohne Gnade angegriffen: Männer und halbwüchsige Jungen enden unter dem Schwert, Frauen und Kinder werden ins Lager verschleppt – später wird Bohemund sie in Antiochia gewinnbringend als Sklaven verkaufen.

Kein Chronist überliefert den Moment, da die überraschten Provenzalen irgendwo zwischen brennenden Häusern und sterbenden Türken auf die ersten Normannen treffen. Verrat! Sie, die sich den Zugang zu Maarat an-Numan erkämpft haben, erkennen plötzlich, dass die Stadt zu mindestens der Hälfte im Besitz ihrer Rivalen ist. Ein Wunder, dass die Kämpfer, die so rücksichtslos dreinschlagen, nicht auf der Stelle übereinander herfallen.

Wahrscheinlich bewahrt allein der Wohlstand der Stadt die Kreuzzügler vor dem Krieg untereinander. Denn zunächst wird Maarat an-Numan geplündert, wohl drei Tage lang. Dann lagern die Kämpfer, beutesatt und erschöpft, in den von ihnen eroberten Vierteln.

Graf Raimund von Toulouse fordert Maarat an-Numan für sich, schließlich habe er als erster Streiter die Mauer bezwungen. Bohemund erwidert kühl, dass er die von ihm besetzten

Gebiete nur räumen werde, wenn der Provenzale im Gegenzug die letzten von Südfranzosen gehaltenen Bastionen in Antiochia aufzugeben verspreche. Und öffentlich verhöhnt der Normanne zudem die Visionen des Peter Bartholomäus und macht sich so über das religiöse Feuer lustig, das die Provenzalen antreibt.

Könnte Graf Raimund warten, er würde diesmal aus dem Streit wohl als Sieger hervorgehen: Seine Ansprüche als Herr der Stadt sind so berechtigt, dass ihm Gottfried von Bouillon, Robert von Flandern und die anderen Anführer darin wohl zustimmen würden – und selbst viele Normannen, wenn sie ehrlich sind. Zudem muss Bohemund irgendwann abziehen, will er nicht die Kontrolle über Antiochia verlieren.

Doch Zeit ist genau das, was der Graf nicht mehr hat.

Um Weihnachten 1098, Maarat an-Numan

Eine Abordnung des Heeres erscheint bei Raimund von Toulouse – ob Peter Bartholomäus dazugehört, überliefert kein Chronist, möglich aber ist es. Die Krieger stellen dem Grafen ein Ultimatum: Das ganze Heer werde ihn nun endgültig als obersten Anführer anerkennen, wenn er endlich gen Jerusalem ziehe.

Raimund von Toulouse fürchtet, dass er Maarat an-Numan nicht wird halten können. Die Männer stehen kurz vor der Meuterei. Er muss wenigstens so tun, als würde er ihren Wünschen willfahren.

Also bricht der Graf von Toulouse auf, zieht aber nur bis Rugia, einer Stadt auf halbem Wege zwischen Maarat an-Numan und Antiochia. Er bewegt sich also fort vom Heiligen Land! Zudem lässt er den Großteil seiner Truppen in der eroberten Stadt.

Man kann den ohnmächtigen Zorn der Kreuzzügler, vor allem der Armen, nur erahnen. So viele Monate sind sie nun schon unterwegs! So viele Meilen sind sie marschiert! Und nun? Bohemund zieht sich schließlich gen Antiochia zurück.

Jedermann sieht, dass er dort ein Fürstentum aufbaut. Auch die meisten anderen Großen – Gottfried von Bouillon, Robert von Flandern, Robert von der Normandie, Tankred von Hauteville – wirken erschlafft, scheinen ziellos zu sein. Jedenfalls ziehen auch sie sich bis zum Orontes zurück, mehr oder weniger als geduldete Gäste von Bohemund. Graf Raimund schließlich verharrt im unbedeutenden Rugia. Einmal lädt er die anderen Fürsten zu sich ein und bietet jedem – außer Bohemund – Geld, wenn sie ihn als alleinigen Anführer des Kreuzzugs formal akzeptieren: 10 000 Sous für Gottfried und Robert von der Normandie, 6000 für Robert von Flandern, 5000 für Tankred, noch ein paar Münzen für weniger mächtige Herren. Die Edlen lehnen kühl ab, und vielleicht ist der Graf gar nicht so unglücklich darüber.

Denn offenbar hofft Raimund noch immer, nach Maarat an-Numan zurückkehren und dort ein Fürstentum errichten zu können; jedenfalls gibt er Befehl, die Befestigungen des Ortes zu verstärken. Seine Männer jedoch hungern in der geplünderten Stadt, selbst ein Bischof geht schmählich an den Entbehrungen zugrunde. Und schließlich sind alle des Wartens, der Ungewissheit, des Taktierens überdrüssig: Die Provenzalen selbst reißen die Mauern von Maarat an-Numan ein, mit Hammer und Meißel, Meter für Meter, Turm für Turm. Rebellion. Die Stadt ist nicht mehr zu verteidigen – und sie kann deshalb nicht zum Zentrum eines Fürstentums werden.

Graf Raimund, zornbebend und machtlos, hat die Stadt, die er mit so viel Hoffnung eroberte, wieder verloren. Nun bleibt ihm keine andere Wahl mehr: Jerusalem oder der Untergang.

Donnerstag, 13. Januar 1099, Maarat an-Numan

Raimund von Toulouse zieht aus der Stadt – barfuß, wie es sich für einen Pilger geziemt. Ihm folgen seine Männer und viele Arme aus dem Kreuzzug, als deren Sprecher Peter Bartholomäus immer größeren Ruhm gewinnt.

»Wir sollten die Männer nicht vergessen«, schreibt der Chronist Raimund von Aguilers, »die nicht zögerten, aus Liebe zum allerheiligsten Unternehmen durch unbekannte und sehr große Gewässer zu segeln.« Engländer, so berichtet er, seien aus ihrer Heimat mit 30 Schiffen aufgebrochen und bis zum Hafen Latakia und bis nach Antiochia gelangt. Meint er den Königsspross Edgar Ætheling auf den byzantinischen Schiffen? Verwechselt er sie mit den Nordeuropäern unter Guynemer von Boulogne? Eher unwahrscheinlich. Glaubwürdiger wohl, dass auch jene namenlosen Seeleute aus Abenteuerlust und Glaubenseifer bis in den Nahen Osten gelangt sind. Ihre Flotte, so fährt Raimund von Aguilers fort, habe sich – wohl durch Kämpfe und schweres Wetter – auf inzwischen neun Segler reduziert; auch diese seien in beklagenswertem Zustand. Also »gaben einige ihre Schiffe auf, andere verbrannten sie«. Die Engländer marschieren mit Raimund von Toulouse.

Auch Robert von der Normandie ist mit seinem Gefolge dabei – und Tankred von Hauteville. Den jungen Normannen wird Kampfeslust und Ruhmsucht treiben; möglich aber auch, dass sein Onkel Bohemund ihm aufgetragen hat, als eine Art Stellvertreter die Interessen der Familie zu vertreten.

Gottfried von Bouillon und Robert von Flandern harren noch in Antiochia aus. Es ist unklar, was genau sie planen – vielleicht hofft zumindest der Lothringer, dass auch er irgendwo zwischen Balduin in Edessa und Bohemunds neuem Reich ein eigenes Fürstentum erringen kann. Doch letztlich sind die Pläne der Großen gleichgültig. Wie die Provenzalen, so meutern schließlich auch die Lothringer und Flamen: Auf nach Jerusalem! Vier Wochen nach Raimund ziehen deshalb Gottfried und Robert ebenfalls aus, dem Grafen hinterher, der nun der unbestrittene Anführer des Kreuzzugs ist.

Maarat an-Numan stecken die Christen beim Abzug in Brand, ein Scheiterhaufen, auf dem Graf Raimunds Hoffnungen verlodern. Und für die Muslime, die sich irgendwo in den Bergen verstecken, muss es die Vollendung der Hölle sein.

Sturm, Sklaverei, Mord, Kannibalismus, Feuer. Wohl nur selten ist eine Stadt von Angreifern, die doch fast nichts dadurch gewonnen haben, so gründlich zerstört worden.

Freitag, 28. Januar 1099, Burg Hosn al-Akrad

Das Christenheer strömt in die Buqaia-Ebene, eine gigantische Bresche zwischen zwei Gebirgszügen und deshalb der beste Weg, um vom Innern Syriens wieder in Richtung der Hafenstadt Tripolis und der Mittelmeerküste vorzustoßen. Den Zugang zur Buqaia aber beherrscht auf einem Felssporn die mächtige Festung Hosn al-Akrad, die »Burg der Kurden«.

In den letzten Tagen sind sie gut vorangekommen, endlich weiter! Graf Raimund von Toulouse und Tankred von Hauteville haben sich zwar schon gestritten: Der Normanne möchte auf kürzestem Wege, also durch das wüstentrockene syrische Binnenland, nach Jerusalem marschieren.

Der Provenzale dagegen fürchtet das unwegsame Gelände vor ihnen und will lieber bis zur Küste vorstoßen und an der entlang weiterziehen. Über das Meer könne das Heer von byzantinischen und italienischen Schiffen problemlos versorgt werden. Tankred hält dagegen: Dafür müsse man die Gebirge zwischen Binnenland und Küste überwinden, das sei gefährlich. Und habe man erst Jerusalem erobert, dann werde man schon aus dem Abendland versorgt.

Ein Wortwechsel, dann ein als Kompromiss getarnter Sieg des Grafen: Man wird zur Küste marschieren, wenn auch auf einer Route etwas weiter südlich, als Graf Raimund zunächst vorgeschlagen hat: Sie einigen sich auf den Weg durch die Buqaia.

Viele lokale Herrscher entlang der Marschroute sind Araber: kultivierte Emire, die in den Seldschuken bloß barbarische Neuankömmlinge sehen, denen man widerwillig Tribut schuldet. Sind sie geschlagen, ist das gut. Und sind dann diese fremden Christen, die doch laut verkünden, Jerusalem sei ihr eigentliches Ziel, ebenfalls verschwunden, umso besser. Also haben manche lokalen Fürsten Graf Raimund ortskundige Führer angeboten, haben seinen Männern erlaubt, auf den Märkten der Orte Pack- und Schlachtvieh zu kaufen. (Was manche Ritter freilich nicht davon abhält, Herden der Bauern zu rauben.) So kommen sie glimpflich davon, lotsen diese schrecklichen, kampflüsternen Franken rasch aus ihren Territorien, nach Süden, nur weiter nach Süden.

In der Buqaia-Ebene jedoch ändert sich die Situation, warum auch immer: Die muslimischen Verteidiger haben die Tore der Burg Hosn al-Akrad verrammelt, scheinen aber viel zu schwach zu sein, um einen Ausfall zu wagen. Tatsächlich war die Festung zwar einigermaßen intakt, doch über Jahre nicht mit Soldaten belegt. Es sind die Bauern und Handwerker des Umlands, die mit ihren Familien dorthinauf geflohen sind und nun die Mauern bemannen. Die Kreuzzügler könnten problemlos an der Burg vorüberziehen, auch wird wohl kein Kämpfer große Lust auf eine neue, langwierige Belagerung verspüren. Andererseits ist den Rittern nicht entgangen, dass die Einwohner vieler Dörfer am Weg nicht nur sich selbst, sondern auch ihre Viehherden in die Festung gerettet haben. Gewönne man Hosn al-Akrad, würden die Soldaten wieder einmal satt.

Also befiehlt Graf Raimund einen Sturmangriff – und das ist einer seiner schwersten Fehler auf diesem Feldzug.

Denn die Verteidiger ahnen, dass es die Fremden vor allem auf die Herden abgesehen haben. Also öffnen sie eine Pforte und treiben etliche Tiere hinaus …

Tatsächlich kolllabiert die Ordnung der Angreifer sofort. Beute! Niemand berennt mehr die Mauern der Festung, schleppt Sturmleitern heran, stellt sich mit Schutzschilden auf. Alle hetzen sie hinter Rindern her, selbst die Leibgarde des Grafen Raimund.

Und genau in diesem Moment fliegt das Tor von Hosn al-Akrad auf. Säbel- und speerschwingende Bauern stürzen hinaus.

Eine Kriegslist, ein Überfall, der die Christen, zahlenmäßig weit überlegen, vollkommen überrascht. Schreie, Getümmel – plötzlich umringen die Muslime Graf Raimund von Toulouse. Um ein Haar hätten sie ihn gefangen genommen. Der Provenzale legt die Lanze an, reitet wild wie zum Angriff. Seine Gegner zögern kurz. Da wendet er sein Pferd – in höchster Not galoppiert er davon, bevor seine Verfolger sich wieder gesammelt haben. Die Türken, nachdem sie große Verwirrung, doch geringen Schaden angerichtet haben, ziehen sich hinter die Burgmauern zurück.

Was wäre geschehen, hätten sie mit diesem Schlag dem Kreuzzug das Haupt genommen? Mindestens hätten die Christen Hosn al-Akrad wochenlang belagern müssen – eine Aufgabe, bei der das geschwächte Heer vielleicht zerbrochen wäre. Womöglich auch wären zumindest die Provenzalen, ihres Anführers beraubt, einfach umgekehrt. Und ob die wenigen noch mitmarschierenden Edlen den Feldzug in jenem Moment noch weitergeführt hätten? Tankred von Hauteville etwa ist doch nur noch als Abgesandter seines Onkels Bohemund dabei – wäre Graf Raimund ausgeschaltet worden, er wäre wohl gen Antiochia zurückgekehrt. Und wären ohne die Provenzalen und Tankreds Normannen dann noch Gottfried von Bouillon, Robert von der Normandie und Robert von Flandern je bis Jerusalem gezogen?

So jedoch sammeln sich die Ritter in der Dämmerung unterhalb der Burg, beschämt, dass sie sich so haben täuschen lassen – und zornig genug, um für den nächsten Tag einen Sturmangriff zu beschließen, mit aller Macht. Rache!

Doch auch dies haben die Verteidiger vorausgesehen: Still und unentdeckt treiben sie noch in der Nacht ihre restlichen Viehherden in die Berge, verschwinden dann in der Dunkelheit.

Als sich die Kreuzzügler am nächsten Morgen versammeln, stehen sie vor einer leeren Burg.

Sie reiten in die Festung, enttäuscht wahrscheinlich, keine Revanche nehmen zu können. Und doch auch erleichtert, denn hinter den Mauern entdecken sie noch immer reiche

Vorräte: Getreide, Wein, Olivenöl, Gemüse »und was sie sonst noch benötigten«, schreibt ein Chronist. Bei ihrer Flucht haben die Bauern längst nicht alle Schätze mitnehmen können. Drei Wochen werden die Christen dort bleiben, werden Mariä Lichtmess feiern – »mit großer Andacht«, wie ein Zeitgenosse versichert – und sich an Rindfleisch mit Wein stärken. Und für viele Generationen werden sie die Festung, die ihnen letztlich doch so leicht in die Hände fiel, nicht mehr hergeben. Unter ihrem neuen Namen Krak des Chevaliers wird sie zu einer der berühmtesten Kreuzfahrerburgen aller Zeiten.

Während sie noch in der Burg lagern, erscheinen wieder Abgesandte zweier Emire, bringen Geschenke und das Versprechen, man werde die Kreuzzügler nicht attackieren. Freundlich werden sie empfangen, vor allem der Bote des Emirs von Tripolis. Der Fürst aus der Dynastie der Banū Ammar kontrolliert die bedeutende Hafenstadt und jenen Küstenabschnitt, der sich vom gegenüberliegenden Ende der Buqaia-Ebene bis hin zum Hundefluss erstreckt, der Grenze zum Fatimidenreich.

Der Emir träumt davon, die Fremden in seinem Sinne benutzen zu können: Sie haben doch schon die Seldschuken geschwächt. Wenn sie nun auch noch die südlich residierenden Fatimiden schlagen, dann könnte er, der Banū Ammar, Tripolis vollständig unabhängig machen. Keine Tribute mehr!

Für diese verlockende Aussicht verspricht er Vorräte und Führer und lässt sogar einige Boten der Franken in seine Residenz kommen – von Hosn al-Akrad nach Tripolis ist es für einen schnellen Reiter schließlich kaum ein Tagesritt.

Ein Fehler.

Denn die Ritter sind geblendet vom Reichtum der Küstenstadt: Gärten, Paläste, Märkte voll mit goldenem Geschmeide! Als sie auf die Burg zurückkehren, folgt Graf Raimund von Toulouse ihrem Rat: Nicht auf das Angebot das Emirs einzugehen! Den Fürsten kann man um noch viel größere Schätze erpressen – durch einen Angriff auf eine seiner Städte. Dann werde er so in Schrecken geraten, dass er ihnen hohe Tribute zahle. Der Provenzale weiß zwar, dass seine Soldaten gut mit Vorräten versorgt sind, doch er ist inzwischen knapp an Gold und Silber. Um sich in Zukunft weiterhin die Loyalität seiner wichtigsten Unterführer erkaufen zu können, kämen ihm die Münzen aus dem Schatz des Emirs gerade recht. Außerdem: Dieser Angriff sei leicht zu bewerkstelligen, versichern die Boten, dauere nicht lange und werde reiche Beute bringen. Auch dies allerdings ist ein Irrtum.

Montag, 14. Februar 1099, Arqa

Eine Stadt in der Buqaia, auf halbem Weg zwischen Hosn al-Akrad und der Küste – und dem Emir im etwa 20 Kilometer entfernten Tripolis untertan. Einige Tage lang sind die Kreuzzügler ihr entgegengezogen. Arqa sei, so überliefert Fulcher von Chartres, »von Arachäus, dem Sohne Kanaans und Enkel Noahs, gegründet worden«. Die Christen jedenfalls wähnen sich an einem heiligen Ort. Bauern fliehen derweil in die Berge, verstecken sich und ihr Vieh in den Wäldern. Vor Arqa schlägt Graf Raimund die Zelte auf – und gibt den Befehl zum Sturmangriff.

Der jedoch wird abgeschlagen.

Die Verteidiger seien »tapfer«, vermerkt ein christlicher Chronist. Dann berichtet er von »vierzehn Rittern«, die vor der Stadt eine gewaltige Übermacht – wohl eher einige Krieger und große Viehherden – attackieren: »Die Unsrigen bekreuzigten sich und griffen sie an, töteten sechs Männer und fingen sechs Pferde, und mit Gottes Hilfe errangen sie einen unglaublichen Sieg.«

Vierzehn Ritter, sechs erschlagene Feinde, sechs geraubte Pferde – eine epische Schlacht kann das nicht gewesen sein. Wohl eher zeigt dieser Bericht die Not der Kreuzzügler, denen vor Arqa, der immerhin zweitgrößten Stadt im Reich des Emirs von Tripolis, der entscheidende, schnelle Schlag gerade nicht gelingt.

Jetzt jedoch steckt der Graf in einer Falle, die er sich selbst gestellt hat: Im Guten bekommt er nun keine Unterstützung mehr vom Emir, denn er hat soeben eine von dessen Städten bestürmt. Zieht er jetzt aber einfach weiter, dann werden ihn Freund und Feind für schwach halten, für unfähig, auch nur eine wenig bedeutende Stadt einzunehmen, geschweige denn Jerusalem.

Also lässt Graf Raimund wieder zur Belagerung anhalten – obwohl er doch so schmerzhaft erfahren hat, dass seine eigenen Soldaten keinen langen Aufschub auf ihrem Weg gen Jerusalem mehr dulden.

Wieder ein Fehler.

Mittwoch, 16. Februar 1099, Tortosa, später Abend

Graf Raimund schickt zwei seiner Gefolgsleute mit einem kleinen Trupp zur Stadt Tortosa: die Ritter Raimund Pilet und Raimund von Turenne mit wohl einigen Dutzend Reitern. Der Hafen liegt ein gutes Stück nördlich von Tripolis und untersteht ebenfalls dessen Emir. Die Kreuzzügler halten zwar schon einige Küstenorte in der Nähe von Antiochia, doch der Nachschub von dort müsste zunächst über die Orontesstadt und dann östlich der Berge gen Süden und schließlich wieder über die Buqaia-Ebene bis zum Mittelmeer gebracht werden – eine lange Route, bei der immer die Gefahr besteht, dass muslimische Reitertrupps Versorgungskarawanen überfallen. Tortosa hingegen ist das Tor zur südlichen syrischen Küste: Von diesem Hafen aus könnten die Christen, die fortan am Meeressaum südwärts ziehen wollen, auf kurzem, küstennahem Weg versorgt werden.

Die beiden Ritter erreichen mit ihren Leuten Tortosa erst nach Einbruch der Dunkelheit. Sie schleichen sich nicht heran – im Gegenteil. So viel Lärm wie möglich veranstalten sie und entzünden in einem weiten Halbkreis um den Hafen große Lagerfeuer. Die muslimischen Verteidiger sollen denken, dass ein großes Heer gekommen ist, ihre Mauern zu berennen.

Die List wirkt tatsächlich: »Die Heiden waren entsetzt und flohen heimlich in der Nacht, wobei sie die Stadt ... voller Vorräte zurückließen«, berichtet ein Chronist der Angreifer. Die Soldaten des Emirs haben sich noch nachts mit Schiffen davongemacht, überzeugt, dass sie von einer Übermacht erschlagen werden würden, erschrocken vielleicht auch von den Geschichten über Kannibalismus und Massaker weiter im Norden.

Die düpierten Einwohner Tortosas tun das Klügste, was sie in dieser Situation unternehmen können: Kampflos öffnen sie den Rittern ihre Tore.

So erringen die beiden Raimunds – ohne Blutvergießen, denn die Stadt wird tatsächlich geschont – einen wichtigen Sieg für ihren Herrn und alle Kreuzzügler. Die Versorgung bis ins Heilige Land ist gesichert. Graf Raimund von Toulouse hat auch, zumindest indirekt über die Tat seiner Unterführer, zum ersten Mal Glück und Geschick als Feldherr bewiesen.

Karfreitag, 8. April 1099, vor Arqa

Ein enger Felsspalt, irgendwo vor der belagerten Stadt. Zwei riesige Holzstöße, die von Bischöfen gesegnet werden. Dann senken Kriegsknechte Fackeln hinein – prasselnd schießen Flammen in den klaren Himmel. Und vor den doppelten Scheiterhaufen: Peter Bartholomäus, barfuß, nur in ein Hemd gekleidet, die Heilige Lanze in den Händen.

Der Visionär soll eine Feuerprobe bestehen. Er soll zwischen den Flammen hindurchgehen, so fordern es viele Kreuzzügler, so verlangt er es selbst. Denn wieder hat er eine Vision verkündet, doch viele Mitkämpfer glauben sie ihm nicht. Möge Gott nun entscheiden! Gelangt er, Peter Bartholomäus, unbeschadet durch die Flammen, dann ist das der Beweis, dass der Herr auf seiner Seite ist. Lügt er jedoch, dann wird er in den Flammen vergehen.

Im Gottesurteil kulminiert ein Streit unter den Edlen: Tankred hat die Belagerung von Arqa schon lange kritisiert. Das Heer sei zu schwach, um die Stadt vollständig einzuschließen, die Muslime könnten sich dort ewig versorgen. Später stoßen Gottfried von Bouillon und Robert von Flandern sowie Robert von der Normandie dazu. Die Fürsten führen Raubzüge bis vor die Tore von Tripolis an, erbeuten Pferde und Vieh und sogar Kamele. (Kein Chronist überliefert, was die Christen mit den Tieren anfangen – gut möglich, dass sie die meisten schnell wieder auf lokalen Märkten verkaufen.) »Die Unseren«, schreibt ein Chronist, »scheuchten [Türken, Araber und Sarazenen] auf und schlugen sie in die Flucht, wobei sie viele der führenden Männer der Stadt töteten. Das Gemetzel und Blutvergießen unter den Heiden war so groß, dass selbst der Fluss, der durch die Stadt floss, sich rot färbte und die Brunnen der Einwohner verunreinigte, worüber sie voll des Grams und des Wehklagens waren und so verängstigt, dass keiner von ihnen sich getraute, aus dem Stadttor hervorzukommen.«

Ein entscheidender Schlag jedoch ist das nicht – im Gegenteil. Auch die Christen erleiden Verluste. »Bei dieser Belagerung ... wurde Anselm von Ribemont, ein tapferer Ritter, von einem Stein getroffen und getötet«, hält Fulcher von Chartres fest. Sicher würdigt er nur die edlen Opfer, die namenlosen erwähnt niemand.

Starrsinnig aber hält Graf Raimund an seinem Plan fest. Nun erst recht!

Gerüchte gehen um, begründete und weniger begründete. Ein riesiges Heer der Muslime rückt aus Bagdad heran! (Haltloses Geschwätz.) Der Kaiser von Byzanz hat einen Brief geschrieben! Das allerdings stimmt: Alexios Komnenos bittet in diesem Schreiben, das Anfang April bei den Kreuzzüglern eintrifft, sie mögen bis zum Sankt-Johannis-Tag im Juni auf ihn warten, dann werde er persönlich das Heer gen Jerusalem führen.

Graf Raimund stimmt sofort zu: Gibt ihm das doch Zeit, die Belagerung fortzusetzen. Zudem ist er inzwischen der beste

Fürsprecher des byzantinischen Herrschers; ist der erst einmal beim Heer, wird auch der Provenzale davon profitieren. Alle anderen Fürsten jedoch verwerfen das Angebot: Auf den Kaiser werde man nicht warten!

(Tatsächlich schreibt Alexios Komnenos, Meister der byzantinischen Diplomatie, auch einen Brief an die Fatimiden, die sich über das Vorrücken der Kreuzzügler beunruhigen. Darin versichert er dem Wesir al-Afdal, dass diese Ritter keineswegs in seinem Auftrag handelten und er kein Interesse daran habe, das Heilige Land zu erobern. Seit Bohemund den Lehenseid gebrochen und sich selbst zum Herrscher von Antiochia gemacht hat, kann der Monarch auch kaum noch ein Interesse an weiteren Siegen der Abendländer haben. Zudem leben die orthodoxen Christen, deren Schutzherr der Monarch von Konstantinopel ist, unter den toleranten Fatimiden sicherer als unter den fanatischen Kreuzzüglern. Allerdings wird jenes Schreiben viel später eben diesen Kreuzzüglern in die Hände fallen – und von ihnen als weiterer Beweis für den »Verrat« des Alexios gesehen.)

Schließlich kehren, etwa zur gleichen Zeit, auch jene Ritter aus Ägypten zurück, die einst mit den Fatimiden ausgesandt worden sind. Ein Angebot des Wesirs: Würden die Kreuzzügler das Gebiet der Fatimiden nicht mit Gewalt betreten, dann verspreche er, alle christlichen Pilger auch weiterhin nicht nur unbehelligt zu den heiligen Stätten reisen zu lassen, sondern sogar ihre Fahrten tatkräftig zu fördern. Allerdings müssten diese Pilger unbewaffnet und in kleinen Gruppen reisen.

Einhellige Ablehnung. »Wir werden alle gemeinsam nach Jerusalem gehen, in Schlachtordnung und mit erhobenen Lanzen!« Das ist die Kriegserklärung an das Fatimidenreich.

Doch noch immer weigert sich Graf Raimund, von Arqa abzulassen. Unmut bei den Rittern, bei den Armen, bei Gottfried von Bouillon und den anderen Fürsten.

Da, am Dienstag, dem 5. April, verkündet Peter Bartholomäus eine neue Vision: Christus, Sankt Petrus und Sankt Andreas seien ihm erschienen und hätten ihm befohlen: Stürmt Arqa! Wer bei dem Angriff im Zelt zurückbleibe, der sei nicht besser als Judas oder Pontius Pilatus!

Unruhe im Heer. Hohn und Spott bei den Normannen, bei den Lothringern. Arnulf von Rohes, Kaplan des Robert von der Normandie, erzählt allen, die es hören wollen, er glaube nicht mehr an diese Visionen, er glaube nicht einmal mehr an die Echtheit der Heiligen Lanze. Der selige Bischof Adhémar von Le Puy habe ja auch stets gezweifelt.

Prominente Provenzalen springen Peter Bartholomäus bei – und dem Grafen von Toulouse, der ebenfalls Arqa belagern will: Sie erklären nun öffentlich, auch sie hätten Visionen gehabt, in denen eben jener verstorbene Bischof dem Peter Bartholomäus zustimme. Der Chronist Raimund von Aguilers verteidigt die Geschichte von der Auffindung der Heiligen Lanze: Er habe sie selbst geküsst, nachdem sie aus dem Kirchenboden gehoben worden sei.

Aber nun – vergebens: Mit seinen früheren Visionen war Peter Bartholomäus zum Sprecher der Armen aufgestiegen und zugleich Propagandist des Grafen Raimund geworden. Nicht zuletzt seine Reden haben den Adeligen zum Aufbruch getrieben, ihn aber auch an die Spitze des Kreuzzugs gehoben. Nun jedoch drängen die Armen auf Weitermarsch: Warum sonst hätten sie eine bereits eroberte Stadt eigenhändig niederbrennen sollen, um dann einige Tagesmärsche weiter vor der nächsten zu lagern? Der Visionär aber spricht im Sinne des Grafen von Toulouse und stellt sich damit gegen die Mittellosen, gegen die Normannen und Lothringer, gegen die meisten Anführer.

Die Worte wogen hin und her – bis Peter Bartholomäus erregt die Feuerprobe fordert. Glaubt er selbst an seine Visionen und ist überzeugt, dass Gott ihm beistehen wird? Oder hat er nicht eher eine kalkulierte Rede im Sinne von Graf Raimund gehalten und sich nun, im Streit, wider besseres Wissen zum Äußersten provozieren lassen? Fragen, die wohl am Wesen des mittelalterlichen Menschen vorbeizielen: Wer etwas wirklich will, der mag sich auch Visionen erzwingen – Visionen, an deren Echtheit er dann trotzdem glaubt.

Drei Tage Fasten und Beten. Dann steht er nun an diesem Karfreitag im Hemd, mit der Lanze in den Fäusten, vor den Scheiterhaufen, deren Flammen wohl viele Meter hoch lodern. Immense Hitze. Krachendes Holz. Was mag er denken? Sicherlich wird er beten – und dann geht Peter Bartholomäus los.

Es wird sein letzter Gang.

Über das, was in den folgenden Augenblicken geschieht, kursieren bald zwei sehr unterschiedliche Versionen bei den Kreuzzüglern, den einzigen Augenzeugen der Feuerprobe.

Die eine: Der Mann sei zwischen die Scheiterhaufen getreten, sei auch aus eigener Kraft wieder hervorgekommen – jedoch fürchterlich gezeichnet. »Seine Haut war verbrannt, und sie wussten, dass er innerlich tödlich verwundet war«, schreibt Fulcher von Chartres. Peter Bartholomäus bricht zusammen.

Die andere: Ein Wunder Gottes, Peter Bartholomäus gelangt unverletzt aus den Flammen wieder ins Freie. Dann jedoch stürzen die Normannen und Lothringer auf ihn zu. Unter dem Vorwand, ihn zu beglückwünschen, ihm anerkennend auf die Schulter zu klopfen, umringen sie den Unglücklichen – und schlagen auf ihn ein, bis er zu Boden sinkt mit gebrochenem Rückgrat.

Wie auch immer: Peter Bartholomäus lebt nach der Feuerprobe noch zwölf qualvolle Tage, schwerst verletzt, »von seinem schlechten Gewissen versengt«, wie Fulcher von Chartres mit grimmiger Befriedigung feststellt, bis ihn der Tod von allen Leiden erlöst. Sein Andenken ist verdüstert, seinen Visionen glaubt niemand mehr, selbst die Reliquie der Heiligen Lanze gilt nun nichts mehr. (Lediglich Graf Raimund wird sie aufbewahren und bis an sein Lebensende verehren.) Das Ansehen der provenzalischen Edlen leidet, vor allem die Autorität des Grafen von Toulouse ist erschüttert.

Und so rettet die Feuerprobe letztlich die Einwohner von

Arqa. Die Normannen und Lothringer brechen nun auf, viele Arme ebenfalls; und selbst einige Provenzalen ziehen gen Jerusalem – um ihre Entschlossenheit deutlich zu machen, brennen sie ihre eigenen Zelte nieder.

Graf Raimund ist machtlos und »verstört, dass ihm die Tränen kamen und er seine eigenen Männer hasste«, doch er muss die »verachtenswerte und verhasste Belagerung« abbrechen. Der dies schreibt, ist Raimund von Aguilers, ein Getreuer des Grafen von Toulouse. Und wenn selbst dieser Chronist solche Worte findet, dann mag man sich vorstellen, was die anderen Kriegsleute wohl gedacht und wahrscheinlich auch laut ausgesprochen haben.

Nun scheint plötzlich Gottfried von Bouillon der edelste und tatkräftigste Anführer zu sein. Ihm zumindest werden fortan mehr Kreuzzügler vertrauen als je zuvor.

So ziehen die Christen denn fort und kommen dabei noch glimpflich davon: Der Emir von Tripolis lässt sie in der Nähe seiner Hauptstadt passieren, gibt sogar 300 in den letzten Wochen gefangene Christenpilger wieder frei, spendet auch 15 000 Byzanti in Münzen und »fünfzehn Pferde von großem Wert«, wie ein Chronist dankbar festhält – und stellt sogar ortskundige Führer für die Küstenstraße. So schnell als möglich will er diese grausamen Fremden aus seinem Land haben!

Fremde, die sogar ihre Toten am Wegesrand zurücklassen. Denn so eilig haben es die Kreuzzügler nun, dass sie in Gewaltmärschen gen Süden streben; die Schwachen, die Kranken bleiben sterbend zurück: Sie enden an der Pforte zum Heiligen Land, ohne es doch jemals zu sehen.

Donnerstag, 19. Mai 1099, am Hundefluss

Die Grenze zum Fatimidenreich: Nahr al-Kalb, ein kleiner, leicht zu überschreitender Fluss, der einen halben Tagesmarsch nördlich der Stadt Beirut ins Mittelmeer mündet. Rasch sind die Kreuzzügler vorangekommen, haben Gärten, blühende

Obstbäume, saftige Weiden passiert. Ein reiches Land mit Bewohnern, die klug genug sind, Vorräte und ortskundige Führer zu stellen und dafür die Schonung ihres Besitzes zu erwirken. Ohne Plünderungen, fast ohne Scharmützel ziehen die Christen gen Süden.

Nun jedoch, nachdem sie den Hundefluss überschritten haben, befinden sich die Kreuzzügler unwiderruflich im Krieg mit den Fatimiden. Schon fürchten die Ritter einen Überfall: »Hierauf brachten wir die Nacht und den folgenden Himmelfahrtstag damit zu, eine Klippe zu überqueren«, berichtet einer von ihnen, »wo der Pfad sehr schmal ist, und rechneten damit, dass uns unsere Feinde aus dem Hinterhalt auflauern würden; aber durch Gottes Gnade wagte keiner von ihnen, sich uns zu nähern.«

Die Fatimiden haben tatsächlich in ihren Küstenstädten – in Beirut, Sidon, Tyros, Akkon, Haifa – lediglich kleine Garnisonen stationiert. Zwischen dem Hundefluss und dem Heiligen Land steht kein einziges muslimisches Heer mehr, das es wagen könnte, sich den Christen auf offenem Feld entgegenzustellen. Andererseits kommandiert der Wesir zu Kairo die einzig mächtige muslimische Flotte im Mittelmeer. Würden die Christen anhalten, um eine jener Küstenstädte zu belagern, könnte diese unbegrenzt über See verstärkt und versorgt werden – ein langwieriges Abenteuer wäre solch eine Belagerung, zu langwierig für die ungeduldigen Glaubensstreiter. Fataler noch: Die Galeeren der Fatimiden schrecken die englischen und italienischen Schiffe ab. Die Freibeuter und Kaufleute wagen sich kaum noch weiter nach Süden – die Versorgung des Kreuzzugs über das Meer, im nördlichen Syrien noch gut, wird gekappt.

Also Eilmärsche! So rasch, dass man nicht Hunger leiden muss. So rasch, dass man noch vor der Gluthitze des nächsten Sommers vor Jerusalem steht!

Vorbei an Beirut, wo man sich mit Vorräten versorgen lässt und dafür auf Plünderungen verzichtet, vorbei an Sidon, wo man eine halbherzige Attacke der dortigen Garnison zurückschlägt und aus Rache einige Gärten und Häuser niederbrennt, vorbei an Akkon, wo der Statthalter sich freundlich gibt und Lebensmittel liefert.

Donnerstag, 26. Mai 1099, Caesarea

Pfingsten im Heiligen Land! Am Fuß des Berges Karmel sind sie entlanggezogen, haben Haifa passiert, schlagen nun ihre Zelte vor der Hafenstadt Caesarea auf, um das Pfingstfest zu begehen.

Insgesamt fünf Tage lagern die Kreuzzügler hier, eine Rast nach so vielen Eilmärschen, eine Zeit des Gebets – und wohl auch der letzten militärischen Beratungen.

Sie ziehen noch die Küstenstraße entlang, durch sumpfiges, ungesundes Gelände, in dem das Fieber grassiert, dazu Typhus, Cholera, die Pest, Dysenterien und der Aussatz. Manchmal tobt der Khamsin über das Land, ein Wüstensturm, trocken und mehr als 40 Grad heiß.

Palästina ist ein armes Land, oft vom Krieg heimgesucht, verwüstet zuletzt von Persern und Seldschuken. Zwar wachsen noch große Wälder am Hang des Karmel und in Galiläa, rund um den See Genezareth, ja die Kiefern erreichen noch den Küstensaum bis Caesarea. In den Ebenen rauscht das Getreide im Wind und das Zuckerrohr, das der Chronist Fulcher von Chartres bewundernd »Honigrohr« nennt, in den Bergen wachsen Oliven an uralten, knorrigen Bäumen. Das Jordantal ist so heiß und feucht, dass dort sogar Bananen und andere exotische Früchte gedeihen, an der Küste züchten die Einwohner Gemüse und bittere Orangen. Doch Schätze holt hier niemand aus dem kargen Boden, Rohstoffe gibt es auch kaum.

Die Häfen an der Küste, auch Caesarea und Jaffa, sind seicht und unsicher; Haifa verfügt über einen tiefen und gut geschützten Hafen, der aber offen zum Nordwind liegt. Einzig Akkon ist immer anlaufbar, aber diese Stadt erhebt sich weit im Norden des Landes. Im Süden glüht die Wüste Negev hinter dem Toten Meer – dem »Asphaltsee«, wie Fulcher schreibt, weil dort die ölige Masse aus tiefen Quellen nach oben quillt. »Bodenlos« sei das Gewässer, überliefert der Chronist, in dem »Sodom und Gomorrha in seinen Tiefen verschwunden sind«. Die Wüste dahinter ist das Reich der Nomaden, räuberischer, von niemandem zu kontrollierender Stämme.

Lieblicher ist das Land rund um den See Genezareth und auf jenem langgestreckten Hügelrücken mit Jerusalem ungefähr in seinem Zentrum. Dieses Bergland, einige Hundert Meter über der sumpfigen Küste, ist zwar wasserarm, doch kühler und gesünder als die Umgebung, zudem gut geschützt: Der Jordan hat sich tief in die Landschaft gefräst und wirkt wie ein gewaltiger natürlicher Graben gegen Feinde, zumal er zwischen dem See Genezareth und dem Toten Meer an nur wenigen Furten durchwatet werden kann.

Längst bilden Muslime die Mehrheit im Heiligen Land, ist Arabisch die Sprache, in der sich alle verständigen: Die Küstenstädte von Akkon bis Arsuf sind muslimisch, im Innern Ramla, die Verwaltungshauptstadt, und Nablus, eine stolze, blühende Gemeinde, deren Einwohner sie »Klein-Damaskus« nennen; auch die Nomaden sind längst zum Islam bekehrt.

Große jüdische Gemeinschaften existieren in Jerusalem und am See Genezareth, vor allem in Tiberias und Safed, dem Zentrum talmudischer Gelehrsamkeit.

Einzig in den Dörfern des Berglands, in den Städten Bethlehem und Nazareth sowie in Jerusalem selbst stellen Christen noch das Gros der Einwohner, Orthodoxe zumeist.

Muslime, Juden, Orthodoxe – sie alle haben inzwischen Grund, die Kreuzzügler zu fürchten. Kaum jemand heißt diese Fremden im Heiligen Land willkommen. Also führt auch die letzte Etappe auf dem langen Weg durch feindliches Land: Bis zum Hafen von Jaffa können die Ritter noch der Küste folgen, dann müssen sie auf der Straße über Lydda und Ramla ins Bergland vordringen, bis sie vor Jerusalem stehen werden.

Dass sie Feindesland durchqueren, wird den Kreuzzüglern durch einen geradezu unglaublichen Zufall noch einmal vor

Augen geführt. Zufall? Den frommen Streitern mag auch dies wie ein Zeichen Gottes erscheinen: Irgendwann während der fünf Tage, da sie vor Caesarea lagern, schlägt ein Habicht im Flug eine Taube. Der sterbende Vogel stürzt neben das Zelt eines Bischofs. Neugierige treten näher, der Geistliche hebt das Tier auf, dann die Überraschung: eine Brieftaube!

Ein paar Augenblicke später halten die Kreuzzügler ein Schreiben des muslimischen Statthalters von Akkon in Händen – jener Hafenstadt, die sie vor einigen Tagen passiert haben, regiert von jenem Mann, der ihnen Vorräte im Tausch gegen die Verschonung seines Landes gab. Die Nachricht ist an den Statthalter von Caesarea gerichtet. Der Chronist Raimund von Aguilers gibt sie so wieder:

»Eine hündische Brut, eine närrische und streitsüchtige Menge ohne Ordnung zog an mir vorüber. Wenn Du das Gesetz liebst, dann versuche selbst und mithilfe von anderen, ihnen zu schaden. Dies vermagst Du leicht zu tun, wenn Du es willst. Sende dies auch an andere Städte und Burgen.«

Die Warnung eines muslimischen Statthalters an seine Kollegen im Süden – und ein Aufruf an die Glaubensbrüder, diese Fremden wo immer möglich anzugreifen.

Raimund aber schreibt: »Und so wurde offenbar, dass Gott barmherzig ist zu uns, sodass nicht einmal die Vögel die Luft durchmessen, um uns schaden zu können.«

Freitag, 3. Juni 1099, Ramla

Kein Angriff, im Gegenteil: Die Einwohner der wichtigsten muslimischen Verwaltungsstadt im Heiligen Land sind Richtung Südwesten geflohen, als die Kreuzzügler von der Küstenstraße aus ins Landesinnere marschieren.

Robert von Flandern und der Ritter Gaston von Béarn kommandieren die Vorhut, die durch die stillen Gassen Ramlas trabt. Welcher Triumph, eine muslimische Stadt im Heiligen Land so rasch zu nehmen!

Die Geflohenen haben im Dorf Lydda, kaum zwei Kilometer von Ramla entfernt, die Basilika Sankt Georg niedergebrannt, ein großes, allerdings längst nicht mehr von den Gläubigen genutztes Gotteshaus; die Grabeskirche des Heiligen.

Die Ritter rasten wenige Tage in Ramla, plündern die erntegoldenen Felder. Robert von Flandern soll die Stadt mit einer kleinen Garnison vorerst halten, so beschließen sie. Und Sankt Georg wird wieder aufgebaut, ein Bischof eingesetzt, ein normannischer Priester. »Die erste Kirche, die wir im Lande Israel gründeten«, verkündet Raimund von Aguilers stolz. So erheben die Kreuzzügler Ramla zum katholischen Bistum – ein Zeichen für die Muslime, die Juden, die Orthodoxen im Heiligen Land, dass sie gekommen sind, um zu bleiben und zu herrschen!

Wie weiter? Noch einmal Diskussionen unter den Anführern. Einige Fürsten – die Chronisten nennen keine Namen, geben nur die Beratungen wider – halten es für Wahnsinn, Jerusalem im anbrechenden Sommer zu belagern. Zu heiß sei es dort, zu trocken. Und die Fatimiden seien doch noch gar nicht geschlagen. Man werde, weitab jeglicher freundlicher Küste, im dürren Bergland lagern, bis ein Entsatzheer der Feinde heran sei; dann werde man zermalmt zwischen den Mauern Jerusalems und den Feinden im Rücken. Besser sei es, zunächst bis Ägypten zu marschieren, dort die Fatimiden zu schlagen und erst dann, im Herbst und ohne Bedrohung im Rücken, die Heilige Stadt zu berennen.

Eine kluge Strategie, aber wie schlecht kennen die Strategen ihre Soldaten ...

Jerusalem, so scheint es, liegt doch schon hinter den nächsten Hügelkuppen, keine dreißig Kilometer mehr entfernt. Niemand mehr wird diese Glaubenskämpfer noch aufhalten können, kein noch so gewichtiges Argument wird jetzt noch die Richtung des Vormarschs ändern können. Also fügen sich die Anführer, die längst keine Führer mehr sind, ins Unvermeidliche, in eine militärische Wahnsinnstat: auf nach Jerusalem, mitten im Sommer, mitten im feindlichen Land!

Montag, 6. Juni 1099, Emmaus

Das Dorf, in dem der Heiland nach Kreuzigung und Auferstehung mit zwei Jüngern Brot brach, wie der Evangelist Lukas überliefert. Ein christlicher Weiler, ein Jahrtausend später. Die Ritter ziehen dort hindurch, auf der Straße gen Jerusalem.

Da treten Bauern vor: Abgesandte aus Bethlehem, Christen. Sie bitten die Fürsten, in ihre Stadt zu kommen, um sie von der Herrschaft der Ungläubigen zu befreien. Ein Umweg. Aber kann man Christi Stadt einfach so liegen lassen? Also nimmt sich Tankred von Hauteville »hundert ausgesuchte Ritter«, so Fulcher von Chartres, und galoppiert in Richtung Süden los.

Mitten in der Nacht erreicht der Normanne Bethlehem. Kein Widerstand; falls muslimische Soldaten hier stationiert waren, sind sie geflohen. Die Einwohner jedoch fürchten zuerst, dass es Fatimidentruppen sind, zur Verstärkung aus Ägypten angerückt – sie verrammeln ihre Häuser. Als sie im ersten Morgenlicht den Irrtum erkennen, formen sie sich zur Prozession aus der Geburtskirche, tragen Kreuze und Reliquien, küssen dem Fürsten die Hand. Freiheit! Sie singen vor Freude – und sie weinen, denn, wie Fulcher von Chartres berichtet, »sie befürchteten, dass so wenige Leute von der großen Masse der Heiden, die, wie sie wussten, im Land waren, ganz leicht und jederzeit getötet werden konnten«.

Tankred jedoch lässt nur einige Männer in der Stadt und wendet dann sein Ross, um das Hauptheer einzuholen. Die Kameraden sind fast schon in Jerusalem.

So groß ist nämlich nun die fromme Sehnsucht, dass niemand mehr die Kreuzzügler hält. Den Tag über marschieren sie – und in der Nacht dann auch noch. Würden sich Feinde irgendwo verstecken, sie könnten den unordentlichen, wohl mehrere Kilometer sich die Straße entlangwindenden Zug überfallen und zersprengen, aber niemand zeigt sich.

Ritter in Kettenhemden. Sonnenverbrannte, muskulöse Fußsoldaten. Mütter mit Kleinkindern. Priester. Ochsen und Kamele, die Getreidesäcke und Weinschläuche tragen. Karren. Hügel. Weinreben auf winzigen, in Berghänge gefrästen Terrassen. Gestrüpp. Staubige Wege. Die Vorahnung sommerlicher Glut. Und dann: ein Wunder.

Denn der Mond verfinstert sich just in dieser Nacht. Ein Wort geht um: Nein, das ist kein böses Omen! Verdunkelt sich doch der Halbmond, das Zeichen der Ungläubigen!

Früher Morgen. Es ist Dienstag, der 7. Juni 1099. Staub an der rechten Heeresflanke. Alarm? Nein, bloß Tankred und seine Reiter, die wieder zum Heer stoßen. Dann eine Anhöhe, auf deren Kuppe sich die Moschee des Propheten Samuel erhebt. Doch wer denkt schon wie die Muslime? »Montjoie« nennen christliche Pilger schon seit Langem diesen Hügel, den »Berg der Freude«. Die wenigen im Heer, die diesen Weg schon einmal gegangen sind, werden es den anderen erklären.

Graf Raimund von Toulouse steigt vom Pferd, streift sich die Stiefel ab: Barfuß geht er die letzten Meter hügelan im Staub, einige seiner provenzalischen Geistlichen folgen ihm. Peter Bartholomäus, der in der Feuerprobe starb, hatte in einer Vision verkündet, dass die Kreuzzügler nur dann den Sieg erringen werden, wenn sie sich demütig und barfuß näherten.

Der ältere, graubärtige, narbengezeichnete Graf erinnert sich dieser Vision – sonst aber fast niemand. Düstere Vorahnungen suchen ihn heim, aber wer könnte diese Armee nun noch aufhalten? Weiter, nur weiter!

Dann die Anhöhe. Banner im Wind. Erschöpfte Ritter. Mönche, die Hymnen anstimmen. Gebete. Weit geht der Blick gen Osten. Olivenbäume, Obsthaine, Bauernhöfe, nun verlassen. Und dort, eingebettet zwischen Bergen, eine mächtige, zinnenbekrönte Mauer, darüber Dächer, Dächer, Dächer und eine golden schimmernde Kuppel auf einem monolithischen Felsblock: das ultimative Pilgerziel!

»Der Juni war bereits von der Hitze seiner siebten Sonne gerötet, als die Franken Jerusalem belagernd einschlossen«, dichtet Fulcher von Chartres.

9 VOR DEN MAUERN DER HEILIGEN STADT

Als Jesus danach den Tempel verließ, sagte einer seiner Jünger: »Lehrer, sieh doch nur diese gewaltigen Steine und diese prachtvollen Gebäude!« Da sagte Jesus: »Du bewunderst dieses riesenhafte Bauwerk? Hier wird kein Stein auf dem anderen bleiben. Alles wird bis auf den Grund zerstört werden!« (Markus 13, 1–2)

Dienstag, 7. Juni 1099, vor Jerusalem

Die Anhöhe Montjoie hinab wälzt sich der Heerzug. Ein verwegener Angreifer hätte diese Christen – disziplinlos, halb blind vor religiöser Inbrunst, erschöpft nach einem langen Marsch – womöglich mit einer einzigen Attacke zersprengen können. Doch die Verteidiger zeigen sich nicht; sie vertrauen lieber den bis zu 15 Meter hohen Mauern Jerusalems, die sie noch verstärkt haben, indem sie einige Kirchen niederrissen und deren Steine auf die Wälle schafften; Säcke voll Heu und Baumwolle haben sie über die Befestigungen gespannt, als Polster gegen herangeschleuderte Steine.

Die zweifach mauerumgürtete Stadt hat die Form eines unregelmäßigen Vierecks: Eine Metropole des Glaubens – und eine sturmerprobte Festung. Denn Jerusalem schmiegt sich zwischen die trockenen judäischen Berge; wo immer das möglich ist, folgt die Mauer Abhängen, sodass Täler vor den Wällen natürliche Gräben bilden. Von der Straße nach Westen etwa, auf der die erschöpften Ritter nun ziehen, erblicken sie zunächst eine niedrige, dahinter die hohe, eigentliche Stadtmauer, »vier Bogenschussweiten breit«, wie Fulcher von Chartres schätzt. Der Weg führt jedoch zuvor durch das tiefe Himmontal ins Jaffator, das nun verschlossen ist.

Direkt südlich dieses Durchgangs steht die Davidsburg wie

eine Festung innerhalb der Festung im Wall, eine wuchtige, achteckige Konstruktion, bei der die Fugen zwischen den quadratischen Steinen bleiverkleidet sind, um sie vor den Rammen und Spitzhacken der Angreifer zu schützen. Ein Wall umgibt die Burg, die nur über eine Zugbrücke erreichbar ist. Schon König Herodes ließ dieses Bollwerk in der Antike errichten, seither musste man nur wenig verändern: Es steht auf solidem Fels, den niemand untergraben kann. Es ist so groß, dass einige Hundert Krieger gleichzeitig hier kämpfen können. Eine einzige Neuerung nur haben die muslimischen Verteidiger vor Jahrhunderten schon angebaut: eine kleine Moschee.

Nördlich der Davidsburg schützt die Goliathzitadelle eine Ecke jenes unregelmäßigen Vierecks.

Die Nordmauer steht auf einer Hochebene, zwei Tore beherrschen die Zuwege: das Damaskus- und das Herodestor. Kaum irgendwo ist die Stadt verwundbar – nur hier: Kein Tal schützt den Weg vor dem Wall. Einen sieben Meter tiefen Graben haben die Verteidiger hier gezogen. Trotzdem: Wenn Belagerungstürme und Rammen angelegt werden können, dann vor allem im Norden.

Der Osten hingegen ist praktisch unangreifbar: Direkt hinter der Mauer fällt der Boden zum steilen Kidrontal hin ab. (Jenseits dieser Schlucht erhebt sich – »ungefähr tausend Schritte« vom Stadtzentrum entfernt, so überliefert ein Pilger – der Garten Gethsemane, ein Olivenhain, in dem Jesus einst ergriffen wurde von seinen Häschern.) Im Kidrontal – dem Tal Josaphat – liege, so glauben die frommen Streiter, die Jungfrau Maria begraben, und hier auch werde am Tag des Jüngsten Gerichts Jesus erscheinen, um zu urteilen über die Seelen.

Der Tempelberg, das gewaltige Fundament jenes jüdischen Tempels, den Herodes einst erbaute und die Römer zerstörten, bildet die ganze südöstliche Stadtfläche. Nun wölben sich auf dem Plateau zwei hochverehrte muslimische Stätten dem Himmel entgegen: die al-Aksa-Moschee am Rand jenes Hügels und, im Zentrum, der goldüberglänzte Felsendom, im Jahr

692 vollendet, das wohl erste Monumentalbauwerk des noch jungen Islam.

Im Süden, wo das Zionstor in die Mauer eingelassen ist, glitzert am Rand des Kidrontals der Teich Schiloach, ein Quellbecken. Von dort führt ein Weg steil hinan zur Mauer – und von den Zinnen eben jener Mauer können geschickte Bogenschützen mit ihren Pfeilen jeden bedrohen, der dort Wasser schöpfen möchte.

In Jerusalem selbst sprudelt keine Quelle, kein Fluss durchwindet die Stadt. Doch in vier riesigen und Hunderten kleinerer Zisternen ist Wasser gespeichert, sodass die Einwohner auch nach einer wochenlangen Belagerung nicht Durst leiden müssten.

Vom Schiloachteich wirft sich der Boden bis zum Berg Zion auf, direkt an der Südwestecke Jerusalems – jedoch außerhalb von dessen Wällen. Auch dies, so werden die Ritter schnell erkennen, mag ein Schwachpunkt der Heiligen Stadt sein: Vom Hang des Zionsbergs, wohl ungefähr 100 Meter höher als die Dächer der Stadt, kann ein Angreifer die Mauer berennen, vom Gipfel aus ein Bogenschütze die Mauerzinnen bestreichen.

Nur vom Berg Zion aus vermögen die Christen auch einen Blick auf ihr eigentliches Ziel zu werfen: die Grabeskirche. Die heiligste Stätte der Christenheit ist eine einst 150 Meter lange, fünfschiffige, kuppelüberwölbte, sandfarben schimmernde Basilika im Westen der Stadt, vom römischen Kaiser Konstantin über dem leeren Grab Christi und der Kreuzesstelle Golgatha errichtet. »Vom Kalvarienberg aus dreizehn Fuß nach Westen« entfernt liege das Grab, so notiert es ein christlicher Chronist. Im Jahr 614 loderten bei der Eroberung Jerusalems durch die Perser hier Flammen auf, zwei Generationen später brandschatzten muslimische Truppen das Heiligtum, 1009 ließ gar der Kalif al-Hakim die Kirche niederreißen. In der Generation vor den Kreuzzüglern wird sie wieder aufgebaut, doch viele Bereiche sind noch immer geschwärzte Ruinen oder notdürftig geflickte Provisorien. In der säulengeschmückten Vorhalle des Gotteshauses versammeln sich gar Muslime. Denn Kalif Omar, ein Weggefährte Mohammeds, betete hier nach der arabischen Eroberung Jerusalems im Jahr 638 zu Gott, weshalb die Vorhalle seither eine heilige Stätte des Islam ist.

Iftikhar ad-Daula ist nun der fatimidische Statthalter Jerusalems, der »Stolz der Nation«. Ein erfahrener Soldat, der einige Tausend sudanesische Bogenschützen und arabische Kämpfer kommandiert. Außerdem unterstehen ihm die rund 40 000 Menschen, die in Jerusalem ausharren: die muslimischen Einwohner, die ihre Stadt offiziell al-Quds nennen, den »Ort der Heiligkeit«, untereinander aber den traditionellen Namen zu *Iliya* verschliffen haben. Dazu die aus ihren Häusern geflohenen Einwohner der arabischen Dörfer des Umlands. Zudem wohnen einige Tausend Juden in ihrem Viertel im Nordosten der Stadt, manche leben seit Generationen hier, andere sind Gelehrte und Rabbiner aus weit entfernten Gemeinden, die nur zum Studium die Heilige Stadt aufsuchen – so bilden etwa die spanischen Juden eine eigene Kolonie innerhalb dieses Viertels.

Die Juden wissen längst, was die Kreuzzügler ihren Glaubensbrüdern am fernen Rhein und andernorts angetan haben: Sie werden Seite an Seite mit den Muslimen gegen die Ritter kämpfen.

Vor geraumer Zeit schon hat Statthalter ad-Daula auch Eilboten nach Ägypten gesandt, um den Wesir vor den Kreuzzüglern zu warnen, und hat um ein Entsatzheer gebeten. Er fühlt sich zu schwach, um jenen wilden Christen in offener Schlacht gegenüberzutreten. Auch weiß er, dass Jerusalem, obgleich mächtig, doch keine so gewaltige Festung ist wie etwa Nikäa oder Antiochia. Und diese beiden Städte immerhin haben jene unheimlichen Fremden bereits erobert.

Die Strategie von ad-Daula beschränkt sich deshalb vor allem auf eines: ausharren! Er konzentriert seine Kämpfer besonders an jenen Abschnitten der Nord- und Südmauer, die extrem bedroht sind. Er schickt kleine Trupps ins bergige Umland, auf dass sie unvorsichtig herumstreunenden Kreuzzüglergruppen Hinterhalte legen. Und der Statthalter weiß, dass er zwei fürchterliche Verbündete hat: Hitze und Durst.

Alle Viehherden aus dem Umland hat er längst forttreiben lassen. Und alle Brunnen in rund zehn Kilometer Umkreis haben seine Soldaten zugeschüttet oder vergiftet. Die Mauern eingefasster Quellen haben sie eingerissen, sodass deren Nass versickert; kleinere Wasserstellen unter Steinen versteckt. Und römische Aquädukte, die seit tausend Jahren die kostbare Flüssigkeit von fernen Quellen in Richtung Jerusalem führen, werden an ihren Anfängen gekappt.

Auf 30, 40 Grad werden Sonne und Khamsin nun die dürren Bergrücken aufheizen. Ein Ritter in Helm und Kettenhemd wird unter diesen Bedingungen kaum mit vier Liter Wasser pro Tag auskommen, eher werden es sechs Liter sein. Ein Schlachtross säuft das Zehnfache. Wie viele Liter werden die Kreuzzügler täglich benötigen, um zu überleben? Wo sollen sie eine derartige Menge hernehmen?

Die einzige Wasserstelle, die zu groß ist, um sie zuzuschütten oder zu vergiften, ist der Schiloachteich unterhalb der Mauern. Der aber liegt in der Reichweite der sudanesischen Bogenschützen …

Den Kreuzzüglern, die sich am Abend des 7. Juni langsam vor den Mauern Jerusalems einfinden, zumindest jenen, die schon wieder klarer denken können nach der religiösen Begeisterung des Tages, wird wohl ebenfalls schnell deutlich, dass die Heilige Stadt für sie zur tödlichen Falle werden könnte.

Wie viele mögen es nun noch sein, nach so vielen Tausend Kilometern, nach so vielen Schlachten? Die Chronisten machen vage Angaben, wenn überhaupt. Höchstens 1300 Ritter werden wohl vor Jerusalem aufmarschieren, etwa 12 000 Fußsoldaten, dazu die Priester, Marketender, Frauen und Kinder, insgesamt vielleicht 8000 Köpfe zählt dieser Tross der Nichtkämpfer.

Kein gewaltiges Heer also, zerschmolzen nach so langer Zeit:

Besatzungstruppen in eroberten Städten, Deserteure, Verwundete, Tote überall entlang der Strecke zurücklassend. Aber doch mehr als 20 000 Menschen. Mehr als 1000 Schlachtrosse. Dazu Packtiere. Woher die vielen Tonnen Heu und Gras für das Vieh nehmen in diesem kargen Bergland? Woher Brot, Obst, Fleisch, Wein für die Menschen? Und woher die 200 000 Liter Wasser, die dieses Heer trinken muss? Täglich.

Die Verteidiger sind ausgeruhter als die Angreifer, sie sind besser bewaffnet und viel besser versorgt. Einzig der fürchterliche Ruf, der den Kreuzzüglern vorauseilt, sichert diesen die Herrschaft über das Umland, weil zunächst niemand sich ihnen in den Weg zu stellen wagt.

So klein ist das Heer aber, dass die Anführer nicht einmal den Versuch wagen, Jerusalem vollständig einzuschließen. Niemand kümmert sich um die unzugängliche Ostmauer über dem Kidrontal. Robert von der Normandie lagert mit seinen Mannen an der Nordmauer, gegenüber dem Herodestor – so sperrt er den ersten Abschnitt, der vom Kidrontal aus wegführt. Neben ihm Robert von Flandern, der das Damaskustor belauert. Dann Gottfried von Bouillon, dessen Krieger die Nordwestecke bis hinunter zum Jaffator umschließen. Schließlich Tankred mit einigen Kriegern, praktisch gegenüber der Davidsburg.

Raimund von Toulouse hingegen führt seine Provenzalen – und dazu die Armen des Kreuzzugs und die meisten Geistlichen – auf den Berg Zion im Südwesten. Und beinahe hätten seine Soldaten schon wieder gemeutert. Denn zunächst lagern sie neben den Normannen Tankreds. Doch ihr Graf befiehlt ihnen, kaum haben sie sich niedergelassen, den Berg zu erklimmen.

Wahrscheinlich weiß Raimund, der womöglich schon einmal als Pilger Jerusalem und das Umland gesehen hat, um den militärischen Vorteil jenes Berges: Von dort aus kann die Mauer beschossen, von dem Hang aus gestürmt werden. Allerdings droht eben auch die umgekehrte Attacke: Die Muslime auf den Wällen können ein Lager auf dem Berg Zion mit Pfeilen und Katapulten bestreichen, sie könnten einen überraschenden Ausfall wagen und das Lager überfallen. Deshalb müssten die Ritter und Fußsoldaten dort nicht nur ihre Zelte aufschlagen, sie müssten mühsam Palisaden zum Schutz errichten.

Der Graf appelliert jedoch an den Glauben seiner Kämpfer, statt auf die militärischen Vorteile der Stellung einzugehen. Oben auf dem Gipfel erheben sich die Ruinen einer Marienkirche. Solle man die den Sarazenen überlassen? »Wenn wir diese heilige Gabe, die der Herr uns so großzügig anbietet, verschmähen«, so spricht er, zumindest überliefert es der Chronist und wohl auch Augenzeuge Raimund von Aguilers so, »und die Sarazenen diesen Ort besetzen – was wird dann aus uns? Was, wenn sie aus Hass auf uns jene heiligen Stätten zerstören und beschmutzen? Wer weiß: Womöglich prüft uns Gott mit dieser Gelegenheit, um unsere Treue zu ihm zu testen? Eines weiß ich sicher: Solange wir diesen heiligen Ort nicht sorgfältig schützen, wird uns der Herr nicht jene anderen heiligen Orte innerhalb der Stadt in die Hand geben!«

Ein Argument, das viele Geistliche beeindruckt – aber skandalös wenige Ritter. Viele Kämpfer weigern sich zunächst, auf den Berg Zion hinaufzugehen. Vom »großen Hass« auf den Grafen schreibt Raimund von Aguilers sogar. Das Argument, das sie schließlich doch noch überzeugt, ruht in den Kisten, die ihr Graf mit sich führt: Gold. Hohe Tribute hat Raimund ja erpresst, vor allem auf der letzten Etappe entlang der syrischen und libanesischen Küste, wo ihm viele lokale Emire Schätze gaben, wenn diese schrecklichen Christen dafür nur rasch weiterziehen. Mit diesem Geld schließlich kann sich der Graf mühsam die Loyalität seiner Männer erkaufen.

Wieder aber ist das Heer ungut getrennt: Normannen, Lothringer, Flamen und die anderen Nordeuropäer schließen den Norden und einen Abschnitt des Westens von Jerusalem ein, die Provenzalen konzentrieren sich im Südwesten. Dazwischen: Hügel, Schluchten – und das große Misstrauen zwischen Nord- und Südeuropäern.

Die Normannen verhöhnen die Provenzalen: Die seien gut beim Plündern, aber wann sähe man sie einmal kämpfen? Die Südfranzosen wiederum und viele Arme schmähen die Lothringer, von denen sie sich während der elenden Belagerung von Antiochia einst verraten fühlten, als »Dreck«.

Die Fürsten sehen, dass ihnen nur wenige Tage Zeit bleiben: Hitze, Staub, Trockenheit. Schon am ersten Tag leiden die Kreuzzügler Durst. Einige führen mit Schläuchen beladene Packtiere zum Schiloachteich, doch ein Pfeilhagel vertreibt sie schnell: Die Menschen müssen, wenn sie dort trinken wollen, zu Fuß kommen, gedeckt von Schilden oder getarnt in der Nacht. Große Mengen holt damit keiner. Andere Trupps streifen ein, zwei, schließlich zehn Killometer durch das verwüstete Umland, auf der immer verzweifelteren Suche nach Quellen. Überall scheinen Hinterhalte zu drohen: Die Verteidiger, die die Berge viel besser kennen, wissen genau, wo sie sich verstecken können – und welche Wege die Christen zurücklegen müssen, um die wenigen, weit entfernten unzerstörten Wasserstellen zu erreichen, die sie schließlich finden können.

Zu wenige, um das Heer zu versorgen.

Zum nächsten Hafen Jaffa ist es eine Tagesreise für eine Karawane. Und auch diese Route ist unsicher, weil unterwegs Muslime dem Tross auflauern.

Und dann droht noch das Entsatzheer der Fatimiden. Wann deren Verstärkung aus Ägypten eintreffen wird, weiß niemand. Aber jedermann ist klar, dass der Wesir höchstens einige Wochen benötigen wird, um etliche Zehntausend Krieger in Marsch zu setzen – viel mehr, als die Kreuzzügler jetzt noch Soldaten zählen. Dann müssten sie sich, geschwächt und durstig, im fremden Bergland einer Schlacht stellen. Und selbst wenn Gott ihnen auch in diesem Kampf den Sieg schenken würde: Jerusalem hätten sie damit immer noch nicht erobert. Die Auseinandersetzung mit dem Entsatzheer würde auf jeden Fall Blut und Kraft kosten. Und am Ende würden sie in der Hitze des Sommers vor den Mauern der Heiligen Stadt elendig sterben wie Bettler.

Es kann nur einen Plan geben: ein Sturmangriff! So rasch wie möglich. Jerusalem erobern, das Wasser sichern, das Umland besetzen, und dann wird man weitersehen. Manchem frommen Streiter mag dies das finale Ziel sein: die Heilige Stadt zu befreien, in der Grabeskirche zu beten – und dann endlich, irgendwie, nach Hause zurück! Andere mögen für immer hier ausharren wollen, aber auch sie werden wohl kaum Pläne machen, die über die Kämpfe der nächsten Tage hinausgehen.

Allerdings weiß niemand, wie man Jerusalem erstürmen soll: Die Kreuzzügler haben den langen Weg von Antiochia bis in die judäischen Berge ohne schweres Belagerungsgerät zurückgelegt: kein Turm, kein großes Katapult, keine Steinschleuder und auch kaum Spezialisten im Tross, die derartige Dinge zu bauen verstehen.

Mittwoch, 9. Juni 1099

Tankred von Hauteville reitet auf den Ölberg. Diese etwas mehr als 800 Meter hohe Erhebung jenseits des Kidrontals bietet ihm einen guten Blick über die Mauern ins Innere Jerusalems. Der junge Normanne will die Stellung des Gegners studieren. Da nähert sich ihm ein Einsiedler – ein uralter Christ, der seit Jahrzehnten im Angesicht der Heiligen Stadt haust.

Welche Überraschung, als der Einsiedler offenbart, dass er einst aus seiner süditalienischen Heimat vor der Gewalt floh – der Gewalt von Robert Guiskard, dem Großvater Tankreds.

Für den Eremiten ist dies ein Zeichen göttlicher Gnade: Das Geschlecht der edlen Normannen ist hier, damit der Enkel die Sünde des Großvaters sühne! Wenn die Kreuzzügler Jerusalem angreifen, so prophezeit der Eremit, dann werden sie es sofort erobern!

Tankred bleibt keine Zeit, auf diese frommen Worte zu reagieren: Feinde nahen. Fünf arabische Reiter aus Jerusalem, die das Kidrontal durchmessen und sich nun die Flanke des Ölbergs hinaufquälen. Der Normanne erkennt, dass die Araber in großem Abstand voneinander reiten – ihr Fehler!

Tankred stößt einen Kriegsschrei aus und stürzt mit eingelegter Lanze den Hang hinunter. So gewaltig ist der Aufprall, dass der erste Feind ins Tal hinuntergeschleudert wird. Dem zweiten sticht er das Pferd blutig, das im Todeskampf taumelt, stürzt und seinen Reiter abwirft, der ebenfalls erschlagen wird. Auch der dritte Angreifer fällt unter dem Eisen Tankreds. Die letzten beiden wenden und galoppieren zurück, retten sich mit knapper Not vor dem wie ein Dämon hinter ihnen her hetzenden Normannen in die Mauern Jerusalems.

Eine ritterliche Heldentat – und nicht auch ein gutes Omen für den Kampf, der nun kommen mag?

Sonntag, 12. Juni

Raimund von Toulouse, Gottfried von Bouillon und die anderen Anführer erscheinen als Pilger auf dem Ölberg, um den Eremiten zu befragen.

»Wenn ihr die Stadt morgen bis zur neunten Stunde angreift, dann wird sie euch gehören!«

Die Fürsten geben zu bedenken, dass sie keinerlei Sturmgeräte dabeihaben, keine Katapulte, keine Belagerungstürme, nichts.

»Gott ist allmächtig!«, ruft der Eremit. »Wenn es ihm gefällt, dann kann er auch mit nur einer Leiter diese Mauer bezwingen. Er steht jenen bei, die im Dienst der Wahrheit sind.«

Gerüchte im Heer, Begeisterung dann: Lasst uns stürmen, lasst uns stürmen! Unter den Soldaten wird man die Heldentat des Tankred von Hauteville rühmen. Man wird den Ritter Raimund Pilet lobpreisen, einen Gefolgsmann des Grafen von Toulouse, der zwei Tage zuvor mit einigen Rittern auf einem Erkundungsritt zufällig auf 200 muslimische Reiter traf – und sie in die Flucht schlug; mit 30 erbeuteten Pferden war er ins Lager zurückgekehrt. Und nun die Prophezeiung des Eremiten! Wer könnte sich dem Sturm der Kreuzzügler denn noch in den Weg stellen?

Gut möglich, dass die Anführer dies trotzdem für eine Wahnsinnstat halten, so unvorbereitet, wie sie noch sind. Aber wer kann diese Kämpfer jetzt noch aufhalten?

Also Angriff.

Montag, 13. Juni

Sturm im Morgengrauen. Es ist jener Angriff – chaotisch, enthusiastisch vorgetragen, lächerlich mit der einen Sturmleiter, die von den Kreuzzüglern herangeschleppt wird, und doch erschreckend ob seiner fast unbezwingbaren Wildheit –, der Raimbold Croton zum Helden der Troubadoure macht: der erste Ritter, der Hand auf den Mauerkranz legte! Dem seine Linke dafür beinahe abgeschlagen wird, der blutend in die Tiefe stürzt, aber überlebt. Jener Angriff, der Iftikhar ad-Daula in Jerusalem zweifeln lässt, ob ihm da normale Kriegsleute als Gegner gegenüberstehen. So gegen alle Regeln der Kriegskunst, gegen alle Vernunft wird der Sturm vorgetragen, dass die muslimischen Verteidiger nicht wissen, ob sie darüber spotten oder sich nicht vielmehr davor fürchten sollen.

Als zweifelnde Sieger jedenfalls bleiben sie am Ende dieses Tages auf dem Mauerkranz stehen, während sich die Christen geschlagen und blutend in ihre Lager zurückziehen. Es ist nicht ganz klar, ob sie an diesem Abend enttäuscht oder ermutigt sind: Enttäuscht, weil sich die Vision des Eremiten als falsch herausgestelllt hat, oder vielleicht doch als korrekt, was dann aber nur der Beweis dafür wäre, dass Gott eben nicht auf ihrer Seite kämpft. Oder sind sie ermutigt, weil sie selbst mit lächerlichsten Mitteln die Verteidiger bereits derart in Bedrängnis brachten?

Raimund von Aguilers schreibt das Scheitern den Angreifern selbst zu: »Im Durcheinander von Kampfeslust und Furcht wurde die Attacke abgebrochen.« Ein anderer, namenloser

Chronist behauptet: »Wir verloren viele Leute, aber der Feind verlor mehr.« Das ist wahrscheinlich nicht korrekt: Im Geschosshagel der Verteidiger werden viel mehr Kreuzzügler gefallen sein, als umgekehrt Muslime auf den Mauern von Pfeilen der Angreifer niedergestreckt worden sind. Und Fulcher von Chartres überliefert, die Christen hätten ihre Attacke »in der sechsten Stunde des Tages« abgebrochen, »wenngleich widerwillig«.

Vielleicht ist beides wahr: Viele der Armen werden düsterer Stimmung in ihre Zelte schleichen, erschöpft, durstig, zweifelnd und mit dem diffusen Gefühl, an jenem Tag irgendwie um den Triumph ihres Lebens betrogen worden zu sein. Die Fürsten jedoch, bislang eher Getriebene der Kampfgier ihrer Soldaten, erkennen, dass diese Stadt zu bezwingen ist, wenn sie selbst wieder die Kontrolle übernehmen. Alles, was sie dazu brauchen, sind ein paar Belagerungsmaschinen: Türme, Steinschleudern, Katapulte.

Doch woher sollen die kommen? Wo kann man im kahlen Bergland Judäas Holz schlagen? Wo die eisernen Nägel und Beläge schmieden, die man zum Bau derartiger Geräte benötigt? Und wer soll die Maschinen bauen? Im arg geschrumpften Heer marschieren praktisch keine Spezialisten mehr mit, die derartige Waffen konstruieren könnten.

Freitag, 17. Juni 1099

Boten aus Jaffa, der Hafenstadt 35 Kilometer im Rücken der Kreuzzügler: Die muslimischen Verteidiger haben ihre Stellungen dort aus Furcht vor den Christen geräumt; die Häuser seien niedergebrannt, die Zitadelle zerstört. Von der Festung aber stehe noch ein Turm, die Kais des Hafens seien intakt – und dort seien nun sechs Schiffe aus dem Abendland eingelaufen!

Tatsächlich kommandiert der genuesische Kapitän Wilhelm Embriaco mit seinem Bruder zwei Galeeren, die nun in

Jaffa an den Molen festmachen. Mit den Italienern fahren noch vier andere Schiffe – die Chronisten äußern sich nicht zu ihnen, wahrscheinlich sind es englische Segler. Sie bringen Wein und Getreide für die Belagerer, in der Hoffnung auf ein gutes Geschäft. Und sie haben in kluger Voraussicht Seile, Nägel und eiserne Bolzen geladen, mit denen Belagerungsmaschinen gebaut werden können.

Sind die Wege des Herrn nicht unergründlich? Kaum scheitert der Sturmangriff, so erscheint, nur einen Tagesmarsch entfernt, eine Flotte mit genau jenen Dingen, die man für einen neuen Sturmangriff so schmerzlich vermisst. Der Bote erbittet nun Geleitschutz für die Ladung und ein paar Krieger, welche die Zitadelle von Jaffa besetzen sollen.

Samstag, 18. Juni 1099

Der Reiter aus Jaffa hat am Abend des Vortags das Lager der Provenzalen erreicht. So groß ist die Rivalität unter den Kreuzzüglern, dass Graf Raimund von Toulouse in aller Hast beim ersten Morgenlicht einige Ritter losschickt, um die wertvolle Ladung zu sichern – bevor die Lothringer und Normannen davon erfahren.

Die jedoch hören in diesen Stunden irgendwie auch von den Schiffen zu Jaffa und entsenden nun ihrerseits einige Ritter. Eine Art Wettrennen beginnt, um Ruhm und Beute; ein Wettrennen, das gefährlich ist, denn die 35 Kilometer bis nach Jaffa sind keineswegs sicher: Überall könnten muslimische Reiter versteckt sein, überall Hinterhalte drohen.

Die Provenzalen sind die Ersten, die an diesem Morgen aufsatteln: 20 Reiter, dazu 50 Soldaten, die im Laufschritt mithalten. Zu den Rittern gehört Achard von Montmerle, ein Edelmann aus Burgund, treu, fromm und tapfer. Ihnen dicht auf den Fersen folgt der Ritter Raimund Pilet mit 50 provenzalischen Panzerreitern; später brechen noch mehr Südfranzosen auf, dann auch Lothringer und Normannen.

Der erste Trupp mit Achard von Montmerle gelangt bis in die Nähe von Ramla – als auf einer Ebene plötzlich 600 arabische Reiter im Dienste der Fatimiden auftauchen, eine Schwadron aus Askalon.

Angriff! 20 Panzerreiter sind sie nur, doch mit eingelegter Lanze stürmen sie nun auf die 30-fache Übermacht zu. Vielleicht ist ihr Gottvertrauen so groß, vielleicht verachten sie ihre Gegner nach den siegreichen Gefechten der letzten Zeit. (»Sie ritten voller Selbstvertrauen«, schreibt ein Chronist.) Vielleicht sind jene 20 Ritter auch einfach bloß ebenso tapfer wie dumm: Ihr Stoß jedenfalls geht ins Leere.

Denn sie treffen die 600 muslimischen Reiter auf einer Ebene, wo diese viel Platz für ihre Manöver haben. Die Araber, viel leichter bewaffnet und beweglicher, weichen den anstürmenden Christen aus – und überschütten sie dann aus sicherer Distanz mit einem Pfeilhagel. Wieder und immer wieder gehen die Geschosse nieder. Die muslimischen Reiter galoppieren davon, drehen sich im Sattel nach hinten und feuern einen Pfeil ab, kommen wieder näher, reiten davon, schießen und schießen. Schlimmer noch: Die Panzerreiter sind wenigstens durch Helm, Schild, Kettenhemd geschützt, viele Pfeile prallen an ihnen ab.

Ihre 50 Fußsoldaten, Bogenschützen zumeist, sind jedoch kaum gepanzert – und da die Ritter nicht bei ihnen sind, gibt es auch niemanden, hinter dem sie in Deckung gehen könnten. In kurzer Zeit sind sie bis auf den letzten Mann gefallen.

Auch die Ritter sind nun schwer bedrängt. Manches Geschoss bohrt sich doch in die Spalten zwischen Helmrand und Kettenhemd, in Bein oder Arm, ins Auge ... Sogar Achard von Montmerle, ein populärer Held im Heer, sinkt schließlich tödlich getroffen in den Staub. Wer von seinen Kameraden noch Kraft hat, flieht nun Richtung Jerusalem – und galoppiert hinein in die nächsten Trupps der Provenzalen und der Normannen mit den Lothringern.

Rache! Wieder stürmen die Panzerreiter in wilder Wut

heran. Noch immer sind sie in der Unterzahl, doch ist die Überlegenheit der Muslime nicht mehr ganz so erdrückend. Zudem sind diese nun erschöpfter, überrascht wohl auch – und beunruhigt, ob diesen christlichen Trupps womöglich noch mehr folgen werden.

Einmal mehr sind es vor allem die Provenzalen des Raimund Pilet, die letztlich diesen Tag entscheiden: Unter ihrem Ansturm schwankt die Ordnung der Fatimidenreiter, dann bricht sie auseinander – wild fliehen die Muslime in die Berge, viele werden über fünf, sechs Kilometer weit verfolgt, 200 fallen unter den Eisen der Ritter.

Mehr als 100 Pferde erbeuten die Christen bei Ramla – und einen dicken, älteren Muslim in prächtigen Gewändern, den sie gefangen nehmen und nicht töten. Korpulent, prächtig gekleidet – das, so denken sie, auch wenn keiner mit dem Fremden sprechen kann, muss ein Adeliger sein. Vielleicht ist es besser, ihn lebend ins Lager zu schleppen. Möglich, dass jemand ein hohes Lösegeld für ihn zahlen wird.

Und so kehrt ein Teil der Ritter, staubbedeckt, blutend, siegestrunken und doch trauernd nach Jerusalem zurück, beladen mit Beute – und mit den Leichen ihrer Kameraden. Vor allem um Achard von Montmerle klagen die Kreuzzügler. Ein Held ist gefallen, ohne die Heilige Stadt je betreten zu haben!

Später wird Achard von Montmerle im Angesicht der Mauern in einer Gruft beerdigt. Um die düstere Stimmung zu heben und wohl auch, weil die Verteidiger Jerusalems auf der Mauer stehen und die trauernden Christen beim Begräbnis verhöhnen, beschließen die Fürsten, jenen unbekannten, doch sicherlich hochrangigen Gefangenen zu opfern: Sie schleifen ihn auf ein staubiges Feld gegenüber der Davidsburg, auf dass ihn Christen wie Muslime von ihren Stellungen aus gut sehen können. Dort muss der ältere Mann sich niederknien – und dann wird ihm der Kopf abgeschlagen.

Währenddessen erreichen die anderen Ritter unter dem Kommando von Raimund Pilet im Abenddämmer endlich Jaffa.

Ein englisches Schiff ist dort schon wieder verschwunden – der Kapitän will auf See Beute machen und sucht muslimische Schiffe, die er überfallen könnte. Die anderen Galeeren und Segler jedoch sind noch sicher vertäut. Freude und Erleichterung bei Wilhelm Embriaco und seinen Seeleuten: Brot, Fisch und Wein, viel Wein! Für die Kreuzzügler, ausgemergelt und durstig, ist es ein Festmahl, das beste seit Wochen. Bis tief in die Nacht feiern und zechen sie mit den Genuesern und Engländern. Niemand hält Ausguck.

Am Morgen dann die böse Überraschung: eine fatimidische Flotte am Horizont! Alarm! Zu spät ... Embriaco erkennt, dass Jaffa ihm zur Falle geworden ist. Er kann nicht mehr über das Meer entkommen. (Nur das eine englische Schiff, das zum Piratenabenteuer bereits ausgelaufen war, ist eher zufällig durch den Blockadering der Fatimiden geschlüpft. Sein Kapitän setzt alle Segel, lässt auch rudern und entkommt. Er wird die 500 Kilometer bis Latakia kreuzen und Bohemund, Balduin und den anderen Rittern von der Not der Kreuzzügler vor Jerusalem künden. Nicht, dass dies viel helfen würde, denn in Antiochia glauben sich die Christen noch so bedroht, dass niemand zur Unterstützung gen Palästina eilt.)

Raimund Pilet hingegen wird über diese feindliche Flotte nicht gar so unglücklich sein. Gebt die Schiffe auf, rät er den Genuesern und Engländern, was bleibt euch auch sonst übrig? Kämpft mit uns! Auch die provenzalischen Priester und Mönche, die mit den Rittern gekommen sind, beschwören die Seeleute: Das ist Gottes Wille! Lasst euch im Jordan als Pilger taufen! Erobert Jerusalem!

Und so werden aus genuesischen und englischen Abenteurern und Piraten wohl oder übel Kreuzzügler. Während einige Mann Wache halten im unzerstörten Turm der Festung zu Jaffa, damit die Fatimiden nicht überraschend anlanden können, ziehen die anderen ihre Schiffe an Land – und zerlegen sie. Nicht nur die Fracht bekommen die Kreuzzügler so, sondern auch alles, was man von Galeeren oder Seglern noch benötigen könnte: Seile, Nägel, dazu, besonders wichtig im kargen Land, langes, gutes Holz der Masten und Planken. Auch Hämmer, Äxte und anderes Werkzeug. Und: Viele Matrosen sind zugleich Schiffszimmerleute, geschickte Handwerker, die Katapulte und Belagerungstürme bauen können.

Bis zum Nachmittag währt die Zerlegung der fünf Schiffe, dann sind die Packpferde hoch beladen. Langsam kriecht der Zug zurück in Richtung Jerusalem, Jaffa im Rücken – halb zerstört und gänzlich verlassen –, wo die ausgeweideten Wracks der Schiffe angezündet worden sind und nun wie Scheiterhaufen brennen.

Der größte Teil der Karawane endet im Lager der Provenzalen. Graf Raimund bietet Wilhelm Embriaco und den Schiffszimmerleuten Geld, wenn sie für ihn einen gewaltigen Belagerungsturm bauen – ein Angebot, das wohl niemand in dieser Lage ablehnen kann.

Woher das Holz nehmen? Die Reste aus den Schiffen reichen bei Weitem nicht. Viele Arme melden sich freiwillig, um in zehn, zwanzig Kilometer Entfernung Bäume zu schlagen und heranzuschleppen. Und die Provenzalen haben muslimische Gefangene, Opfer des langen Kriegszugs, die man bislang am Leben gelassen hat, weil die Ritter hofften, sie gegen Lösegeld eintauschen oder als Sklaven verkaufen zu können. Nun müssen die Gefangenen bei mörderischer Hitze Balken schleppen – angeblich in Gruppen zu 50 bis 60 Mann jeweils so viel Holz, dass es kaum vier Ochsen hätten transportieren können. Ob sich die Muslime dabei zu Tode schuften, erwähnt kein Chronist – sicher ist aber, dass Graf Raimund in den nächsten Wochen Holz bekommt, viel Holz.

Im Lager der Normannen und Lothringer blickt man neidisch nach Süden. Keine Schiffszimmerleute, keine Gefangenen – soll der Graf denn tatsächlich der einzige Christ sein, der einen Belagerungsturm baut? Sollte er gar als Erster Jerusalems Mauern erstürmen?

Die Kreuzzügler aus dem Norden führen seit früheren Raubzügen Kamele mit. Die sollen Holz schleppen. Doch welches?

Eine erste Expedition von Robert von Flandern und Robert von der Normandie endet nach wenigen Tagen fast erfolglos: Zwar schaffen sie Baumstämme herbei, doch von einer Art, deren Holz zu weich ist für einen Turm.

Also zieht Robert von Flandern noch einmal los – in die Wälder bei Nablus, etwa drei Tagesmärsche nördlich der Heiligen Stadt, in den Bergen von Samaria. 200 Soldaten nimmt er mit, um nicht von muslimischen Streiftrupps überfallen zu werden.

Und tatsächlich: Binnen gut einer Woche schlagen die Männer ordentliches Holz und bringen es wohlbehalten ins nördliche Lager. Mehr noch: Tankred von Hauteville unternimmt mit wenigen Dutzend Gefolgsleuten regelmäßige Erkundungsritte ins Umland. Den jungen Normannen plagt inzwischen die Ruhr. Als ihn einmal die Not überkommt, zieht er sich irgendwo in den Bergen in eine Felsspalte zurück – und entdeckt dort einen großen Stapel fertig zugesägter Bretter bester Qualität. Wie sich herausstellt, hatten die Fatimiden, als sie Jerusalem im Jahr zuvor eroberten, diesen Vorrat bereits angelegt und im Versteck bereit gehalten, benötigten ihn dann aber nicht mehr zum Sturm auf die Stadt. Nun lässt Tankred das vergessene Material der Feinde triumphierend ins Lager bringen.

Und so baut man auch im nördlichen Heer, fast wie in einem Wettkampf, unter Leitung des Ritters Gaston von Béarn einen Belagerungsturm und dazu viele Sturmleitern.

So ein Turm, berichtet ein anonymer Augenzeuge, »war stark und hochragend, so gebaut und konstruiert, dass er auf vier Rädern lief. Auf dem obersten Stockwerk standen zahlreiche Ritter.«

Ein kluger Beobachter mag sich allerdings fragen, ob die Kreuzzügler die etwa vier Wochen, die für den Bau eines jeden Belagerungsturms dahingehen, überhaupt überleben werden. Sie schuften nun in der heißesten Zeit des Jahres. Der Khamsin weht, eine Wüstenluft wie aus einem Schmiedeofen, täglich steigt die Temperatur auf weit über 30 Grad Celsius. Fast schlimmer noch: Die Glutböen zerrütten die Nerven der Europäer, die niemals zuvor Vergleichbares erlebt haben: Nervosität, Zorn, Hoffnungslosigkeit.

Und Durst …

Im staubigen, schattenlosen Bergland wird der Zugang zum Wasser vom ersten Belagerungstag an zur Überlebensfrage. Der Schiloachteich ist seit Urzeiten mit einer Quelle verbunden, die aber nur unregelmäßig sprudelt. Immer wenn sich der Teich füllt, jeden dritten Tag, kollabiert die Ordnung im Heer: Wer noch kräftig genug ist, kämpft sich zum Rand des Tümpels vor, wo klares Wasser aus einem Felsen sprudelt, und trinkt; den Schwächeren bleibt das verschlammte Restwasser am zertrampelten Rand; den Schwächsten nur das Betteln. Verendete Tiere liegen im Wasser. Blutegel treiben im Tümpel – bei manchem unvorsichtig Trinkendem saugen sie sich am Hals fest. Die Körper der Unglücklichen reagieren auf die Blutegel oft mit schnell anwachsenden, großen Schwellungen – Schwellungen, die am Hals die Kehle zudrücken, bis das Opfer elendig erstickt.

Ritter, Arme, Pferde, Maulesel, Kamele – alle drängen sich trotzdem ans Wasser, sobald der Schiloachteich ansteigt. Die muslimischen Verteidiger wagen zwar keinen Ausfall in diesen Momenten, doch die Bogenschützen nehmen die Dürstenden von der hoch gelegenen Mauer aus unter Beschuss. Immer wieder einmal trifft ein Pfeil sein Ziel.

Und so bedecken bald stinkende, verwesende Leichname den Zugang zum Schiloach: Erschossene, Erstickte, Verdurstete und auch viele krepierte Packtiere, deren Leiber nun in der Sonne aufblähen. Der Gestank wird unerträglich.

In kleinen Trupps erkunden Kreuzzügler das Umland auf der Suche nach anderen Wasserquellen. Selten einmal entdecken sie einen Brunnen, keiner führt genügend Wasser, um das Heer komplett zu versorgen. Einige ziehen gar bis zum Jordan, doch dieser Weg ist zu weit, um darüber große Mengen zu transportieren. Manche Christen werden von umherstreifenden muslimischen Reiterscharen niedergemacht. Andere bringen ihr weniges, kostbares Nass in Schläuchen aus zusammengenähtem Ochsenfell zurück zum Lager – nur um dort festzustellen, dass das Leder verfault ist und das Wasser ungesund stinkt; getrunken wird es trotzdem. Oder verkauft: Einen Denar (eine Silbermünze) bekommt man für ein paar Schlucke schalen Wassers, ein kleines Vermögen.

Selbst wer sich noch auf den Beinen halten kann, wird von den Folgen ständigen Durstes geplagt: aufgeplatzte Lippen, ein trockener Mund, ständige hämmernde Kopfschmerzen, Halluzinationen. In ihrer Verzweiflung graben manche Kreuzzügler die Erde so tief auf, bis sie auf etwas feuchteren Boden stoßen und sich die Krümel in den Mund stopfen. Andere belagern glatte Steine oder antike Marmorruinen, auf denen sich in der Morgenkühle ein Hauch von Tau bildet, den sie dann ablecken.

Zum Durst kommt nach einiger Zeit der Hunger: Was nützen den Kreuzzüglern noch die vielen Säcke voll Getreide, wenn sie kein Wasser mehr haben, um daraus Brotteig zu formen?

»Welche große Not und Pein litten wir jeden Tag«, klagt ein anonymer Chronist.

Die ersten Christen geben auf: Haben sie nicht Jerusalem erblickt? Reicht das nicht? Sie ziehen bis zum Jordan, lassen sich in dessen Wasser taufen und gehen, einen Palmzweig in der Hand, als Pilger nach Jaffa zurück – in der Hoffnung, dass irgendwie ein Segler den von Feinden blockierten Hafen verlassen könnte. Vergebens. »Aber der Herr sorgte dafür, dass für diejenigen, die nicht an ihn glaubten, keine Schiffe kamen«, berichtet Raimund von Aguilers mit grimmiger Befriedigung.

Andere sind so verzweifelt, dass sie gegen die Mauern Jerusalems anrennen, stumm, da ihren ausgetrockneten Kehlen längst kein Schrei mehr entweicht. Mit letzter Kraft erreichen die meisten ihr Ziel, küssen die Steine des Walls – und werden dann von herabgeschleuderten Steinbrocken der Verteidiger erschlagen. Ihre Leichen wagt niemand zu beerdigen; sie verwesen vor den Wällen der Heiligen Stadt.

Nur wer Geld hat – die Fürsten und ihre engsten Gefolgsleute – kann von den christlichen Einwohnern nahe gelegener Dörfer wie Emmaus und Bethlehem Wasser kaufen und sogar Wein.

Doch statt die wenige Kraft, die sie sich so bewahren, für die Ordnung im Heer zu nutzen und für die Beschleunigung des Baus der Belagerungstürme, verschwenden die Fürsten sie in unguten Streitigkeiten.

Tankred von Hauteville etwa galoppiert mit einem kleinen Trupp bis nach Bethlehem und pflanzt in dieser christlichen Stadt sein Banner auf. Empörung bei den Geistlichen im Heer: Die Geburtsstadt Christi muss der Kirche gehören, keinem Edelmann! Tankred habe »sein Banner auf die Geburtskirche gesetzt, als sei diese ein gewöhnliches Haus«, schreibt Raimund von Aguilers. Auch die Rivalen des Normannen missgönnen ihm diese Eroberung. Letztlich aber führt das böse Gerede zu nichts: Vorläufig gibt es keine Einigung über den Status von Bethlehem.

Ebenso im bedrohlich Ungefähren bleibt ein Streit der Fürsten untereinander und mit den führenden Kirchenleuten: Wer soll nach der Eroberung Jerusalems herrschen? Ein König? Und wer mag dies sein? Auch hier weigern sich die Kleriker: In der Stadt, in der der Heiland die Dornenkrone trug, dürfe kein Sterblicher eine andere Krone tragen.

Keine Entscheidung, eines nur wird klar: Sollten die verdurstenden Kreuzzügler tatsächlich Jerusalem erobern, ist damit noch längst nicht ausgemacht, wer der Herr der Heiligen Stadt werden wird. Am »achten Tag nach der Einnahme«, wie Raimund von Aguilers überliefert, wollen die Fürsten zusammenkommen und einen Edlen wählen, »der die Herrschaft über die Stadt« erhalten soll.

Falls sie diese Herrschaft denn jemals erringen ... Tankred von Hauteville hat – man möchte meinen: ganz entgegen seinem Charakter – den Christen Bethlehems geduldig und vertrauensvoll zugehört. Von ihnen erfährt er an einem Tag Anfang Juli, dass Boten von Jerusalem nach Ägypten hin und her gehen: Sie schleichen sich über die Ostmauer und durch das praktisch unbewachte Kidrontal aus dem Belagerungshalbkreis.

Der Normanne informiert die anderen Fürsten und wenige, ausgewählte Ritter. Nachts legen sich die Männer auf dem Ölberg und den anderen Wegen auf die Lauer – und überraschen tatsächlich kurz nach Einbruch der Dämmerung zwei Muslime, die vom Wesir in Kairo entsandt worden sind. Einer wird von einem übereifrigen Ritter erstochen, den anderen schleift man bis zu Tankreds Zelt.

Wenn er Christ werde und alle seine Nachrichten preisgebe, so wird dem Gefangenen verkündet, werde sein Leben geschont. Wenn er Muslim bleibe und schweige, so werde man ihn unter der Folter brechen; die Geheimnisse erfahre man so oder so.

Der Unglückliche erzählt sofort alles: In Ägypten habe man ein riesiges Heer zusammengezogen. Es werde in etwas mehr als zwei Wochen eintreffen. Seine Aufgabe sei es, dies den Eingeschlossenen mitzuteilen und sie zum Durchhalten aufzufordern.

Sein Leben rettet der Bote damit nicht: Einige Ritter zerren ihn am nächsten Morgen zu einer soeben fertiggestellten *Mangonel*, einer großen Steinschleuder, mit der sie von nun an die Mauern Jerusalems beschießen wollen. Sie binden dem Opfer die Hände an die Füße, sodass sein Körper in gekrümmter Haltung festgezwungen wird. Dann legen sie den Mann auf die Schale der Schleuder – und lösen das Seil. Der Bote fliegt als lebendes Geschoss durch die Luft und schlägt noch vor der Mauer Jerusalems auf den felsigen Boden, wo er mit zerschmetterten Knochen elend stirbt.

Die Fürsten kommen derweil zu neuen Beratungen zusammen: Die Falle schnappt, wie sie befürchtet haben, zu: In zwei Wochen werden sie zwischen zwei muslimischen Armeen zermalmt. Ihre einzige Hoffnung auf Sieg liegt darin, wie schon in Antiochia, die belagerte Stadt einzunehmen und sich dort zu verschanzen, bevor das Entsatzheer heran ist.

Freitag, 8. Juli 1099

Die Verteidiger Jerusalems laufen auf dem Mauerkranz zusammen. Was für ein Anblick! Da ziehen diese seltsamen Christen um die Stadt - barfuß allesamt! Hohnworte, Schmähungen. Nur die Nachdenklicheren mögen sich fragen, was das nun zu bedeuten hat.

Tatsächlich nehmen die Kreuzzügler eine Bußprozession auf sich. Wieder ist es eine Vision, die sie dazu gebracht hat - eine strategisch wie zeitlich wunderbar passende Vision. Ein Priester aus dem Gefolge des Grafen Raimund von Toulouse hat zwei Tage zuvor verkündet, ihm sei der verehrte Bischof Adhémar von Le Puy erschienen. Zunächst erzählt der Priester seine Geschichte dem ebenfalls mitziehenden Bruder des verstorbenen Bischofs, dann verbreitet sie sich rasch im ganzen Heer. Demnach habe Adhémar aus dem Jenseits verkündet, die Kämpfer müssten endlich alle Ränke untereinander beenden. Einträchtig sollen sie sein. Drei Tage fasten sollen sie. Und eine Prozession um die Heilige Stadt unternehmen. Dann werde Jerusalem binnen neun Tagen fallen.

Tatsächlich ist ja die Zwietracht der Fürsten ein ewiges, bedrohliches Ärgernis, das gerade auch die Armen zutiefst beunruhigt. Zudem spricht sich herum, dass wohl in der besagten Neun-Tage-Frist die beiden Belagerungstürme endlich vollendet sein werden und ein Sturm auf Jerusalem möglich ist. Und viel länger kann man ohnehin nicht warten, denn aus Ägypten rückt inzwischen ein riesiges Heer heran.

So ist die Begeisterung groß, der Druck wahrscheinlich auch: Zunächst sind es wohl die Geistlichen aus dem südlichen und dem nördlichen Lager, die sich auf Eintracht verständigen. »Möge der Bruder großmütig dem Bruder vergeben«, verlangt ein Bischof. Auch die Armen fordern dies vehement. Drei Tage Fasten ordnen die Fürsten schließlich an - angesichts von Durst und Hunger in den Lagern ein eher symbolischer Befehl. Aber auch in allen anderen Dingen geben sie nach.

Deshalb nun umschreiten sie barfuß Jerusalem. Bischöfe, Priester und Mönche voran, Reliquien und Kreuze tragend. Dann die Fürsten in vollem Eisen, nur mit blanken Füßen. Dann die Ritter. Dann die Fußsoldaten und Armen. Zuletzt Frauen und Kinder. Banner flattern im heißen Wüstenwind. Fromme Gesänge. Trompetenschall. Staub. Hitze. Die Schmähworte der Feinde von den Mauern. Die Muslime zimmern Kreuze, um sie anschließend wieder zu zerstören oder auf sie zu urinieren. Bogenschützen nehmen die Pilger unter Beschuss: Einem Priester durchschlägt tatsächlich ein Pfeil den Kopf.

Aber hat der Heiland nicht genauso gelitten auf seinem letzten Gang mit dem Kreuzesbalken? Und hat er nicht letztlich triumphiert?

Am Ende sammeln sich alle, sammeln sich Provenzalen, Lothringer, Normannen, die Armen aus halb Europa, die italienischen und englischen Seefahrer, die Abenteurer auf dem Ölberg und lauschen Predigten. Jerusalem liegt unter ihnen, verführerisch nah und doch scheinbar unerreichbar. Peter der Einsiedler feuert die Glaubensstreiter an, der Kaplan des Robert von der Normandie – und auch Raimund von Aguilers, der Chronist: »Nun, da wir an genau dem Ort stehen, an dem der Herr seine Himmelfahrt begann, und wir nichts weiter vermögen, um uns innerlich zu reinigen, lasst jedem von uns seinem Bruder vergeben, auf dass der Herr uns vergeben möge.«

Am Ende geloben sie alle, Fürsten wie Arme, gemeinsam für das Kreuz zu kämpfen. Selbst Graf Raimund von Toulouse söhnt sich mit den Normannen aus. Hätten die Verteidiger Jerusalems diese Worte vernommen, hätten sie den heiligen Ernst und den unbedingten Glaubensfanatismus der Menge auf dem Ölberg mit eigenen Augen gesehen, ihnen wären die Hohnworte wohl in der Kehle stecken geblieben.

Denn selbstgewiss schreibt Raimund von Aguilers, Prediger, Augenzeuge und Chronist: »So wurde die Gnade Gottes erlangt, denn alles, was bislang gegen uns war, wendete sich nun zu unserem Vorteil.«

Nun erst, eigentlich zum ersten Mal nach so vielen Jahren, sind die Kreuzzügler wahrhaftig geeint. Und bereit zum Kampf auf Leben und Tod.

Sonntag, 10. Juli 1099, früher Morgen

Zwei mehr als mauerhohe Türme werden von Menschen über die Hügel Judäas gezogen. In den letzten Tagen haben die dürstenden Kreuzzügler sie mit letzter Kraft und Hoffnung zusammengezimmert, mehr als einen Kilometer von den Mauern Jerusalems entfernt und wahrscheinlich hinter natürlichen Kuppen verborgen. Sie wollen ihre Gegner mit den fertigen Geräten überraschen, damit die Muslime nicht durch nächtliche Ausfälle den Bau stören. Und tatsächlich: Statthalter Iftikhar ad-Daula ist schockiert, als er an diesem Morgen die Ungetüme erblickt – *malvoisins* werden die Belagerungstürme auch von den Rittern genannt, »böse Nachbarn«.

Jeder Turm besteht aus Brettern und steht auf einer quadratischen Holzplatte mit vielleicht drei oder vier Meter Seitenlänge. Auf die vier Ecken sind mächtige, mehr als 15 Meter in die Höhe ragende Balken montiert, die drei übereinander angeordnete, mit Leitern verbundene Plattformen tragen – die oberste ist die wichtigste Kampfplattform. An der Front und zu beiden Seiten ist die gesamte Konstruktion mit quer genagelten Holzbalken gepanzert, die Rückseite bleibt offen. Ein schräg stehendes Dach schützt die oberste Plattform zusätzlich vor Beschuss. Auf alle Balken haben die Frauen und Alten im Kreuzzug frisch abgezogene Ochsen- und Kamelfelle genagelt, als zusätzlichen Schutz gegen Brandpfeile und andere entflammbare Geschosse. Vor allem das Griechische Feuer ist gefürchtet, eine Geheimrezeptur aus Schwefel, Pech und Harz, das – daher der Name – die Byzantiner einst erfunden hatten; das aber nun auch, das haben die Fürsten von geflohenen Christen aus Jerusalem erfahren, in der Heiligen Stadt lagert. Entzündet sich diese brennbare Mischung, die in Tonkrügen auf die Angreifer geschleudert wird, kann sie nicht mit Wasser gelöscht werden. Die Felle aber sind mit der einzigen Flüssigkeit getränkt, die Griechisches Feuer erstickt: Essig. Zusätzlich werden Essigfässer in den Türmen aufgestellt, um die Konstruktionen auch während des Kampfes damit zu tränken.

Frauen flechten zudem aus Zweigen und Leder große, leichte Schilde, mit denen Türme und Mannschaften zusätzlich geschützt werden können, vor allem gegen Pfeile. Vier hölzerne Räder tragen jeden tonnenschweren Turm, der nun Zentimeter für Zentimeter näher an Jerusalem heranrumpelt.

Die Männer schieben an der Rückseite oder an seitlich einsteckbaren Stangen das Ungetüm. Von der Rückseite aus werden sie später im Kampf auch auf die beiden obersten Plattformen stürmen. Von der zweithöchsten können sie, aus kleinen Lücken im Holzpanzer, mit Hacken und Eisenankern das Mauerwerk attackieren. Von der höchsten sollen Bogen- und Armbrustschützen von oben die Verteidiger beschießen, bis der Turm herangeschafft worden ist. Dann sollen schwer gepanzerte Ritter mit Schild und Schwert von der Plattform aus auf die Mauer springen und sich den Weg in die Stadt im Nahkampf erzwingen.

Das zumindest ist der Plan.

Die Provenzalen wuchten ihren Turm bis auf den Berg Zion im Süden der Heiligen Stadt; Wilhelm Embriaco und die Schiffszimmerleute haben eine solide Konstruktion geschaffen, Graf Raimund hat sie fürstlich dafür entlohnt. Normannen und Lothringer zerren ihren Turm vor die Nordmauer und einen deutlich kleineren, den sie wohl mit Resthölzern gezimmert haben, gegen die Nordwestecke Jerusalems – beide sind unter der energischen Führung des Gaston von Béarn, jedoch von unerfahrenen Leuten zusammengesetzt und wackeln und knacken schon besorgniserregend, wenn ein gepanzerter Ritter die Plattformen besteigt. Noch stehen die Ungetüme weit genug von den Steinschleudern der Verteidiger entfernt.

Denn sobald Iftikhar der Geräte ansichtig wird, lässt er sie beschießen, in der Hoffnung, ein schwerer Treffer werde sie einstürzen lassen. Sie sind die einzige Waffe der Christen, die er fürchten muss. Zusätzlich lässt er hastig an den beiden Mauerabschnitten, die den Türmen genau gegenüber aufragen, hölzerne Palisaden auf die Zinnen setzen, um sie so weit zu erhöhen, dass sie wiederum die Belagerungstürme der Christen überragen.

Nacht von Sonntag, 10. Juli, auf Montag, 11. Juli 1099

Im nördlichen Lager beschließen die Fürsten, vielleicht auf eine Idee Gottfrieds von Bouillon hin, einen überraschenden Zug. Tausende erschöpfte Krieger demontieren den soeben errichteten Belagerungsturm teilweise, andere schleppen die Balken der *Mangonels* und *Trébuchets*, die zu Hunderten bereitgelegten Steine dieser Schleudern – und bringen alles etwa einen Kilometer weiter nach Osten.

Dort wird der Turm wieder zusammengebaut, werden die Schleudern neu positioniert. Mehr noch: Der Graben, der vor der Mauer Jerusalems entlangläuft, wird in dieser einen Nacht an jenem Abschnitt mit Erde und Steinen zugeschüttet.

Beim ersten Morgenlicht erkennt ein erschrockener Iftikhar, dass der Belagerungsturm nun einen ganz anderen Abschnitt seines Walls bedroht. Der Graben dort ist zugeschüttet – seine erste Verteidigungslinie damit durchbrochen. Die hölzerne Mauererhöhung ist nun dort, wo er sie errichten ließ, überflüssig. Er wird es nicht mehr schaffen, sie rechtzeitig neu zu positionieren. Nur die Steinschleudern lässt er binnen weniger Stunden an den bedrohten Abschnitt verlegen: An *Mangonels* und *Trébuchets* sind die Verteidiger Jerusalems den Christen neunfach überlegen.

Und im Süden hält auch noch ihre erste Linie: Der Graben ist von den Provenzalen noch nicht zugeschüttet worden. Seit Tagen zwar schleudern sie Dreck dort hinein, doch verläuft der Graben so nah an der Mauer, dass die sudanesischen Bogenschützen von dort aus die Christen unter Feuer nehmen. Auch die Steinschleuderer zielen auf die Angreifer: Unter den Brocken brechen Schilde und Knochen.

Kein Chronist überliefert, ob die Normannen und Lothringer wohl wieder einmal die Provenzalen wegen ihres mangelnden Eifers schmähen, aber es wäre ein Wunder, wenn sie es nicht täten. Graf Raimund jedenfalls löst das Problem schließlich mit einem Griff in seine Schatztruhe. Eine Kupfermünze bietet er jedem, der drei große Steine in den Graben schleudert – genug Geld, um sich einen Schluck Wasser zu kaufen.

Und so riskieren die Provenzalen und Armen im Südlager schließlich ihre Knochen, eher vom Durst getrieben als von Kampfesmut – und am 13. Juli ist auch der Graben zwischen dem Berg Zion und Jerusalems Südmauer gefüllt. Die Nacht bricht an, der Mond steht im letzten Viertel.

Alles ist bereit zum Sturm.

Donnerstag, 14. Juli 1099, früher Morgen

Etwa 1200 bis 1300 Ritter in glänzender Rüstung unter bunten Standarten; 12 000 Fußsoldaten mit Schwertern, Armbrüsten, Äxten; Tausende Arme in Lumpen, halb verdurstet, Sensen, Spieße, selbst fabrizierte Waffen in den Fäusten; Bischöfe, Priester, Mönche, Eremiten unter Kreuzen und blitzenden Reliquienbehältern, Hymnen singend, Gebete murmelnd; dazu Frauen, Kinder, Kranke in einer Zahl, die kein Chronist zu schätzen vermag.

Im Norden Jerusalems formiert sich ein Teil dieses furchterregenden Haufens, der andere im Süden. So weit entfernt stehen die Kreuzzügler, dass allein Reiterboten Nachrichten vom Lager der Normannen und Lothringer zu dem der Provenzalen bringen können, die beiden Heeresgruppen sehen sich nicht.

In drei Gruppen stehen die Christen vor der Nordmauer, knapp außerhalb der Reichweite der sudanesischen Bogenschützen, und warten auf das Angriffssignal: Kämpfer unter Robert von Flandern und Robert von der Normandie, die auf Kommando die Mauern mit Pfeilen und Armbrustbolzen überschütten und mit *Trébuchets* und *Mangonels* einen Steinhagel auf die Muslime regnen lassen werden. Sie sollen die Verteidiger von den Zinnen vertreiben. Daneben eine Gruppe unter Tankred von Hauteville und Gaston von Béarn. Sie warten neben einer gedeckten Ramme, mit der sie die Mauer erschüttern werden. Und dann der Turm: Gottfried von Bouillon und seine besten lothringischen Ritter stehen auf der obersten Plattform, ein goldüberkrustetes Kreuz mit einer Jesusstatue glänzt dort oben neben den Bannern.

Der Angriffsplan: einen Pfeil- und Steinhagel auf jenen Teil der Nordmauer niedergehen zu lassen, der sich vor dem Judenviertel Jerusalems erhebt. Dorthin werden sie auch den Turm schieben, bis er die Befestigung berührt. Von dessen Plattform aus sollen ebenfalls Bogen- und Armbrustschützen den Abschnitt unter Feuer nehmen, sodass sich dort schließlich keine Verteidiger mehr halten können. Dann werden die Kreuzzügler die Ramme heranführen, deren wuchtige Stöße die Mauern an der ungedeckten Stelle einstürzen lassen werden – und dann ist der Weg frei in die Heilige Stadt.

Im Süden droht ein noch mächtigerer Belagerungsturm auf dem Ölberg, Ritter auf den Plattformen, Kämpfer, Arme, Priester und Mönche daneben. Auf dem bereits sonnengetränkten Berg ist es heiß – doch werden sie es leichter haben als die Ritter im Nordlager, den massigen Turm hangabwärts gegen die Mauer zu rollen.

Niemand hat hier eine Ramme gebaut. Vom Turm aus sollen Ritter auf den Mauerkranz stürmen und sich im Nahkampf einen Weg bis zum nächstgelegenen Tor freikämpfen. Das wird von innen geöffnet – und Jerusalem liegt offen vor ihnen.

Allerdings fällt es Iftikhar ad-Daula, nachdem er erst einmal im Morgenlicht die Ordnung der Feinde studiert hat, nicht besonders schwer, deren Pläne zu erraten. Er postiert etliche Sudanesen an dem bedrohten Abschnitt der Nordmauer, dazu viele *Mangonels*. Mit schweren, geschleuderten Steinen wird er die *Mangonels* und *Trêbuchets* der Kreuzzügler zu zerstören suchen. Den langsamen, schwerfälligen und wackeligen Belagerungsturm hofft er mit Griechischem Feuer und den schweren Geschossen von fünf ausschließlich dafür abgestellten *Mangonels* zu stoppen, bevor der auch nur nahe genug an die Mauer herankommt. Tausende Einwohner verstärken seine Stellung, Muslime wie Juden, die Pfeile, Steine und Wasser schleppen, die bereitstehen, um Brände zu löschen. Einige von ihnen haben selbst die Mauern erklommen, Steine in Händen und entschlossen, sie auf näherrückende Christen zu schleudern.

Den Süden glaubt der Statthalter stärker bedroht. Zwar kann er hier keine Ramme erkennen, doch der Turm ist solider. Zudem ist das Terrain den Angreifern günstiger – sie kommen vom Hang her. Gut möglich auch, dass die riesige Menge der Armen und Pilger, die sich um Graf Raimund versammelt, Iftikhar ad-Daula erschreckt. Er lässt den größten Teil seiner 400 Reiter jedenfalls absitzen und kommandiert sie dort als Verstärkung auf die Mauer; sie sind ebenfalls exzellente Bogenschützen. Zwei Drittel seiner *Mangonels* sind hier postiert. Außerdem begibt er sich persönlich dorthin, um das Kommando zu führen.

»Deus lo volt!«

Mit dem Kriegsruf der Kreuzzügler und dem Schmettern von Signaltrompeten beginnt die finale Schlacht um Jerusalem. Dann rauscht es in der Luft wie bei einem plötzlich niedergehenden Schauer: Tausende Pfeile sirren durch den blauen Himmel – auf den Mauerkranz und ebenso von dort in die dichten Reihen der Angreifer. Die dumpfen Schläge der hochgerissenen Schleuderarme von *Mangonels* und *Trêbuchets*, das kurze Pfeifen der davonrasenden Steine, ihr krachender Aufschlag Sekunden später. Und dann die ersten menschlichen Schreie: Kommandos, Anfeuerungen, Gebete – und Triumphgeheul, Angstschreie, Schmerz- und Todesrufe der Getroffenen, die – mit einem Pfeil im Auge oder unter dem knochenbrechenden Anprall eines Steins – in den Staub sinken.

Iftikhar ad-Daula lässt auch Brandgeschosse auf seine *Mangonels* legen: Zum einen wachs-, schwefel- und pechgetränkte Reisigbündel, mit Lumpen zusammengebunden, allseits mit Nägeln gespickt. Brennend werden sie hochgeschleudert in Richtung der Belagerungstürme, in der Hoffnung, dass sie an deren Außenseiten stecken bleiben und das Holz entzünden. Dazu leichte, ebenfalls brennende Strohballen, die geschickte Schützen auf den Weg schleudern, den die Türme heranrollen müssen. So entzünden sie das kärgliche, trockene Gras und Gebüsch – die Kreuzzügler müssten durch Flammen gehen, wenn sie ihre massigen Türme näher heranschieben.

Nach vielleicht einer halben Stunde steht schwarzer Rauch in der heißen Luft über Jerusalem. Und am Himmel kreisen die Geier und Raben, satt schon von den Kadavern der in den letzten Tagen gestorbenen Kämpfer und Tiere und wartend auf die Beute dieses Tages.

Die ersten Männer an den *Mangonels* und *Trébuchets* werden abgelöst, erschöpft und mit schmerzenden Armen. Freiwillige stehen genug bereit – obwohl es ein gefährlicher Posten ist. Die Steine der muslimischen Gegner schlagen bei den nahezu ohne Deckung platzierten Schleudern ein. Mehrere Kämpfer bezahlen mit zerschmetterten Knochen für ihren Mut.

Ihre eigenen Anstrengungen hingegen bleiben zunächst verzweifelt erfolglos. Iftikhar ad-Daula hat beim ersten Trompetenschall der Kreuzzügler Netze und große Säcke mit Holzhäckseln über die Außenseiten der Mauern werfen lassen. Sie polstern den Anprall der geschleuderten Steine, sodass die Wälle zwar dröhnen und zittern, aber sie halten stand.

Nun treiben Tankred von Hauteville und Gaston von Béarn ihre Männer an. Mit dem schweren, eisenbeschlagenen Balken der Ramme zertrümmern sie den seit ihrem ersten Angriff bereits in Ruinen liegenden äußeren Wall endgültig, um den

Weg für den Turm freizumachen. Dann schieben die Soldaten an der Ramme mit verzweifelter Hast ihre Waffe voran: Eng und drückend heiß ist es unter dem schräg stehenden Schutzdach, so eng, dass kaum jemand sich aufrichten kann. Die beiden groben, hölzernen Rollen quietschen; schwer lastet das Gewicht der Balken, des Dachs und des Eisens an der Rammenspitze auf ihnen. Doch Geschwindigkeit ist nun ihr einziger Schutz!

So rasch wie möglich überwinden die Kreuzzügler mit der Ramme das Niemandsland zwischen äußerem Wall und Stadtmauer – ihre monströse Konstruktion kriecht voran wie eine riesige Schildkröte. Denn im freien Gelände geben sie ein leichtes Ziel ab für die mit großer Wucht geschleuderten Steine der muslimischen *Mangonels*. Sie könnten das Schutzdach durchschlagen und alle Christen darunter zerschmettern. Doch sind sie erst einmal nahe genug an der Mauer, dann bewegt sich die Ramme im toten Winkel der unförmigen Schleudern – niemand könnte sie damit dann noch unter Beschuss nehmen.

Tatsächlich gelingt das Wagnis. Nach ein paar Augenblicken kriecht die Ramme vor die Mauer in Höhe des Judenviertels. Dann wackeln dort zum ersten Mal die Steine, als der eisengespickte Balken mit wuchtigem Schwung dagegendröhnt.

Was nun? Sudanesen und Einwohner Jerusalems lassen zentnerschwere Steine vom Mauerkranz direkt oberhalb der Ramme in die Tiefe stürzen – vergebens. Die Brocken prallen vom Schutzdach ab, bald liegen sie links und rechts der Ramme wie eine neue Mauer.

Also Feuer! Pech und Wachs regnen auf das Schutzdach, dann surren Brandpfeile. Bald züngeln erste Flammen auf. Da stürzen aus dem Lager der Kreuzzügler Freiwillige vor, arme Frauen und Männer zumeist, deren einziger Schutz ihre Behändigkeit ist. Sie stürmen quer durch das Niemandsland und löschen mit kostbarem Wasser das Feuer auf dem Schutzdach. Bald liegen ihre Leichen neben den Steinen zu beiden Seiten der Ramme.

Langsam rumpelt nun der Belagerungsturm heran. Von der obersten Plattform aus lässt Gottfried von Bouillon die Mauer beschießen. Schließlich ist er so nah, dass seine Männer sogar mit der Hand Steine auf die etwas niedrigere Stadtmauer Jerusalems schleudern können. Tote und Verwundete nun dort, der Feuerregen auf die Ramme wird schwächer.

Dafür nehmen die Männer der fünf *Mangonels* den Belagerungsturm immer genauer unter Feuer. Welch hervorragendes Ziel das große, goldglänzende Kruzifix ist! Und der Herzog der Feinde steht direkt daneben! Ihre Steine dröhnen auf den Turm – doch dort haben die Kreuzzügler einige Weidenschilde zusätzlich aufgespannt, die elastisch sind und den Geschossen ihre Wucht nehmen. Herzog Gottfried von Bouillon packt mit eisengepanzerter Faust persönlich an, als einige dieser Schilde unter den Schlägen herabzustürzen drohen.

Mittag. Hitze. Der Gestank nach Feuer und Pech, Schweiß und Blut. Staub im Mund. Schreie, Kommandos, Gebete. Unter den Schutzdächern von Ramme und Belagerungsturm steht die glühende Luft. Das Dröhnen der anprallenden Steine, das Zittern der hölzernen Konstruktion, das Klirren der zerplatzenden Töpfe mit Griechischem Feuer, das Knistern und Knacken der irgendwo draußen lodernden Flammen. Und kein Wasser. Wie lange noch?

Während vor der Nordmauer Jerusalems die Toten und die Sterbenden im Dreck liegen und einige Mutige Verletzte ins Lager zurückschleifen, ist im Süden noch wenig geschehen.

Graf Raimund von Toulouse hat seine Männer zurückgehalten, zu sehr fürchtet er das Feuer. Sollen die Ungläubigen ruhig ihre Reisig- und Strohballen verschießen! Er lässt die Geschosse am Turm löschen. Das Feuer am Boden auf dem Angriffsweg soll hingegen brennen – bald wird dort alles Gestrüpp verzehrt sein, bald, so hofft der Fürst, wird den Verteidigern auch ihr Vorrat an Brandgeschossen ausgehen.

Und tatsächlich: Gegen Mittag schiebt er den Turm endlich langsam voran, über qualmenden, schwarzvernarbten Boden, doch fast ungefährdet durch Feuer. Hier hat Iftikhar ad-Daula seine Munition zu früh verschossen. Jetzt erst stürmen die Provenzalen vor, fast noch ungeschwächt durch Verluste.

Berittene Boten, die von Nord- zu Südmauer patrouillieren, berichten dem Statthalter auch von dort nichts Gutes: ein Loch in der Mauer! Unter den Schlägen der Ramme haben sich zuerst Risse aufgetan, dann ist tatsächlich ein winziges Stück aus dem Wall herausgebrochen. Nicht breit genug, als dass ein Ritter dort hindurchstürmen könnte, doch allemal gefährlich. Wird die Ramme nun ein Stück zur Seite geschoben und setzt dort ihr Zerstörungswerk fort, dann wird bald ein großes Loch in der Mauer klaffen.

Nachmittag

Nun sterben auch die Provenzalen. Je näher sie ihren Belagerungsturm heranrücken, desto heftiger wird der Stein- und Pfeilregen der Verteidiger. Die Muslime sind den Christen in der Zahl der *Mangonels* wie der Bogenschützen überlegen. Beide Seiten liefern sich ein Fernduell mit Geschossen, doch die Verluste der ungedeckten und in Unterzahl kämpfenden Kreuzzügler sind weit höher. Zudem haben sie keine Ramme. Ihr Angriff droht stecken zu bleiben.

Besonders bitter für Graf Raimund von Toulouse: Wahrscheinlich erfährt er durch Boten, dass im Norden bereits die Mauer wankt. Wenn die Heilige Stadt eingenommen wird, dann von dort. Von Lothringern und Normannen, den verhassten Rivalen. Sein Traum einer eigenen Herrschaft, diesmal als Fürst von Jerusalem, ist wieder einmal bedroht. Denn wenn einer der Rivalen die Stadt erobert, welchen Anspruch hätte dann noch er, Graf Raimund, auf einen Herrschertitel von Jerusalem? Also treibt er seine Männer verzweifelt voran.

Tatsächlich steht es im Norden gar nicht so gut, denn die Angreifer haben sich selbst in eine fatale Position manövriert. Tankred von Hauteville erkennt, dass er die Ramme um ein

Stück weit nach rechts oder links versetzen und dann neu attackieren müsste. Doch wie?

Schon unter normalen Bedingungen wäre das Ungetüm nur schwer beweglich, vor allem in Seitenrichtung, denn die beiden Achsen sind starr, sie lassen sich nicht lenken. Man müsste es mit Seilen in eine neue Position zerren. Zur Seite schieben kann man die Konstruktion jedoch nun nicht mehr, denn inzwischen liegen dort so viele Steine auf dem Boden, dass die Ramme regelrecht eingemauert zu sein scheint. Und dann bricht auch noch unter der Last mindestens eine der beiden Achsen.

Panik jetzt im Schutzdach. Hitze, Alarmrufe. Niemand kommt mehr, um von außen zu löschen. Dann Flucht. Die Kreuzzügler geben ihre Ramme auf, lassen die schwere Waffe zurück, hasten aus dem Stein-, Pfeil- und Feuerregen zurück in Richtung Lager.

Schlimmer noch: Der Belagerungsturm ist direkt hinter der Ramme herangerumpelt. Jetzt können ihn die Männer nicht bis ganz an die Mauer schieben, denn dazwischen liegt nun das Wrack der Ramme. Und so, in einer grotesken Ironie der Kriegskunst, vertauschen sich blitzartig die Rollen: Die Kreuzzügler beschießen nun ihrerseits die Ramme mit Brandpfeilen und Pech, damit sie von den Flammen so weit verzehrt wird, dass der Weg zur Mauer wieder frei wird. Und die Muslime, die jene Absicht erraten, kippen nun unter Lebensgefahr Wasser und Essig hinunter, um ein Feuer zu löschen, das sie noch Minuten zuvor unter derselben Lebensgefahr unbedingt entfachen wollten.

Irgendwann in der Hitze und im Lärm bricht der Angriffsmut der Kreuzzügler zusammen. Vergebens bleibt ihr Versuch, die Ramme niederzubrennen. Um einen neuen Ansatzpunkt an der Mauer zu finden, müssen sie den Belagerungsturm erst mühsam weit zurückziehen, ihn neu ausrichten, dann wieder angreifen.

Doch nur für den ersten Teil dieses Manövers reicht noch die Kraft: Erschöpft, lästerlich fluchend oder zutiefst verzweifelt zerren die Männer ihren Turm schließlich fort, fort vom Stein- und Pfeilhagel, fort von Jerusalem. Dann aber gibt es niemanden mehr, der ihn anschließend noch einmal ins Gefecht schickt.

Der Angriff ist vorüber. Die Lothringer und Normannen sind unter hohen Verlusten gescheitert.

Und die Provenzalen? Graf Raimund von Toulouse hat seinen Belagerungsturm vielleicht auf einige Dutzend Meter an die Mauer herangepeitscht. Immer mühseliger gewinnen sie Meter um Meter. Irgendwann fressen sich Flammen aus herausgeschleuderten Töpfen mit Griechischem Feuer in den zum Schutz aufgespannten Tierhäuten an den Flanken des Turms so tief fest, dass niemand sie mehr löschen kann im Pfeilhagel der Verteidiger. Und einige Volltreffer aus den *Mangonels* zerschmettern einen Teil der obersten Plattform, die Ritter dort oben fliehen nach unten.

Da geben auch die Provenzalen auf.

Hastig zerren sie den Turm wieder den Berghang hoch, um ihn vor der vollständigen Zerstörung zu retten. Auch ihr Angriff ist abgeschlagen worden. Und es deutet, anders als im Norden, nichts darauf hin, dass sie mit ihrer Taktik auch nur in die Nähe eines Erfolgs gekommen sind.

Nacht

Fingernagelschmal ist die Mondsichel, hell glitzern die Sterne, orange und gelb leuchten Feuer in Jerusalem und in den Hügeln nördlich und südlich der Stadt. Verzweiflung in beiden Lagern. Manche Ritter weinen vor ihren Männern: Gott hat sie nicht erhört, der Herr ist nicht länger auf ihrer Seite. So nahe sind sie am Ziel und doch gescheitert! Einige provenzalische Priester und Mönche, die die Nacht betend in der Jungfrauenkirche auf dem Berg Zion verbringen, vernehmen Gerüchte, dass manche Kreuzzügler aufgeben wollen: Flucht, so lange noch an der Küste irgendwo ein Hafen offen ist, den christliche Schiffe ansteuern können! Die Geistlichen beten und beten.

Ganz anders die Stimmung in der belagerten Stadt. Männer flicken die Risse und Löcher der Nordmauer so gut es eben geht. Andere schleppen neue Steine, Reisigballen und Töpfe mit Griechischem Feuer auf den Mauerkranz, um die verschossenen Vorräte wieder aufzufüllen.

Vor allem aber ersinnt Iftikhar ad-Daula für die Nordmauer eine neue Waffe: Einen langen Balken lässt er dort bereitlegen. Dessen Spitze wird mit eisernen Haken und Nägeln gespickt sowie mit Pech und anderen brennbaren Stoffen umstrichen. Auf halber Höhe werden zwei Ketten um den Balken geschmiedet.

Der Plan: Wenn am nächsten Tag die Christen ihren Angriff fortzusetzen wagen und ihren Belagerungsturm heranrumpeln lassen, dann wird Iftikhar ad-Daula im geeigneten Moment den Balken aus dem Mauerkranz schieben. Der Balken wird den Turm auf Distanz halten. Seine eisenbeschlagene Spitze wird sich in die Konstruktion bohren. Dann werden Bogenschützen diesen monströsen Stachel entzünden. Und die Christen werden den Balken nicht fortdrücken können, denn eine Kette wird nach links, die andere nach rechts zur Mauer zurückführen und den Balken exakt in Richtung Turm halten. Die Muslime werden den Belagerungsturm direkt vor ihrer Mauer niederbrennen wie eine gigantische Fackel.

Hätte Iftikhar ad-Daula seine Phantasie und Kraft nicht auf diese Konstruktion, sondern auf einen nächtlichen Ausfall gerichtet, er wäre vielleicht besser damit gefahren. Denn zunächst sind die Kreuzzügler so erschöpft und niedergeschlagen, dass die Araber und Sudanesen unter Iftikhars Kommando wohl einen Überfall auf die Lager hätten durchführen können. Wahrscheinlich hätten sie einige *Mangonels*, vielleicht sogar die beiden Türme endgültig zerstört.

Es wäre das Ende des Kreuzzugs geworden.

Doch so erholen sich die Christen in der langen, durchwachten, mit Gebeten erfüllten Nacht von ihrem Schock.

Irgendwann sichern Wachen die Lager. Einige Männer zimmern wie besessen an den beiden Türmen und bessern binnen weniger Stunden die schwersten Schäden aus. »Wir arbeiteten eifrig daran, die Stadt zum Ruhme Gottes zu erobern«, schreibt Raimund von Aguilers, der dabei ist.

Und am Ende jener finsteren Nacht, »die Angst zu beiden Seiten brachte«, wie Raimund von Aguilers gesteht, raffen sich die Kreuzzügler auf, den Sturm noch einmal zu wagen.

10 JERUSALEM

Schon stehen wir in deinen Toren, Jerusalem: Jerusalem,
du starke Stadt, dicht gebaut und fest gefügt.
(Psalm 122, 2–3)

Freitag, 15. Juli 1099, Jerusalem, früher Morgen

Alarm im Zelt des Grafen Raimund von Toulouse: Der hat sein Lager auf dem Berg Zion hinter einer Holzpalisade verschanzen müssen, weil es relativ nah an der Südmauer Jerusalems liegt. Nächtliche Überfälle der Fatimiden drohten. Deshalb mussten seine Männer fluchend jenen hölzernen Schutz errichten – doch dort kracht plötzlich ein enormer Felsbrocken hinein. Splitterndes Holz.

Was ist geschehen? Die herausstürzenden Provenzalen erkennen, dass die Verteidiger der Heiligen Stadt über Nacht eine weitere, besonders große *Mangonel* auf der Mauer postiert haben. Tatsächlich ist es eine Waffe, die Iftikhars Zimmerleute erst in der letzten Nacht vollendet haben.

Diese Schleuder bestücken die Muslime nach dem ersten Schuss mit dem Stein nun mit enorm großen Brandsätzen aus Schwefel, Pech und Reisig. So groß sind diese Ballen, dass sie nicht wagen, sie innerhalb ihrer eigenen Stadt zu entzünden, nicht einmal im letzten Moment vor dem Abschuss. Rasch schicken sie zwei, drei trockene Bündel los, die gegen die Palisade der Christen prallen und liegen bleiben. Noch bevor einer der Kreuzzügler reagieren kann, schicken die Sudanesen einen Hagel aus Brandpfeilen hinterher – und die entzünden die Reisigbündel.

Flammen züngeln hoch. Das Pech aus den Geschossen verflüssigt sich in der Hitze, zieht schmierend über die Palisade, fängt Feuer – und frisst sich tief hinein ins Holz.

Auch die Frauen im Südlager laufen nun heraus. Während die Männer die *Mangonels* und *Trébuchets* bedienen sowie den Belagerungsturm bemannen, stürzen die Frauen mit Lederschläuchen und Eimern den Hang hinab zum Schiloachtümpel. Sofort lassen die Muslime mit ihren anderen *Mangonels* Steine auf die Frauen regnen, Pfeile sirren durch die Luft. Schreie der Getroffenen. Trotzdem schaffen es die meisten Frauen wieder hoch zum Berg und werfen ihre schwere, kostbare Fracht in die Flammen an der Palisade.

Die Ritter ermutigt der Heroismus der Frauen, beschämt sie wohl auch: Sie werden kämpfen! Jetzt erst recht! Und: Es bleibt ihnen auch gar nichts anderes mehr übrig.

Denn trotz des lebensgefährlichen Einsatzes der Frauen brennt ausgerechnet das Tor der Palisade nieder. Das Lager liegt nun schutzlos dar, in der nächsten Nacht schon könnten es die Fatimiden überfallen. Iftikhar ad-Daula würde sich diese Gelegenheit, den Belagerungsturm zu attackieren, wohl kaum entgehen lassen.

Wenn die Provenzalen es also heute nicht schaffen – dann werden sie ihre Stellung räumen müssen. Es wäre das Ende des Kreuzzugs.

So lange jene große *Mangonel* jedoch schießt, können sie nicht einmal den Belagerungsturm näher an die Stadt heranbringen. Einige schwere Treffer der gewaltigen Maschine – und ihr Turm würde zusammenstürzen. Auf der Mauer ist jene neue, fürchterliche Fernwaffe zwar gut zu erkennen, doch schwer zu treffen.

Die Kreuzzügler zerren ihre *Mangonels* und *Trébuchets* näher an die Südmauer – eine lebensgefährliche Aufgabe im Stein- und Pfeilhagel der Verteidiger. Immerhin gelingt es ihnen bald, die große *Mangonel* auf der Mauer ins Visier zu nehmen. Allein – es nützt ihnen nichts. Iftikhar ad-Daula hat seine wertvollste Waffe mit häckselgefüllten Säcken und elastischen Weidenschilden panzern lassen. Und von diesem Schutz prallen alle Steine der Christen wirkungslos ab.

Was nun?

An der Nordmauer entbrennt derweil fast der gleiche Kampf wie am Tag zuvor, nur dass die Kreuzzügler nicht mehr die Ramme bemannen können; deren Wrack liegt noch immer vor der über Nacht geflickten Mauer.

In einem anderen Winkel drücken die Ritter nun ihren ebenfalls hastig reparierten Belagerungsturm nach vorn, durch den Pfeil- und Steinhagel der Verteidiger. Viele Christen fallen. Herzog Gottfried von Bouillon steht wieder auf der obersten Plattform – anders als Graf Raimund von Toulouse, der auf dem Berg Zion seine Kommandos gibt, stürzt er sich mitten hinein ins heftigste Getümmel. Ein Stein durchschlägt den Weidenschutz des Dachs und bricht einem Ritter direkt neben ihm den Hals – doch der Herzog von Lothringen hebt seine Armbrust und schießt mit tödlicher Präzision auf die muslimischen Krieger hinter den Mauerzinnen.

Robert von der Normandie, Robert von Flandern, Tankred von Hauteville und ihre Männer kämpfen sich seitlich des Turms unter ihren Schilden voran in Richtung Mauer.

Immer näher knarzt und rumpelt das Ungetüm heran. Irgendwann verstummt das Dröhnen und Krachen in seinem Innern, denn nun sind sie so nahe, dass sie von den *Mangonels*, deren Steine bogenförmig geschleudert werden, nicht mehr bestrichen werden können. Diese Gefahr wenigstens haben sie gemeistert. Das Trommelfeuer der Bogenschützen jedoch hält an, die Front und die Flanken des Kolosses sind pfeilgespickt. Und dann, gerade als sie das Wrack der Ramme passieren, erleben die Christen ihre nächste Überraschung.

Die Verteidiger stoßen nun den riesigen Balken aus der Mauer hervor, dessen eiserne Haken krachend in den Turm fahren, der daraufhin taumelnd stehen bleibt. Griechisches Feuer lodert hoch. Doch die Ritter auf der obersten Plattform reagieren rasch und gießen Essig aus Lederschläuchen über die Flammen – die tatsächlich erlöschen, ohne den Turm beschädigt zu haben.

Dann schleudern einige Kämpfer Seile um die Ketten, mit denen die Verteidiger Jerusalems jenen Balken fixieren. Die

Ritter zerren an den Ketten, wollen den Balken ganz aus der Mauer herausziehen; von der anderen Seite packen starke Hände eben jene Ketten, um den Balken auf seinem Platz zu halten. Ein groteskes Tauziehen zwischen Christen und Muslimen im Pfeilhagel, umweht von den Schreien der Sterbenden.

Dann ein Ruck – und die Kreuzzügler zerren den Balken heraus. Der Weg ist frei! Weiter! Da ein hässliches Knacken, ein schwerer Schlag, der den Turm erzittern lässt, Staub am Boden: Die beiden linken Rollen sind gebrochen. Mit schwerer Schlagseite bleibt der Turm stehen. Niemand wird ihn auch nur eine Handbreit weiter nach vorn schieben können.

Er befindet sich ganz nahe an der Mauer – aber doch so weit weg, dass selbst der kräftigste Ritter nicht hinüberspringen kann.

Über den Zinnen flattert noch immer das weiße Banner der Fatimiden. Jerusalem, so scheint es, ist zum Greifen nah und doch unerreichbar.

Im Lager der Provenzalen baut derweil ein anonymes Genie eine neue Waffe. Chronisten geben seinen Namen nicht preis, doch darf man in ihm Wilhelm Embriaco vermuten, den italienischen Kapitän, und dazu einige seiner Zimmerleute. Sie nageln ein Gerät zusammen, das von den Kreuzzüglern »Krähe« getauft wird. Eine Art mastlange Riesenlanze, die ungefähr in der Mitte an einem senkrecht aufragenden Tragbalken beweglich verzurrt ist: Die Konstruktion wirkt wie ein großes Kreuz, bei dem der Querbalken allerdings länger ist der Längsbalken. Diesen Querbalken kann man wie einen Kranarm anheben, sodass sein Ende schließlich höher aufragt als der Mauerkranz. An dem der Mauer zugewandten Ende der Riesenlanze steckt ein großer eiserner Haken, dahinter ist eine lange Kette befestigt, die die ganze Länge bis zum anderen Ende verläuft und dort hinunterbaumelt.

Diese Krähe nun schleppen die Provenzalen, gedeckt nur durch einige Schilde, unter Lebensgefahr bis zur Südmauer. Die eisengespickte Spitze der Querlanze rammen sie sodann in einen der Säcke, welche die gegnerische *Mangonel* panzern. Dann reißen einige Christen an der Kette und lassen die Lanze so hin und her schwenken.

Häcksel rieselt aus dem aufgerissenen Sack, der schlaff zusammensinkt. Wieder stoßen die Kreuzzügler in diese Polsterung hinein und wieder und wieder. Unentwegt feuern dabei die sudanesischen und arabischen Bogenschützen – und auch ihre eigenen Leute, die mit ihren Steinschleudern die bedrängte *Mangonel* heftig beschießen.

Und dann kracht tatsächlich ein erstes Geschoss durch die aufgerissene Panzerung. Dann ein nächstes. Holz splittert, Männer schreien – die große *Mangonel* zerbricht.

Die Christen sind selbst überrascht, wie wirksam diese Krähe ist. Schon rammen sie deren eiserne Spitze in den ersten Sack, der von einem Balken an der Mauer hängt und diese selbst bislang gegen Steine polsterte. Wieder rieselt Häcksel hervor. Triumphgeheul vielleicht im Heer der Christen, auf jeden Fall aber Hoffnung. Endlich ein Erfolg!

Auch die Sudanesen auf der Mauer erkennen die große Gefahr, in der sie plötzlich schweben. Da springt einer ihrer Krieger aus dem Schutz der Zinnen hervor, schleudert Rüstung und Schild weg – und klettert fast nackt, nur mit einem Säbel in der Faust, auf den Balken, der den Sack trägt, genau oberhalb der Krähenlanze.

Pfeile, Pfeile, Pfeile. Doch unglaublicherweise kriecht der Sudanese unverletzt weiter – und zertrümmert mit mächtigen Säbelhieben die Kette hinter dem eisernen Haken. Die Lanze kann vom anderen Ende aus nicht mehr bewegt werden, die Krähe hackt nicht mehr. Und, Gipfel der Demütigung für die Provenzalen, jener unerschrockene Krieger klettert tatsächlich wieder zurück und verschwindet unverletzt im Schutz der Zinnen! Triumphschreie der Sudanesen.

Die kleineren *Mangonels* der Verteidiger – immerhin zwei Drittel aller Schleudern, die Iftikhar ad-Daula unter seinem Kommando hat, stehen hier auf diesem Abschnitt – sind noch immer unzerstört. Pausenlos schicken sie mit dumpfen Schlägen Steine in Richtung Angreifer. Die Mauer ist unbeschädigt. Doch die Provenzalen bringen ihren Turm nun trotzdem näher heran, im schweren Abwehrfeuer ein fast selbstmörderisches Wagnis. Aber niemand weiß, was man sonst noch tun sollte.

Mittag

Todesschreie der Getroffenen. Ein verbissenes und brutales Duell, es scheint, als hätten die Kämpfer beider Seiten nach stundenlangem Ringen in glühender Sonne jegliche Rücksicht verloren, auch auf den Schutz des eigenen Lebens. Aus kürzester Entfernung feuern Bogen- und Armbrustschützen aufeinander, schleudern Feuer und Steine. Die Ritter um Gottfried von Bouillon sind mit ihrem Turm so nahe, dass sie gnadenlos präzise von schräg oben zwischen die Zinnen der Mauer schießen können.

Doch die Verteidiger verkrallen sich in ihren Stellungen und feuern zurück. »Wir waren verblüfft und hatten große Angst«, gesteht ein christlicher Chronist. Vor allem unter den Kämpfern der beiden Robert sowie Tankreds, die sich zu Fuß der Mauer nähern, fallen nun Dutzende.

»Kyrie eleison!«

Eine Hymne, doch klingt sie in diesem Moment wohl eher wie ein Schlachtruf. »Gott habe Gnade! Kyrie eleison!«

Ein Priester in weißer Stola packt eine Sturmleiter und rennt, die Hymne singend, zur Mauer, um als Erster Jerusalems Wall zu erstürmen. Einige Ritter lassen sich vom frommen Eifer mitreißen und hasten in blinder Kampfeswut voran – die Verteidiger schießen alle nieder, bevor auch nur die Leiter angelegt worden ist.

Da sirrt von einem lothringischen Ritter ein Brandpfeil in einen der Säcke, mit denen die Mauer gepolstert ist, genau gegenüber dem bewegungslosen Belagerungsturm. Das Häcksel entzündet sich, glimmt, glüht, brennt dann langsam. Dichter, schwarzer Qualm steht in der flirrenden Luft, umwabert die Zinnen.

Die Verteidiger husten, keuchen, ringen im öligen Rauch nach Atem. Dann weichen die ersten zurück.

Vor der Südmauer rumpelt der Belagerungsturm den Hang des Berges Zion hinunter. Pausenlos dröhnen Steine gegen das Holz, die ersten Balken splittern.

Da erscheinen hinter den Zinnen zwei Frauen und machen Gesten, als wollten sie die Kreuzzügler verhöhnen. Zorn bei den Christen. Sind das nicht Hexenzeichen? Ein Ritter zielt mit seinem *Trébuchet* besonders sorgfältig – und zerschmettert mit seinem Stein nicht nur die beiden Frauen, sondern auch noch drei Sklavenmädchen, die hinter diesen stehen, »sodass ihre Leben ausgelöscht und ihre bösen Zauberbeschwörungen abgewehrt wurden«, wie der Chronist Raimund von Aguilers notiert.

Ein symbolischer Triumph, mehr nicht.

Die Verteidiger sind den Christen an Zahl der Steinschleudern fast zehnfach überlegen. Nach und nach zerschießen sie die *Mangonels* und *Trébuchets* der Kreuzzügler; einige gehen in Flammen auf, andere brechen unter Volltreffern zusammen.

Schlimmer noch: Auch der Belagerungsturm bekommt nun heftige Schläge ab. Holz splittert, Weidenschilde zerreißen, Flammen lecken aus den Flanken. Schließlich sind die Seitenwände so zerschossen, dass sich auch die mutigsten Ritter nicht mehr auf der obersten Plattform halten wollen. Einige Meter vor der Mauer bleibt der Belagerungsturm liegen, das oberste Stockwerk schon in Trümmern. Selbst wenn es jetzt noch gelänge, die Konstruktion bis ganz an den Wall heranzuschieben, kein Kreuzzügler könnte vom Turm aus noch die Höhe der Mauer erklimmen.

Hastiger Kriegsrat auf dem Berg Zion, wohin einige Ritter zu Graf Raimund von Toulouse geeilt sind. Schon fordern die ersten, den Sturmangriff aufzugeben. Retten wir die wenigen noch nicht zerschossenen Steinschleudern! Ziehen wir uns zurück!

»Gegen Mittag waren unsere Männer sehr entmutigt«, gesteht Raimund von Aguilers. »Sie waren müde und am Ende ihrer Kräfte.«

Iftikhar ad-Daula sieht, dass der Angriff der Feinde stockt. Jetzt der Todesstoß! Er gibt seinen 400 arabischen Reitern den Befehl zum Aufsitzen. Gleich wird er ein Tor öffnen lassen und mit seinen Reitern wie Dämonen zwischen die erschöpften Kreuzzügler fahren. Alle Steinschleudern werden sie zerstören, den Turm niederbrennen – und wer weiß, wenn Allah es will, sogar das schutzlose Lager erobern und die Ungläubigen in alle Winde zerstreuen. Ein paar Minuten noch, dann gehört ihm der Sieg.

Da erreicht ihn ein Bote vom anderen Ende der Stadt – und er bringt schreckliche Nachricht.

Nachmittag

»Als jene Stunde nahte, wo unser Herr Jesus Christus sich für uns am Kreuz zu leiden herabließ«, wie ein Kreuzzügler berichtet, also gegen 15 Uhr, wagen einige Ritter an der rauchumschlungenen Nordmauer den Angriff. Offenbar riskieren sie ihr Leben auf eigene Faust, denn nicht einmal Herzog Gottfried von Bouillon ist eingeweiht – obwohl der nur wenige Meter über den Angreifern steht.

Denn auf der mittleren Etage des gestoppten Belagerungsturms spähen einige Ritter durch Schlitze im Plankenwerk auf die Zinnen, die genau bis zu ihrer Höhe aufragen: leer. Qualm überall, man kann nur wenige Schritte weit sehen. Eine Falle?

Mit dem tolldreisten Mut des Gottvertrauens reißen zwei adelige flämische Brüder – Leuthold und Engelbert von Tournai – die schützenden Bretter und essiggetränkten Tierhäute an der Front der mittleren Plattform los. Ein gut gezielter

Brandpfeil jetzt und der Turm stünde rettungslos in Flammen. Nichts.

Sie schieben aus dem Innern eine Planke über den wenige Meter breiten, aber fast 15 Meter tiefen Abgrund, der sie von der Mauer trennt. Wahrscheinlich dient ihnen der Balken, mit denen die Verteidiger den Turm zuvor auf Distanz halten wollten, nun als Unterlage. Engelbert hält die Planke fest, sein älterer Bruder kriecht in den Rauch hinein.

Und so wird Leuthold von Tournai der erste Kreuzzügler, der seinen Fuß auf Jerusalems Mauer setzt.

Kein Triumphgeschrei. Stille, leise Kommandos nur, hastige Bewegungen. Engelbert von Tournai kriecht über die Planke, dann noch ein Ritter, dann noch einer. Mit dem Schwert in der Faust, die Gesichter wohl rußgeschwärzt, keuchend, durstig und erschöpft, sichern die Ritter die kostbaren Zentimeter Mauer, die sie erobert haben.

Leuthold und Engelbert wenden sich nach links, ein anderer Ritter nach rechts. Schemen irgendwo im Qualm: die muslimischen Verteidiger. Endlich erkennt einer von ihnen eine Bewegung, stürzt den Brüdern aus Tournai entgegen – und wird von einem mächtigen Schwerthieb enthauptet. Sein helmbekränzter Schädel fliegt vom Zinnenkranz in die Gassen der Stadt.

Alarm!

Dann der Kriegsruf: »Deus lo volt!«

Herzog Gottfried von Bouillon, der nun sieht, dass plötzlich auf der Mauer direkt unter seiner Plattform gekämpft wird, eilt hinab, kriecht rasch über die Planke – und stürzt sich ins Getümmel.

Robert von Flandern hat sich mit etlichen Fußsoldaten bis nahe an die Mauer herangekämpft. Auch er erblickt im Rauch plötzlich Christen auf der Mauer. Kommandos, Triumphgeschrei nun, dann lässt er Sturmleitern an jener Stelle anlegen, wo die Schwerter blitzen. Nun drängen noch mehr Ritter auf die Mauer.

Schreie der Sudanesen. Auch die Einwohner Jerusalems stürzen heran. So unübersichtlich ist es, dass die Bogenschützen kein Ziel finden. Eng ist es auf der Mauer, die schwer gepanzerten Ritter wüten fürchterlich unter den heranströmenden Verteidigern: Ihre Schwerter sind länger, ihre Schilde sind größer, von Helmen und Kettenhemden prallen Hiebe ab. Aber noch sind die muslimischen Kämpfer weit in der Überzahl.

Dann sind andere Soldaten und viele Arme heran. Die Ramme! Sie zerren am Wrack, bis sie es ein Stück zurückgezogen haben. Davor klafft ein Spalt im Mauerwerk. Kein Gedanke, sich hier einen Weg freizukämpfen, solange oben Verteidiger stehen. Doch die werden gerade bedrängt, niemand achtet mehr auf den Fuß des Walls. Und so quetschen sich die ersten Kreuzzügler durch den Riss.

In Jerusalem!

Ein Bote eilt zu Iftikhar ad-Daula: Die Christen sind innerhalb der Mauern! Der Statthalter befiehlt seinen 400 Reitern, die schon aufgesessen sind, um die Provenzalen vor der Südmauer zu attackieren, stattdessen nun quer durch Jerusalems Gassen nach Norden zu galoppieren.

Die arabischen Krieger werden vielleicht nur ein paar Minuten für diese Strecke benötigen – doch trotzdem kommen sie zu spät. Chaos an der Nordmauer: tote Verteidiger, erschlagene Einwohner, Ritter, deren Rüstung von den Füßen bis zum Helm blutbesudelt ist, die wild mit Schwertern und Äxten um sich schlagen. Und immer mehr Christen drängen nun durch den Mauerriss herein oder fluten über die Zinnen.

Panisch wenden die Reiter, galoppieren zur einzigen Festung, die ihnen noch sicher zu sein scheint: zur Davidsburg. Die Anlage im Westen der Stadt ist eine Zitadelle innerhalb von Jerusalem, vom Rest der Stadt getrennt durch Mauern und einen Graben.

Wieder eilen Boten durch die Stadt: Alles verloren! Iftikhar ad-Daula weiß, dass er nur ein paar Augenblicke hat, um die richtige Entscheidung zu treffen. Dann der Befehl an die sudanesischen Bogenschützen, an die Männer an den *Mangonels* auf der Südmauer: In die Davidsburg!

Alle Soldaten räumen nun ihre Stellungen, fliehen Richtung Westen – und erreichen ihr Ziel mit knapper Not. Iftikhar ad-Daula verschanzt sich mit allen noch lebenden Kämpfern in der Davidsburg, nur wenige Augenblicke, bevor die ersten normannischen und lothringischen Ritter von Norden her nachdrängen. Die johlenden Christen greifen nach den Araberpferden, welche Iftikhars Reiter vor der Festung zurücklassen mussten. Was für eine wertvolle Beute!

Und welche Beute Jerusalem ist! Niemand ist mehr da, der die Stadt noch verteidigte. Und niemand mehr, der sich noch in Sicherheit bringen könnte. Die Einwohner Jerusalems nämlich lässt Iftikhar ad-Daula nicht in die Davidsburg hinein.

Graf Raimund von Toulouse ahnt davon zunächst nichts: Er hält noch immer Kriegsrat in der Kirche auf dem Berg Zion. Einige Gefolgsleute fordern den Rückzug, sein Turm ist halb vernichtet, viele Steinschleudern sind zerstört.

Da geschieht ein Wunder: Ein Ritter, ganz in Weiß, den Schild glänzend wie Gold, galoppiert von Norden her um Jerusalem herum, bleibt jedoch in einiger Entfernung auf dem Ölberg stehen – und fordert die Provenzalen mit Gesten seines Schildes auf, die Stadt zu erstürmen.

Ein Bote Gottes, so raunen die Frommen.

Tatsächlich ist der Unbekannte wohl eher ein Bote des Herzogs von Lothringen, der vom Durchbruch der Seinen an der Nordmauer kündet. Gut möglich, dass er den erschöpften und halb verzweifelten Provenzalen strahlender erscheint, als er es in Wahrheit ist – oder dass sie erst später, in der triumphierenden Erinnerung, sein Bild überirdisch erglänzen lassen.

Auf jeden Fall greift Graf Raimund wieder an.

Sturmleitern legen sie an die Mauern, mit eisernen Haken versehene Seile werfen sie zu den Zinnen hoch. Niemand erwehrt sich dieser Attacken.

Und so ersteigen auch die Provenzalen die Mauer. Nun erst eilt Graf Raimund von Toulouse vom Gipfel des Ölbergs hinab. Jerusalem!

Anders als viele seiner Kämpfer, die überwältigt sind von heiliger Freude oder manischem Blutdurst, die beten, plündern und morden, behält er kühlen Kopf. Zur Davidsburg! Mit einigen Getreuen, unter ihnen Raimund Pilet, macht sich Graf Raimund auf den Weg durch die schon brennende Stadt. Das ist die wichtigste Festung der Metropole – erobert er sie, so hofft Graf Raimund, dann muss man ihn zum Herrscher Jerusalems krönen, denn die Davidsburg ist der Schlüssel zur Stadt.

Ein paar Augenblicke nur, dann ist er dort. Die normannischen und lothringischen Ritter waren zwar vor ihm an der Davidsburg, doch haben sie bloß die Araberpferde geraubt und sind, auf der Suche nach Beute, wieder abgezogen. Graf Raimund postiert seine Männer um die Festung, nicht einmal auf die verzweifelten Einwohner Jerusalems achtend, die sich hier zusammendrängen in der wahnwitzigen Hoffnung, doch noch irgendwie Schutz zu finden. Seine Provenzalen fahren mit den Schwertern unter die Wehrlosen, bis sich nur noch ein Leichenfeld um die Davidsburg erstreckt.

Ganz kühl, weder von frommem Eifer noch von unbändiger Rache getrübt, schickt Graf Raimund von Toulouse dann einen Boten und einen Übersetzer vor den belagerten Turm. Er bietet Iftikhar ad-Daula, allen seinen Soldaten sowie deren Frauen und Kindern freien Abzug nach Askalon an! Sie dürfen sogar so viel Besitz mitnehmen, wie sie schleppen können.

Der muslimische Statthalter weiß, dass Jerusalem verloren ist. Er kennt die Grausamkeit der Kreuzzügler, hat von der Plünderung Antiochias vernommen und vom Kannibalismus zu Maarat an-Numan und soeben mit eigenen Augen die Morde vor der Davidsburg mit angesehen. Wahrscheinlich hat er schon mit seinem Leben abgeschlossen – und nun dieses Angebot. Eine Falle? Vielleicht, aber welche Wahl bleibt ihm? Graf Raimund von Toulouse ist immerhin seit seinen Verhandlungen mit den arabischen Emiren von Tripolis und den anderen Küstenstädten im Fatimidenreich bekannt.

Es dauert nur ein paar Augenblicke, dann lässt der Statthalter ausrichten, er werde akzeptieren. Zum Zeichen seines guten

Willens schickt er eine Ladung Gold nach draußen. Geiseln werden dann ausgetauscht, einige höhere Anführer der Fatimiden gehen zu den Provenzalen, einige Ritter in die Davidsburg.

Und tatsächlich: Graf Raimund von Toulouse hält sein Wort und lässt kurz darauf Iftikhar ad-Daula und seine noch mehrere Hundert Kämpfer samt Familien und Besitz aus dem Westtor gen Küste abziehen, während er rasch die Davidsburg besetzt und dort sein Banner aufpflanzt.

Der Statthalter, seine Soldaten und deren Familien werden unbeschadet die Küste und schließlich fatimidische Städte erreichen.

Sie werden fast die einzigen Muslime sein, die Jerusalem lebend verlassen.

Für die übrigen etwa 40 000 Einwohner – Muslime wie Juden – wird Jerusalem hingegen zur Todesfalle: Im Norden und Süden überschwemmen die Feinde bereits die Mauern, bis zu den Toren im Westen sind Kreuzzügler ebenfalls schon geeilt. Die wenigen Pforten im Osten führen ins steile Kidrontal hinab, ein beschwerlicher Fluchtweg wäre dies – doch auch der wird rasch gekappt.

Denn Herzog Gottfried von Bouillon und Robert von Flandern öffnen nun die Tore im Norden und Osten Jerusalems. Unzählige Kämpfer stürzen herein. Gedränge, Geschiebe, Rufe, Flüche – schließlich panisch sich aufbäumende und austretende Schlachtrösser: 16 Kreuzzügler werden in der Enge totgetrampelt.

Dann aber fluten die Kämpfer hinein, gierig nach Wein und Wasser, gierig nach Schätzen, gierig nach Rache. Endlich sind sie in der Heligen Stadt! Endlich werden sie die Belohnung für all die jahrelangen Strapazen, zuletzt für den Durst und die Entbehrungen in den judäischen Bergen, bekommen! Und endlich wird man es den Ungläubigen, die sie noch Tage zuvor von den Mauern aus bei der Prozession verhöhnt, die das Zeichen des Herrn entehrt haben, heimzahlen!

Und so wird die Eroberung Jerusalems an jenem Nachmittag des 15. Juli 1099 durch einen entfesselten, schwer bewaffneten Mob zu einer der brutalsten Plünderungen einer an Brutalitäten reichen Zeit. Mit Schwertern, Knüppeln, Lanzen massakrieren die Kreuzzügler die fliehenden Männer, Frauen und Kinder der Stadt, in den Gassen, auf den Plätzen, in Gotteshäusern. »Es gab keinen Platz, wo sie unseren Schwertern entgehen konnten«, berichtet Fulcher von Chartres.

»Einige unserer Männer – und das war noch gnädig – schlugen den Feinden die Köpfe ab«, überliefert Raimund von Aguilers. »Andere erschossen sie mit Pfeilen, sodass sie von den Türmen stürzten; andere folterten sie länger, indem sie sie [lebenden Leibes] in die Flammen stießen. Haufen von [abgeschlagenen] Köpfen, Händen und Füßen waren in den Straßen der Stadt zu sehen.« Grausige Trophäen der Sieger – jener Sieger, die Babies mit Steinen erschlagen, sie gegen Wände schmettern, lebendig ins Feuer werfen oder aus hohen Gebäuden stürzen. Die Provenzalen, die von Süden her durch die Tore drängen, vergewaltigen viele Frauen, bevor sie ihre Opfer ermorden – die Lothringer und Normannen erschlagen sie sogleich.

Todes- und Schmerzensschreie. Das Splittern eingetretener Türen. Triumphgeheul. »Deus lo volt!« Der Gestank von Feuer und Blut. Asche in der Luft.

Für viele Kreuzzügler ist die Plünderung Jerusalems die letzte, die vielleicht einzige Chance in ihrem Leben auf Reichtum. Denn diese eine Ordnung bleibt erhalten in all der grausigen Unordnung: Wer ein Haus als erster Kämpfer betritt, rammt eine seiner Waffen in die Tür als Zeichen seines Anspruchs. Alles, alles darf er in diesem Haus für sich nehmen, niemand wird es ihm streitig machen. Und tatsächlich: So rasend die Kreuzzügler durch die Gassen toben, so peinlich genau halten sie diese eine Regel ein.

Nicht, dass dies den Opfern etwas nützte: Nur ganz wenige reiche Muslime und Juden, kenntlich für die Angreifer an ihren wohl ausgestatteten Häusern, haben das Glück, an einen Ritter zu geraten, der sich noch ein wenig Nachdenken bewahrt hat. Diese Wohlhabenden werden als menschliche Beute gefangengenommen, in der Hoffnung, sie später gegen hohes Lösegeld von reichen Verwandten wieder freikaufen lassen zu können.

Alle anderen aber werden erschlagen.

Viele Juden erreichen noch ihre Synagoge. Doch die Ritter verriegeln deren Pforte, schichten dann Holz um das Gebäude – und brennen das Gotteshaus nieder, mitsamt der ganzen Gemeinde. Gebete hört man noch aus dem Innern, dann schreckliche Schreie.

An einem Abschnitt der Westmauer sammeln sich versprengte fatimidische Soldaten, die für den freien Abzug zu spät gekommen sind, zu einem letzten Gefecht. Sie werden von den Provenzalen vom Mauerkranz aus beschossen und bis auf den letzten Mann niedergemacht – immerhin sind sie so tapfer, dass selbst die Christen den Mut ihrer erschlagenen Feinde rühmen.

Auch in der al-Aksa-Moschee verschanzen sich etliche Bewaffnete, Soldaten und vor allem muslimische Bewohner Jerusalems. Ist hier nicht einst der Prophet in einer wunderbaren nächtlichen Reise nach Jerusalem gekommen? »Preis sei Dem, der Seinen Diener bei Nacht von der geschützten Gebetsstätte [der Heiligen Moschee von Mekka] zur fernsten Gebetsstätte [al-Aksa], deren Umgebung Wir gesegnet haben, reisen ließ, damit Wir ihm von Unserem Zeichen zeigen«, heißt es im Koran (Sure 17, 1).

Einige Stunden halten die Verteidiger an diesem von Allah gesegneten Ort aus, erschlagen Christen, die sich zum Plündern in die Moschee wagen, kämpfen von dieser Basis aus sogar bis in den umliegenden Gassen. Dann aber hacken sich schwer gepanzerte Ritter unter Thomas von Marle in das Gebäude und wüten, bis niemand mehr am Leben ist. Am Ende sind die Wände der Moschee rot verschmiert, und auf dem Boden steht das Blut angeblich so hoch, dass es den rasenden Rittern bis zu den Knien schwappt.

»In der Tat war es ein gerechtes und großartiges Urteil Gottes, dass dieser Platz mit dem Blut der Ungläubigen gefüllt wurde«, schreibt Raimund von Aguilers, »da dieser Ort so lange unter ihren Lästerungen gelitten hatte.«

Und der Gewinn für all diese Gewalt? Mancher Kreuzzügler wird sicherlich in jenen finsteren Stunden reich, weil er das richtige Haus stürmt – oder weil er kühl kalkuliert. Mehrere Christen etwa erschlagen die jüdischen Schriftgelehrten in deren Heimen, doch bewahren sie die Tora-Rollen sorgfältig auf. Später werden sie die Heiligen Schriften jüdischen Gemeinden andernorts gegen viel Geld zum Kauf anbieten. (Mehr als zwei Dutzend Tora-Rollen Jerusalems werden tatsächlich später von den Juden Ägyptens erworben.)

Die meisten jedoch plündern so undiszipliniert (oder verzweifelt), wie sie zuvor gemordet haben. Nicht wenige Angreifer etwa quält der Durst so sehr, dass sie es kaum bis zu einer Zisterne schaffen, wo sie erst einmal Wasser trinken – obwohl ebenjenes Wasser inzwischen oft mit dem Blut unzähliger Erschlagener versetzt ist.

Andere plündern die Vorräte an Brot und Wein, vor allem Wein: Mancher versinkt, kaum hat er endlich die Heilige Stadt betreten, in einen tiefen Rausch. Und wieder andere Kreuzzügler kann man sehen, wie sie Kerzenständer aus Messing an sich klammern, als kostbarsten Besitz – im irrtümlichen Glauben, sie hätten ein Objekt aus Gold ergattert. Und die gierigsten Plünderer schließlich schlagen ihren Opfern Finger und Ohren ab, um Ringe und Ohrgehänge zu erbeuten; und sie reißen die Eingeweide der Toten aus den Bäuchen auf der Suche nach verschluckten Münzen. (Später werden sie noch die Asche der verbrannten Leichen auf der Suche nach Gold zerwühlen.)

Niemand jedoch kann sich im Plündern messen mit Tankred von Hauteville, der seinen Raubzug schon von langer Hand geplant hat. Seit Tagen etwa hat er Christen, die von Iftikhar ad-Daula aus Jerusalem ausgewiesen worden waren, nach dem Ort des größten Schatzes befragt. Deren Antwort: der Felsendom auf dem Tempelberg! Der Ort, wo, so glauben es die Muslime, Mohammed einst gen Himmel gefahren sei. Der heiligste Ort nach Mekka und Medina!

Also zieht der Normanne Gaston von Béarn und 70 verschworene Ritter ins Vertrauen – und kaum sind die Mauern Jerusalems bezwungen, begibt er sich mit diesem kleinen Trupp unbeirrbar zum Felsendom, angeführt von einigen der Christen Jerusalems.

Mit Schwertern in den eisengepanzerten Fäusten stürmen sie über die Ebene des Tempelbergs. Fürchterlich wüten sie unter den Muslimen, die es bis vor die goldglänzende Kuppel der riesigen Moschee geschafft haben. Lediglich 300 Menschen, die ihm wohlhabend genug zu sein scheinen, treibt er auf das Dach des Felsendoms, wo sie unter seinem Banner Schutz finden. Er will sie später als Geiseln verhandeln.

Und dann: Gold, Silber, Seide, Brokat, Diamanten, Rubine! Eine 50 Kilogramm schwere Schale aus Gold hängt an silbernen Ketten von der Decke; 40 silberne Lampen erhellen das Innere; silberne Beschläge schmücken die Innenmauern, Edelsteine sind in die Ornamente eingesetzt, kostbare Stoffe flattern im Wind.

Tankred und seine Mitverschwörer erbeuten tatsächlich jene unermesslichen Schätze, von denen ihm die christlichen Einwohner Jerusalems berichtet haben. Allein das Silber, das sie hier von den Wänden reißen, wiegt insgesamt etwa 25 Tonnen. Später wird er dem mächtigen Herzog Gottfried von Bouillon einen Anteil geben, und einen weiteren wird er den Armen spenden, um sich das Wohlwollen der Geistlichen zu erkaufen. Aber dennoch wird Tankred von Hauteville, jener kaum zwanzigjährige Normanne, an diesem Tag zu einem reichen Ritter.

Vielleicht gibt es in jenen Nachmittagsstunden in Jerusalem nur zwei Ritter, die nicht plündern: Graf Raimund von Toulouse und Herzog Gottfried von Bouillon. Doch gerade sie haben eine noch größere, die größte Beute im Blick: Jerusalem als Ganzes!

Graf Raimund verschanzt sich mit den Seinen in der Davidsburg und wartet ab. Gottfried von Bouillon hingegen kämpft, bis der letzte Widerstand gebrochen ist – dann jedoch verlässt er Jerusalem wieder. Barfuß und mit dem Helm unter dem Arm umrundet er die Mauern, begleitet nur von drei Rittern, seinen engsten Vertrauten. Ein frommer Pilgerzug im Angesicht seines größten Sieges. Er verlässt Jerusalem durch das zertrümmerte Südtor am Ölberg – genau dort, wo sein Rivale Graf Raimund gelagert hatte. Schließlich geht er, noch immer mit nackten Füßen, über die Gassen Jerusalems, in denen das Blut der Erschlagenen knöchelhoch steht, bis zur Grabeskirche.

Und dort feiert Herzog Gottfried von Bouillon die erste Messe, voll des Dankes über diesen Sieg. Tränen stehen in seinen Augen, als er zu Gott betet.

Echte Frömmigkeit? Sicherlich – aber auch kalte Berechnung. Mit dem Pilgerzug und der Messe in der Grabeskirche vollzieht Herzog Gottfried von Bouillon vor aller Augen zwei gottgefällige Taten. Groß ist die Verehrung, die ihm dafür von vielen Kreuzzüglern entgegengebracht wird – von Kreuzzüglern, die nun neben seinem Kampfesmut in der Schlacht auch seinen tiefen Glauben rühmen. Vor allem auf die Armen wirkt dieser religiöse Ernst – jene Armen, die bislang eher als Gefolgsleute des Grafen Raimund von Toulouse galten.

Wer wäre jedoch nun besser geeignet, Jerusalem zukünftig zu beherrschen, als dieser Lothringer?

Abend

Die Dämmerung legt sich wie ein Leichentuch über Jerusalem. Der Kreuzzug, jenes vom Papst fast vier Jahre zuvor verkündete, scheinbar unmögliche Vorhaben, ist gegen feindliche Heere, gegen Hitze, Hunger und Durst durchgekämpft worden. Ein Triumph!

Immer mehr Priester, Mönche, Ritter, Arme finden sich nun in der Grabeskirche ein, »aus einem Übermaß an Glück vor

Freude weinend«, wie ein Augenzeuge überliefert, »um am Grab unseres Erlösers Jesus zu beten, und sie erfüllten ihr Gelübde an ihm«.

Auch die christlichen Einwohner Jerusalems kehren zurück, um hier zu beten. Erleichtert wohl, dass sie nicht länger die Herrschaft der Ungläubigen erdulden müssen – und schaudernd zugleich über deren Ende. Von all den fremden Kreuzzüglern verehren sie niemanden mehr als Peter den Einsiedler, der arm ist und als Pilger schon einmal in der Stadt weilte. Welch eine Rückkehr!

Hymnen erklingen – darunter eine, die speziell zu diesem Anlass komponiert worden ist.

Und doch: So schrecklich ist dieses Massaker, dass selbst die Ritter nach dem Rausch des Sieges das Grausen überkommt. Kann es wahrhaft Gottes Wille sein, dass ausgerechnet in der Heiligen Stadt praktisch alle Einwohner erschlagen worden sind? Und selbst die, die keine religiösen Skrupel plagen, wissen doch, dass Jerusalem auch den Juden und den Muslimen eine besondere Stätte ist – jenen Menschen also, die noch immer im weiten, unübersichtlichen Land um Jerusalem die übergroße Mehrheit der Bevölkerung stellen. Was mögen die nun denken, wenn sie von diesem 15. Juli 1099 hören, dem 22. Chaaban des Jahres 492 der muslimischen Zählung?

»Keiner hat jemals ein solches Abschlachten von Heiden gesehen oder je davon gehört«, schreibt ein anonymer Chronist, und es klingt nicht mehr triumphierend an dieser Stelle, »und keiner außer Gott allein weiß, wie viele es waren.«

11 KEINE RUHE NACH DEM STURM

Denn ein Volk wird sich gegen das andere erheben und ein Reich gegen das andere. Und an vielen Orten wird es Erdbeben und Hungersnöte geben. Doch das ist erst der Anfang der Wehen.
(Markus 13, 8)

Samstag, 16. Juli 1099, Jerusalem, früher Morgen

Als wäre nicht schon genug Blut geflossen … Irgendwie verbreitet sich unter den Kreuzzüglern die Nachricht, dass noch 300 Muslime auf dem Dach des Felsendoms leben. Tatsächlich sind es diejenigen, die seit gestern unter dem Banner Tankreds von Hauteville ausharren.

Schnell rotten sich etliche Krieger zusammen, Arme fast alle, keine Ritter. Dann stürmt der Mob die goldglänzende Moschee auf dem Tempelberg – und dringt mit blanken Schwertern auf die Verängstigten ein. Männern und Frauen werden die Köpfe abgeschlagen, einige Muslime, die erkennen, dass sie in einer Todesfalle stecken, stürzen sich vom Rand des Dachs in den Tod.

»Das gemeine Volk fiel, wie faule Äpfel von geschüttelten Zweigen fallen«, schreibt Fulcher von Chartres mitleidlos über die Bluttaten zu Jerusalem.

Kein Akt der Raserei mehr in der Erregung des Sturmangriffs ist dieser Schlag der Kreuzzügler, unternommen im Rausch des Triumphs, sondern ein zynisch verübtes Massaker. Und vielleicht auch ein perfider Akt der Rache, nicht an den Ungläubigen, sondern an dem hochfahrenden Normannen, dem man seinen kühlen Raubzug zum Felsendom und die ungeheuren erbeuteten Schätze neidet.

»Tankred war außerordentlich erzürnt, als er dies sah«,

überliefert ein Chronist. Tatsächlich hat der junge Adelige wohl die Nacht in irgendeinem Haus verbracht. Jedenfalls kommt er zu spät: Als er den Tempelberg eilig hinaufsteigt, ist das Blutbad bereits vorüber. Nicht Mitleid treibt ihm die Zornesblässe ins Gesicht, sondern Wut über das entgangene Lösegeld, das er für die 300 Muslime zu fordern gedachte. Dazu ein Gefühl der Entehrung, denn sein Banner ist vom Mob missachtet worden. Und wahrscheinlich auch ein diffuses Ahnen des Verrats durch seine Standesgenossen, da kein Fürst, kein Ritter dem Töten Einhalt geboten hat.

Die einzigen Juden und Muslime, die nun noch in Jerusalem leben, sind die wenigen, die sich in Häusern versteckt gehalten haben, die von gnädigeren oder kühler kalkulierenden Rittern besetzt worden sind. Ihre neuen Herren tun ihnen nichts an; der Respekt vor den Zeichen eines geplünderten Hauses ist zudem so groß, dass nicht einmal mordlustige Banden diese Schwellen zu überschreiten wagen.

Mehrere Dutzend Männer, Frauen und Kinder mögen so davongekommen sein – und ihnen wird bald noch eine fürchterliche Aufgabe auferlegt.

Einige Ritter, erschöpft nach Kampf und Plünderung und wahrscheinlich mit zu wenigen Stunden Schlaf in der vergangenen Nacht, patrouillieren auf den Mauern Jerusalems. Sie ahnen schon, dass die Fatimiden aus Ägypten ein riesiges Heer heranführen werden, und möchten nicht von den Feinden überrascht werden.

Zur gleichen frühen Stunde versammeln sich Graf Raimund von Toulouse, Herzog Gottfried von Bouillon, die anderen Fürsten, viele Ritter und wohl alle Geistlichen zu einer Prozession. Feierlich schreiten sie durch die fast leeren Christenviertel der Stadt – Iftikhar ad-Daula hat diese Einwohner ja zuvor der Heiligen Stadt verwiesen, längst sind noch nicht alle zurückgekehrt.

Dann versammeln sich die Großen des Kreuzzugs zum Dankgottesdienst in der Grabeskirche, »frohen Herzens«, so

Fulcher von Chartres, »wie sie es sich lange ersehnt hatten ... Sie wünschten, dass dieser Ort, der so lange vom Aberglauben der heidnischen Einwohner verseucht war, von ihrem verderblichen Einfluss reingewaschen werde. Es war eine wahrlich denkwürdige Zeit.«

Während die Fürsten in der Grabeskirche der Messe beiwohnen, verlassen die letzten überlebenden muslimischen und jüdischen Einwohner Jerusalems zum ersten Mal wieder die schützenden Häuser. Leichen überall. Wer von ihnen wird nicht Verwandte, Freunde, Nachbarn unter den Opfern erblicken? Trauern allerdings dürfen sie nicht: Sie sollen, bedeuten ihnen ihre neuen Herren, die Toten aus der Stadt schaffen.

Und so zerren und tragen sie denn die Leichen ihrer Verwandten und ehemaligen Miteinwohner fort aus den Gassen, aus den geplünderten Häusern, aus Moscheen und Synagogen. Schon stinkt es in der Sommerglut »furchtbar«, so ein Augenzeuge, nach Verwesung und Blut. Aus den Stadttoren schaffen sie ihre grauenhafte Last, schichten die Körper zu haushohen Scheiterhaufen. Bald wabert süßlich stinkender Qualm über Jerusalem, steigt Asche in den Himmel.

So gering aber ist die Zahl der Überlebenden, so hoch die der Toten, dass die Fürsten, als sie aus der Grabeskirche treten, sehr bald sehen, dass sie Jerusalem niemals in kurzer Zeit so von den Leichen werden säubern können.

Also verkünden die Geistlichen, dass es für jeden Christen eine fromme Pflicht sei, Tote hinauszuschaffen: Schließlich habe man Menschen erschlagen, dies sei nun eine Buße.

Aber sind die Opfer nicht Ungläubige? Wer sollte sich deshalb schuldig fühlen, wer Gottes Zorn dafür fürchten?

Niemand gehorcht.

Und so sind es nicht die Geistlichen, sondern die Fürsten, wohl vor allem Graf Raimund von Toulouse und Herzog Gottfried von Lothringen, die, aus Furcht vor Seuchen und vor dem Gestank, ihre Schatztruhen öffnen und etliche Arme dafür bezahlen, die Erschlagenen fortzuschaffen. Doch werden viele Leichen wohl nur unvollständig verbrannt – denn wo bekäme man so viel kostbares Holz für die Scheiterhaufen her? Und sie werden hastig verscharrt. Möglich gar, dass viele Opfer nie geborgen werden und in Kellern oder Zisternen modern. Selbst sechs Monate später jedenfalls wird noch, das zumindest überliefert Fulcher von Chartres, Verwesungshauch über Jerusalem hängen. Der Geistliche sieht auch noch zu seinem Schrecken die Gebeine »erschlagener Sarazenen, die herumlagen, wo sie gerade zur Strecke gebracht worden waren«.

Und die wenigen Überlebenden? Im Angesicht des herannahenden Heeres der Fatimiden gelten sie den Fürsten als potenzielle Verräter – und die meisten von ihnen werden nach ihrer schaurigen Arbeit kaltblütig geköpft.

Sonntag, 17. Juli 1099

Was nun? Dreieinhalb Jahre sind vergangen, seit Papst Urban II. zum Kreuzzug rief. Aber, so unglaublich das auch klingen mag, niemals ist in dieser Zeit von irgendeiner kirchlichen oder weltlichen Autorität öffentlich klar formuliert worden, was denn geschehen solle, habe man erst einmal Jerusalem erobert.

Soll das Heilige Land fortan dem Stuhl Petri unterstehen? Eine Art überseeischer Kirchenstaat? Aber wie soll es organisiert sein? Als eine Diözese mit zugleich absoluter weltlicher Macht, inklusive der Berechtigung, Kriege zu führen? Oder als eine Art entfernter Verwaltungsbezirk des Kirchenstaats?

Oder soll rund um Jerusalem nicht vielmehr ein weltliches – wiewohl christliches – Reich entstehen? Ein neues Fürstentum mit einem Oberhaupt, das, obwohl ganz und gar weltlicher Herrscher, doch vielleicht eine Art Lehensmann des Papstes ist? Aber welchen Titel soll er führen? König? Herzog? Graf?

Wie steht es um Byzanz? Die einzige nennenswerte christliche Macht in der Nähe Jerusalems? Eine Macht, die historische Rechte an der Stadt hat, denn einst wurde diese von Byzanz aus regiert, bevor die Muslime sie eroberten. Eine Macht zudem, ohne deren Hilfe der Kreuzzug niemals hätte erfolgreich sein können.

Und: Wer soll alle diese delikaten politischen Fragen beantworten?

Wahrscheinlich hat Bischof Adhémar von Le Puy recht genaue Vorstellungen von der Zeit nach der Eroberung gehabt. Wahrscheinlich auch hat er sich darüber lange mit Papst Urban II. beraten. Vielleicht sah er in Jerusalem eine ganz neue Form von Reich heranwachsen, irgendwie weltlich und geistlich zugleich. Gut möglich auch, dass er in irgendeiner Form einen Ausgleich, eine Verständigung mit dem Kaiser zu Byzanz gesucht hätte.

Doch Bischof Adhémar ist schon lange tot, der Heilige Vater ist weit fort. Balduin von Boulogne und Bohemund von Tarent – mächtige Fürsten und geschickte Diplomaten – sind in Kleinasien zurückgeblieben. Hugo von Vermandois und Stephan von Blois sind in jenem Sommer 1099 schon wieder im Abendland, alles andere als ruhmbedeckt.

Tankred von Hauteville? Der ist zu jung, zu hitzköpfig, zu unbeliebt. Robert von der Normandie? Der will nach Hause. Robert von Flandern? Der ebenso.

Letztlich entscheidet sich die Zukunft Jerusalems, die Zukunft der von den Kreuzfahrern eroberten Länder insgesamt zwischen zwei schon älteren, nicht mehr ganz gesunden, überaus ehrgeizigen, vermögenden, angesehenen und doch nicht wirklich meisterhaft politisch denkenden Männern: Graf Raimund von Toulouse und Herzog Gottfried von Bouillon.

Die Beratungen der Fürsten beginnen an diesem Sonntag – während die meisten Kreuzzügler, satt von den geplünderten Vorräten und zum ersten Mal seit Wochen nicht mehr dürstend, staunend durch die Heilige Stadt streifen oder auf improvisierten Märkten ihre Beutestücke tauschen.

Graf Raimund von Toulouse ist alt und reich. Die ersten Monate des Kreuzzugs zeigten, dass Bischof Adhémar und wohl auch der Papst selbst in ihm den weltlichen Arm der Kirche sahen, also den natürlichen Kandidaten für das Herrscheramt zu Jerusalem.

Doch der Provenzale hat sich vor allem mit seinem Gold Gefolgschaft gesichert, bei den Rittern und mehr noch bei den Armen. Gerade aber unter den Rittern achtet man seinen Kampfesmut recht gering, hält ihn überhaupt für keinen guten Feldherrn. Muss aber nicht der Herr Jerusalems, der Stadt mitten im Feindesland, zuallererst ein guter Feldherr sein? Zudem scheint Graf Raimund vielen Kreuzzüglern dem zutiefst verachteten byzantinischen Kaiser allzu sehr ergeben zu sein. Würde er Jerusalem letztlich zu einer Art Provinz unter Oberhoheit von Konstantinopel machen? Sind sie deshalb aus der Heimat fortgezogen, um Kaiser Alexios Komnenos zu beglücken?

Andererseits ist dort Herzog Gottfried von Bouillon. Dem Adelsrang nach der Höchste, denn ein Herzog steht über einem Grafen. Als Krieger berühmt, vor allem unter den Edlen des Kreuzzugs – nicht als Stratege, wohl aber als Mann, der sich mitten ins ritterliche Schlachtgetümmel stürzt. Schon singen Troubadoure ihm zu Ehren Loblieder. Und Fulcher von Chartres rühmt »die Würde seines Charakters, sein kriegerisches Können, seine geduldige Führung und ... die Vornehmheit seiner Sitten«.

Doch: Der Herzog ist auch schon alt, zeigt sich manchmal gebrechlich – und er hat keinen Sohn. Wird er zum Herrn Jerusalems, dann wird man nur zu bald wieder einen neuen küren müssen.

So wogen die Diskussionen hin und her, mehrere Tage lang. Die führenden Geistlichen werden in der Fürstenrunde vorstellig und mahnen: In der Stadt, in der Christus die Dornenkrone trug, dürfe niemals ein weltlicher König gewählt werden!

Und zuallererst müsse ein Patriarch aus ihren Reihen für

Jerusalem bestimmt werden. »Die Fürsten waren überaus verärgert, als sie dies vernahmen«, kommentiert der Chronist Raimund von Aguilers lakonisch.

Kein Wunder: Ein Patriarch, zudem einer, der *vor* einem weltlichen Herrscher gewählt wird, ja diesen dann erst bestätigt, wäre in Jerusalem der eigentliche Herrscher der Stadt. Die eroberte Metropole wäre zu einer Art Kirchenstaat geworden.

Das aber lehnen die Fürsten ab – und ignorieren die Forderung der Kleriker. Ein Patriarch wird zunächst nicht gewählt, sondern zuerst ein weltlicher Herrscher.

Robert von Flandern und Robert von der Normandie neigen ihre Gunst eher dem Lothringer zu. Tankred von Hauteville vielleicht auch – wobei aber nicht ganz klar ist, welche Ziele der erratische, hitzköpfige Normanne in jenem Sommer verfolgt. Ganz sicher will er im Heiligen Land bleiben – als eigener Herr eines Landes. Aber welches? Als Gefolgsmann von irgendjemandem jedenfalls sieht er sich wohl nicht mehr.

Andererseits ist da der provenzalische Graf, der Geld hat und einen Erben und also Stabilität verspricht. Also doch Graf Raimund?

Schließlich bieten ihm die Kreuzzügler – bis heute ist unklar, ob alle führenden Ritter oder lediglich einige – die Königswürde an.

Und Graf Raimund von Toulouse ... lehnt ab.

Warum? Ist er nicht am Ziel seiner Wünsche? Endlich Herr im Heiligen Land? Herr Jerusalems?

Ist es Frömmigkeit? Lehnt Graf Raimund nicht die Macht, sondern nur den Königstitel ab? Jenen Titel, gegen den schon die Geistlichen vehement protestiert haben?

Oder ist das ein taktisches Manöver? Graf Raimund weiß sicherlich, dass er nicht sonderlich beliebt ist unter den Rittern – vor allem nicht bei den Lothringern und Normannen, aber auch noch nicht mal bei seinen eigenen Landsleuten: Viele Provenzalen verkünden auf Jerusalems Gassen laut, dass sie in ihre Heimat zurückkehren wollen, nun, da die Heilige Stadt erobert sei.

Andererseits weiß er, dass nicht nur seine eigenen Männer, sondern viele Mitstreiter in allen Lagern lieber heute als morgen wieder ins Abendland zurückkehren wollen.

Lehnt Graf Raimund deshalb die angetragene Königswürde ab, weil ihn das fromm und demütig erscheinen lässt – und deshalb beliebter macht im Heer? Und weil er glaubt, dass er dann bloß abwarten muss, bis die meisten mächtigen Mitstreiter abgezogen sind und er sich schließlich doch noch zum König aufschwingen kann?

Wenn es so ist, dann allerdings unterläuft ihm eine verhängnisvolle Fehlkalkulation.

Denn er wird niemals mehr gefragt werden.

Nun wenden sich die Fürsten nämlich Herzog Gottfried von Bouillon zu und wollen wissen, ob er der Herrscher von Jerusalem zu sein geruhe?

Und Gottfried sagt zu.

Zwar lehnt auch er die Königswürde in frommer Demut ab, doch offenbar hat er Helfer, Kleriker wahrscheinlich, die ihm in genau jenem Moment, da er gefragt wird, einen eleganten Ausweg anbieten: Er wolle in Jerusalem herrschen – als *Advocatus Sancti Sepulchri*, als »Verschworener Verteidiger des Heiligen Grabes«.

Ein Herrschertitel, wie es ihn nie zuvor im Abendland gegeben hat, ein Titel zudem, von dem während all der Jahre des Kreuzzugs nie die Rede gewesen ist. Dabei ein Titel von überaus praktischer Ambivalenz: Ist dieser Advocatus nun ein weltlicher Herrscher aus eigenem Recht? Ein Fürst unter Fürsten? Oder doch eher eine Art Verwalter im Namen Seiner Heiligkeit des Papstes?

Alle juristischen Interpretationen sind möglich. Aber im Moment ist das bloß Theorie. Realität ist, dass jener Advocatus Sancti Sepulchri in allem bis auf den Namen der König von Jerusalem ist.

»Am achten Tag, nachdem die Stadt gefallen war, wählten sie Herzog Gottfried als ihren Regenten, damit er gegen die

Heiden kämpfen und die Christen beschützen könnte«, berichtet ein anonymer Augenzeuge.

Und so fällt am Freitag, dem 22. Juli 1099, die Heilige Stadt an einen älteren, tapferen, frommen, kinderlosen Herzog aus Niederlothringen.

Graf Raimund von Toulouse ist außer sich, glaubt sich getäuscht, sieht sich als Opfer einer Intrige – wohl nicht ganz zu Unrecht.

Zunächst weigert er sich, die von ihm besetzte Davidsburg herauszugeben. Mindestens bis Ostern wolle er bleiben, verkündet Graf Raimund. Droht ein neues, lähmendes Patt wie in Antiochia?

Robert von Flandern und Robert von der Normandie beschwören ihn, nicht so starrsinnig zu sein. Viele seiner eigenen provenzalischen Kämpfer sind dieser Machtspiele wohl auch überdrüssig, sie murren. Schließlich gibt der alternde Fürst nach und räumt die Festung im Westen Jerusalems, die daraufhin von Lothringern besetzt wird. Grollend zieht Graf Raimund aus Jerusalem ab, mit deutlich geschrumpfter Gefolgschaft. Einzig die Provenzalen, die nach Hause zurückkehren wollen, marschieren mit, die anderen und viele Arme bleiben in der Stadt. Der Graf, schreibt der Augenzeuge Raimund von Aguilers, »wütete in großem Zorn gegen seine eigenen Leute, sagend, dass er so entehrt nun nicht länger im Lande weilen könne«.

Der Chronist gehört zu jenen, die mit ihrem Herrn bis zum Jordan ziehen. Dort, in der Nähe von Jericho, lagert das kleine Heer. Graf Raimund vollzieht ein Ritual, das ihm zu Antiochia der Visionär Peter Bartholomäus verkündet hatte – offenbar glaubt der fromme Adelige noch immer an die Prophezeiungen des einfachen Mannes, obwohl der doch bei der Gottesprobe im Feuer starb.

Und so zimmern die Männer aus einigen Ästen ein kleines Floß, auf dem sie Graf Raimund durch das sommerlich niedrig stehende Wasser bis ans jenseitige Ufer und zurück ziehen.

Dann kleiden sich alle in ein sauberes Hemd, nehmen Palmzweige in die Hände und tauchen ins Wasser des Jordans, »als wenn wir uns taufen ließen«, berichtet Raimund von Aguilers. »Aber warum der Mann Gottes [Peter Bartholomäus] dies so bestimmte, das wissen wir immer noch nicht.«

Am 28. Juli 1099 schließlich schlägt Graf Raimund von Toulouse sein Lager zu Jericho auf: ein Graf ohne Grafschaft, ein Feldherr ohne Heer, ein Glaubensstreiter, der ausgerechnet in der Heiligen Stadt entehrt worden ist. Was soll er nun tun?

In Jerusalem setzen die Adeligen derweil am Festtag des heiligen Petrus in Ketten, dem 1. August 1099, Arnulf von Rohes als katholischen Patriarchen von Jerusalem ein. Der, angeblich Sohn eines Priesters, ist Kaplan des Robert von der Normandie und durchaus ein formidabler Kleriker. »Er passte nicht zum Kreuzzug«, höhnt zwar Raimund von Aguilers, »so sehr nicht, dass man im Heer schamlos vulgäre Lieder über ihn komponierte.«

Doch Arnulf von Rohes ist ein Mann des Wissens – früher war er unter anderem Hauslehrer einer Tochter Wilhelms des Eroberers. Und er ist ein Mann der Tat: In mehreren Schlachten stand er predigend im Getümmel. Zu Antiochia war er einer der Kleriker, die am lautesten die Feuerprobe des Peter Bartholomäus provozierten. Das macht ihn bei den Armen verhasst, doch bei den lothringischen und normannischen Adeligen beliebt.

Auch nun reagiert er rasch und hart: Die wichtigste Reliquie Jerusalems ist das goldummantelte Hauptstück des Echten Kreuzes in der Grabeskirche. Als der Angriff der Kreuzzügler drohte und Statthalter Iftikhar ad-Daula alle Christen der Stadt verwies, nahmen einige griechisch-orthodoxe Priester den kostbaren Schatz und versteckten ihn in einem Gewölbe der Grabeskirche.

Nun weigern sie sich, die Reliquie einem katholischen Patriarchen auszuhändigen. Doch Arnulf von Rohes, kaum im

Amt, lässt die Priester foltern, bis einer der Geistlichen unter den Qualen zusammenbricht und das Versteck preisgibt.

»Alle unsere Männer jubelten, und wir lobten und dankten Gott dem Allmächtigen, der uns nicht nur die Stadt in die Hand gab, in der Er litt, sondern auch das Symbol Seiner Passion und Seines Sieges«, schreibt selbst Raimund von Aguilers, der doch dem ehemaligen Kaplan des Normannengrafen wenig Hochachtung entgegenbringt.

Die Christen Jerusalems jedoch, die nach der Eroberung freudig in ihre Stadt zurückgekehrt sind, ahnen schon jetzt, dass die neuen katholischen Herren den Griechen, Armeniern, Kopten, Syrern und all den anderen Kirchen vielleicht unduldsamer gegenüberstehen werden als die vergleichsweise toleranten Muslime.

Tatsächlich ist Arnulf von Rohes ein formidabler Mitstreiter der Normannen und Lothringer. Die Christenkrieger aus dem Norden haben Jerusalem damit endgültig zu ihrer Stadt gemacht.

Fragt sich nur, wie lange sie ihre Beute behalten werden.

Freitag, 12. August 1099

Dramatische Tage. Seit Ende Juli oder Anfang August hat sich Gottfried von Bouillon mit Robert von der Normandie und vielleicht auch mit Robert von Flandern überworfen. Die beiden Edlen, zuvor mächtige Unterstützer, grollen dem Herzog nun, auch wenn aus den überlieferten Chroniken nicht klar wird, was die Ursache dieses Zwists ist.

Tankred von Hauteville (begleitet von Gottfrieds Bruder Eustach III. von Boulogne, der wahrscheinlich als eine Art Aufpasser entsandt worden ist) reitet mit einem kleinen Trupp nach Nablus im Bergland nördlich von Jerusalem, dessen Einwohner den Kreuzzüglern die Übergabe ihrer Stadt angeboten haben. Graf Raimund von Toulouse lagert noch immer verbittert und tatenlos zu Jericho.

Da erreichen ein paar Reiter Jerusalem. Muslime – Gesandte der Fatimiden, der Wesir Schahanschah al-Afdal persönlich hat sie beauftragt. Sie überschütten Gottfried von Bouillon mit Vorwürfen: Er habe den Friedensvertrag gebrochen, als er die Grenze zu Palästina überschritten habe. Sofort solle er das Heilige Land räumen.

Tatsächlich glaubt wohl nicht einmal der Wesir, dass die christlichen Streiter dieser Aufforderung nachkommen. Die Gesandtschaft ist vielmehr bloß eine Geste, Symbol dafür, dass die Fatimiden alles tun, um einen großen Krieg zu vermeiden.

Tatsächlich jedoch dringt genau zu jener Zeit, da die Diplomaten Jerusalem erreichen, ein Heer von 20 000 bis 30 000 Mann von Ägypten aus nach Palästina vor: schnelle, leicht bewaffnete Araber und Berber zu Pferd, schwer gepanzerte armenische Reiter. Fußsoldaten aus dem Sudan, furchterregende dunkelhäutige Krieger, bewaffnet mit Bögen – und mit eisengespickten Peitschen, die Pferde fällen und Kettenhemden zerreißen können. Parallel zu den Reitern und Fußsoldaten schiebt sich eine gewaltige Flotte die Küste hoch. Insgesamt sind die Muslime den Christen mindestens um das Doppelte überlegen.

An der Spitze der Entsatzarmee, die Jerusalem zurückerobern soll: Wesir al-Afdal persönlich.

Die Fatimiden ziehen an Daron und Gaza vorbei bis zur Hafenstadt Askalon. Dort lagert der Wesir; er wartet auf eine zweite Flotte, die ihm noch mehr Verstärkung und Vorräte bringen soll, bevor er weiter gen Jerusalem zieht. Noch ist es sehr heiß im Land, al-Afdal glaubt, sich Zeit lassen zu können, bevor er den entscheidenden Schlag gegen die Kreuzzügler führt.

Genau diese Zeit allerdings hat er nicht.

Nachdem Gottfried von Bouillon am 4. August von dem Fatimidenheer erfahren hat, vielleicht durch eigene Späher, vielleicht durch die christlichen Einwohner der Dörfer im Heiligen Land, alarmiert er Tankred zu Nablus. Der Normanne reagiert wie immer rasch und mit wilder Entschlossenheit: Aus den Bergen reitet er mit einem kleinen Trupp Richtung Küste, die er in Höhe von Caesarea erreicht; von dort wendet er sich südwärts, nähert sich vorsichtig dem feindlichen Lager.

Am 7. August stoßen die Panzerreiter auf die ersten, völlig überrumpelten Kundschafter der Fatimiden – und nehmen sie gefangen. Unter der Folter geben die Muslime die Stärke ihres Heeres und den Plan des Anführers preis.

Den Kreuzzüglern bliebe also eine Gnadenfrist. Sie könnten sich in Jerusalem verschanzen und sich so gut wie möglich auf die unweigerlich kommende Belagerung durch al-Afdal vorbereiten. Doch das Christenheer ist klein, die Stadt liegt isoliert im Bergland; zudem wollen viele Kämpfer endlich zurück in die Heimat und nicht noch einmal Wochen oder Monate in einer umzingelten Festung ausharren. Außerdem widerspricht das Warten Tankreds Naturell. Man müsse die Fatimiden sofort überfallen, jetzt, da sie noch nicht verstärkt seien und niemand von ihnen mit einem Angriff rechne. Nicht in Jerusalem solle man warten, sondern gen Askalon ziehen! Das lässt er per Boten Gottfried von Bouillon mitteilen: »In Askalon soll eine Schlacht geschlagen werden, also kommt schnell herbei mit allen Kräften, die ihr aufbieten könnt!«, schreibt Tankred – so zumindest überliefert es ein Chronist.

Und tatsächlich: Noch einmal raffen sich die Kreuzzügler zum gemeinsamen Kampf auf! Gottfried von Bouillon lässt wieder einmal eine Prozession zu den wichtigsten heiligen Stätten abhalten, barfuß, um Gott anzuflehen, diesen Ort nun nicht wieder in die Hand der Ungläubigen fallen zu lassen – dann bricht er aus Jerusalem auf mit fast seinem gesamten Heer; Robert von Flandern begleitet ihn und auch der neu ernannte Patriarch Arnulf von Rohes. Nur wenige Soldaten bleiben in der Heiligen Stadt zurück, in der Peter der Einsiedler Prozessionen durch die Gassen führt. Nach kurzem Zögern zieht auch Robert von der Normandie gen Askalon – und schließlich sogar Raimund von Toulouse, dessen Ehre und Frömmigkeit es nicht zulassen würden, tatenlos dabeizustehen, während seine Glaubensbrüder gegen die Muslime fechten.

Am 11. August vereinigen sich die Kreuzzüglerheere in der Nähe von Ramla und ziehen dann südwärts. Noch am Abend gelingt ihnen ein heftiger Schlag gegen die Fatimiden: Sie stoßen bei einem Fluss auf die Viehherden, die der Wesir zur Versorgung seiner Armee hat mittreiben lassen. Die Rinder und Schafe, Kamele und Ziegen werden nun zur Beute der Christen.

Dann, am frühen Freitagmorgen, dem 12. August, stellen sich die Kreuzzügler vor dem Lager des überrumpelten Wesirs zur Schlacht: 1200 Reiter, 9000 Fußsoldaten. Herzog Gottfried, nun unbestritten Oberbefehlshaber aller Truppen, gibt den Befehl: Kämpfen, kämpfen, kämpfen! Wer plündert, bevor die Schlacht endgültig entschieden sei, dem werde man Ohren und Nase abschneiden. Und predigende Geistliche verkünden: Plünderer werden exkommuniziert!

Denn Jerusalem, schwach besetzt, liegt 40 Kilometer hinter ihnen, Antiochia ist viele Tagesmärsche entfernt, das Meer gehört hier der fatimidischen Flotte. Verlieren die Christen an diesem Tag die Schlacht, dann wird niemand in Sicherheit fliehen können. Alle werden sie erschlagen oder versklavt. Die Nacht verbringen sie ohne Zelte, ohne Wein, niemand hat sich mit diesen Dingen beschwert. Morgen werden sie reich sein oder tot.

Im Lager des Wesirs ist, kaum glaublich, niemand alarmiert. Zwar sind die Viehhirten geflohen und gestehen den Raub ihrer Herden. Doch al-Afdal glaubt, dass seine Männer bloß das Opfer eines Beutetrupps der Christen geworden sind, einer Reitergruppe, die zum Plündern ausgezogen ist und sich rasch mit dem Vieh gen Jerusalem zurückgezogen hat. Dass die Kreuzzügler nur wenige Reitminuten von ihm entfernt in voller Stärke lagern, bereit zur Entscheidungsschlacht – der Wesir ahnt es noch immer nicht.

Der nächste Morgen: eine Ebene, zur Rechten der Christen glitzert das Mittelmeer. Kommandos, Trompetengeschmetter.

Zur Meerseite hin postiert sich Raimund von Toulouse; Robert von Flandern und Robert von der Normandie kämpfen noch einmal Seite an Seite: zusammen mit Tankred kommandieren sie das Zentrum der Kreuzzügler; und am linken Flügel flattert das Banner Gottfrieds von Bouillon.

Rasch rücken die Kreuzzügler vor, durch Obst- und Gemüsegärten, Felder, am Strand entlang. In der Ferne leuchtet blau die Mauer von Askalon. Dann ein Wunder: Die Ochsen, Schafe, Kamele, Ziegen, die sie gestern erbeutet haben, schließen sich, wohl aus Herdentrieb, den Christen an. Sie wirbeln dabei viel Staub auf – und diese Wolke lässt das Heer für die überrumpelten Fatimiden viel größer erscheinen, als es tatsächlich ist.

Konfusion, fast Panik im Lager des Wesirs. Alarmrufe, hastige Befehle; Berber, Armenier, Araber, Sudanesen, die, Waffen und Rüstungen hinter sich herziehend, rasch auf Positionen eilen. Die Fußtruppen rennen vor das Lager, mehr oder weniger kampfbereit. Doch vor allem die schwer gepanzerten Armenier brauchen lange, um ihre Rüstungen anzulegen. Sie stehen noch zwischen den Zelten, als die Christen angreifen.

Die Schlacht dauert dann lediglich, wie Fulcher von Chartres notiert, »die kurze Spanne einer Stunde«.

Zwar reißen die eisengespickten Peitschen der Sudanesen fürchterliche Wunden in Reiter und Pferde, doch zu unorganisiert ist deren Widerstand. Bald schon drängen die Panzerreiter bis in das Lager, die Reihe der Sudanesen zerbricht. Konfusion dann zwischen den Zelten, wo viele muslimische Reiter noch immer nicht auf ihren Pferden sind. Jede militärische Ordnung geht verloren.

Schon unter dem ersten Ansturm der Panzerreiter kollabiert so die Armee des Wesirs – wieder einmal werden muslimische Kämpfer, die noch keine Erfahrung im Kampf mit Kreuzzüglern haben, von der Wucht, von der schieren physischen Gewalt der in Eisen gekleideten, schwer bewaffneten Reiter zersprengt. Wilde Flucht, Panik.

Graf Raimund treibt mit den Seinen Hunderte Feinde ins Meer, wo sie, die zu den ankernden fatimidischen Schiffen schwimmen wollen, elendig ertrinken. Viele Muslime fliehen auch in einen Hain aus Maulbeerfeigenbäumen. Die Kreuzzügler umzingeln das Wäldchen – und brennen es mitsamt den Fliehenden nieder. Bogenschützen schießen Feinde aus den Wipfeln von Ästen, in denen sie sich vergebens zu verstecken suchen. Andere Muslime hasten nach Askalon, wo sie im Gedränge am Tor ersticken – bis die verängstigten Einwohner dort schließlich das Tor zuschlagen und ihre Glaubensbrüder draußen einem finsteren Schicksal überlassen.

Robert von der Normandie und Tankred von Hauteville gar stoßen so rasch ins Zentrum vor, dass sie schon bald das Zelt des Wesirs plündern – trotz aller Ermahnungen und Verbote zuvor. Ihre Beute ist schier unermesslich: »Gold, Silber, lange Umhänge und andere Kleidung und Edelsteine«, schreibt Fulcher von Chartres. »Von den Letzteren waren es zwölf verschiedene: Jaspis, Saphir, Chalzedon, Smaragd, Sardonyx, Sarder, Chrysolith, Beryll, Topas, Chrysopras, Hyazinth und Amethyst. Sie fanden auch zahlreiche Gefäße und vielerlei Dinge wie goldverzierte Helme, schönste Ringe, wunderbare Schwerter, Getreide, Mehl und vieles andere.« Sogar das Banner der Fatimiden fällt ihnen in die Hände, ein goldener Apfel auf einer silberumkleideten Stange.

»Die Schlacht war schrecklich«, berichtet ein christlicher Augenzeuge, »aber die Macht Gottes war mit uns, so mächtig und so stark, dass wir sogleich den Sieg errangen. Die Feinde Gottes standen herum, geblendet und verwirrt; obwohl ihre Augen geöffnet waren, sahen sie die Ritter Christi nicht ... Also schlachteten die Unseren sie, wie man Tiere in einem Schlachthaus absticht.«

Schahanschah al-Afdal kann mit wenigen Getreuen im letzten Augenblick gen Askalon und dann mit Schiffen weiter bis nach Ägypten fliehen. Die Flotte lichtet die Anker und segelt zurück. Der große Rest seines Heeres jedoch geht an jenem heißen Sommertag zugrunde – und mit ihm die letzte Hoffnung der Muslime, das Heilige Land schnell wieder aus der Gewalt der schrecklichen Fremden zu befreien.

Anfang September 1099

Das Ende eines Abenteuers: Graf Raimund von Toulouse zieht mit seinen Getreuen auf dem Landweg über Syrien gen Byzanz ab – nachdem er noch einmal eine Demütigung erlitten hat. Nach der Schlacht gegen den Wesir belagern die Kreuzzügler die wichtige Küstenstadt Askalon. Die dortige muslimische Besatzung weiß um das Massaker zu Jerusalem, weiß auch, dass allein die Soldaten, die sich Graf Raimund ergeben haben, mit dem Leben davongekommen sind. Also schicken sie einen Unterhändler, der die Kapitulation anbietet – vorausgesetzt, man könne sich dem Provenzalen ergeben.

Das aber wollen die anderen Fürsten nicht dulden. Alle Christen sollen in Askalon einrücken! Daraufhin zieht Graf Raimund zornerfüllt ab. Und die Zurückgebliebenen sind nicht mehr stark genug, die Stadt zu belagern. So zerbricht die Einheit der Kreuzzügler endgültig. Und Askalon wird noch auf Jahrzehnte eine muslimische Stadt bleiben, gefährlich nahe bei Jerusalem.

Auch Robert von der Normandie und Robert von Flandern machen sich mit dem Schiff auf den langen Rückweg, stolz und nicht verbittert wie der Provenzale. Haben sie doch Ruhm gewonnen – und jeder ein Fürstentum in der Heimat, dessen Herrschaft ihnen nie aus der Hand genommen worden ist. Mit ihrer Tat haben sie Ehre errungen, eine neue, nun auch religiös begründete Ehre. Kreuzritter wie sie sind nun nicht nur berühmt als Kämpfer, also wegen ihrer militärischen Fähigkeiten, auch ihr so demonstrativ erfüllter Glaubenseifer stärkt ihr Ansehen und letztlich das aller Standesgenossen. Mit dem Kreuzzug erringt Europas Schwertadel einen Ruhm, der zwei Jahrhunderte lang glänzen wird.

Tankred von Hauteville macht sich mit ein paar Getreuen auf bis zum See Genezareth. Dort unterwirft er die kleinen Städte und Dörfer von Galiläa. Der kriegslüsterne Normanne rafft sich so sein ersehntes Fürstentum zusammen; ein kleiner Pufferstaat zunächst, der den Norden und Osten Jerusalems gegen Angriffe aus Syrien und von jenseits des Jordans deckt.

Jerusalem. Gottfried von Bouillon bleibt dort mit vielleicht 300 Rittern und 2000 Fußsoldaten zurück. Unduldsame, glaubensstrenge, kampferfahrene, harte Männer. Männer, die fast unterschiedslos die Muslime, Juden und Christen diverser östlicher Kirchen als Ungläubige verachten. Die von diesen Menschen des Landes – noch immer die überwältigende Mehrheit – nichts lernen wollen, nicht die Sprache, nicht die verfeinerte Lebensart, nicht die Gelehrsamkeit, nicht die Techniken der Landwirtschaft im trockenen Klima, nicht einmal zunächst die Wahl der richtigen Kleidung. Jahrelang noch werden die Fremden in Gewändern aus ihren gewohnten schweren Wollstoffen durch die Hitze laufen, sie werden darunter leiden, nicht wenige werden an Krankheiten und Entbehrungen sterben.

Aber sie sind frei! Die Armen, die alle Gefahren des Kreuzzugs überstanden haben und im Heiligen Land bleiben, werden Bauern im Umland von Jerusalem oder Handwerker. Niemand ist mehr ein Leibeigener. Das ist noch nicht die Freiheit, die später einmal Kolonialisten in fremden Ländern genießen werden und erst recht keine moderne, gar demokratische Freiheit. Und doch: Für jeden armen Kreuzzügler, der vielleicht einst als Bettler aus einer Stadt oder als elender Bauer oder Landarbeiter aus der Heimat fortzog, ist das ein ungeheurer Aufstieg. Im Heiligen Land erwirbt er sich Ansehen und Besitz; die Willkür, die er früher von adeligen Herren erdulden musste, ist geschwunden. Zu wenige sind die Siedler, zu kostbar sind sie den Fürsten, als dass es ein Ritter wagen könnte, Bauern oder Handwerker zu schikanieren. An Steuern zahlen sie oft nur ein Viertel der Erträge, weit weniger als in der alten Heimat. Arbeitswillige Siedler erhalten zudem von den Fürsten oft Häuser und Land geschenkt, wenn sie sich im Heiligen Land niederlassen. Auch für Frauen – ob sie nun im Tross des Kreuzzugs gekommen sind oder später als Pilgerinnen – lockern sich die Fesseln moralischer, religiöser und ständischer Regeln.

So wird das Heilige Land zum Auswandererland, zum ersten jenseits eines Meeres gelegenen Ziel, in das europäische Abenteurer ziehen – mit Jerusalem als Grenzfestung und vielen Dörfern als Pionierposten im »Wilden Osten«.

Gottfried von Bouillon ist nun unumschränkter Herr über Jerusalem und einen Teil des judäischen Berglands, zudem kontrolliert er einen Streifen der Küste. Ein heiliger Streiter in den Augen vieler Christen. Er habe, murmeln manche, die Kraft, Blinde sehend zu machen. Und im Abendland singen Troubadoure von einem Blitz, der die Kerze in des Ritters Hand entzündet habe – das göttliche Zeichen dafür, dass Gottfried erwählt worden sei, um in Jerusalem zu herrschen.

Wie lange aber wird diese Herrschaft währen? Seine Kämpfer mögen noch so hart und fromm sein, es sind beklagenswert wenige. Tatsächlich hätten die Fatimiden, wären sie nicht so schockierend geschlagen worden, im Herbst 1099 das Heilige Land zurückerobern können. Ihr Heer wäre in jenen Monaten jedem Aufgebot der Christen um das Zehn-, ja Fünfzehnfache überlegen gewesen. Allein die Furcht hält sie davon ab; und so verstreicht wieder eine Gelegenheit, die Kreuzzügler zu besiegen.

Doch selbst ohne die Bedrohung durch fremde Heere wankt die Herrschaft zu Jerusalem schon bald. Denn Herzog Gottfried von Bouillon ist auf den Tod erkrankt.

Mittwoch, 21. Dezember 1099, Jerusalem

Erschöpft und hungrig von einer langen Reise erreichen zwei Kreuzzügler mit ihrem Gefolge aus Rittern, Pilgern und Frauen Jerusalem, die bislang noch nie die Heilige Stadt gesehen haben: Bohemund von Tarent und Balduin von Boulogne. Die beiden Adeligen haben sich ja schon in Syrien Fürstentümer erkämpft, die Eroberung Jerusalems kennen sie nur vom Hörensagen.

Sie kommen, um ihr Gelübde zu erfüllen – in der Grabeskirche zu beten. Nichts spricht dagegen, dass es beiden Fürsten bitter ernst ist mit dieser religiösen Pflicht. Doch seltsam ist es schon, dass beide zur gleichen Zeit erscheinen und wohl mehr als bloßer Zufall. Gottfried von Bouillon ist krank und ohne rechtmäßigen Erben.

Bohemund und Balduin, die sich schon auf dem Kreuzzug als die wohl geschicktesten Machtpolitiker erwiesen und die ersten Fürsten waren, die sich Städte und Länder gesichert haben, erkennen, dass die größte Beute des frommen Feldzugs bald wieder herrenlos ist: Jerusalem. Zwar haben sie nicht um die Stadt gekämpft, wiewohl sie dies einst geschworen hatten, trotzdem aber hoffen wohl beide, dass ihnen die Heilige Stadt zufällt.

Wem denn auch sonst?

Fast alle prominenten Adeligen haben längst den Nahen Osten verlassen, selbst der so ehrgeizige Graf Raimund von Toulouse weilt inzwischen in Konstantinopel. Einzig Tankred von Hauteville regiert in Galiläa, doch der Normanne ist noch immer sehr jung – Anfang Zwanzig – und trotz aller erfolgreichen Raubzüge nicht wirklich wohlhabend genug, um viele Anhänger um sich zu scharen.

Bohemund ist als Herr Antiochias sicherlich der mächtigste Fürst nach Gottfried; ginge es allein nach Geld und erworbenem Ansehen, er könnte Jerusalem für sich beanspruchen. Balduin jedoch verfügt über einen unschätzbaren Vorteil: Er ist der jüngere Bruder des Herzogs von Niederlothringen. (Eustach III., ein weiterer Bruder, der Tankred auf seinem Zug gen Nablus begleitet hat, ist wohl inzwischen nach Europa zurückgekehrt.) Und es sind vor allem Ritter aus Lothringen, die noch in der Heiligen Stadt leben. Ihre Loyalität wird eher einem Blutsverwandten des legendären Herzogs gelten als einem Normannen.

Und so verbringen die Glaubensstreiter das erste Weihnachtsfest im nun christlichen Jerusalem mit abschätzenden Blicken, vielleicht mit heimlichen Treffen und geflüsterten Worten. Ihre Gefolgsleute polieren das Ansehen der Fürsten auf. Fulcher von Chartres, als Kaplan Balduins auch erst jetzt in Jerusalem eingetroffen, schreibt gegen den Makel an, dass beide Herren die Heilige Stadt nicht eigenhändig erobert haben: »Vielleicht war es göttliche Vorsehung, die Bohemund und Balduin sich verspäten ließ und die entschied, dass sie nützlicher in dem waren, was zu tun blieb, als darin, was getan worden war.« Nämlich »die türkischen Häupter« in Syrien und Mesopotamien »abzuschlagen«.

Friedlich aber gehen die Festtage dahin – und letztlich zunächst ergebnislos. Denn Gottfried von Bouillon weigert sich zu sterben. Am 2. Januar 1100 kehren Bohemund und Balduin in ihre Reiche zurück, die sie nicht länger unbeaufsichtigt zu lassen wagen. Einige Ritter aus ihren Gefolgen bleiben im Heiligen Land, wo ihnen Gottfried Ländereien in den Bergländern von Samaria und Judäa schenkt. Das Reich von Jerusalem erstreckt sich nun bis an den Rand der Wüste Negev.

Dienstag, 18. Juli 1100, Jerusalem

368 Tage nach der Eroberung der Heiligen Stadt stirbt Gottfried von Bouillon, Herzog von Niederlothringen, *Advocatus Sancti Sepulchri,* Held des Feldzugs, berühmtester Kreuzritter aller Zeiten, Legende schon in diesem Augenblick: »Als die aufgehende Sonne in das Zeichen des glühenden Löwen eintrat, / Stiegest Du frohen Sinnes, getragen vom Erzengel Michael, in den Himmel empor«, dichtet Fulcher von Chartres eine Hymne in seinem ansonsten eher nüchternen Bericht vom Kreuzzug.

Sein Ruhm lebt durch die Zeiten fort. Im 14. Jahrhundert etwa kommt die Legende von den »Neun Guten Helden« auf: Drei Heroen, die Vorbild aller Ritter sein könnten, nennt die Bibel, drei lebten in der Antike und drei in eigener Zeit – einer aus diesem Trio ist Gottfried von Bouillon.

Tatsächlich ist es wohl der Typhus, der dem geschwächten Körper des Fürsten den Todesstoß versetzt. Moralisch gestärkt von der Letzten Ölung, sinkt der Held vieler Schlachten friedlich zur ewigen Ruhe. Fünf Tage wird er in der Grabeskirche aufgebahrt, dann in Jerusalem begraben. Ein mutiger Krieger, ein frommer Christ, ein tugendhaftes Vorbild seiner Männer – aber auch ein alles in allem eher schwacher Herrscher. Für das noch ungefestigte Christenreich im Heiligen Land ist Gottfrieds früher Tod ein Glück, denn nun nimmt ein energischerer, weitblickenderer, skrupelloserer und weitaus geschickterer Mann das Schicksal dort in seine Hände.

Balduin von Boulogne.

Gottfried selbst hatte in seinem Testament noch bestimmt, dass der Patriarch von Jerusalem sein Nachfolger werden solle. Doch schon zu seinen Lebzeiten hatten sich einige hohe Ritter verschworen, auf keinen Fall einem Kleriker die Macht im Heiligen Land in die Hand zu geben. Letztlich entscheiden weder der Papst noch seine führenden Geistlichen, noch die Fürsten des Kreuzzugs das Schicksal Jerusalems, sondern die Ritter, die im Heiligen Land geblieben sind.

Tankred, der in Galiläa residiert, entsendet sofort Reiter nach Antiochia zu seinem Onkel Bohemund: Er solle eilen, um Jerusalem zu nehmen!

Doch dort ist längst eine andere Entscheidung gefallen. Die lothringischen Ritter kontrollieren ja alle wichtigen Befestigungsanlagen der Stadt, die Mauern, die Tore, die Davidsburg; niemand könnte gegen ihren Willen Jerusalem auch nur betreten, geschweige denn dort regieren. Und sie rufen – wohl ohne große Diskussionen oder gar formale Abstimmungen – aus eigenem Antrieb per Boten Balduin aus Edessa zu sich: Er soll herrschen, ihm – und nur ihm allein – würden sie sich anschließen.

Sankt-Martins-Tag, Sonntag, 11. November 1100, Jerusalem

Jerusalem hat einen König! Balduin von Boulogne hat kurz zuvor die Heilige Stadt erreicht. Die Winkelzüge, die sein älterer Bruder noch hat vollführen müssen, bleiben ihm erspart. Und ebenso scheint er frei zu sein von den religiösen Bedenken Gottfrieds. Deshalb verwirft Balduin den Titel eines Advocatus Sancti Sepulchri und lässt sich selbstbewusst von den Rittern und Geistlichen der Stadt zum König ausrufen. Nach einem kurzen Feldzug gegen muslimische Nachbarn wird er zu Weihnachten 1100 in der Grabeskirche vom Patriarchen gesalbt und gekrönt.

Es ist der Höhepunkt einer Karriere, wie es sie in den Jahrhunderten des Mittelalters kaum je ein zweites Mal gegeben hat: vom unbedeutenden Adelsprössling zum König, vom fast mittellosen Ritter ohne Gefolge zum Monarchen eines Reichs mit der vielleicht berühmtesten Stadt der Welt im Zentrum.

Balduin – und seinen Rittern – muss dieser märchenhafte Aufstieg als Werk Gottes erscheinen. Zumal sich alle Dinge zugunsten des Lothringers fügen: Kurz vor jenen Monaten, da Balduin nach der Krone Jerusalems greift, gerät Bohemund, sein größter Rivale, auf einem Feldzug mit wenigen Getreuen in den Hinterhalt eines Seldschukenemirs, wird gefangen genommen und auf Jahre ins Innere Anatoliens verschleppt.

Daraufhin begibt sich Tankred nach Antiochia, um dort im Namen seines Onkels zu regieren – und so verschwindet der streitsüchtige, kriegerische Normanne aus Galiläa und der Nachbarschaft Jerusalems. (Tankred hat sich zuvor neues Geld verschafft, denn einige wenige Juden und Muslime hat er doch als Gefangene aus Jerusalem retten können und erst gegen hohe Lösegelder wieder freigelassen. Den Unglücklichen, die niemand auslösen wollte oder konnte, ließ er schließlich, da sie ihm nun keinen Nutzen mehr versprachen, den Kopf abschlagen.)

Letztlich sind Tankred und Balduin die beiden größten Gewinner jenes auf Ruhm und Beute zielenden Abenteuers namens Kreuzzug, zwei vergleichsweise arme, jedoch kriegerische, tüchtige, skrupellose und intelligente Männer, die Gelegenheiten ergreifen, die sich ihnen sonst wahrscheinlich niemals geboten hätten.

Tankred sichert sich durch einige Feldzüge die Macht in Antiochia und baut so mitten in Syrien ein Fürstentum auf. Im Herbst 1107 gibt ihm der französische König Philipp I. seine Tochter Cecilia zur Gemahlin – eine Anerkennung seines Rangs, eine Stärkung seiner Verbindungen zu den großen Mächten des Abendlands und nicht zuletzt ein gewaltiger Prestigegewinn für den Normannen. Es wird sein letzter Triumph.

Tankred von Hauteville, nun Fürst zu Antiochia, der niemals einem Kampf aus dem Weg ging, wird schließlich von Syriens ungesundem Klima bezwungen. Am 12. Dezember 1112 stirbt der Normanne in seinem Reich an einer Krankheit, erst 36 Jahre alt.

Balduin herrscht 18 Jahre lang. Der König von Jerusalem vergibt Güter und Rechte an jeden Ritter, der gewillt ist, vom Abend- ins Morgenland zu ziehen. Auch freie Bauern und Handwerker fördert er. Ebenso wirbt er um christliche Untertanen in den benachbarten muslimischen Staaten. Den Kaufleuten aus Genua und Pisa gewährt er großzügige Privilegien, auf dass sie ihren reichen Handel über seine Häfen abwickeln. Mit dem Kaiser von Byzanz vermeidet er den offenen Konflikt, die Seldschuken im Norden und die Fatimiden im Süden wagen nicht mehr, ihn anzugreifen. Und so arrondiert er sein Reich von den Bergen Judäas bis zur Wüste Negev, von einigen Küstenstädten am Mittelmeer bis zum Jordan.

In »Outremer«, französisch für »Jenseits des Meeres«, wie die Kreuzfahrerstaaten bald genannt werden, formt sich so eine einmalige Kultur heraus: Juden und Muslime bleiben im Land, ihnen gewährt Balduin Gleichstellung vor Gericht, ihnen garantiert er sogar freie Religionsausübung. Bei den Neuankömmlingen ist es einerlei, ob sie aus Lothringen, Flandern, der Provence kommen, ob sie Deutsche, Engländer oder Nordmänner sind – im Heiligen Land gelten sie alle als »Franken«, ihre gemeinsame Sprache wird ein seltsamer Dialekt aus Französisch, anderen europäischen Sprachen und Begriffen aus dem Arabischen. Sogar Ehen zwischen Franken und Muslimen fördert der König, auf dass Frieden herrsche im Land und sich immer mehr Siedler gen Jerusalem aufmachen.

Als Balduin 1118 hochgeehrt und friedlich sein Leben aushaucht, mögen viele seiner Ritter denken, dass die Herrschaft der Christen im Heiligen Land nun für alle Zeiten gesichert sei.

Vier Reiche formen die Kreuzzügler schließlich aus den von ihnen eroberten Ländern im Nahen Osten: Das **Königreich Jerusalem** erstreckt sich zeitweise von Beirut im Norden bis zum Roten Meer im Süden, von der gesamten bewohnbaren Mittelmeerküste dazwischen bis jenseits des Jordans. Neben der Heiligen Stadt gehören nach etlichen Feldzügen am Ende des 12. Jahrhunderts auch wichtige Häfen zum Staat: Askalon, Jaffa, Haifa, Akkon, Tyros, Sidon und Beirut.

Das **Fürstentum Antiochia** erstreckt sich um die syrische Metropole und entlang der Küste, im Norden reicht es bis Kilikien. Sein nordöstlicher Nachbar, weit im Binnenland am Oberlauf des Euphrat, ist die **Grafschaft Edessa**.

Die arabischen Emirate im südlichen Syrien und nördlichen Libanon, die letzten muslimischen Bastionen zwischen dem Königreich Jerusalem und dem großen Block Antiochia-Edessa, werden 1109 unterworfen und von den siegreichen Kreuzzüglern zur **Grafschaft Tripolis** zusammengefasst.

Da Kaiser Alexios Komnenos die Machtsphäre von Byzanz bis nach Kilikien vorschiebt und damit an die Grenze zum Fürstentum Antiochia, beherrschen der Monarch und die Fürsten von Outremer zumindest formal praktisch die gesamte östliche Mittelmeerküste, einen riesigen Halbbogen vom Bosporus bis zu den Ausläufern des Sinai – ein Triumph, der wahrscheinlich weitaus märchenhafter ist, als sich selbst die kühnsten Propagandisten des Kreuzzugs dies je hätten träumen lassen. Immerhin haben die Kreuzzügler nicht nur gegen eine überwältigende feindliche Mehrheit ein großes Land unterworfen – sie haben dabei auch ihr eigenes Unwissen überwunden. Denn diesen Erdteil hat kaum einer von ihnen zuvor gesehen, fast nichts hat man darüber gewusst.

Tatsächlich jedoch steht Outremer von Anfang an auf tönernen Füßen. Denn zwar werden die Herrscher dort duldsamer gegenüber Juden und Muslimen, doch niemals akzeptieren diese die Christen wirklich als legitime Herrscher, niemals werden die Gräueltaten vergessen, vor allem nicht das Massaker von Jerusalem. Die Glaubenskämpfer legen sich als dünne Elite über die alte Gesellschaft: Kaum ein paar Prozent der Bevölkerung stellen sie in ihren eigenen Reichen. Sie sind die Ritter, die Kämpfer, die wichtigsten Geistlichen, einige freie Bauern im Land – immer aber viel zu wenige, um sich irgendwo sicher fühlen zu können.

Zumal der Sieg der Kreuzzügler zu einem nicht geringen Teil auch der Uneinigkeit und Schwäche der Muslime zu verdanken ist. Wer aber garantiert, dass Fatimiden und Seldschuken für immer schwach bleiben? Sollten die Fatimiden erstarken, sollten die chronisch zwieträchtigen seldschukischen Emire auch nur einmal zusammenstehen, beide Mächte wären an Menschen und Ressourcen Outremer turmhoch überlegen. Die Christenstaaten können sich nicht einmal hinter natürlichen Grenzen verschanzen. Nicht umsonst ist der Nahe Osten schon immer Durchmarschgebiet großer Heere gewesen. Das Bergland in Syrien und Kilikien ist unübersichtlich und praktisch nicht vollständig zu sichern. Die Küstenstädte können jederzeit vom Meer aus überfallen werden. Die Einöden jenseits des Jordans und im Negev sowie auf dem Sinai sind traditionelles Beduinenland: karg, weit, unbezwingbar. So kann jede Grenze zur offenen Flanke werden, kann jederzeit aus jeder beliebigen Richtung ein Überfall drohen.

Schließlich rächt sich über die Jahre auch der Wortbruch von Syrien: Antiochia wird vom Kaiser von Byzanz niemals aufgegeben. Nach Ansicht des Monarchen hätten die Kreuzzügler zwar Jerusalem und das Heilige Land, nicht jedoch Syrien für sich erobern sollen – es ist altes Reichsgebiet und steht somit ihm zu. Und so verstrickt sich das Fürstentum Antiochia in einen jahrelangen, zähen Krieg mit dem erstarkten Imperium von Byzanz.

Deshalb sind dann die Kriegszüge der folgenden 170 Jahre bei allem Glaubenseifer und aller Angriffslust doch mehr und mehr defensive Unternehmungen. Nicht länger soll Land von den Ungläubigen erobert werden, vielmehr soll das Territorium von Outremer gehalten, sollen schließlich die verloren gegangenen Gebiete zurückgewonnen werden. Es ist hier nicht der Platz, um die weitere Geschichte der Kreuzzüge zu erzählen, sieben sind es ingesamt nach traditioneller Zählung. Hinzu kommen noch mehrere kleinere Unternehmungen – und einige verheerende Feldzüge innerhalb von Europas Grenzen, die sich gegen andere »Ungläubige« richten und von vielen Zeitgenossen auch als »Kreuzzüge« gesehen werden.

Von 1147 bis 1149 führen der deutsche König Konrad III. und der französische Monarch Ludwig VII. den Zweiten Kreuzzug. Antiochia ist da schon unter die Oberherrschaft von Byzanz geraten, Edessa von Imad ad-Din Zengi, dem Seldschuken-Atabeg von Mossul, erobert worden; alle Christen dort wurden erschlagen.

So richtet sich dieser Kreuzzug vor allem gegen Syrien. Damaskus wird belagert – ganze vier Tage lang, so uneinig sind die Monarchen, so schlecht versorgt ist ihr Heer. Ergebnislos ziehen die Deutschen und Franzosen schließlich ab. Für die Muslime aber ist deren Fehlschlag ein Signal: Diese schrecklichen Fremden können besiegt werden!

Zwei Generationen nach der Demütigung von 1099 werden ab 1169 die Reiche der Fatimiden und Seldschuken unter einem politischen und militärischen Genie vereint: Sultan Saladin. Der vernichtet 1187 ein Ritterheer bei Hittin (am See Genezareth) und erobert noch im gleichen Jahr Jerusalem. Dort lässt Saladin seine Männer unter strengster Disziplin einmarschieren: Keine Rache für das Massaker von 1099! Kein Christ wird erschlagen. Und so erobert der Sultan nicht nur Jerusalem, durch seinen Großmut schafft er sich zugleich Ansehen und Legitimation als einzig wahrer Herrscher der Heiligen Stadt.

Ein Schock im Abendland. Zur Rückeroberung machen sich 1189 der deutsche Kaiser Friedrich I. Barbarossa, König Richard Löwenherz von England und Philipp II. von Frankreich auf – niemals sind so viele und so berühmte gekrönte Häupter ins Heilige Land gezogen. Und doch bleibt dem Dritten Kreuzzug der große Erfolg versagt.

Barbarossa ertrinkt schon in Kleinasien bei der Überquerung eines Flusses. Die miteinander verfeindeten Engländer und Franzosen können zwar bis 1192 das Königreich Jerusalem vor der vollständigen Eroberung durch Saladin bewahren, aber die Stadt selbst nicht zurückerobern. Niemals wieder werden Ritter Jerusalem mit dem Schwert in der Faust einnehmen.

Immer ferner scheint das Heilige Land zu rücken – auch weil die Begeisterung im Abendland für einen Kreuzzug von Generation zu Generation geringer wird. Das ist nicht unbedingt ein Zeichen nachlassenden Glaubenseifers – religiöser Wahn wird Europa noch etliche Jahrhunderte lang befeuern. Doch je stärker die Monarchen ihre Macht konsolidieren, desto wichtiger werden die Kriege auf dem eigenen Kontinent, desto schwieriger wird es, für längere Zeit aus der Heimat zu verschwinden.

Der Vierte Kreuzzug endet schon 1204 – mit der Eroberung und Verwüstung Konstantinopels. Statt die Muslime zu schwächen, versetzen die Ritter, angeleitet von Enrico Dandolo, dem Dogen von Venedig, der christlichen Macht des Ostens einen Schlag, von dem sie sich niemals wieder erholen wird. Venedig, das die Glaubenskämpfer auf eigenen Schiffen an den Bosporus statt nach Palästina gebracht hat, ringt so einen Handelskonkurrenten nieder. Outremer jedoch verliert eine Brücke zum Abendland und, bei allen Rivalitäten, einen potenziellen Verbündeten im Kampf mit den muslimischen Nachbarn. Der Fünfte Kreuzzug führt bis 1221 letztlich nur nach Ägypten, ebenso der Sechste (1248–1254), der Siebte endet gar 1270 als Desaster vor Tunis.

Längst werden unbarmherzige Glaubenskriege da auch

innerhalb Europas geführt. Von 1209 bis 1229 etwa zerschlagen nordfranzösische Ritter im Auftrag von Papst und König die Sekte der Katharer in Okzitanien. Die Schweden, die im gleichen Jahrhundert die heidnischen Finnen unterwerfen, benennen ihre Eroberungen ebenso als Kreuzzüge wie die deutschen Ritter, die im 14. Jahrhundert mehr als fünfzig Mal gegen die heidnischen Pruzzen und Litauer marschieren, bis deren Ländereien unterworfen sind.

Das Abenteuer der Kreuzzüge im Heiligen Land endet letztlich nach fast genau 200 Jahren. Immer schmaler wird der Küstenstreifen, den die Ritter noch in Palästina kontrollieren. Zuletzt bleibt ihnen nur noch die Hafenfestung Akkon (bei Haifa). Doch am 18. Mai 1291 fällt auch sie unter dem Sturm muslimischer Truppen.

Outremer ist untergegangen, der Traum der ersten Kreuzzügler vom christlich beherrschten Heiligen Land verweht.

Und selbst die Erinnerung an viele Helden des Ersten Kreuzzugs verblasst. Zwar wird Herzog Gottfried als idealer Ritter verehrt, gehen Balduin von Boulogne und Tankred von Hauteville als erfolgreiche Herrscher in die Geschichtsbücher ein. Doch um die Schicksale ihrer Mitstreiter, so unterschiedlich im Glück sie sind, wissen bald nur noch die Gelehrten.

Graf Raimund von Toulouse etwa, der sich zum eigentlichen Vollstrecker jenes Kreuzzugs auserkoren glaubte, zieht als gescheiterter Feldherr und Fürst ohne Land im Jahr 1100 zornig aus Palästina ab. Kaiser Alexios Komnenos nimmt ihn zu Konstantinopel freundlich auf. Im Namen des Monarchen führt er Krieg in Kleinasien, ohne Erfolg. Seine Gattin Elvira begleitet ihn bei allen Abenteuern – und gebiert ihm 1103 einen Sohn, Alfons, dem der alte Graf den Beinamen Jordan gibt, da er ihn in den Wassern des Flusses hat taufen lassen.

Nach wenigen Jahren sind alle seine Gefolgsleute tot oder in die Heimat zurückgekehrt, nur noch etwa 300 provenzalische Ritter sind dem Grafen treu geblieben. Mit ihnen zieht er 1103 gen Tripolis, das zu jener Zeit noch in den Händen der Muslime ist. Die wohlhabende Stadt will er nun zum Zentrum eines neuen Reiches machen, will endlich nachholen, was ihm Bohemund, Balduin, Gottfried und sogar der junge Tankred vorgemacht haben.

Da Raimund glaubt, dass die Belagerung langwierig werden wird, lässt er die Burg Mons Peregrinus – »Pilgerberg« – vor Tripolis errichten. Doch im Herbst 1104 unternehmen die muslimischen Verteidiger einen Ausfall und stecken die Festung in Brand. Zwar können sich die Christen mit Not halten, der Graf aber wird schwer verletzt.

Im Februar 1105, nach Monaten der Leiden an seinen Brandwunden, stirbt Graf Raimund von Toulouse schließlich vor Tripolis, dem Ort seines letzten Misserfolgs in einem an Misserfolgen reichen Leben.

In jenem Jahr eröffnet auch einer seiner alten Rivalen den letzten Kampf: Bohemund von Tarent. Bis 1103 schmachtete er in seldschukischer Gefangenschaft, dann wird er gegen ein hohes Lösegeld freigelassen. Er segelt nach Süditalien zurück, seiner alten Heimat. Hier schreibt er Briefe, redet, bespricht sich mit dem Papst sowie den Königen von Frankreich und England. Sein Ziel: ein neuer Kreuzzug!

Nicht gegen die Muslime solle er gehen – sondern gegen Byzanz! Die Stadt am Bosporus will er erobern, will sich selbst zum Erben des Kaisers aufschwingen. So überzeugend ist er, dass ihm der Papst seinen Segen gibt – und König Philipp I. von Frankreich 1106 seine Tochter Konstanze zur Gemahlin.

1107 setzt Bohemund mit 34 000 normannischen und französischen Kämpfern von Süditalien aus bis vor Dyrrhachion über und belagert die byzantinische Festung, das Tor zu Griechenland. Doch Kaiser Alexios lässt im Rücken des Normannen eine Flotte aufkreuzen; so kappt er die Verbindung der Ritter mit Italien. Nach einigen Monaten muss Bohemund mit seinen Männern, hungrig, geschwächt und gedemütigt, kapitulieren. Ein militärisches und moralisches Desaster.

Zwar gewährt ihm der Kaiser die Gnade, ins heimatliche

Apulien zurückzukehren, doch fortan ist Bohemund ein gebrochener Mann. Er stirbt im März 1111 als ein weiterer Fürst, der im Kreuzzug alles wagte und alles verlor.

Ein halbes Jahr später endet auch das Leben Roberts von Flandern. Der war in seine Heimat zurückgekehrt, beladen mit Ruhm und Reliquien. »Robert von Jerusalem« wird er fortan gerufen, geschickt und recht erfolgreich regiert er sein Fürstentum.

Seine Karriere und sein Leben enden mit einem neuen Krieg: An der Seite des französischen Königs Ludwig VI. kämpft er gegen den rebellierenden Grafen Theobald IV. von Blois – und fällt am 5. Oktober 1111 bei Meaux, etwa 40 Kilometer östlich von Paris.

Sein Namensvetter und Waffenbruder Robert von der Normandie kämpft 1101 in England gegen seinen jüngeren Bruder Heinrich I. um den Thron und verliert. Er zieht sich in die Normandie zurück. Doch auch dort verfällt die Macht des Fürsten rasch, denn der Normanne ist ein hervorragender Kämpfer auf dem Schlachtfeld, doch ein schlechter General, ein Trinker und ein erbärmlicher Verwalter. Seine Untertanen rebellieren 1105 und holen Heinrich I. ins Land. Der besiegt den Helden des Kreuzzugs erneut und verleibt die Normandie wieder dem Königreich England ein.

Robert von der Normandie aber verbringt die letzten 28 Jahre seines langen Lebens als Gefangener seines Bruders. 1134 haucht er sein Leben aus, ein Gespenst aus einem untergegangenen Zeitalter.

Auch viele Ritter, die im Gefolge der Fürsten ins Heilige Land reisten und von dort tatsächlich wohlbehalten wiederkehrten, erfreuen sich nicht lange ihres Ruhms. Thomas von Marle immerhin, der mit Gottfried von Bouillon zog und sich in manchen Schlachten als legendärer Kämpfer hervortat, wird erst 1130 bei der Belagerung seiner Burg getötet – von Rittern, die der französische König entsandt hat, der den rebellischen Adeligen vernichten will.

Der stolze französische Ritter Gérard de Quierzy wird 1110 in der Kirche Notre-Dame in Laon von Mördern erdolcht, die eine ehemalige Geliebte gedungen hat.

Und Raimbold Croton, der erste Ritter überhaupt, der – am 13. Juni 1099 – beim ersten, zurückgeschlagenen Sturmangriff seine Faust auf die Mauer Jerusalems legte und sie dabei beinahe einbüßte, erhält zur Belohnung einen Splitter vom Kreuze Christi, eingefasst in ein Reliquiar aus Gold. Fortan führt seine Familie als Zeichen ihres Kreuzzugruhms ein weißes Kreuz auf rotem Grund im Wappen.

Doch ein heiliges Leben führt dieser Recke nicht und auch kein langes: Kaum in seine Heimat Chartres zurückgekehrt, gerät er dort mit Mönchen einer Abtei in Streit; einen der frommen Brüder lässt er in seinem Zorn kastrieren. Im Jahr darauf kämpft er für den französischen König gegen einen rebellischen Adeligen und fällt vor der Burg Montmorency.

Nichts weiß man über Raimund von Aguilers, einen der Chronisten des Kreuzzugs. Schon während der Kämpfe muss er sich wohl Notizen gemacht haben. Kurz nach der Einnahme der Heiligen Stadt verfasst er seine *Historia Francorum qui ceperunt Jerusalem*, doch danach verliert sich jede historische Spur von ihm.

Fulcher von Chartres schreibt im Herbst 1100 oder im Herbst 1101 seine *Historia Hierosolymitana* in drei Bänden nieder: »Daher muss ich nun meine Feder der Geschichte zuwenden, um denen, die sie nicht kennen, von der Reise derer zu erzählen, die nach Jerusalem zogen, was mit ihnen geschah und wie das Unternehmen und die Mühe mit Gottes Hilfe allmählich zu einem erfolgreichen Abschluss kamen. Ich, Fulcher von Chartres, der ich mit anderen Pilgern zog, trug hinterher all dies sorgfältig und gewissenhaft aus meinem Gedächtnis der Nachwelt zuliebe zusammen, so wie ich es mit meinen eigenen Augen gesehen habe.«

Die Urschrift hat sich nicht erhalten, doch ist das Werk so populär, dass es sehr schnell im Abendland kopiert wird und viele dieser Abschriften die Zeiten überdauert haben. Fulcher bleibt im Heiligen Land. Ab 1115 ist er Kanoniker der Grabeskirche zu Jerusalem und wird dies bis zu seinem Tod 1127 bleiben.

Peter der Einsiedler, der Prediger obskurer Herkunft, dessen flammende Worte den katastrophalen Volkskreuzzug entfachten, überlebt alle Schlachten und Belagerungen. 1101 kehrt er ins Abendland zurück. Im flandrischen Neufmoutier gründet er ein Augustinerkloster, als dessen Prior er um 1115 stirbt, hochberühmt und geehrt.

Papst Urban II. schließlich stirbt am Freitag, dem 29. Juli 1099, in Rom, nur zwei Wochen nach der Eroberung der Heiligen Stadt. Da aber bis dahin noch kein Bote aus dem Nahen Osten die Tibermetropole erreicht hat, erfährt ausgerechnet jener Mann, dessen Predigt den Kreuzzug überhaupt erst ins Leben rief, nie vom Ende dieses frommen, blutigen, folgenreichen Abenteuers.

12 DIE ERSTEN KONQUISTADOREN

> Nehmt euer Schwert und geht durch das ganze Lager, von einem Tor zum anderen! Tötet alle, die schuldig geworden sind, selbst eure Brüder, Verwandten und Freunde!
> (Exodus 32, 27)

Der britische Historiker und Diplomat Steven Runciman verfasste in den Fünfzigerjahren eine monumentale *Geschichte der Kreuzzüge*. Nachdem er auf weit mehr als 1000 Seiten vier Jahrhunderte der Kriege und politischen Wirren durchmessen hatte, schloss er ernüchternd, dass zwar der Erfolg des Ersten Kreuzzugs »an ein Wunder« grenze. Aber: »Die ganze Kreuzzugsbewegung [war] ein einziger riesiger Fehlschlag.«

Tatsächlich geht ja auch Outremer wieder unter, das Heilige Land entgleitet den Christen, die Vision, die Papst Urban II. auf der Synode von Clermont 1095 aufscheinen lässt, bleibt eine Schimäre. Und doch beginnt mit dem Ersten Kreuzzug eine Entwicklung, die alles andere als ein Fehlschlag ist, nämlich ein politischer und militärischer Erfolg fast ohne Parallele in der Geschichte. Ein Erfolg allerdings, der um den Preis unvorstellbaren Leidens errungen worden ist.

Eigentlich scheinen die Muslime Sieger in diesem Ringen zu sein. Sie zerstören nicht bloß Outremer, sie gehen schließlich – in Gestalt des aus den Seldschuken-Fürstentümern erwachsenen Osmanischen Reichs – sogar in die Offensive: 1456 fällt ihnen Konstantinopel in die Hände, Griechenland, Bulgarien, Dalmatien, Teile Ungarns folgen. Erst vor den Toren Wiens wird dieser Vormarsch gestoppt, im späten 17. Jahrhundert. Und erst in den Wirren vor und nach dem Ersten Weltkrieg geht der größte Teil der europäischen Besitzungen der Türkei wieder verloren.

Tatsächlich jedoch sind die Kreuzzüge für die muslimische Gemeinschaft ein Schock, ein Trauma bis heute – vor allem der Erste Kreuzzug. Schon vorher ist ihre Zivilisation allerdings in Unordnung geraten. Denn die politische, militärische, vor allem auch geistige Elite waren lange die Araber; sie hatten, von Mekka aus, ein Riesenreich erobert und verwaltet.

Die türkischstämmigen Seldschuken, die im 11. Jahrhundert an die Macht drängten, waren in den Augen dieser Araber Barbaren, halbwilde Nomadenabkömmlinge. Dann der Schock durch die Eroberung Antiochias und, vor allem, Jerusalems. Das Massaker. Die Siege der Christen – Siege einer zahlenmäßig hoffnungslos unterlegenen, kulturell weit unter den Muslimen stehenden Horde. Ein Heer blutgieriger, grausamer, oft analphabetischer Männer, die kaum ihre eigenen heiligen Texte kennen, geschweige denn um die Geheimnisse der Künste und Gelehrsamkeit wissen und nichts von der Welt gesehen haben. Welche Schmach, dass die Muslime, die wie ein Sturmwind die halbe Welt von Spanien bis zu den Grenzen Chinas erobert hatten, nun gegen diese zerlumpte Armee verlieren, wieder und immer wieder!

(Zudem fallen von Osten her, aus dem Innern Asiens, im 14. Jahrhundert die Mongolen unter dem schrecklichen Eroberer Tamerlan ein, verwüsten unter anderem Regionen Indiens und Persiens und dringen bis nach Anatolien vor.)

Unter diesen Schlägen bricht die muslimische Zivilisation zwar nicht zusammen – aber sie verändert sich. Die Europas mittelalterliche Geisteswelt weit überragende Gelehrsamkeit, die immer auch Ausdruck des Interesses an nicht-muslimischen Kulturen (der griechisch-römischen Antike, Indiens, Chinas) war, erstarrt und verdorrt. Denn die Duldsamkeit des Islam vergeht in den Kreuzzügen. Begegneten Muslime, wiewohl sie Kriege gegen sie führten, den Christen doch bis 1099 nicht nur mit Toleranz, sondern sogar mit Respekt, so herrscht danach der mit Angst gepaarte Hass vor. Von da an – und bis heute – gilt das Christentum als bedrohliche und feindliche Religion. Sie wird meist bekämpft, bestenfalls grimmig geduldet. Und von den gefürchteten »Franken« will man auf keinen Fall irgendetwas lernen oder übernehmen.

Nicht die stürmischen arabischen Eroberungen des 7. und 8. Jahrhunderts und nicht einmal die zähen Kriege der Reconquista in Spanien haben einen kaum überbrückbaren Graben zwischen West und Ost aufgerissen, sondern erst die Kreuzzüge. Und da vor allem jener Erste, traumatische, der 1099 in Jerusalem endete.

Mit jenem kriegerischen Unternehmen – vor allem dem kaum organisierten Volkskreuzzug gleich im ersten Jahr – beginnt auch eine lange Leidenszeit für die Juden des Abend- und des Morgenlands. Im Nahen Osten ist vor allem das Massaker zu Jerusalem ein Trauma. Folgenreicher aber sind wohl noch die Gewaltausbrüche zuvor. Vom späten 11. Jahrhundert an wird sich vor allem für die jüdischen Gemeinden an Rhein und Main sowie in Süddeutschland ein finsteres Muster der zügellosen Gewalt und ständigen Bedrohung herausbilden. Immer wieder flackern Pogrome auf, meist in stets gleicher Form: In Krisenzeiten, wie bei Kriegen oder Seuchen, reden fanatische Prediger wider die Juden, bis ein Mob aus armen Leuten deren Viertel stürmt. Manchmal machen auch die anständigen unter den Einwohnern mit, meist finden sich einige Angehörige der Elite (Adelige aus dem Umland einer Stadt etwa), die sich an die Spitze der Mordbanden stellen. Die lokalen Autoritäten – Bischöfe oder Stadträte – sind oft hilflos, wenn sie nicht gar zu Komplizen werden. Und am Ende sind die Judenviertel geplündert, ihre Einwohner erschlagen.

Der Judenhass des Mittelalters entsteht zwar schon vor dem Jahr 1095, doch seit dem Ersten Kreuzzug entlädt er sich in Wellen der Gewalt, die das Abendland in dieser Form zuvor nicht gekannt hat.

Neben den Juden sind vor allem die Christen des Ostens die großen Verlierer jener zwei Jahrhunderte von Outremer: Die Armenier, die syrischen Christen und die anderen Gläubigen verschiedener Kirchen werden von den Kreuzzüglern verachtet, unterdrückt, gedemütigt. Doch auch danach ändert sich für sie wenig. Den Muslimen, die sich das Land schließlich zurückholen, gelten sie als Christen und somit als Feinde. Vielerorts erlöschen ab etwa 1100 uralte Gemeinden – teils, weil die Gläubigen fliehen, teils, weil sie zum Islam konvertieren.

Die einzige christliche Macht des Ostens schließlich, Byzanz, wird von den Kreuzzüglern schwerer getroffen als zuvor von allen anstürmenden Muslimenheeren. Es sind nicht die Anhänger Allahs, die Konstantinopel schließlich stürmen, es sind Ritter unter dem Banner des Kreuzes: 1204, im Vierten Kreuzzug, erobern Kämpfer aus dem Abendland, zu Schiff herantransportiert und finanziert, ja angeführt von Enrico Dandolo, dem Dogen von Venedig, die Stadt am Bosporus. Der Kaiser Alexios V. flieht ins Reichsinnere, für einige Jahrzehnte beherrschen abendländische Fürsten die Stadt und Griechenland, bevor byzantinische Truppen sie wieder vertreiben; ungeheure Schätze aus der Antike werden geplündert, einige der schönsten Schmuckstücke glänzen noch heute in Venedig.

Auch wenn die Fremden schließlich wieder verschwinden – von diesem Schlag erholt sich Byzanz niemals mehr. Militärisch und wirtschaftlich ist es zu schwach, um der aufstrebenden osmanischen Macht Einhalt zu gebieten. Tiefes Misstrauen hat zudem die politischen Bande zum Abendland zerrüttet, sodass schließlich, in der Stunde höchster Not, von dort viel zu spät und halbherzig Unterstützung geschickt wird.

Das tausendjährige Reich von Byzanz ist deshalb, zumindest indirekt, das eine große Imperium, das von den Kreuzzüglern, welche bittere Ironie der Geschichte, tatsächlich für immer zerschlagen wird, das einzige christliche Reich in einer muslimischen Weltregion.

Die Kreuzzüge – ein Erfolg? Tatsächlich scheint zunächst einmal alles auf Katastrophen und Zerstörungen hinzudeuten. Der Gewinn für Europa ist schwerer zu sehen, dessen Folgen jedoch sind unermesslich.

Relativ gering bleibt der kulurelle Einfluss des Morgen- auf das Abendland, auch wenn gerade dieser Aspekt heute, im von der Globalisierung geschärften Blick, besonders hervorstechen mag. Sicher, manche Ritter – selbst die gebildeteren – des Ersten Kreuzzugs wissen vom Islam so wenig, dass sie ihn für eine Religion der vielen Götter und Mohammed für einen jener Unsterblichen halten. Zwei Jahrhunderte später ist man da in Europa klüger, toleranter allerdings nicht.

Und weiter: Die Ritter und Pilger, die ins Heilige Land kommen, lernen dort feine Stoffe kennen, exotische Gewürze schmecken, sie bewundern die verzierte, spitzbogenreiche islamische Architektur. Manches davon wird als Ware oder Gedanke in die alte Heimat exportiert – was nun leichter fällt, da die Handelsrepubliken Venedig, Genua und Pisa im Windschatten der Kreuzzüge ihre Kaufmannsfahrten zu den östlichen Gestaden des Mittelmeers und bis ins Schwarze Meer hin ausweiten.

Wichtiger aber sind andere Konsequenzen.

Der Erste Kreuzzug, als abendländischer Feldzug, der vom Heiligen Vater ausgerufen worden ist, stärkt das Prestige des Papstes. Niemals mehr wird das Ansehen des Stuhles Petri so hoch sein wie im 12. und 13. Jahrhundert. Und diese geistige Strahlkraft Roms wiederum hilft, das Abendland als Einheit zu sehen. Selbstbewusst etwa kann Paschalis II., Nachfolger Urbans II. auf dem Stuhl Petri, den Erzbischöfen, Bischöfen und Äbten Frankreichs in einem Brief befehlen: »Fordert deshalb alle Kämpfer eurer Gemeinde dazu auf, sich um Erlösung und Vergebung ihrer Sünden zu bemühen, indem sie zu unserer Mutter Kirche im Osten eilen.«

Innerhalb der Kirche wird der Papst erst durch und mit den Kreuzzügen zu jener unumstrittenen Autorität, die man bis heute kennt. Zuvor waren etwa die Bischöfe und Äbte, zumindest außerhalb Italiens, oft selbstbewusste Fürsten, die sich, wenn überhaupt, vielleicht von Königen Weisungen erteilen ließen, aber nicht vom Papst. Mit den Reformen ab dem 11. Jahrhundert und ihrer gewissermaßen spektakulärsten Ausprägung – den gewaltigen Kriegszügen nach Outremer – gewinnt der Stuhl Petri jedoch so viel Ansehen, dass jeder Geistliche dem Heiligen Vater fortan unterstellt ist. Ein Bruch mit dem Papst bedeutet fortan einen Bruch mit der katholischen Kirche.

Noch mehr jedoch als der Papst konsolidieren die Könige und Fürsten ihre Macht. Auch sie gewinnen Ansehen, wenn sie das Kreuz nehmen.

Und – sie werden Unruhestifter los. Kaum in irgendeiner Form messbar, aber doch wohl folgenreich ist die Entwicklung, über mehrere Generationen hin streitlustige Edle, zu kurz gekommene jüngere Adelssprösslinge, religiös befeuerte Hassprediger und viele, viele besitzlose Abenteurer nach Outremer zu schicken. Welche Stabilität etwa gewinnen die Normannen Süditaliens allein dadurch, dass Tankred von Hauteville seine Gewalttätigkeit in Syrien auslebt und nicht in Apulien!

Die Armeen der Fürsten werden zudem schlagkräftiger. Denn sie lernen nach und nach, Truppen über enorme Distanzen zu entsenden und zu versorgen. Sie lernen, die richtigen Anführer auszuwählen, Aufklärung einzuholen über fremdes Territorium, den Transport über See zu organisieren, den Nachschub zu sichern. Die Ritterarmeen der Kreuzzüge werden so zu einer der Grundlagen des modernen, schließlich die Welt beherrschenden europäischen Heeres.

Und das ist wohl die entscheidendste Konsequenz: Die Kreuzzüge werden zur Blaupause der Konquistadoren. Und damit zählen sie zu den Ereignissen, die einen Epochenwandel in der abendländischen Geschichte einleiten, der gemeinhin durch ein ganz anderes Jahr markiert wird.

Denn die europäische Eroberung Amerikas ab 1492 ist in vielem eine ins Extreme gesteigerte Wiederholung eines Kreuzzugs. Auch die Anführer der Konquistadoren sind meist Adelige aus niederer Position, stolze, ehrgeizige Männer, die sich aber in ihrer Heimat kaum den privilegierten Platz erkämpfen können, den sie sich erträumen. Also ziehen sie in die Fremde, um Ruhm, Reichtum, Land zu erringen. Glaubensstreng sind sie, begleitet von Priestern und Mönchen, erfüllt von Verachtung und Unwissen gegenüber allen »Ungläubigen«. In ihrem Gefolge sammeln sich Abenteurer, Ausgestoßene, Glücksritter, die außer ihrem Leben nichts mehr zu verlieren haben.

Die Heere der Konquistadoren sind klein – noch extremer als etwa beim Ersten Kreuzzug – und auf jeden Fall den Truppen zukünftiger Feinde zahlenmäßig grotesk unterlegen. Die Soldaten verlassen Europa über das Meer. Nun nicht mehr gen Osten, sondern gen Westen; auf jeden Fall eine Reise, bei der die Rückkehr schwierig, eine vorzeitige Flucht praktisch unmöglich ist. Ein Feldzug, der im Triumph endet oder im Tod.

Über das fremde Land und dessen Bewohner weiß man wenig, nur so viel: Da es Ungläubige sind, hat man das Recht und die Christenpflicht, mit Kreuz und Schwert dort zu herrschen. Ob Jerusalem oder El Dorado, das Endziel ist mythisch, der Weg dorthin ein einziger Kriegszug auf unbekanntem Terrain.

Im Kampf haben die Feinde – Muslime so wenig wie Indianer – keine Gnade zu erwarten. Jeder Widerstand wird mit extremer Gewalt gebrochen, Massaker sind beinahe alltäglich. Keine Kompromisse, kein Zögern, keine Skrupel. Mit brutalen, ja tolldreisten Schlägen wird der Feind überrascht und zermürbt, bis er kollabiert.

Ist das Land dann einmal erobert, werden seine Schätze geplündert – Händler, Seefahrer und Piraten finden sich immer, die den langen Weg wagen, um Beute aus der Fremde ins Abendland zu bringen. Vielleicht gar, aber das ist Spekulation, hat mancher Galeonenkapitän, mancher englische, französische, niederländische Freibeuter in den Hafenkneipen noch den uralten, von Generation zu Generation weitergetragenen Abenteuern eines Guynemer von Boulogne oder Edgar Ætheling gelauscht: Geschichten von Seefahrern, die arme, nebelverhangene Heimatküsten verließen und jenseits des Meeres gegen Heiden kämpften und Gold erbeuteten.

Die Konquistadoren werden mit Ruhm, Gütern und Titeln belohnt, die sie niemals in der alten Heimat hätten erwerben können – bis hin zum Vizekönig oder Generalgouverneur kann ein Landräuber aufsteigen. Auch manche einstigen Habenichtse im Gefolge werden reich, zumindest aber frei. In der Neuen Welt schütteln sie die Kontrollen der Obrigkeit, der Grundherren, der Priester, der Steuereintreiber größtenteils ab.

Selbstverständlich gibt es gravierende Unterschiede: Fast alle Konquistadoren sind Spanier, dieser Eroberungszug ist kein transnationales, sondern ein nationales Unternehmen. Niemand sieht im Kriegszug mehr eine Pilgerreise. Einige Anführer der Kreuzzüge hingegen sind große Fürsten – Robert von der Normandie etwa –, die nach der Eroberung Jerusalems zurückkehren wollen; kein vergleichbar bedeutender Grande aus Spanien wagt sich in die Neue Welt. Und die einmal erworbenen Länder, so autonom sie auch sind, unterstehen doch einem europäischen Königreich, das viel straffer organisiert ist als die Fürstentümer des 12. Jahrhunderts. Outremer hingegen ist niemals in diesem Sinne ein Teil des Abendlands geworden.

Zudem sind die Azteken und Inka keine Seldschuken oder Fatimiden: Noch viel unvorbereiteter, schockartiger trifft sie der Überfall der Christen. Sie haben kaum eine Vorstellung davon, wer diese schrecklichen Fremden sind, woher sie kommen, was sie glauben, welche Ziele sie eigentlich haben. Den Muslimen, selbstsicher nach vielen Eroberungszügen und im Bewusstsein ihrer kulturellen Überlegenheit, erscheinen die Kreuzzügler wie Barbaren; für die Indianer hingegen sind die Europäer fürchterlichen Göttern ähnlich.

Zudem sind Azteken oder Inka, anders als die Muslime, den Angreifern militärisch kaum gewachsen: Feuerwaffen (auch dies eine Neuerung gegenüber den Kreuzzügen), Pferde, Eisenrüstungen – die Konquistadoren sind auf dem Schlachtfeld noch viel unbezwingbarer, als es selbst die Panzerreiter je gewesen sind.

Und schließlich haben die Konquistadoren unsichtbare Verbündete, die den Kreuzzüglern fehlten: Viren und Bakterien. Während die Ritter im Nahen Osten eher leichter Krankheiten zum Opfer fielen als ihre Gegner, so wüten in Amerika die von den Europäern eingeschleppten Seuchen noch viel verheerender in der einheimischen Bevölkerung, als es Feuer und Schwert je taten. Im Heiligen Land werden die Muslime zwar geschlagen, doch niemals vernichtet. In Amerika jedoch werden ganze Völker binnen weniger Jahrzehnte ausgelöscht – vielleicht der entscheidende Grund, warum die Europäer Outremer wieder verloren, Amerika jedoch behielten.

Trotzdem sind die Parallelen zwischen Kreuzzüglern und Konquistadoren frappierend, sind Balduin von Boulogne oder Bohemund von Tarent die Ahnherren eines Hernán Cortés und Francisco Pizarro. Und der Konquistador wiederum wird zum Vorläufer und Prototypen jener europäischen Eroberer, die später auch Nordamerika, Afrika, Ozeanien und große Teile Asiens unterwerfen.

Dies also macht die welthistorische Bedeutung des Ersten Kreuzzugs aus: Er markiert Europas erstes Ausgreifen nach Übersee und damit den Anfang einer Entwicklung, in der die Weltzivilisationen zur abendländischen Zivilisation verschmelzen. Die Neuzeit dämmert schon auf dem Höhepunkt des Mittelalters herauf. Denn die Globalisierung, im Guten wie im Schlechten, beginnt am Freitag, dem 15. Juli 1099, mit den Hymnen der Gläubigen und den Todesschreien ihrer Opfer.

LITERATUR

Schon die Zeitgenossen haben ungewöhnlich rasch und umfangreich über den Ersten Kreuzzug geschrieben – und so ist es geblieben, ein Jahrtausend lang. Es wäre vermessen, an dieser Stelle einen auch nur einigermaßen vollständigen Überblick der Literatur geben zu wollen. So seien hier nur wenige Werke genannt, die leicht zugänglich sind und jedem interessierten Leser einen guten Einstieg in die jeweiligen Themen bieten.

Quellen

Die drei wichtigsten Chroniken des Ersten Kreuzzugs sind auf sehr gut gestalteten Seiten online abrufbar:

Fulcher von Chartres: http://www.manfredhiebl.de/Fulcher-von-Chartres/fulcher-von-chartres.htm

Raimund von Aguilers: http://www.fordham.edu/halsall/source/raymond-cde.html (auf Englisch)

Die anonyme *Gesta Francorum*: http://www.manfredhiebl.de/Gesta-Francorum/gesta-francorum.htm

In Buchform ediert und in englischer Übersetzung, findet man diese Werke bei:

Edward Peters (Hg.): *The First Crusade, The Chronicle of Fulcher of Chartres and other Source Materials*, Philadelphia 2. Aufl. 1998 (mit weiteren Quellen zur Zeit)

Rosalind Hill (Hg.): *Gesta Francorum et Aliorum Hierosolimitanorum, The Deeds of the Franks and other Pilgrims to Jerusalem*, Oxford 1967

Gesamtdarstellungen der Kreuzzüge

Ein Klassiker der auch literarisch anspruchsvollen Geschichtsschreibung, in manchen Einzelfragen veraltet, als Gesamtkomposition unübertroffen, ist:

Steven Runciman: *Geschichte der Kreuzzüge*, übersetzt von Peter de Mendelssohn, München, 5. Aufl. 2006

Eine aktuelle, umfangreiche Darstellung liefert:
Thomas Asbridge: *Die Kreuzzüge*, übersetzt von Susanne Held, Stuttgart 2010

Einen kompakten Einstieg ins Thema bietet:
Martin Kaufhold: *Die Kreuzzüge*, Wiesbaden 2007

Eine Zusammenfassung der Kreuzzüge aus Sicht der angegriffenen Muslime ist:
Amin Maalouf: *Der Heilige Krieg der Barbaren. Die Kreuzzüge aus Sicht der Araber*, übersetzt von Sigrid Kester, München 5. Aufl. 2008

Weitere wichtige Titel:
Jonathan Riley-Smith (Hg): *Illustrierte Geschichte der Kreuzzüge*, übersetzt von Christian Rochow, Frankfurt/M., New York 1999
Peter Milger: *Die Kreuzzüge, Krieg im Namen Gottes*, Sonderausgabe München 2000
Reinhard Barth et al.: *Die Chronik der Kreuzzüge*, Gütersloh, München 2005
»Die Kreuzzüge«, Themenheft *Welt und Umwelt der Bibel* 3, 2003

Kreuzzugsidee

Ernst D. Hehl: *Kirche und Krieg im 12. Jahrhundert, Studien zu kanonischem Recht und politischer Wirklichkeit*, Stuttgart 1980
ders.: »Was ist eigentlich ein Kreuzzug?«, *Historische Zeitschrift* 259, 1994, S. 297–336

Erster Kreuzzug

Guy Lobrichon: *Die Eroberung Jerusalems im Jahre 1099*, übersetzt von Birgit Martens-Schöne, Sigmaringen 1998
Conor Kostick: *The Siege of Jerusalem, Crusade and Conquest in 1099*, London, New York 2009
John France: *Victory in the East, A Military History of the First Crusade*, Cambridge 1996

Rittertum, Kampftechnik, Schlachten

Malte Prietzel: *Krieg im Mittelalter*, Darmstadt 2006
Hans Joachim Koch et al.: *Illustrierte Geschichte der Kriegszüge im Mittelalter*, übersetzt von Lou Abraham et al., Augsburg 1998
Kelly Devries et al.: *Battles of the Medieval World, 1000–1500*, London 2006

Johanna Maria van Winter: *Rittertum, Ideal und Wirklichkeit*, übersetzt von Axel Plantiko und Paul Schritt, München 1979
Robert Bartlett: *Die Geburt Europas aus dem Geist der Gewalt, Eroberung, Kolonisierung und kultureller Wandel von 950 bis 1350*, übersetzt von Henning Thies, München 1998
Joachim Ehlers: *Die Ritter, Geschichte und Kultur*, München 2006

(Pilger-)Reisen

Norbert Ohler: *Reisen im Mittelalter*, Neuausgabe, Düsseldorf, Zürich 1999
»Was die Kreuzfahrer erwarteten«, in: *Rubin* Frühjahr 2010, S. 44–47 (Bericht über die Forschungen von Prof. Nikolas Jaspert)

Alltag

Denise Dersin (Hg.): *What Life was Like in the Age of Chivalry, Medieval Europe AD 800–1500*, Alexandria, Va. 1997
Arno Borst: *Lebensformen im Mittelalter*, Berlin 1997
Robert Fossier: *Das Leben im Mittelalter*, übersetzt von Michael Bayer et al., München 2009

Jüdische Gemeinden in Deutschland

Arno Herzig: »Juden in Deutschland im Mittelalter (800–1350)«, in: Arno Herzig, Cay Rademacher (Hg.): *Die Geschichte der Juden in Deutschland*, Hamburg 2007, S. 32–49

Topografie und Natur des Heiligen Landes

»Das Heilige Land«, Themenheft *Welt und Umwelt der Bibel* 2, 1997

BILDNACHWEIS

akg-images, Berlin: Tafeln 6 oben, 7 unten, 8
Bayerische Staatsbibliothek München, Clm 4453, f. 188r.: Tafel 1
b p k, Bildagentur für Kunst, Kultur und Geschichte, Berlin: Tafeln 2, 14, 16
INTERFOTO e.K., München: Tafeln 3, 4, 5, 6 unten, 7 oben, 10, 11, 13, 15
Ullstein-Bild, Berlin: Tafeln 9, 12

NAMENREGISTER

Der erste Kreuzzug
Köln
Amiens
Mainz
Paris
Regensburg
Wien
HEILIGES RÖMISCHES REICH
FRANKREICH
UNGA
Clermont
Lyon
Mailand
Venedig
Toulouse
Rhône
Po
Genua
Bel
Marseille
Aigues-Mortes
Pisa
Ancona
Serbien
Korsika
Rom
Dyrrachi
Neapel
Bari
Amalfi
KÖNIGREICH VON SIZILIEN
Thes
Sardinien
Sizilien
Tunis
ALMOHADEN-EMIRAT
Malta
Mittel
Teilnehmer am 1. Kreuzzug, 1096–1099
Bauernkreuzzug
Raimund von Toulouse
Grafen von Flandern, Blois, Vermandois und der Normandie
Gottfried von Bouillon
Bohemund von Tarent
vereinigte Armeen
Tankred nach Tarsus, Balduin von Boulogne nach Tarsus-Edessa
Grenzen um 1144
Byzantinisches Reich um 1144
Byzantinisches Reich 1096
Sieg der Kreuzfahrer
Niederlage der Kreuzfahrer
0
400 km
0
300 Meilen